媒体新闻编辑与评论

高等学校新闻传播学应用型系列教材

主编 肖峰

执行主编 宁薇

副主编 孙玉凤 张芹 高章幸 张睿

参编（以姓氏笔画为序）

孙珺 邱天星 陆丹 杨阳 李婷

高章福 梁一丹 黄金

武汉大学出版社
WUHAN UNIVERSITY PRESS

图书在版编目(CIP)数据

全媒体新闻编辑与评论/肖峰主编.—武汉：武汉大学出版社,2021.7
高等学校新闻传播学应用型系列教材
ISBN 978-7-307-21183-4

Ⅰ.全…　Ⅱ.肖…　Ⅲ.①新闻编辑—高等学校—教材　②评论性
新闻—高等学校—教材　Ⅳ.G21

中国版本图书馆 CIP 数据核字(2019)第 203205 号

责任编辑:韩秋婷　　　责任校对:汪欣怡　　　版式设计:马　佳

出版发行:**武汉大学出版社**　(430072　武昌　珞珈山)
(电子邮箱:cbs22@whu.edu.cn　网址:www.wdp.com.cn)
印刷:武汉中科兴业印务有限公司
开本:720×1000　1/16　印张:23.5　字数:420 千字　插页:1
版次:2021 年 7 月第 1 版　　2021 年 7 月第 1 次印刷
ISBN 978-7-307-21183-4　　定价:48.00 元

序言一

"全媒人才" 培养任重道远

我们正在走进全媒体时代，全媒体时代媒体竞争将更趋激烈。媒体的竞争关键是人才竞争，媒体的优势核心是人才优势。全媒体时代新闻媒体的迅猛发展，对新闻传播教育提出了新的更高要求，作为承担着为全媒体时代培养新闻传播专门人才的新闻传播教育正面临着严峻的挑战。高校新闻传播教育要把培养适应全媒体时代需求、促进社会进步、推动历史和影响历史的"全媒人才"摆在突出位置，加快建设一支数量充足、素质过硬的"全媒人才"队伍。

何谓"全媒人才"? 是指适应媒体融合时代的需要，熟悉并掌握各种传播载体的传播规律和传播技能，善于运用各种现代传播手段进行传播活动的人。为了适应新媒体发展和媒介融合的需要，美国密苏里大学新闻学院于 2005 年开设了世界上第一个"媒介融合"专业，就是以培养能"给报纸写个故事，再给网络媒体写个不同的故事，还能用网络做一些视频、音频节目"的技能融合型跨媒体或全媒体记者为目标。文字记者拿起了相机，能写、会拍、能摄，甚至还能出镜当主播; 有一技之长的编辑、记者开了微信公众号，这都是媒体融合时代"全媒人才"的不同类型代表。如今，媒体融合发展方兴未艾，全媒型领军人才、拔尖人才还属凤毛麟角，"全媒人才"的数量和水平还远不能满足媒体融合发展需要，急需新闻业界加快全员融合转型和高校新闻院系加快培养造就。如何做强中国的新闻教育与研究? 如何深化新闻传播教育改革? 如何加快培养造就一支政治坚定、业务精湛、作风优良、党和人民放心的新闻舆论工作队伍? 这是需要新闻学界和业界共同探讨和努力实践的课题。从新闻传播教育层面，我们需要在以下方面加强建设并不断予以强化。

其一，加强课堂实践和社会实践，引导新闻传播专业学生热爱新闻传播事业。

热爱是最好的老师，只有对新闻传播事业热烈地爱，才能把自己的全部时间、精力、心思、才华放在干事创业上，才能一门心思地孜孜以求，以之安身立命，从而成人成才、建功立业。笔者认为，当下新闻传播领域最需要的是具有人文情怀、批判精神和新闻理想的传媒人。随着时代和社会不断进步发展，我们发现有些学生的理解力和成熟度大幅提高，但对新闻专业的热爱和敏感度却未明显进步；有些学生对新媒体、自媒体的喜爱和熟练掌握度逐年提高，但对自身的文笔淬练和马克思主义新闻观培养较为淡漠，对主流媒体缺乏感性了解；少数学生甚至仅仅将新闻看作是写作，是文学创作的表现形式。笔者认为，新闻观和新闻采编，是"道"与"艺"的主从关系，而不是"技"与"艺"的并列关系，新闻观出现偏差，轻则出错，重则犯罪。在新闻传播人才培养过程中，重点不在于学生的智商，而在于强化其善良、正直的秉性和仁爱之心。因此，要坚持把马克思主义新闻观的培养和党的新闻纪律教育放在首位。在课堂教学中，应既以人品高尚、履行社会职责、采写出推动社会进步的新闻名篇的杰出记者为例，激励新闻学子热爱新闻事业，为时代呐喊，为人民鼓与呼；又讲述少数记者因为谋取私利触犯党纪国法，导致其声败名裂等严重后果的沉痛教训。通过这些"得失一瞬间，荣辱一念间"的经典案例，教育学生。要注重在实践中强化对学生的新闻思想教育，笔者所在的中南财经政法大学新闻与文化传播学院，在北京、上海、广州、深圳及武汉，与国家级或区域性主流媒体建立了长期的合作关系，作为新闻学子的实习基地，让学生通过到媒体实习和到基层进行社会实践活动了解国情、民情，强化学生的新闻敏锐性、发现能力和批判、反思精神。同时加强引进媒体经验丰富、实践能力强的媒体人才以充实高校新闻教育师资队伍的力度，加强高校和媒体之间的交流与合作。学院聘请了数十位资深媒体人担任兼职教授和硕士研究生合作导师，邀请主流媒体的"记者老师"到学校授课和交流，使新闻学子增强与主流媒体在思想、观念、感情上的认同，提高对新闻专业的兴趣和爱好，并从采访实践中学习基层先进人物的优秀品质，学生毕业后从事新闻传播工作的意愿大幅提高。当然，媒体工作者到高校挂职和新闻院系教师到媒体挂职的"双挂"工作以及高校从媒体聘请的兼职教授和合作导师等因缺乏更切实有效的政策支持和制度化的考核管理，实际成效还不够理想，还需要探索更有效的制度保障机制，媒体与高校在新闻传播人才培养上的实质性合作尚需进一步推进。

其二，着力新闻传播教师队伍建设，因人而异地发挥教师特长。

教师的天职是培养人才、传承文化。教师因学生而存在，学生因教师而成才。学科建设的根本在于人才队伍建设，有了一流的人才，什么奇迹都可以创造。当前高校普遍存在"重科研、轻教学；重学历、轻实践"的倾向，高校在教师考核、职称晋升等师资队伍评价机制上存在不完善和偏颇的地方，导致部分教师将主要时间精力用于科学研究，热衷于申请项目、发表论文、出版著作，无暇亦不愿在培养人才上投入更多的时间与精力。为了更好地遵循新闻传播教育的基本规律，在媒介融合背景下培养更具实践能力、适应全媒体时代需要的新闻传播人才，我们需要在实践教学中作更多的探索。如在新闻传播学科教师队伍建设上，破除"一刀切"的做法，明确从媒体引进具有较强实践能力和较高水平的实践型教师的基本比例，明确不同的岗位职责，实施不同的教师评价标准，做到人尽其才，更好地调动广大教师的积极性，也更好地满足新闻传播教育中实践性课程的教学需要。将现有新闻媒体和高校新闻院系之间的"双向挂职锻炼"由虚变实，由挂名到实干，即完全脱离现职到对方的实际岗位承担业务工作，在政策、待遇、考核等方面健全制度，对于更适应也愿意从事新岗位工作的人员，经过考核也可以长期留用。媒体和高校可以在一定的政策支持下实现对口定点合作，共建实验教学和实习实训平台并优先安排毕业生就业。实践证明，实施新闻传播学科理论教学与媒体实践相结合的双导师制度，更有利于加强新闻院系与各类主流媒体和国际知名品牌企业制度化的战略性合作关系，打造"报纸—期刊—电台—电视台—网络"五位一体的教学、研究和实践平台；有利于加强学生的"专业实习四年不断线"和校园媒体建设，培养学生"上手快、后劲足"的动手和研究能力，使学生不仅能写新闻，而且会写评论，会写内参，会写调研报告，会做品牌策划，会写学术论文。这样学生走上社会后，经过三五年锻炼，能迅速成长为传媒和企事业单位的业务骨干。

其三，着力创新特色发展，加强学术团队和学术平台建设。

随着传统媒体与新媒体的融合发展，新闻媒体的核心竞争力已不只在于采集和发布新闻信息，还需要通过对各种内容产品进行整合和深度挖掘，提升其品质和价值，同时，媒体的细化、受众需求的多元化，精确区分新闻市场、实施行业新闻的分众传播已成为新传媒时代新闻传播的新模式，将新闻与信息传播进一步延伸到知识与服务领域，成为媒体融合时代对新闻传播的新要求。这就对新闻传播人才的知识结构与专业水平提出了更高的要求，具有某一领域的专精知识或专业背景的专家型新闻传播人才将成为媒体融合时代媒体所急需的人才。在媒体融合发展的背景下，新闻传播教育在财经、政法学科为主的高校尤其具有得天独厚的优势。在国内也有很多高校新闻院系在跨学科培养具有复合型知识结构的新闻传播人才方面进行了多样的实践，笔者所在的中南财经政法大学也是其中最早的尝试者之一，自1997年招收首届新闻专业学生并将其方向确定为经济新闻以来，至今已实施22年。在课程结构中，与学校经济学教授共同确定了大量经济类的必修课程，我校毕业生以新闻学和经济学的复合知识结构在新闻传播实践中发挥了优势，有的已成为《光明日报》《经济日报》等重要媒体的骨干记者。后来学校又增设了法制新闻方向，并将经济新闻和法制新闻两个特色专业方向从本科教育延伸到硕士研究生教育。今后，将进一步依托学校经、法、管的学科优势，在本科阶段完善经济新闻与法制新闻的跨专业复合型新闻传播人才培养模式，加强研究生阶段新闻学与经济学、新闻学与法学的跨学科新闻传播人才培养模式的探索。此外，为适应媒体融合发展的大趋势，我们较早开办了网络与新媒体本科专业和研究生培养方向，使新闻传播人才全面"触网"，不断加强复合型、全媒型新闻传播人才的培养。近期，我们聘请了新闻评论界著名学者赵振宇教授担任我校"文澜学者"讲座教授，组建新闻评论研究团队，成立了中南财经政法大学新闻评论研究中心，致力于培养全媒体时代具有敏锐的观察力、分析研判力和舆论引导力的新闻评论人才。

其四，着力强化学生的社会责任意识，唱响人文精神的主旋律。

新闻传播学是我国高等教育中隶属于文学门类的一级学科，又是一门融合性较强的跨学科专业，它以文学、政治学和社会学为学科基础，同时又与经济学、法学、管理学、哲学、艺术学、心理学和历史学等学科密切相关。随着传播技术与手段的发展，它还与现代信息与计算科学有着越来越密切的联系。但新闻学从根本上讲属于人文学科，它以传播真相、维护正义、追求真理为天职，因而具有高度的人文精神。新闻人是时代的记录者和先进文化的生产者，他们充满激情与理想，勇于担当与奉献。面对繁杂的信息与谣言，他们探幽发微、正本清源；面对社会乱象与种种丑恶，他们有大局观念，独立思考，歌颂光明，鞭笞黑暗。他们秉承"铁肩担道义，妙手著文章"的精神，始终与人民同呼吸、共命运，揭露"假恶丑"，传递正能量。因此，无论媒介技术怎样进步，无论媒介环境发生怎样的变化，新闻的本质特点不会变，新闻教育的基本理念必须坚持。当今媒介技术的进步一方面给新闻传播形式与途径的创新与发展带来了巨大活力与生机，以互联网为基础的新媒体潜藏着惊人的创造力；但另一方面，新媒体环境下更应强化新闻职业道德和新闻理想，一切以新技术为基础的新闻传播形式的创新必须以不侵犯原创新闻的知识产权为基础，要经得住法律的检验，要有利于维护社会公正和新闻理想。从某种意义上说，新闻教育的核心竞争力在于对学生进行新闻理想、职业操守和职业道德教育，培养和增强他们的道义感、正义感、责任心，使其毕业后能够成为合格的新闻传播人才。把人放在最重要的位置上，一切为了人，尊重人的价值，维护人的权益，敬畏人类生命的"人文精神"，应该熔铸在各个教学环节、各门课程之中，从而最终流进学生的血液，进驻学生的心灵。好记者的目标，是像中国改革开放以来涌现出的穆青、范敬宜、郭超人、南振中、米博华、敬一丹、白岩松以及历届长江韬奋奖获得者那样，成为在宣传分析和舆论研究方面享有很高声誉的新闻评论家、专栏作家和广播电视及网络媒体主播。这就要求新闻学子在校期间和毕业后在新闻工作岗位上，注意磨练自己的政治素质、文化底蕴、人格意志，成为一个可爱的人、可敬的人，一个值得人们信赖的人。

近年来，随着网络、手机等新媒体的飞速发展，传统媒体与新媒体融合发展趋势的加强，为加快培养纵论世界风云的全媒人才，进行和加强"全媒体新闻编辑与评论"的理论研究和教学实践十分必要。最近，为适应和满足当今媒介融合大趋势下对全媒型人才培养的需要，武汉大学出版社决定出版这部全新的新闻业务教材，彰显出版人敏锐的战略眼光。据主编肖峰教授介绍，编写此教材的总思路是，以马克思主义新闻观为指导，以全媒体新闻编辑和新闻评论业务为教学基本点，将新闻编辑与评论内容从广度和深度两个方面做新的拓展，并与时俱进地扩大研究范围，尤其是对新型媒介新闻编辑与评论的基本原则、基本原理、运作规律以及方法和技巧的研究，强化能力训练，指导和帮助学生掌握全媒体的编评技能。该教材呈现出如下鲜明的特色：

特色之一，体例完备、内容丰富、立论精当、文字活泼，特别是涵盖了当今所有媒体，很适合教学使用。不仅每个章节都有可读性，而且在内容提要、理论知识、能力训练上下了很大功夫。可以说是做到了精心编写、煞费苦心。现在新闻专业作为学生的高考第一志愿的比率和学生毕业后从事新闻工作的意愿率都不高，媒体从业者中也有些同志不愿意做编辑工作，不少学生和年轻记者对写好评论也有畏难情绪。其实，编辑工作自有学问，很多媒体人也乐在其中。真正钻进去，就会发现毕一生之力也难穷尽此道的奥秘。只要勤学苦练，每个人都能写好评论，编辑工作大有可为。本教材编者对新闻编辑与评论的热爱之情，来源于其对新闻教育事业的责任之心，对学生思想动态的积极了解，对高等教育和新闻行业融合发展的直接而深刻的领悟和理解。

特色之二，突破了旧的模式，在课程设置上进行了新的改革。长期以来，高校对新闻编辑与新闻评论都是按照两门课程单独设置。本教材将这两门课程打通，上篇设置为"全媒体新闻编辑"，下篇为"全媒体新闻评论"，这样有利于减少教师上课时对学生进行知识讲授的重复率，省出更多的时间，加强对社交媒体的研究与案例评析，指导学生多做实务练习，更加便于学生融会贯通，学习和掌握这两门课程的知识和技能。本教材在介绍全媒体概况时，涵盖了美国、德国、英国、俄罗斯、日本等诸多国家。编者传授新闻编辑与评论之道，令人信服；解析案例深入浅出，便于掌握。这与编者的博学多识和长期的实践经验与学术积累有关。

特色之三，学术性与实践性相结合，既有学理阐释，又便于实际操作，体现了两者的统一。本教材突破了已有的研究范围，将新闻编辑与新闻评论的研究领域，从报纸、期刊、广播、电视拓展到网络、手机、平板电脑等新媒体，进而教会学生掌握各类型媒体的操作技能。本教材不仅对全媒体新闻编辑与评论的实践经验进行了理论概括，而且具有较强的专业性、技术性和可操作性，对于政府、企事业单位的新闻传播人士，提供了有益的创新、创优和品牌传播的方法。

特色之四，在"新"字上作了一番追求。该教材对近年来融媒体编辑与评论实践中出现的一些新变化、新情况、新现象、新问题，如多家主流媒体协同行动、传统媒体与新媒体联动的"联运式传播"、媒体新闻策划与新闻传播规律、评论品种和技法的多样化等，进行了论述与评析。所用材料，大多是从新闻媒体上直接采访撷取的，除了中国新闻奖的经典案例外，主要以近几年的新鲜案例为主。从教学与科研的角度来说，加强这种分析和研究，有利于增强本科生、研究生发现新闻、理性思考和独立思考的能力，策划、组织和采写有价值、有分量、有审美意义的节目组合、获奖专栏、深度报道和新闻评论。

本教材主编肖峰教授有丰富的新闻工作经历，曾担任湖北宜昌人民广播电台分管新闻宣传工作的副台长长达10年，是从事媒体新闻编辑与评论的高级记者、全国优秀广播电视理论工作者。他在1995年11月10日刊登于《人民日报》（海外版）的新闻评论《诚实的报酬》作为范文，被收入中国人民大学资深教授陈力丹的专著《舆论学——舆论导向研究》。他出版有新闻评论和杂文随笔集《肖峰百篇杂文随笔选》。他积极倡导并身体力行地"走专家型、学者型记者之路"，专心致志搞调研，写内参、写论文、写深度报道，出版了《新闻人才论》等专著。2001年肖峰教授荣获"全国首届百优广播电视理论工作者"称号，2003年12月被评为高级记者。2004年作为人才引进调入中国地质大学（武汉）艺术与传媒学院，任新闻学教授、硕士研究生导师和新闻理论与实务方向的学科带头人，主讲"新闻编辑与评论"等新闻理论与实务课程。他主讲的"广播新闻业务"被评为校级精品课程，与人合作的"艺媒前沿讲座"获2016年度全校研究生评选"我最喜欢的课程"第一名；主持完成了湖北省社会科学基金项目、中共湖北省委宣传部、湖北省教育厅和中国地质大学（武汉）"马克思主义新闻观与网络时代舆论引导艺术研究""提高新闻传播学青年教师教学水平及与学生沟通能力研究""中国新闻界职务犯罪研究""人民日报社湖北分社简史"等 5 项社科和教改课题，在《现代传播》《当代传播》《新闻战线》《中国记者》等期刊发表学术论文 120 多篇，出版了《马克思主义新闻观新论》《名记者研究》《广播新闻业务教程》《广播节目主持》等专著和教材。同时还获得中共湖北省委宣传部颁发的湖北新闻工作"建设者奖"荣誉证书和奖章。

特别值得称道的是，肖峰教授担任中南财经政法大学新闻传播学专业硕士研究生合作导师以来，积极参加学术研讨活动，举办学术讲座，帮助青年教师申报科研项目；帮助建立实习基地，带领学生在媒体采访写作，为学生修改文章；组织专硕和学硕研究生采访撰写《中央驻鄂新闻单位简史》，带领研究生采访写作"传媒人物传略与新闻作品评析"；指导和评审研究生论文，推荐研究生攻读博士学位，为中国新闻传播学教育事业和人才培养作出了卓越贡献。

作为同行和朋友，我为肖峰教授对新闻事业的执着和对新闻教育的热情深深地感动！他是文学博士，新闻科班出身，学识渊博，阅历丰富。虽然著作颇丰，荣誉、地位皆具，仍然怀抱理想，终身奋斗不息。他自称是一名"新闻老兵"，以"记者永远在路上""开创人生第二春"而自励，保持着无论走到哪里，随时用手机采访录音和拍照的职业习惯，经常参加一些社会活动，找各方面的朋友采访聊天，笔耕不辍，积极传播正能量。他头脑敏锐、有胆有识，精力充沛、潜心学术；他热爱教育、诲人不倦；他具有家国情怀，人品高尚。这本《全媒体新闻编辑与评论》是在肖峰教授十多年高校授课讲义的基础上，借鉴学界和业界大量研究和实践成果，组织武汉、珠海、宜昌等地的新闻院系师生历时三年、四易其稿，共同编撰而成。现在作为全媒体时代新闻传播学教材推出，正好契合了当前全媒体新闻编辑与评论教学的迫切需求。我相信，本教材将会在高等新闻传播教育中对加强全媒体人才培养的实践发挥重要的作用。

遵肖峰教授之命，借教材出版之际，写下上述感想，多为借题发挥，谨以此表示祝贺。请肖教授和读者指正！是为序。

胡德才
中南财经政法大学新闻与文化传播学院教授
2020 年 8 月 13 日

序言二
努力成为全媒型、专家型人才

习近平总书记说："新闻观是新闻舆论工作的灵魂。要深入开展马克思主义新闻观教育，引导广大新闻舆论工作者做党的政策主张的传播者、时代风云的记录者、社会进步的推动者、公平正义的守望者。"① "要提高业务能力，勤学习、多锻炼，努力成为全媒型、专家型人才。"② 我们学术界将那些写出了马克思主义重要著作的伟人们称为经典大师。这些大师们关于新闻传播的学说和观念的思想体系，就是马克思主义新闻观。

我认为，所谓"全媒型新闻人才"，是指具备全媒体的，即多元的新闻传播理念、知识与技能的新闻人才。所谓"专家型新闻人才"，是指除了具备全媒型新闻传播理念、知识与技能之外，还具备政治、法律、经济、管理、社会乃至现代科学技术的理论、知识与技能的新闻人才。作为新闻工作队伍中的某一个体，显然不可能做到精通所有学科的理论、知识与技能，但至少应当精通其中一门非新闻学科，使自己成为专业复合型新闻人才即专家型新闻人才。对于"专家型新闻人才"，大多数人的认识是基本一致的，就是指人文学科交叉或者文理学科交叉的复合型新闻人才。而对于什么是"全媒型新闻人才"，许多人容易产生误解。媒体融合兴起之初，美国哥伦比亚大学、密苏里大学尝试培养融合记者，俗称"背囊记者"，国内则称为全媒型记者，即掌握多媒体技能，能够同时承担文字、图片、音频、视频等报道任务，为不同媒体提供新闻作品，驰骋全媒体的全能记者。

记者是当代的历史家。木匠的祖师是鲁班，中国记者的"祖师爷"有两个：一个是司马迁，他给我们留下了一部《史记》。司马迁在每篇"本纪"

---

① 中共中央文献研究室：《习近平关于社会主义文化建设论述摘编》，中央文献出版社 2017 年版，第 43 页。

② 习近平：《习近平谈治国理政》（第二卷），外文出版社 2017 年版，第 333 页。

"世家""列传"的末尾，均有一段"太史公曰"，对文中所记，作简要概括的评议；另一个是司马光，他给我们留下了一部《资治通鉴》，开编年体通史的先河。他在叙事过程中不忘写上一段"臣光曰"的评论，画龙点睛，颇具文采，可谓中国新闻评论家之祖。历史是昨天的新闻，新闻是明天的历史。有志气、有报负的新闻学子，应当做一名当代的历史家。从现实上讲，中国已进入了 5G 商业运营时代，碎片式、海量的文字、图片、音频、视频等报道，每时每刻都在我们手机上出现。人们现在缺少的不是信息，而是对新闻的解析、评议，以及媒体对政府的监督和评论报道。不受监督的权力必然容易产生腐败。因此，我认为"全媒型新闻人才"正确的解读应当是，具有新闻素养，遵循全媒体新闻传播的一般规律和特殊规律，监督社会，能够采写制作出在社会上产生较大影响的作品的新闻人才。有志气、有报负的记者，不能仅仅满足于当一个成天"跑龙套"的传递信息的"传令兵"，而要立志当一名满腹经纶、运筹帷幄的"将军"。记者还应该另有专业，那就是或从事文学创作，或根据自己的兴趣爱好，研究新闻学、人才学、犯罪学、经济学、社会学、管理学、医学、伦理学等，成为某一领域的权威人士。

从新闻传播教育发展的眼光来看，大学怎样培养这种全媒型、专家型人才呢？这就必须成立新闻教育和研究机构，引进或特聘新闻学者，出版研究刊物和教材。在中国，新闻学的研究发端于 19 世纪和 20 世纪的世纪之交。传播学的研究萌芽于 20 世纪 40 年代初，逐步开展于 80 年代以后。从 1918 年徐宝璜所著《新闻学》一书公开出版到现在，新闻学和传播学的研究，已经有了 70 年到 100 年的历史。中国的新闻学和传播学研究，源于西方，但一开始就十分注意联系中国的实际，具有明显的中国特色，中华人民共和国成立尤其是改革开放 40 多年以来发展速度很快。中国开始培养新闻传播学博士生，起始于 1983 年，到现在已经有了 38 年的历史，培养出来的博士，加上学成归来的新闻传播学博士累计千人以上，已成为我国教学科研和业务岗位上的中坚力量。《人民日报》原总编辑范敬宜 71 岁到清华大学任新闻与传播学院院长后，确立了"素质为本、实践为用、面向主流、培养高手"的办学思想。2006 年年底，清华大学成立了以范敬宜为主任的马克思主义新闻学与新闻教育改革中心，他身体力行，组织开设了马克思主义新闻观课程，通过与实践相结合等各种方式培养学生的责任感，培养他们树立马克思主义新闻观，培养出了一批如李强（采写出《乡村八记》）、曾维康（采写出《农民中国：江汉平原一个村落 26 位乡民的口述史》）等新闻领域的青年才俊，学生志愿到主流媒体工作的人数比例从以前的不足 20% 上升到 90%。中宣部、教育部两次发文推广清华大学新闻与传播学院开展马克思主义新闻观教育、加强新闻教育与实践相结合的经验。"范敬宜新闻教育基金"面向全国设立"范敬宜新闻教育奖"，从 2013 年开始评奖，每年一次，现已举办八届，奖励了一批对新闻教育作出突出贡献的教师、媒体人和有志于从事新闻传播事业的成绩突出的学生。同时，其颁奖仪式暨新闻传播学科高峰论坛在人民日报社举行，产生了一批高质量的科研成果。

在新闻传播领域，新闻评论作为媒体的旗帜与灵魂，往往具有重大的社会影响力。自有新闻教育以来，新闻评论教育就是新闻人才培养的重要内容，而优秀评论员则是培养他们的高校新闻院系引以为荣的名片。马列主义理论家、著名新闻学家陆定一说："新闻记者应是政治家、经济学家、法律学家，光学新闻可不成呵！"是记者就要是学者。不想当将军的士兵不是好士兵，不想当学者的记者，至少不是有志气、有抱负的记者。我以名记者和新闻界职务犯罪为主要研究对象，发表了 80 多篇论文，出版了两本专著《新闻人才论》《名记者研究》。2004 年调进大学后，我以名教师、名学者和新闻传播教育为主要研究对象，发表了 40 多篇论文，多次参加北京、上海、广州、厦门等地新闻传播教育与研究活动，发表了《做新闻学子的架桥人》等 40 多篇论文，出版了两本新闻传播学教材《广播新闻业务教程》《广播节目制作》，成了一名新闻学者。立志努力成为全媒型、专家型人才，就一定要善于使用新闻和评论两种武器，既能采写口播新闻，又能编辑撰写评论。既是社会活动家，又是社会某个领域有研究的专家。这样才能在全媒体时代获得更大的自由，取得更大的成绩，作出更大的贡献。具体来说，做一名全媒型、专家型人才，应该具备哪些修养呢？我认为，主要有以下四条：

一、具有新闻敏感和发现值得评说的新闻的能力

法国雕塑家罗丹认为，美是到处都有的。对于我们的眼睛，不是缺少美，而是缺少发现。同样的道理，值得议论、评说的事情多得是，对于我们新闻工作者来说，最重要的是发现问题。我认为，新闻评论的主体不仅仅局限于媒体人士，而且应该包括每一个公民，只要公民具备表达的能力，并有表达的意愿，都可以对新闻发表评论。因此，新闻评论是指传者借助大众传播工具或载体，对新近发生或发现的有价值的新闻事实、问题、现象直接表达自己意愿的一种有理性、有思想、有知识的论说形式。新闻评论在报纸、广播、电视和网

络媒体上有不同的表现方式，或文字，或声音，或音像结合、图文并茂，在新闻传播中发挥着重要作用。所谓网络新闻评论，是指网民借助网络媒体平台，对正在、新近发生或发现的有价值的新闻事实、问题、现象发表看法、意见、建议，旗帜鲜明地表达个人的价值判断，指出问题的矛盾、实质、成因，或提出问题的解决对策。网络新闻评论是一种公民表达方式，是一项需要普及和提高的公民素质。

高度的新闻敏感是记者成熟的标志，又是每个记者需要终生努力以求得和保持的素质。具有这种高度的敏感，是十分迷人的境界！范长江说：记者要用毕生精力研究一两个问题。怎样才能尽到这个责任？我认为记者的责任和任务是双重的：一方面是报道事实，另一方面是解释事实。与此相联系地，还有一个记者同党的政策的关系问题。习近平总书记说"做党的政策主张的传播者"，① 而不用"宣传者""报道者"的字眼，其"传播者"之深意就在于"反馈"。从时间上讲，不仅要从上到下，也要从下到上。从空间上讲，要把握国内与国外两个大局。做党的政策主张的传播者，记者就有双向反馈的两个任务，一是把党的政策主张通过媒体进行传播，二是"考察党的政策执行得怎样"。"如果政策正确，就说正确，有材料作根据；如果政策错了，就说错了，也有材料作根据。"（参见刘少奇《对华北记者团的谈话》）既要把党的政策主张通过媒体进行传播，又要考察党的政策主张执行得怎样，实事求是地进行传播，这是记者肩负的双重任务。俗话说："题好文一半"。选题是评论写作的关键。一篇三五百字的评论的成败优劣及影响大小，往往不在于如何谋篇布局，以及文字技巧上"怎么写"，而在于"写什么"，选题要恰当及时、正合时宜。如果一篇评论的论点"歪"了，或者"老"了，那就会使编辑为难，不敢用或不好用，只有淘汰。评论员要比记者眼更亮、腿更勤、手更快、心更深。新闻要新，评论同样也要新，不能"凑热闹""一窝蜂"。写评论要力避落入俗套，老题要写出新意来。这就需要我们时刻保持新闻的警觉，做一个生活的有心人，随时注意观察生活，留心聊天话题，关注开会"即席发言"，注意"民间传播"，浏览网站新闻，发现广告"新闻苗圃"里长出了什么新苗子，等等，这些都有写不完、议论不尽的鲜活话题。如何写出好评论？这需要有真本事、硬功夫，包括对形势的分析，对政策的理解，对文体的熟

---

① 中共中央文献研究室：《习近平关于社会主义文化建设论述摘编》，中央文献出版社 2017 年版，第 43 页。

悉，以及表达自如的文字功夫。机遇偏爱有准备的大脑。主题先行，不仅适用于通讯的写作，也适用于评论的写作。比如，2013年4月27日至28日，我参加了华中科技大学新闻评论研究中心和襄阳市联合举办的新世纪第五届新闻评论高层论坛暨"知名评论家评襄阳"活动。动身之前，我查阅了诸葛亮在襄阳隐居时写的一篇传诵千古的名文《隆中对》，还找到了《人民日报》记者艾丰采写的反映襄阳（原称襄樊）20世纪80年代初采用特殊政策，通过引进重用科技人员振兴襄阳经济的通讯《现代化的觉悟》（载《人民日报》1982年8月17日），做到了有备而去。通过几天的实地采访，很快写成了一篇记者述评，题目是《纵横对比说襄阳》："纵向而论，具有2800多年历史的襄阳，是国务院第二批公布的历史文化名城。千百年来，这片神奇的土地孕育过无数的志士仁人，诞生了汉光武帝刘秀，隐居过诸葛亮，养育过杜甫、孟浩然、张继、米芾、伍子胥……尤其是诸葛亮的《隆中对》，是一篇传诵千古的檄文，可谓中国最早的时政评论。""横向对比，襄阳人也看到了其他历史文化名城苏州、洛阳等城市的崛起，以及与之对比的差距。从而制定出建设'产业襄阳''都市襄阳''文化襄阳''绿色襄阳'的决策规划，我认为这是符合科学发展观总体要求的。"离开襄阳的早上，我4点钟爬起来，一气呵成地写了这篇述评，在全国60多位主笔名嘴中拔了个头筹，该述评载于2013年5月3日《襄阳日报》专栏"知名评论家评襄阳"，为当日二版头条，产生了很好的反响。

二、要对时事政治保持持续的兴趣和高度关注

政治是什么？它是某一时期某一范围的最大之事，是关系全局、影响久远的事。所谓政治家办报，就是强调从全局的、历史的、本质的角度来报道和评说新闻、分析形势、引导舆论。从历史角度来看，许多著名的政治家本身就是著名的时评家，而许多著名的报人都具有政治家的思维和眼光。新闻稿件的生命力，主要在于它的政治生命力。如果一个人具有强烈的社会责任感，对国家政策和百姓的要求呼声具有满腔的热情，对是非曲直、利弊得失很有兴趣，甚至感同身受，就一定常常处于若不把所感发出来，就"食不甘味，寝不安席"的状态之中。这是一种非常宝贵的政治热情和创作冲动，不能等一等、拖一拖，应当有感而发、直抒胸臆，激扬文字，把"豆腐块评论"一块一块地往外拿，图个一吐为快，达到讴歌真善美、鞭挞假恶丑之效。列宁说过："没有

人的感情，就从来没有也不可能有人对真理的追求。"① 鲁迅说："从喷泉里出来的都是水，从血管里出来的都是血。"② 那么，一个评论员从笔端涌出的文字自然是评论员内心灵魂的体现。做人与作文是统一的，只有高尚的灵魂才能写出高尚的文字。评论员心中如果充满对祖国和人民深切的大爱，就一定能够写出观点鲜明、论证有力的评论佳作。小评论口子小、角度新，讲究言约意丰。全文一般400来字，没有空洞的说教，也无抽象的说理，且语言鲜活、形象，具有很强的亲和力。

三、要有理论功底和广阔深厚的文化科学知识

新闻评论是不朽的事业。新闻评论员是烛照社会心灵的理性之光。新闻评论员必须有一定的理论功底，所讲的道理才能上升到理性认识的高度。所谓高度，指的是思想的高度或深度。因为站得高所以看得远，能够高屋建瓴、胸怀全局。因为有高度或深度，所以具有超越时空的洞察力，能够透过事物的表面现象把握事物的本质。更深层次地讲，高度或深度还体现在具有质疑精神和批判意识。如果缺乏理论修养，往往只会就事论事，或者流于表面，人云亦云。人民日报社原总编辑李庄曾语重心长地告诫广大记者一定要注意学习理论，说很有些同志读别的书相当勤奋，就是不注意学习理论，结果吃了大亏。没有正确的立场、观点、方法，鉴别事物没有标准，分析问题没有武器，坚持正确意见缺乏胆识。新闻本身就是一种文化，而且是各种文化的交汇点。评论触及的问题是非常广泛的，政治、经济、文化、教育、医疗、科学、农业、健康……各行各业的问题都会触及，写哪方面的问题需要哪方面的知识。因此，记者和评论员必须是杂家。有一点文史的爱好，论证需要古今中外的大量论据；懂一点涉及某一专业领域的知识，有比较才有鉴别，也才能有独到见解。广泛阅读，博览群书，应该成为评论员的生活习惯。特别要强调的是，除了学习书本上的知识以外，还要懂一点影视知识，懂一点艺术。艺术归根结底是处理矛盾的手段。音乐也好，绘画也好，都要求处理好强与弱、刚与柔、浓与谈、深与浅等关系。大学期间，大学生们把文史哲的功底打扎实，参加一些感兴趣的社团活动，对一生的事业都会受益无穷。

---

① 《列宁全集》（第20卷），人民出版社1958年版，第225页。
② 鲁迅：《鲁迅全集》（第3卷），人民文学出版社1982年版，第154页。

四、要有坚强的毅力和勤奋好学的进取精神

一个人要成才，固然影响因素很多，但归根结底是四个字，即勤奋好学。爱迪生说过，天才是百分之一的灵感加百分之九十九的汗水。从某种意义上说，这百分之九十九的汗水就是勤奋。大凡在事业上取得成就的人，无一不是勤奋的人。一个记者要成才，脚懒手懒是不成的。业精于勤，文精于练，尤其是从没经历过上山下乡、摸爬滚打，从"象牙塔"出来的大学生，只有勤奋再勤奋，多写再多写，才能练硬笔头，写出才气来。干新闻这一行，比拼的不单是名校毕业的硕士、博士的文凭，更是能不能拿出像样的东西来，关键是看有没有真才实学。现在，全国2500多所大学中，有300多个新闻专业本科教学点，绝大多数都开设了评论课，上课就要有教材。30多年来，我国出版了一批出自有丰富新闻实践经验的记者、编辑之手的可供教学使用的教材。我作为本教材主编，从事新闻编辑与评论教学和实践达40多年，故教材既反映了我的人生追求、新闻理想和深厚学养，也处处渗透着对新闻编辑与评论实践与教学的体察和感悟，教材深入浅出、生动形象。本教材是我们团队成员为全媒体时代新闻编辑与评论教学和实践提供的一本最新力作。仅就评论而言，反映了近几年新闻评论的新发展、新突破、新成果，尤其是对最新案例创新性的解读和理论上的提升，使本教材更具时代性、针对性、科学性、前瞻性和可操作性。

高校大多有大学生记者团，这为大学生们的新闻实践创造了条件。做评论员，首先要做好记者，要具有人文社会科学素养和新闻学的基本素养和业务素质。没有采访阅历的评论员是没有生命力的。新闻学子无论身处何地，都要做到腿勤、脑勤、口勤、眼勤、手勤，随时发现新闻，马上记下思考的火花，立即将感想写成微评传至手机媒体（如微博）发表。新闻学生需有写作评论数量的积累：一是每天写作小言论400~600字，像石匠那样把你头脑中的语句和思想刻在石墙上；二是每天浏览5个左右的新闻网站，如鲨鱼般在信息海洋中游泳，将千百条"小鱼儿"一口吞下。新闻写作与知识积累，只有达到一定数量才会变为自己身上的养分。三是加强与媒体的联系，利用寒暑假到媒体实习，勤跑勤写多练笔，从而适应新闻网站评论专栏的风格要求，发稿达到一定数量后，自然熟能生巧。四是多参加学术讲座、研讨会、辩论会、科技论文报告会和演讲活动，训练自己的文字表达和口头表达能力。学习写评论，与其说是掌握一定的技能和方法，不如说是进行一种更好的逻辑思维与形象思维训

练。正如学了厨艺并非都要上街去开餐馆，更主要的是厨艺提高了，每天都可以在家品尝到自己动手做的美味佳肴。自媒体时代，如果人人都能学习和掌握这种新闻评论的能力，无疑对于自己更全面、更科学地认识世界、认清自己在这个时代的位置和责任，以及所应该采取的行动，是大有好处的。一个对新闻评论有更多了解或直接参与到评论当中的人，可以从中体会到无穷的乐趣，享受到拥有劳动成果的幸福感。

　　天道酬勤，幸福是劳动创造的。热切期待每一位大学生都能肩负起历史的责任，塑造健康人格，描绘美丽人生，为祖国、为社会、为人民发挥聪明才干，获得成就，创造未来。

肖　峰

2021 年 7 月 1 日

目　录

上篇　全媒体新闻编辑

下篇　全媒体新闻评论

上　篇

全媒体新闻编辑

第一章　当代新闻编辑

【本章学习要点】
- ★ 了解编辑活动的产生、发展与媒介形态变化
- ★ 了解新闻编辑部与编辑工作特点
- ★ 了解新闻编辑方针制定与新闻产品设计的方法
- ★ 了解新闻编辑必须具备的素养要求

第一节　编辑活动的产生、发展和媒介形态变化

【知识要点】

新闻编辑作为一种职业，是在新闻媒介产生以后才出现的。随着新闻传播的发展，依次出现了报刊编辑、广播编辑、电视编辑和网络编辑等。

新闻编辑的发展演变与媒介形态的变化密不可分。现代信息技术和传播手段的发展，带来了整个媒介环境的变化，也推动编辑由原来的单一编辑转型为全媒体编辑。

一、编辑活动的产生

"编辑"一词，最早出现于《魏书·李琰传》中："前后再居史职，无所编缉。"（缉与辑通）此处所谓"编辑"为编修史书之义。由此可见，我国早期的编辑就是顺其次第，编列简策而成书籍的人。他们的工作对象主要是书籍，工作内容包括辑集、纂写、校勘、审定、编选等，目的是通过将已有但无序的文字资料变得有序而集中，传播和储存知识。事实上，无论是被后世尊为"编辑始祖"的正考父，还是享有"伟大思想家、政治家、教育家、杰出编辑家"诸多头衔的孔子，他们所谓的"编辑劳动"，在很大程度上只是收集和整理现成的资料，然后对其进行简单的加工。在一定程度上，编辑成了资料搜集和文字技术加工的代名词。

需要指出的是，因为受王朝更替、战乱等社会环境的影响，文化程度、书写工具、复制技术等条件的制约，对书籍特别是先秦书籍的编次、辑集十分不易，因此，在相当长一段时期内，中国古代的编辑多由学者兼任，编辑活动"编、著、校合一"的特征鲜明。直到唐宋之后，特别是明代时期，随着造纸术和印刷术的提高，商品经济的发达，手工业城镇中书市、书坊、书铺的兴起，编辑出版活动发展到相当的规模，出现了受聘于书市、书坊或书铺，适应市场需要的职业编辑工作者，他们的主要工作是对别人的作品进行选择、加工和整理，明末苏州冯梦龙、吴兴凌濛初等即是代表。编辑与著述活动从此正式分开。"编辑"一词又指从事编辑工作的人。而真正的近代职业编辑，则是在清末维新运动时及其后，才活跃于学术文化界，成为一种自由职业者。梁启超、谭嗣同、唐才常、樊锥、章太炎、蔡元培、张元济等即为个中翘楚。

二、新闻编辑概念的界定

我国《新闻学大辞典》对"新闻编辑"的定义是："新闻媒介在出版或制作过程中有关决策、组织、选择、加工、设计等专业性工作的总称。"该辞典更进一步指出，编辑与采写、通栏一起是报社、广播电台、电视台的编辑部工作的主要组成部分。从新闻传播的制作过程来看，编辑工作既包括开始的决策，又包括最后的把关；从新闻传播制作的全局来看，编辑工作既包括对新闻传播的宏观把握，又包括对新闻传播的细微斟酌。因此，编辑工作对于把握新闻传播的方向，提高新闻传播的质量，有举足轻重的作用。

本书所采用的是《新闻学大辞典》中对"编辑"的定义。原因在于，现代编辑活动以传播为目的，是利用传媒如报纸、杂志、广播、电视等进行的大众传播活动的一部分，且现代编辑行为属于社会活动，现代编辑工作是一项系统工程，编辑在整个传播过程中发挥着重要的组织、指挥作用，相对而言，《新闻学大辞典》中的"编辑"定义对以上特点均有涵盖与呈现，可以说，基本反映了现代编辑概念的内涵和外延。

三、新闻编辑活动的发展

新闻编辑作为一种职业与大众传播媒介的诞生密不可分，这种职业的发展演变也与媒介形态的变化密不可分。

相对于报纸而言，广播、电视、网络媒介及手机媒体等都是新闻媒介家族的后裔。它们的问世，让新闻编辑的家族中增加了广播编辑、电视编辑、网络编辑、新媒体编辑等类型，也促使新闻编辑要运用一套与所在媒介传播方式相适应的符号系统进行专业化操作、团队化操作，新闻编辑活动的专业性越来越强，彰显出新的生机和活力。

网络媒介是一种前所未有的综合媒介和数字媒介，它不仅集报刊、广播和电视的优势于一身，更具有这几种媒介都不具备的优势。在信息容量上，网络媒介以光纤为传输载体，传递的是数字信号，可以承载海量信息，传播速度也非常快捷；在传播方式上，它提供的人机交流界面，使信息传播由单项式变为双向互动，从根本上改变了新闻传播的传统模式；在传播范围上，借助互联网络的全球化，网络传播能轻松跨越地域和国界的限制，信息传播范围无限地扩大了。凡此种种，网络媒介对传统的新闻编辑工作产生了极大的冲击，提出了新的要求和挑战。

随着信息科技的发展，编辑工作更迎来了数字化时代，编辑工作的环境和条件发生了巨大变化。门户网站、博客、QQ、SNS、微博、微信、阅读器、楼宇液晶电视、移动互联等新兴媒体陆续出现，它们在当代信息的传播中发挥着越来越重要的作用，已经成为人们日常生活中不可或缺的信息传播工具。这些告诉我们，一个由传统媒体和数字媒体相互融合、共同发挥作用的全新发展时期——新媒体时代已经来临。

四、媒介形态的变化

媒介形态的变化，使传统媒体的传播方式也发生了很大变化。

第一，新闻采写形式不同。"5W1H"和"倒金字塔结构"等都是业界传统新闻写作方法。回看几十年前的会议新闻、好人好事报道，其报道方式很可能与现在如出一辙。这是因为，在记者的成长过程中，模仿式写作必不可少，正如印象派的莫奈依然会画"正常"的超写实的画作一样。可有些记者、编辑却一代传一代地"践行"着这些思路，没有突破，因而在体例上没有进步。但自"走转改"提出以来，采写方式确有很大变化。记者在基层扎得更深，采写的内容更加细致。同时，党媒在头版头条的位置大篇幅刊登基层干部报道，打破了原有的排版布局形式。值得一提的是，标题也有很大改变。在《现代快报》等都市报中，五行标题、六行标题都不是稀罕事，用最口语的方式传递最有价值的信息，已是其默认宗旨。

第二，新闻发布渠道不同。"新媒体"的出现，使官方媒体不得不"下海"，与一众自媒体"厮杀"。假如我们现在身处20世纪或21世纪伊始，我们很难想象，处于黄金期的官方媒体会在有一天走下"神坛"。但这并不代表官方媒体的没落，甚至消失。其在当今信息海洋中的作用仍显著而有必要——人们需要在纷繁复杂的符号中寻找正确权威的信息，消除讹误错漏，化解心中疑惑。而官方媒体恰恰给予了受众这种"安全感"。可这种功能不足以使"喜新厌旧"的受众们投入恒久耐心的爱，所以变革势在必行。

第三，全媒体记者的出现。当我们翻开今天的《湖北日报》，电头出现的不再是"记者某某某"，而是"全媒体记者某某某"。当我们再看一眼《长江日报》，使用了数十年的"本报讯"已悄然改变为"长江日报讯"。这代表什么呢？其一，记者在转型。文能像钢琴演奏家般敲击键盘，武能扛起相机、摄像机这样的"长枪短炮"，这仍远远不够，记者还需练就一口如主播般的标准普通话，或熟练掌握各种包装技术，或熟稔新媒体传播语言。全媒体记者，不仅仅代表全渠道传播方式的转变，也是对记者这一职业的更高要求。要不然，你只能被写稿机器人所取代。其二，新媒体颇爱采用传统媒体产品，使得传统媒体"又哭又笑"，笑的是同一篇稿件登在传统媒体和登在新媒体上的传播力完全不同，哭的是成果（也就是"流量"）都被"中间商"赚走了。因此，适当植入、维护版权很有必要。

第四，运作方式发生了变化。2017年，长江日报传媒集团旗下三家报纸实现"中央厨房"式运作。同一篇稿件上传至库中后，各部门各取所需，重新加工，迎合不同渠道的受众需求。比如《新年第一天，我们去敲市长门》这一直播节目中，通过记者进入市政府大楼，逐一采访随机遇到的官员，直播其"第一反应"，反映工作风气。虽然仍是主题性报道，可方式却极易令人接受，短时间就收获近百万点击量，也使党媒更加"圈粉"。又比如，地铁的出现使广电媒体再现生机。武汉广播电视总台将地铁渠道盘下，受众在地铁内看到的短视频节目，均出自其下。巨大的人流量，使其广告收入颇为可观。

第二节　新闻编辑部与编辑工作特点

【知识要点】

在全媒体时代，新闻编辑部作为内容建设的核心部门，在组织结构、流程再造以及记者编辑所必备的技能上都产生了重大变化，新闻编辑工作呈现四个特点：新闻传播活动的"总设计"与"总指挥"；新闻传播活动的集大成和总把关；新闻素材价值的提升者；公共论坛的主持人与新闻话题的引导者。

一、新闻编辑部

随着数字时代的来临，媒介融合程度不断加深，新闻编辑部作为内容建设的核心部门，在组织结构、流程再造以及记者编辑所必备的技能上都产生了重大变化。新媒体的出现迫使传统媒体尤其是纸质媒体必须尽快地寻找出路，传播学界和业界也都从不同层面展开了相应的探索和研究。基于此背景，我们以报社的新闻编辑部为例，探析媒介融合背景下，新闻编辑部在生产流程、组织结构等方面产生的变革与未来发展趋势。

报社的新闻编辑部是负责报纸编辑出版工作的组织机构。在计划经济时期，报纸编辑部与报社地位相等，编辑部既管编报，又管经营，广告部、发行部都是报纸编辑部下辖的二级部门。改革开放以后，报纸逐步走向市场，报社这种"大编辑部小经营部"的内部结构表现出明显的弊端。如图 1-1 所示，1995 年，《羊城晚报》率先试行社长领导下的总编辑、总经理负责制。报社作为最高一层机构，编辑部与经理部地位相等，成为报社下辖的两个二级部门，编辑部管办报，经理部管经营（包括广告、发行和多种经营）。

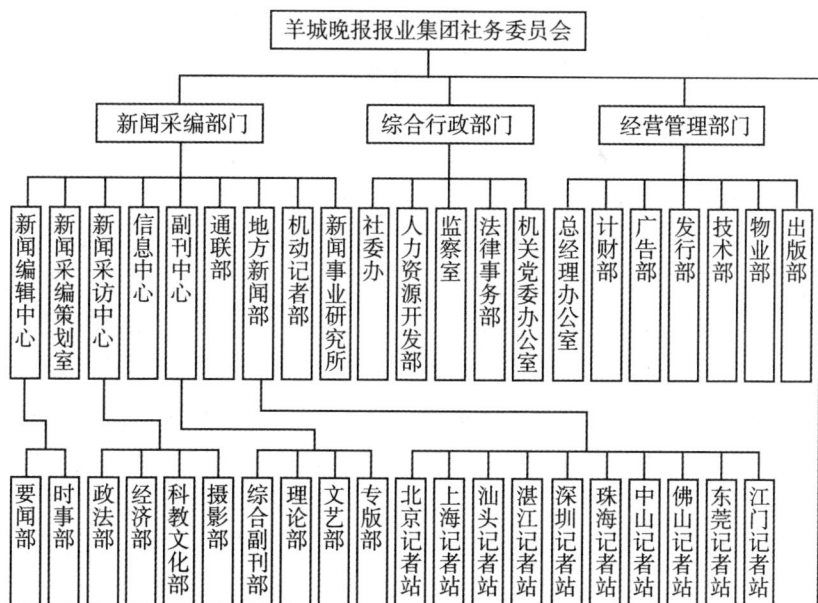

图 1-1　羊城晚报社组织机构图

这种新机制合乎市场经济新形势的需要，逐渐在报界得到推广。

总编辑是报纸编辑部的最高领导人；编委会由正副总编辑和一些重要编辑部门的负责人组成，是最高领导机构。

报纸编辑部下辖各专业部门。如《人民日报》在报社编委会管辖之下，直接设立阅评小组、总编室、记者部、经济部、国内政治部、教科文部、国际部、评论部、理论部、文艺部、群众工作部、新闻信息中心等部门。在体制上，当前党报、都市报及专业报普遍采用中心制。中心制分主任制和主编制两种模式。主任制沿袭了传统报业的做法，业务中心的负责人是行政职务。主编制则将业务中心的负责人纳入业务考核体系之内，将主编视为所分管领域的"总编辑"，更强调负责人对其所负责业务的决策权和责任担当，权责更清晰。

在采编运行方式上，一些报社实行"采编合一"制度，即采访与编辑工作不作严格区分，从业人员同时身兼记者编辑两职，直接负责相应的报纸版面编辑工作，也有一些报社实行"采编分离"制度，专门设版面主编负责版面编辑工作，采访与编辑工作严格分开，编辑人员不采访。还有一些报社混合采用上述两种分工模式，根据编辑内容的时效性和深度要求而定。

总编辑与编委会通过"编前会"制度落实对各专业部门和各个版的领导，以及各个部门之间的协调合作。在媒介融合的背景下，报纸编辑部作为内容生产的核心部门，其转型与重构显得尤为重要。

报纸编辑部前移是报纸提升新闻竞争力的方式之一。这一概念最早由广州日报社提出。2008 年，为打好北京奥运会新闻战，确保及时采写、编排新闻，广州日报社投入大量资金，提前在北京奥运会主新闻中心租用记者工作间，并将其北京记者站改为北京奥运编辑部。北京奥运会期间，该社共派 208 人奔赴新闻战场第一线，指挥、策划、统筹、联络、采访、翻译、编辑、美工、校对、检查、技术、网站、印刷、发行、广告、品牌、后勤等多方力量组成了一支精干全能的特种部队。此举极大地提高了编辑部指挥能力和效率，使编辑与采访无缝衔接、直接互动，最大限度地节省了传统采编流程中的非技术时间，提高了采编效率。2008 年 8 月 6 日，在北京传递圣火的第一天，当姚明高擎火炬跃出天安门时，《广州日报》北京奥运编辑部已经接收到现场摄影的无线网络传图。当奥运火炬接力刚开始 1 个多小时，该报 10 万份"圣火京城传递"号外已经在北京的"鸟巢"、后海、王府井、西单等地派发。据统计，从现场采访到编辑做版再到印刷出报，整个过程仅 2 个小时。《广州日报》成为首家在首都出号外的异地媒体。在之后的重大战役性报道之中，越来越多的报社采用了"编辑部前移"这一模式。

　　我国报纸编辑部的整合改造，呈现出四种模式。第一，报网互动模式。这是我国报纸编辑部在整合初期最早呈现的模式。当然，随着报业转型的不断推进，报网互动的模式也从简单走向复杂，大致经历了技术应用型、内容复制型、联动报道型、版块合作型以及战略合作型五种模式。第二，报网一体模式。即原本相互独立的报纸编辑部和网络编辑部合为一体，形成"你中有我、我中有你"的格局。该模式打破了报纸和网络之间的界限，新闻产品的生产与传播载体进一步分离，载体的使用完全服务于内容。第三，滚动新闻报道中心模式。2007 年，《广州日报》成立滚动新闻部，借助集团所属的大洋网，每周 7 天，每天 24 小时不间断地进行新闻报道。滚动新闻报道中心的模式成功推进了报业数字化的进程。第四，搭建全媒体平台模式。2008 年，烟台日报传媒集团组建了全媒体新闻中心。这个新闻中心由总编室、采访部和数据信息部组成，除此以外，还专门设置了一个虚拟的机构——"YMG 特别工场"（注：YMG 就是指烟台日报传媒集团）。每当突发或重大的新闻事件发生时，这个虚拟机构便从各部门临时抽调工作人员到 YMG 特别工场进行工作，事毕即散。

　　目前，我国报纸编辑部整合改造最典型最成功的代表，是 2016 年 2 月 19 日正式上线运营的《人民日报》全媒体平台（"中央厨房"），如图 1-2 所示。该平台是《人民日报》面向受众、面向国际、面向未来的新一代内容生产、传播和运营体系，以内容的生产传播为主线，不仅服务于《人民日报》旗下的各个媒体，更致力于为整个媒体行业搭建一个支撑优质内容生产的公共平台，聚拢各方资源，形成融合发展合力。

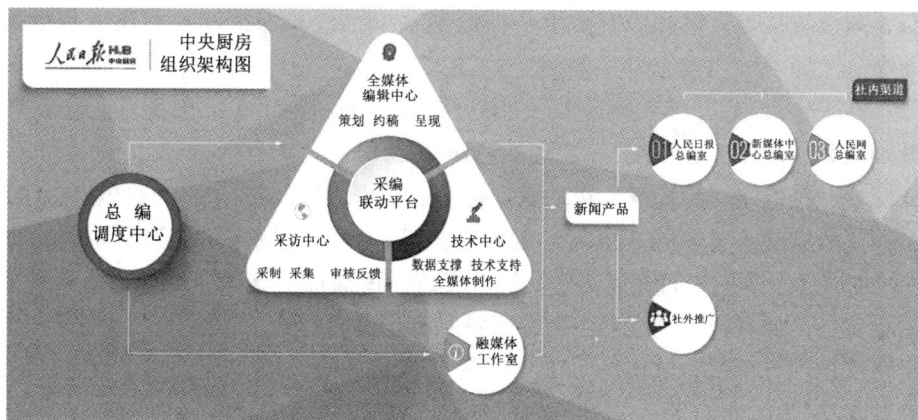

图 1-2　《人民日报》"中央厨房"组织架构图

从图1-2中可见,《人民日报》"中央厨房"不是简单、传统的"采编发"一体化稿库,而是力图打通全流程、构建完整的媒体融合体系。在组织架构上,《人民日报》"中央厨房"打破了过去媒体的板块分割的运作模式,专门设立总编调度中心,建立采编联动平台,统筹采访、编辑和技术力量,实现"一次采集、多元生成、多渠道传播"的工作格局。总编调度中心是指挥中枢,是策、采、编、发网络的核心层,负责宣传任务统筹、重大选题策划、采访力量指挥。采编联动平台是常设运行机构,由采访中心、全媒体编辑中心和技术中心组成,负责执行指令、收集需求反馈,人员来自"报、网、端、微"各个部门,大家组成统一工作团队,听从总编调度中心的指挥,进行全媒体新闻产品的生产加工,所有产品直接进入后台新闻稿库。

报社总编室、人民网总编室、新媒体中心总编室主要负责从稿库取用稿件,这些稿件既可以作为成品直接发布,也可以作为素材进行二次加工。所有产品在社属媒体首发后,再向国内外合作媒体推广。目前,《人民日报》"中央厨房"可提供18个语种的新闻产品,向全球500家主流媒体和新闻网站供稿。

在这样的组织架构下,人民日报社相应地配套了完整的运行机制,包括总编辑协调会、采前会等。一般情况下,每周一下午,总编辑召开协调会,部署当周重要宣传任务,讨论重大报道选题,点评一周传播效果及协调采编对接联动。总编协调会是"中央厨房"日常运行的最高决策机构。采前会每天上午召开,由当天值班的副总编辑主持,三大中心和报社采访部门的负责人参加,会议内容包括汇报选题策划、通报新闻线索、研究当日舆情、确定重点稿件、布置采编对接等。报社原有的下午的编前会取消,只保留晚上的夜班报纸编前会。

在工作机制上,《人民日报》"中央厨房"创新推出了"融新闻工作室",鼓励报纸、网站、客户端、微博、微信的优秀编辑、记者根据自己的兴趣和工作需要,跨部门、跨媒体、跨地域、跨专业地组织新闻工作室。这些新闻工作室按项目制施工,如同一支支小规模的战斗突击队,既灵活又有针对性,而"中央厨房"给予它们资金支持、技术支持、传播推广支持、运营支持和线下活动支持。此举极大地提升了内容质量和产品的多样性,让媒体人的创意产生出更大的内容价值,这也是"中央厨房"从重大事件报道迈入常态化运行的全新尝试。

此外,"中央厨房"还建立了重大、突发事件应急报道机制,安排专人实时监控、随时调度,第一时间进行融合新闻的采集、加工、生产和传播。

依托"中央厨房",人民日报社实现了报纸业务的采编分离。地方部、经社部、政文部、体育部改为完全的采访部门,原有的版面编辑任务移交总编室负责。同时,采访力量实现了统筹管理、打通使用。

全新的机制激发了记者编辑的潜力和创造力。优质内容产品层出不穷,一大批有影响力的全媒体产品广受好评。统计显示,截至 2016 年 6 月 30 日,人民日报全媒体平台(中央厨房)供稿渠道已覆盖全球 2000 多家媒体,为媒体融合发展探索出一条新路。如图 1-3 所示。

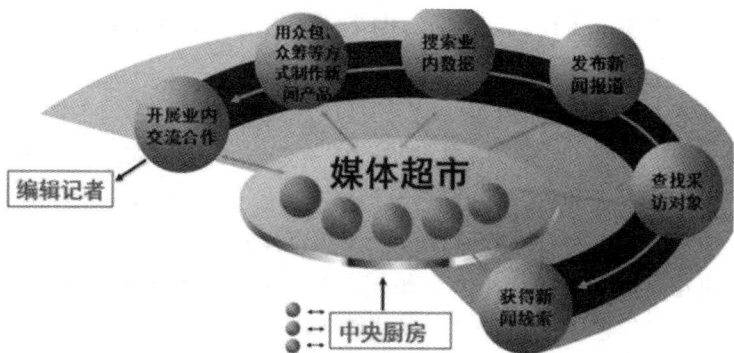

图 1-3　《人民日报》"中央厨房"为编辑记者提供的便利①

在媒介融合背景下,《人民日报》"中央厨房"率先推出融合内容生产、信息传播、产品运营的一体化内容生产体系,实现了内部和外部资源的有效整合,搭建了媒体行业优质内容生产的公共平台,为我国传统媒体的融合转型起到了标杆作用。2017 年 5 月 17 日,在 2017 中国网络视频年度高峰论坛暨第二届中国网络视频学院奖——"金蜘蛛"奖颁奖典礼上,《人民日报》中央厨房荣获年度最具影响力媒介融合平台奖。

二、编辑工作特点

新闻编辑工作,是指新闻编辑在媒介产品生产过程中所要做的一系列工作。就报纸而言,主要包括策划、编稿和组版三个部分。策划有宏观策划,即对报纸编辑方针的确立和对报纸的整体设计,也有微观策划,即对具体新闻报道的策划与组织。编稿包括分析与选择稿件,修改稿件和制作标题。组版指配

---

① http：//news. xinhuanet. com/newmedia/2016-02-27/c_135135947. htm, 2016-02-27。

置版面的内容和设计报纸版面。

其他媒体的新闻编辑活动，也同样贯穿节目制作的全过程。广播新闻编辑工作涵盖对广播栏目的设置、主题的选择、素材的加工、解说词的改编、音乐音响的选配以及对各类人员的组织协调等。电视新闻编辑职能与广播新闻编辑相似，只是其编辑的对象增加了电视画面的剪辑。网络新闻编辑工作包括选稿、编改、推介、整合四个部分。选稿是根据新闻价值的标准选择新闻稿件；编改，首先是对文词进行编改，其次是对内容进行增加或删减；推介，指制作好的标题吸引读者，以及配发评论来突出新闻；整合，则是把众多的新闻归类，构成新闻频道或者栏目。有时，网络新闻编辑还需制作专题，它最能体现编辑的业务水平和整体素质。

新闻编辑工作发展到当代，工作的性质和过程没有发生根本性变化，但在编辑环境、编辑观念、编辑取向以及编辑工具方面变化很大。在数字技术和网络技术的推动下，各类型媒体的融合已经成为新时期媒体发展的主要趋势。一方面，不同形态的新闻媒体依然保持着各自的编辑特色；另一方面，它们基于网络而走向互动与融合，使新闻编辑工作的内容在传统媒体的基础上有了拓展，新闻编辑工作也因此呈现出全新的特征。

1. 新闻传播活动的"总设计"与"总指挥"

新时期新闻编辑工作的一项重要任务就是设计媒体的新闻产品和策划、组织新闻报道。

以总编辑为首的编辑委员会担负着制定编辑方针的任务，也担负着设计新闻媒体产品的信息规模、结构和外在形象的任务。编辑方针规定了媒体的受众对象、报道内容和风格特色，成为编辑部全体人员共同遵守的行动指南，并指引所有新闻业务活动。目前正在不断向前推进的媒体融合，对新闻编辑的决策与设计水平提出了更高的要求。在一个融合的媒体集团中，每一个媒体的定位不仅要求更加精准和个性化，对于不同终端产品，还需要有一体化的设计思路，从而促进"产品链"的生成，以及传播效果及媒体收益的最大化。

此外，当下的社会公众对新闻传播的需求不断提高。他们不但要"知其然"，要获知新近变动的新闻事实；还要"知其所以然"，要求媒介围绕新闻事件或社会现象提供尽可能详尽的背景资料，解释其产生的原因，分析其带来的影响，预测其发展的趋向。为此，新闻编辑不仅要精心设计和策划报道，还要成为每一个重大报道战役的指挥者。他们要向记者部署采访任务，协调各部门、各工种以及记者之间的关系，随时了解记者的工作情况并提供力所能及的帮助，比如提供采访线索、提供资料、推荐合作者等。在记者的采访写作过程中，编辑还要为其做好参谋的工作。可以说，新闻竞争越激烈，媒介就越需要足智多谋、指挥有方的新闻编辑。

2. 新闻传播活动的总把关者

在新闻传播活动过程中，新闻编辑也是重要的把关者。这种把关既包括杜绝新闻报道在政治思想和政策上的差错，也包括消灭技术性的差错。一个信息开放社会给不理性的人带来的问题是，可能导致他"信息过度窄化"，大数据时代可能会使不理性的人更不理性。新闻编辑无法阻止各种差错的出现，但必须尽全力把一切差错消灭在版面之外，保证新闻传播的真实性和准确性。虽然记者、作者对新闻都有自觉"把关"的责任，但编辑由于其特殊地位，在把关上担负的责任更为重大。

3. 新闻素材价值的提升者

新闻编辑对新闻素材价值的提升主要体现在两个方面：一是对新闻素材的选择、组合、提炼与创新。编辑选稿、改稿、制作标题，就是对新闻素材重新选择和组合的过程；二是对新闻表现形式的选择和创新。形式是为内容服务的，形式的运用往往又关系到内容传播的效果。新闻编辑对于新闻表现形式的选择体现在选择稿件的写作方式、编排手法，设计包装版面或栏目等多个方面。技术的发展推动编辑不断更新观念，以新的编辑思维、理念、方法和手段，提高新闻传播的时效，创新版面编排的规则，生产出真正有文化价值的精品。

当然，编辑对新闻素材的"再创作"要以新闻事实为依据，不能随意添加或杜撰，不能违背事物的本质和规律，从这一点来说，新闻编辑的能动性、创造性又是受制约的。

4. 公共论坛的主持人与新闻话题的引导者

数字化时代，越来越多的传统媒介正在探索与新兴媒介的互动与融合，于是产生了网络报、手机报、手机杂志、数字出版、数字电视等新型传播方式。在这个新旧媒介不断融合、传播手段不断创新的过程中，编辑不仅要主持传统媒介的报道策划和编辑工作，还要主持网络等新媒介的报道策划和访谈工作，越来越多的编辑正在扮演多媒体主持人的角色。传统媒体的记者、编辑纷纷在网络媒体上开设互动专栏，成为社会公众的对话者和新闻论坛的主持人。他们主持各类新闻议题的讨论，从中获取信息和线索，并将公众意见纳入新闻传播内容的范畴内。

新闻编辑需要更多地发挥新闻话题引导功能。技术的发展使新闻传播方式从传统媒介"我说你听"式的单向传播变为"你听他说"式的多向传播，大众传播与人际传播更加紧密地结合与汇流。这种新格局一方面造成新闻信息供给过剩，另一方面也促成人们更加依赖专业媒体组织对信息的整合与诠释。新闻编辑的任务就是要根据受众千差万别的需要，提供千姿百态的内容产品和信息服务，并在这种服务与交流过程中实现对社会舆论的引导。

时至今日，几乎所有主流纸质媒体都开通了官方微博、微信，对于公众最关注的各类社会问题及时发声，并以"微评议""微调查"等方式和手段，整合汇集来自社会各界的观点，从而实现新闻媒体反映舆论、引导舆论的功能。这正是新闻编辑作为新闻话题引导者角色和功能的折射与体现。

第三节　新闻编辑方针与新闻产品设计

【知识要点】

了解新闻编辑方针、新闻产品设计，能够依据媒介形态的不同，做出大众媒介新闻产品的设计、社交网络媒介新闻产品的设计和融合媒介新闻产品的设计。

一、新闻编辑方针

编辑方针是新闻媒介对所推出的新闻产品在内容和形式上所做的总体设计和准则。每一家新闻出版单位都有自己的编辑理想和编辑宗旨，会将其具体化、原则化，并以文字的方式记录下来，以指导编辑工作的内容，对此，我们称之为编辑方针。

编辑方针制约着媒体的风格特点。编辑方针一旦确立，就成为编辑确定稿件的取舍范围、篇幅、处理态度的标准，并最终体现在编辑对稿件的内容选择、写作水平、标题措词、标题形式与版面风格、节目的品位等各个方面。

1. 编辑方针的制定

编辑方针的制定涉及宗旨、读者对象、风格、言论立场、新闻处理的态度等多个方面，具体如下：

（1）宗旨

宗旨的确定是编辑方针的首要内容，也是编辑理想的具体总导向。新闻媒介不同，其所确定的宗旨也是不一样的。以报纸为例，有的报纸旨在宣传文化，在提高国民素质方面作出努力；有的报纸旨在提供新闻信息；有的报纸则可能立足消闲，以供读者娱乐消遣为要事。但总的来说，新闻出版物的宗旨不应盲目高言大志，而是要充分考虑新闻出版物的性质、功能以及编辑部的人力物力乃至整个社会客观形势后才能确定。

（2）读者对象

每种新闻出版物都必须有受众。一家新闻媒体要想办成功，不了解受众的爱好、需求是不行的。要对读者的年龄、性别、经济状况、文化背景、教育和文化水平、居住地等进行认真了解。每种新闻出版物面对的受众不同，应有不同的编辑方针。如《光明日报》的读者对象主要是科学技术界、教育界、学术理论界、文化艺术界、医药卫生界、体育界的广大知识分子和干部，故其编辑方针或者说办报理念为：坚持面向知识分子的独特定位，体现以教科文理为宣传重点的鲜明特色，发扬知识密集性、理论前沿性、学术探索性的传统风格，努力把《光明日报》办成知识分子的精神家园。《农民日报》的读者对象主要是广大农村干部和社员群众，故其编辑方针或者说办报理念为：做党的宣传喉舌、农民的知心朋友。如果《光明日报》采用《农民日报》的办报理念，可能就不会得到受众的喜爱与支持了。

（3）风格

出版物的风格是内容和形式的统一，主要是由编辑宗旨和读者要求所决定的。是雅俗共赏，还是通俗为主？是"阳春白雪"，还是"下里巴人"？不管是什么风格，要各取一端。没有风格就没有新闻出版物的生命。在新闻竞争日益激烈的今天，可以说，"没有独特风格，毋宁死"。

（4）言论立场

我国的新闻出版物，毫无疑问，应是党和人民的喉舌，优秀的新闻编辑应站在人民利益的立场上，积极主动地反映群众的呼声，反映他们的愿望和要求。一家优秀的新闻出版单位应持有如下立场：诚实、正确、公平地报道社会种种活动、现象；勇于公布事实真相，不畏惧、不偏袒；以服务全体人民群众为利益准绳，不理会、不屈服于任何特殊利益的要求；有勇气为民作先锋，革新社会风气；如果说错了或报道有失误，应敢于公开承认错误，努力改正；弘扬新闻言论自由；做民众自由的守望者和战士，能为保卫人民群众应享有的权利而发声；尽量让读者得到知识，让他们可以分享人类思想上的各种成果，引导他们自己对各类公共事务做出正确判断与决定。不阿谀奉承、奴颜媚骨；不说空话与废话，更不说假话。

（5）对新闻的处理态度

纵观古今中外的新闻作品，编辑部对新闻的处理态度主要有两种。一些大众化的报刊多采取激情主义态度，其主要表现为：①抢先报道，不管真假、准确性如何；②内容文字及标题尽可能的夸张渲染；③对社会新闻报道不厌其详；④评论多，讽刺多；⑤版面活跃、多变化；⑥图片多。西方许多商业化、消遣性报刊，多采用这种取舍态度，严重时甚至造成"黄色新闻"的泛滥，损害了新闻的真实性，带来了严重的社会负面影响。

与激情主义的态度相反，一些报刊则力求以严肃的态度来对待新闻，其主要特点是：①新闻正确重于迅速，注意新闻的时效性；②平实、不夸张；③对社会新闻的处理采取严肃态度，在版面上也不特意突出；④对事件或问题的评论严肃，不随意指责；⑤版面设计上力求款式大方，不常变化。我国大多数报刊均采用这种态度。

2. 新闻编辑方针的内容

新闻编辑方针的内容主要包括受众对象的设定、传播内容的设定、传播水准的设定和媒介风格特色的设定四个方面：

（1）受众对象的设定

受众是新闻编辑工作最终的服务对象，而且正日渐成为现代传播活动的参与者。媒介的受众对象是根据不同媒介的性质、办报（台）宗旨以及媒介市场竞争的需要来确定的。以报纸为例，报纸的设计要针对具体的读者对象来操作，因此编辑方针首先要规定报纸的目标受众，即报纸编辑希望其能够成为报纸受众的人群。报纸受众的结构往往是多元组合，所以编辑方针不仅要确定目标读者的总体范围，还要进一步明确读者群中的主体是哪类人，次要的读者又是哪类人。

（2）传播内容的设定

新闻传播的内容是指媒介新闻传播的总的报道面有多大。具体来说，体现为报道对象的分布有多广、报道的领域有多宽、报道的区域有多大等。媒介新闻传播的内容是由媒介的性质、办报（台）宗旨和读者对象的需要决定的。

编辑方针对传播内容的规定，直接指导媒介产品总体规模和内部结构的设计，从报纸版面的分工、栏目的设置到报道篇幅的大小、报道位置的安排都与此有关。此外，报纸要设立何种副刊、专刊，也是编辑方针包含的内容。

（3）传播水准的设定

传播水准是指新闻传播的思想水平、文化水平和专业技术水平所达到的高度。它主要通过媒介传播内容的深度、广度，语言文字图像的呈现，版面设计，制版印刷，节目制作等多方面因素综合表现。媒介的传播水准也是根据媒介的性质、宗旨和受众对象确定的。

（4）媒介风格特色的设定

媒介的风格特色是指媒介产品的整体结构、传播内容、传播方式和外在形象等综合表现出的格调和特点。媒介的风格特色同样由媒介的性质、宗旨和受众对象决定。

二、新闻产品设计

新闻产品设计就是对媒介产品中以传播新闻为主要职能的组成部分的设计，包括确定新闻产品在整个媒介产品中的位置和比重，以及设计新闻产品中的每一个组成部分。

根据媒介形态的不同，新闻产品设计可以细分为大众媒介新闻产品的设计、社交网络媒介新闻产品的设计和融合媒介新闻产品的设计。

1. 新闻产品设计的内容

新闻产品的设计首先要确定它在整个媒介产品中的位置和比重。具体而言，它是指：确定报纸新闻版、广播电视新闻栏目、网络媒介新闻网页在整个媒介产品中所占的比重，如版面总量、时间总长度等；确定报纸新闻版在报纸中的位置、出版频率和具体时间，广播电视新闻栏目播出的具体时段和播出频率，网络媒介新闻网页的位置等。

在对新闻产品进行了整体规模与内部结构的总设计之后，还要进一步设计新闻产品中的各组成部分，包括：分工定位——职能分工与固定位置；局部设计——确定新闻产品的名称、报道对象、内容范围、表现形式、形象包装；细节设计——确定各专版、专栏的名称、报道对象、版面位置与容量、报道形式和风格等。

如图 1-4 所示，形象地说，媒介产品的各个组成部分以"树状结构"出现，只是报纸的组成部分是"版组—版面—专栏—稿件"，广播电视节目的组成部分是"频道—板块—（栏目）—子栏目—单个节目"，网络媒介的组成部分则是"主页—频道首页—稿件正文"。

报纸的局部设计包括：确定各个单元及其中各版的读者定位和编辑思想；确定各版名称、报道范围和重点；确定各版中的主要专栏名称、内容、篇幅、体裁、风格等；确定广告在各版中所占的篇幅和位置，以及广告的类型；确定各版的版式特点和风格特色，等等。报纸的局部设计是整体设计的一部分，所以既要注意局部风格与报纸整体定位相一致，又要根据各自的定位和内容特点而有所差异，在总体协调之中表现个性。

媒介产品设计的成果由书面文字表现出来，就是设计方案，这一方案往往作为媒介内部文件发给有关采编人员。方案的内容一般包括三大方面：阐述报

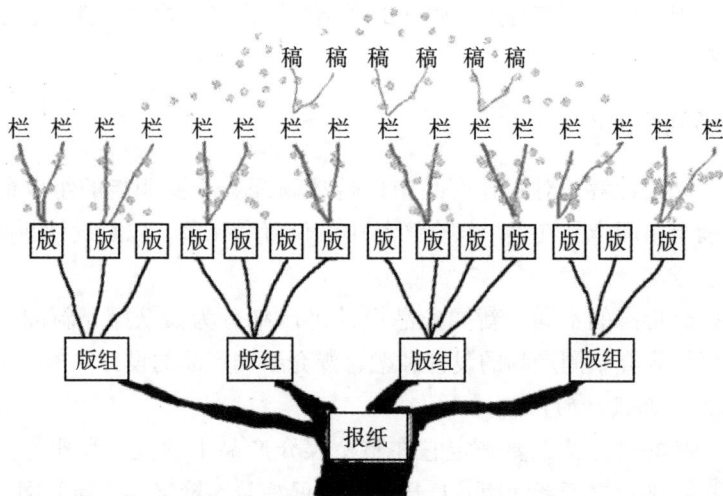

图1-4 报纸组成部分的树状结构图

纸编辑方针；阐述报纸的整体规模和内部结构；阐述报纸各个版组、版面与专栏的设计。

2. 新闻产品设计的操作过程

新闻产品设计是一项难度极大的系统工程，这项工作常常历时几个月甚至一年，设计流程包括预备、设计与方案试行三个阶段。具体如下：

在预备阶段，主要任务是收集各方面的信息，为下一步的方案设计提供科学依据。在设计阶段，主要任务是处理信息、提出创意、形成方案并优选方案。新闻产品的设计者首先要在充分获取信息、深入分析信息的基础上，根据对市场机会的分析，确定目标受众，并根据媒介的性质和宗旨制定编辑方针。其次，新闻产品的设计者拟定新闻产品设计方案，形成初稿后，经过多次讨论，优化选择，不断修改完善，直至最终定稿。拟定并修改方案的时间一般较长，常常要几易其稿，才能定稿试刊。

在方案试行阶段，主要任务是通过实际运作发现方案中存在的不足，进行修正和调整。在这一阶段要注意的是：①慎重选择试刊的内容。原则上应优先选择方案中最主要、最重要的内容，以及改版时新增设的版面、内容进行试刊（试播），因为这些内容可行与否、效果如何，是决定成败的关键。②慎重选择试刊的时间。不要选择有重要活动、会议或者节假日等特殊的时间试刊，一方面是因为这些时间媒体采编任务重，不能确保足够的人力、物力；另一方面也是因为这些时间各大媒体都在全力以赴地采编新闻、编好新闻，在这些时间试刊，比较难脱颖而出，引起读者的关注。③适当把握试刊的次数。改版的媒介根据拥有的人力、财力和物力，一般试刊2~4次为宜，新创办的媒介则应尽可能地多试刊几次，以全面检验新闻单元的定位是否合适，各部分设计是否可行。④广泛征集各方面意见，修正和确定设计方案。

值得一提的是，新闻产品设计方案即使通过了试行和修正，正式应用于媒介产品生产之后，有时还会根据实际情况做局部的调整。可以说，新闻产品设计是一个随着媒介产品的生产，不断接受信息反馈、不断调整、不断实现系统最优化的过程。

第四节　新闻编辑的素养

【知识要点】

新闻编辑应具有坚定的政治信仰、高尚的道德修养、合理的知识结构、扎实的工作能力。在全媒体时代，新闻编辑在具备传统新闻编辑应有的职业素养之余，还要从自身的编辑力、创造力、经营力和思想力四个方面提升职业素养，由单一的编辑转型为全媒体编辑。

21世纪的新闻编辑环境呈现出三个向度的发现态势：一是社会变革加剧，新闻编辑面对着更加复杂多变的社会环境；二是媒介种类与数量的递增，新闻编辑面对着前所未有的压力强大的市场竞争；三是现代科技发展使新闻工作告别"铅与火"的历史，走入"光和电"的时代，新闻编辑处在崭新的技术环境中。21世纪新闻编辑环境的变化，对新闻编辑的素养提出了新的要求。

一、新闻编辑应该具备的职业素养

1. 坚定的政治信仰

我国新闻编辑尤其要在政治上具有自己鲜明的立场，不论是传统新闻媒体编辑，还是网络新闻媒体编辑，均须坚持和拥护党的正确舆论，以党和人民的利益为核心，坚持和拥护正确、合理的政治立场，清晰地认识到自身的使命。新闻编辑只有具有高度的政治敏锐性、鉴别能力，才能对市场经济中可能出现的问题进行识别，才能在新闻采编活动中选择那些能够体现党的方针、政策，体现时代主流，能够引导群众前进的新鲜事实的稿件，以达到宣传群众、组织群众、教育群众的作用。

2. 高尚的道德修养

现代新闻编辑人才的思想道德修养主要包括三个方面：

第一，要有较高的理论水平和政策水平。我国的主流新闻媒体既要准确传播和解释党的纲领路线、方针政策，也要及时报道人民群众建设新生活的伟大实践和成绩成就。

第二，要有甘为他人作嫁衣、甘当无名英雄的精神。选择了新闻编辑这个职业，就要有任劳任怨、甘于吃苦、乐于奉献的精神，有团队意识和团结协作的精神，与记者、通讯员、作者和广大受众建立良好的沟通渠道。

第三，要有高尚的职业道德。新闻编辑的职业道德体现在编辑工作的各个方面、各个环节。在选稿上，新闻编辑要坚持质量面前人人平等，择优选用。在改稿时，要尊重作者的劳动，自觉维护新闻的真实性，保证新闻报道的客观公正立场。在发稿上，要严于自律、遵纪守法，将社会效益放在第一位，坚决杜绝"有偿新闻"。

3. 合理的知识结构

新闻编辑的知识结构，是指从事新闻编辑工作的人员所要掌握的知识的组合架构情况。新闻编辑的知识结构由基础知识、专业知识和百科知识三大类组成。

第一，新闻编辑要具备文、史、哲等方面的基础知识。

第二，新闻编辑要掌握专业知识。它主要包括专业理论知识和业务技能知识。所谓专业理论知识，是指编辑人员分工范围里的专业理论知识，即编辑基础理论知识。编辑工作是一项实践性较强的工作，编辑业务技能知识，即编辑工作中的主要程序、主要知识，其基本功是"六艺"：选题、组稿、审稿、加工、发稿、校对。随着全媒体时代的到来，新闻编辑还要尽量掌握现代电子技术，特别是与多媒体有关的技术，利用现代设备，实现编辑手段的现代化。

第三，新闻编辑应当具有百科知识。现在是知识大爆炸时代，各门类的知识以几何级数增长，学科的分化越来越激烈，新兴学科大量涌现，新闻报道中可能涉及的知识也越来越复杂化、多样化，几乎可以涵盖所有的学科：从政治体制改革到经济体制改革，工农商学兵政党，各行各业无所不包。相比学术期刊编辑、文艺杂志编辑等其他编辑，新闻编辑接触的信息量更多，涉及的领域更加广泛，优秀的新闻编辑应具备的知识面就应更加博大、广杂。因此，说编辑是一个"杂家"一点都不过分。

4. 扎实的工作能力

从事任何活动都离不开一定的能力，越复杂的活动对人的能力要求就越高。一个合格的编辑除了要掌握相关理论，具有一定的知识储备外，还要有一定的业务能力。

新闻编辑因其工作特点，要特别注意培养鉴别能力、整合能力、创造能力、组织与沟通能力、写作能力、创新能力和信息能力。此外，近些年来，由于现代技术与通信手段被迅速而广泛地应用于编辑、排版、信息储存、传输、印刷等领域，实现了计算机处理的一体化，现代新闻编辑的工作环境越来越开放，国际互联网成为编辑获取信息的最新工具，客观上也要求新闻编辑不断提升新技术与工具运用的能力，不断学习新知识、新技术，不断丰富与完善自己。

二、全媒体时代新闻编辑应具备的基本素养

面对新技术背景下的挑战，作为新时代的编辑，在具备传统新闻编辑应有的职业素养之余，还要从自身的编辑力、创造力、经营力和思想力4个方面提升职业素养，由单一的编辑转型为全媒体编辑。具体如下：

1. 新媒体的编辑力

所谓编辑力，是指编辑在出版工作中各种能力的综合表现。在新媒体时代，编辑应当明确"内容为王"的宗旨，以出版内容为主线，整合各种资源。

技术能力是在目前的新媒体出版环境下，编辑角色转型时应培养的关键能力。在现今的出版业务要求和流程中，编辑所编的内容应是"超文本结构"，也就是说，图书文本不仅要有文字，还要有声音、图画、Flash 甚至是影视文件，这对新闻编辑来说是一个很大的挑战，如何提升自己在新媒体时代的技术应用能力，是编辑必须重视和不得不解决的问题。

在编辑能力中，新媒体时代的编辑还必须具备较强的社交能力，尤其是在网络论坛和社会媒体中的活动能力。从选题的确定、论证、策划到组稿、编辑加工等，编辑工作的每一个环节都要与人及媒介发生联系。编辑必须在日常的生活和工作中，注意培养自己的活动能力，积累较多、较广的人脉资源和选题资源。

2. 数字内容产品的经营力

新媒体时代的核心是用户参与到市场的博弈中，编辑要做的正是实现从"资源中心""渠道中心"到"需求中心"的转变，获得、集成各类消费信息，固化这些信息，使之成为明确的市场需求。在媒介融合背景下的全媒体时代，媒体要想成功发展，新闻编辑在选题策划阶段就应充分考虑市场因素，而在确定选题后，新闻编辑更要对市场进行判断，明白该选题的受众是什么人，他们

的阅读习惯如何，消费能力如何，然后根据这些评估结果来选择形式，制定出符合该形式的内容。这也意味着编辑不再仅仅是信息的筛选者和过滤者，他们还负责信息的研判和重新组合，并且按照用户的兴趣和意愿，不动声色地分析与推荐，营造环境和氛围，让用户觉得自己能参与到内容的生产中来。

3. 新媒体的创新力

新闻编辑的创新体现在：一方面是挖掘新闻的敏感度，即能否以独一无二的视角找出客观的新闻价值；另一方面则是新闻作品的新颖度，即如何从多方面、多角度、多层次的立体思维将客观事物的新闻价值完整完美地呈现在受众面前。这两者缺一不可，对提高新闻报道的总体效果有着至关重要的作用。编辑是内容的加工者，编辑自身的素质高低直接决定了出版物内容质量的好坏。因此，一个擅长创新的编辑团队，一定能不断碰撞出层出不穷的好创意，开发出符合新媒体时代受众阅读需求的精品选题。

这种创新能力需要编辑个体多从发散思维、逆向思维、系统思维、辩证思维和灵感思维等方面进行训练。此外，编辑还要结合新媒体的传播特性，根据读者的阅读习惯，不断激发自己的创新意识，从而进行选题创新。

4. 新媒体内容的思考力

如今的编辑面对的是一个日益细分的精致化市场和日益多元的知识创造者及需求者，社会的价值系统也日益多元。高科技的发展改变了新闻编辑的媒体生态环境，也让新闻编辑的角色从传统的对内沟通合作者逐渐转向了对外的答疑解惑者和观点协调者。媒介融合后，新闻编辑除了要将记者采访和写作的材料进行重新加工和分化外，还要为受众提供更专业化的不同层次需求的解析。

综上所述，新闻编辑人才的基本素养，可以用"德""识""才""学"四个字概括，对于一位称职的新闻编辑来说，这四个方面缺一不可。每一位新闻编辑都应该为此不断学习、不断实践、不断提高。

☞ **思考与练习**

1. 新闻编辑的来源及新闻编辑概念的内涵是什么？
2. 当代新闻编辑环境的变化及对新闻编辑工作的影响是什么？
3. 当代新闻编辑应具备哪些基本素养？
4. 什么是新闻编辑方针？制定编辑方针的主要依据是什么？
5. 在媒体融合的过程中，新闻编辑部发生了哪些变化？如何评价这些变化？

6. 三人一组，（集体）设计一份新闻产品（报纸、微信公众号、APP 等媒介上的均可），要求写出策划书。策划书需详细阐述该新闻产品的编辑方针和版面设置等内容，并在课堂上演示与讨论。

第二章　新闻报道策划与组织

【本章学习要点】
　　★ 了解新闻媒介定位的涵义和方法
　　★ 了解新闻报道策划的概念、原则及类型
　　★ 了解新闻报道策划选题的决策依据和方案设计原则与方法
　　★ 了解新闻报道策划实施与调控的主要内容

第一节　新闻媒介定位

【知识要点】
　　了解新闻媒介定位的含义。新闻媒介定位主要包括受众定位和功能定位。前者回答了"媒体的服务对象是谁"这个问题，后者回答了"为这些对象做些什么"这个问题。

　　媒介生存环境和内部环境中各项因素的变化，是媒介定位的客观依据。中国的媒介市场已经进入细分化的时代，媒介间的市场竞争异常激烈，在这样的媒介市场中，如何寻求恰当的媒介定位，开发具有不可替代性的媒介产品，实现社会效益与经济效益的双丰收，成为所有媒介共同关注的问题。

一、新闻媒介定位的含义

　　媒介定位，是近年来学界借鉴市场营销学中市场定位理论提出的概念。所谓市场定位，是指企业在运营过程中面向市场为自身所设计的有关产品、受众、盈利模式、价值实现的一整套市场竞争策略。它包括企业自身的属性定位、利益定位和受众定位。
　　定位理论的提出是因为市场竞争中同质化现象太严重，这对消费者辨别和决定购买行为不利，也对企业经营发展不利。因此就需要企业根据自己的特色、优势找到自己以及产品适合的对象。定位科学、适当，才能在激烈的竞争中取胜，拥有主动权。

媒介间也存在着相同的同质化竞争情况。截至今日，大众媒介已经经历了大众受众时代、受众分众时代、适位受众时代和受众一对一时代四个发展历程。受众日益分化，形成了不同的受众群体，他们的关注点不同，需求也不相同。所以，每一种新闻媒介如果没有自己的定位，企图去覆盖所有目标市场，必将失败。媒介定位，就是新闻媒介根据市场行情，确定目标市场，设计内容产品，满足细分市场的受众和客户需求，实现自身价值、受众价值和客户价值的一种竞争策略。媒介定位的具体内涵包括角色定位、受众定位、内容定位以及竞争定位。其中角色定位是根本，受众定位是核心，内容定位是关键。竞争定位是新引入的概念，旨在确定媒介在市场中与竞争对手的相对位置。

成功的新闻媒介定位能有效整合资源，树立媒介形象，增强媒介竞争力。

成功的市场定位是媒体运营的起点和价值实现的归宿。但需要指出的是，新闻媒介定位可以借鉴市场定位理论中一些适用的内容，却不能完全照搬这套理论。因为市场定位理论从本质上说是为企业获取最大利润服务的，必然是以经济效益为第一取向。媒介产品与普通产品不同，它具有非常鲜明的政治属性，媒介产品生产必须将社会效益放在第一位，将经济效益放在第二位。

二、如何进行新闻媒介定位

1. 明确两个基本问题

一般而言，新闻媒介的市场定位需要解决两个方面的问题：一是媒体的服务对象是谁？二是媒体为这些对象做些什么？因此，媒体定位应该从两个方面来予以考虑，一是受众定位，二是媒体的属性与功能定位。

所谓受众定位，就是分析媒介市场，确定目标受众，对媒介产品的读者定位做出判断。媒体的目的是把媒体所承载的媒介信息用一定的形式和方式传达给信息接受者，也就是受众。正所谓"弱水三千，只取一瓢饮"，只有定位明确，才能够很好地把握稳定的媒体受众面，并在此基础上将其进一步扩大。因此，媒体定位的关键是受众定位。

媒体的属性与功能定位指确定媒介所要担负的职能和所要发挥的功用，是立足于受众需求和传播目的，对媒介产品做出的决策和设计。新闻媒介的功能定位极其重要，又非常复杂，涉及媒体内外诸多因素。从新闻媒介内部来讲，主要是新闻媒介主办方的主观愿望、所制定的编辑方针以及从业人员的素质。从外部来讲，主要是一个区域内媒介构成和受众的需求状况。

在新媒体环境下，随着传播技术的发展，媒介竞争的加剧，媒介市场细分战略已经成为我国媒介开拓与立足市场的重要推动力，新闻媒介的受众定位与功能定位也呈现出更加重视市场细分、更加关注每个人的个性化需求的发展趋势。要科学、规范地做好市场细分，可以从以下方面分析把握：

（1）地理细分

每一种媒介都有自己的覆盖范围和服务范围，受众的个性特征、生活方式、审美情趣等都有区域差别。地理因素是一个静态因素，易辨别。如央视的辐射范围是全国，所以节目类型、主持人特点就要兼顾到各个地域、各个民族，尽可能地使其具有全国的共性特征，而各省市电视台就可带有地方特色，包括方言、剧种和地域性名人、嘉宾等。

（2）人口细分

①家庭类型细分：一般而言，人口多的大家庭倾向于选择晚报、晨报类的市民报，人口少的小家庭倾向于选择体育报、足球报等个性化的报纸。对于农村扩展型家庭，媒介定位为"家庭读物"较好；对于城市小型化家庭，媒介定位为"个性化读物"更为适合。

②年龄细分：一般而言，老年人选择以健康类、生活类节目为主；中年人选择以新闻、电视连续剧、信息类节目为主；青少年选择以娱乐类节目为主。

③职业细分：一般而言，企业管理人员倾向于经济类报刊，行政人员和公务员倾向于时政类报纸。

④性别细分：一般而言，男性倾向于理性诉求，喜欢经济类、体育类、新闻调查类题材重大的版面或节目；女性则倾向于感性诉求，喜欢生活服务类、娱乐类和情感类等轻松有趣的节目。

⑤经济状况细分：一般而言，如高收入、高消费受众群体更青睐印刷精美的刊物，以及数字收费电视等。

（3）心理细分

心理细分指根据受众的社会阶层、生活方式和个性特征对市场进行不同的细分。

不同阶层的人的心理特征不同，对媒介信息的需求和关注点也大不相同。此外，受众的生活方式、价值观念、利益追求等也会影响其受众兴趣、媒介选择和受众行为。

（4）多变量细分

为使市场细分更科学，多数情况下对受众的分析参照两种或两种以上变量，如"年轻、高收入"者，主要指城市的年轻白领，他们大多收入高、职业地位高，在心理特征上往往喜爱文体活动和旅游，追求时髦，关注社会，因此，格调高、品位高、有时代感的媒介定位很适合他们。

总之，媒介在进行市场细分时应对市场进行多方面的开拓和分析，同时借鉴经济学、统计学、社会学等相关学科的方法进行市场细分的科学论证，保证媒介在将来发展中的可操作性、效率性、长期稳定性，使媒介市场细分成为媒介发展的真正推动力。

2. 参考媒介定位的客观依据

随着全媒体时代的到来，中国媒体的生态环境和基本格局发生了重大变化，一家新闻媒介确立受众定位和功能定位后，也不可能一劳永逸、一成不变。媒介定位的确立和变化，客观上受到媒介外部生存环境和内部条件各种因素变化的影响。

媒介定位要考量的外部环境因素包括受众、控制者、广告客户、传统中介和竞争者，要考量的内部条件因素则包括媒介拥有的资产、设备、技术条件和传播符号等"硬件"，以及所拥有的人才、制定的机制、具备的管理能力等"软件"。媒介生存环境中各相关因素的变动是媒介定位和媒介产品策划的重要依据，越来越受到传播者的关注。

3. 媒介定位的类型

概括来说，媒介定位有缺口定位、迎头定位、重新定位、差异化定位、避强定位五种类型。

缺口定位：指媒介寻找市场漏洞或空隙进行定位，抓住机会占领它。具体包括产品缺口、销售缺口、利用缺口等，如《北京晨报》作为北京第一份都市早报，就是抓住了早间时段的空隙，填补了北京地区早报市场的空白，从而获得了成功。

迎头定位：就是与最强对手"硬碰硬"地对着干，此举能激发上进心，但风险很大，因此要估计好自己的实力，防止对手反扑，避免"鸡蛋碰石头"。

重新定位：指媒介原有定位错误，或者虽然定位正确但推出产品后市场状况、目标受众偏好等发生了变化，因此需进行二次设置、多次定位。如《中国经营报》《华夏时报》创办之后都经历了多次定位调整。

差异化定位：指媒介找到与竞争对手的差异来定位。如天津日报报业集团的《城市快报》与《每日新报》《今晚报》都属于都市生活类报纸，但《城市快报》以城市化媒体为自身定位，定位口号为"快而且城市化"，报道视野集中在城市的新闻、足球、体育、民生、社区、调查、汽车、娱乐等方面，视角和范围与后两者明显不同，这样的差异化竞争让它迅速脱颖而出。

避强定位：指媒介在定位上不与竞争对手"硬碰硬"，而是共谋利益，共同发展。这种策略从目标市场角度来说也属于"差异化竞争策略"，能给受众留下好的印象，从而迅速在市场上站稳脚跟。如《中国经营报》就是避开《经济日报》在宏观报道上的权威优势，大做微观经营管理的内容；再如《华西都市报》也是避开当时处于强势、老大地位的《成都晚报》，定位为服务类的"市民生活报"。

第二节　新闻报道策划及其主要分类

【知识要点】

明确新闻报道策划的概念、原则、类型。

一、新闻报道策划的概念

在 2001 年 6 月华中科技大学新闻与信息传播学院举办的"新世纪首届新闻策划学术研讨会"上，大部分代表认为，"新闻策划"是个多义词，既可指报道策划，也可指新闻事件的策划，极易引起歧义和误解，应该摒弃这个不太科学的概念，故本书中采用新闻报道策划这一表述。

新闻报道策划是一项包含多个层次的系统工程。它不仅包括一篇或多篇新闻报道的微观策划或采写，同时它也是媒体的发展规划、市场定位、编辑方针、组版思想，以及专版专栏的设置等宏观策划的体现。广义的新闻策划是指新闻传媒的形象策划，它包括传媒发展战略策划、传媒营销策划、内部管理机制策划、广告策划以及媒体的风格和定位策划等。狭义的新闻策划是指新闻采访策划，即新闻业务中的"战役"策划，指新闻传播工作者在一定时期内，为了达到某种传播效果，对具体的新闻事实的报道所作的设计与规划，也就是指记者对将要采访的题材重大的新闻事实所作的事先谋划或筹划。

全媒体时代的到来，带来了新闻生产和运作上的新模式，也促进了新闻传播观念和认识的调整。身处于这一背景之中，新闻策划的理论也需要同步进行微调。具体体现为：以"融合新闻"为报道策划的新理念与新目标；以新闻内容的分众化定位为报道策划的着眼点；以新闻内容共创、互动传播与多媒体传播为新闻策划报道方式创新的重点。

二、新闻报道策划的原则

新闻报道策划既不能脱离客观存在的新闻事实而凭空产生，也不能摒弃报道主体的主观意识而运行。要遵循以下原则：

1. 真实性原则

在具体的新闻实践中，要特别注意两点：一是不要任意摆布报道对象，导演事实；二是不能"挂羊头卖狗肉"，以新闻报道策划为名，行商业策划之实。

2. 前瞻性原则

前瞻性，主要是指在新闻报道策划中，对那些常规性的重大事件，或媒体已被告知会在何时发生的重大事件所作的未雨绸缪的报道策划，以此保证在事件发生当天进行第一时间的宣传报道，抢占第一批受众。当然，这种前瞻性不能靠编辑人员凭空想象，而是应以事实为基础，以事实发生发展的逻辑为准绳。

3. 创新性原则

新闻的本质是新，讲究求异性。首先，新闻报道策划要注重新闻的独家性，做到"人无我有，人有我优，人优我特"。或者在选题上进行创新，选取百姓关心、领导重视、普遍存在的问题进行策划报道；或者以媒体独家视角和独家观点切入，进行求异性新闻策划，推出独家新闻，最大限度地满足读者的需求；或者在表现形式上创新，注重文字、图片、视频乃至网络等多种媒体形式的综合运用；或者在后期制作技巧上创新，如广播电视节目注重栏目事件化、事件故事化，提高解说词写作、分段剪辑、栏目包装水平等。

其次，要注重新闻时效性。它一般指突发性的重大事件发生之后，新闻媒体要积极策划，力求抢回失去的时间，保证新闻策划的质量与新闻报道的水准。在媒体融合时代，为保证编辑策划的时效性，绝大多数媒体搭建了全媒体平台，确保一线记者、后方编辑密切协作、无缝对接。如，"遇到每个采访对象，身在一线的我们都是'一采一拍'，第一时间将视频、图片、文字传回后方，多渠道发布。VR 全景图像、小视频现场直播，以网络快讯的形式，第一时间播发消息；系列图片紧随其后，反映代表委员风采和两会气象；随后，深度、系统、专业的报道，次第呈现报端。"① 立足于报社搭建的全媒体平台，正是前方记者与后方编辑的默契配合让《证券时报》的新闻快讯推送在财经

---

① http：//media. people. com. cn/n1/2017/0315/c40606-29145529. html，2017-03-15。

证券网站中几乎是全网首发,受到了不少媒体同行的赞誉。

最后,要注重新闻的个性化。缺乏创意、照搬照抄的策划选题,是得不到读者青睐的,同质化的新闻策划只会让媒体步竞争对手之后尘。要在日益激烈的媒体竞争中凸显优势,个性化的新闻策划无疑是提高新闻传播质量、增强市场竞争力的利器之一。

4. 可行性原则

新闻报道策划的成果最终要在新闻报道实践中得到检验。好的新闻策划,落脚点在于可操作性。再完备的新闻策划,如果操作性不强,那也达不到预期的宣传效果,就不能算是成功的新闻策划。

5. 变通性原则

新闻报道策划是对未发生或者未完成的新闻事实的策划,是报道的开始或准备,但新闻报道策划的实现靠记者现场采访,受到实践的约束和制约。策划人员的水平再高超,也不可能准确无误地预测事实发展,更不可能操纵记者和采访客体的表现。这就存在着策划与实践能否吻合,即主观与客观能否统一的问题。现实是复杂的、流动的、变化的,所以策划也应是动态的、变化的,这样才能适应多变的现实。

三、新闻报道策划的类型

新闻报道策划,在不同类型的媒介表现出不同的形态,这也正是它作为一种充满智慧的脑力劳动所特有的魅力。我们可以根据不同的标准,**将新闻报道策划划分为不同的类型**。主要有:

1. 根据报道客体的发生状态,可分为可预见性的报道策划和非可预见性的报道策划

可预见性的新闻报道策划,是指对能够提前获知的事件性新闻和非事件性新闻的报道策划。主题多为庆典、活动、比赛、会议等,报道内容一般是正面信息,涉及成就性的宣传报道、方针报道政策的宣传报道等。对于这类新闻的报道策划,有利的一面是因为提前知晓,所以媒体可以充分准备,精心安排设计;不利的一面是因为这类新闻事件往往是循环发生,容易形成固定的选题和报道模式,所以新闻策划较难实现突破和创新,此外,受众也往往因为接触太多类似的新闻报道而审美疲劳,对新的报道产生厌烦甚至逆反心理。

非可预见性的新闻报道策划,是指对无法预见的突发事件的报道策划。报道主题多为地震、火灾、飞机失事、战争爆发等,报道内容一般是灾难性事件,负面新闻信息居多。对这类新闻的报道策划,有利的一面是这类新闻事件

往往具有强烈的新闻性和冲突性，极易引发受众的关注和兴趣，不利的一面是各大媒体对报道时机的竞争非常激烈，为抢得新闻报道的第一落点，媒体一般较难有充足的时间策划和组织报道。此外，因为这类突发事件中负面新闻信息较多，媒体在策划时，还要在尊重新闻规律、抢夺报道时机的同时，把握反映，把握影响，正确引导受众。其中，对于突发性自然事件，就是我们通常说的"天灾"，如台风、地震、洪水、海啸等以自然变异为主因的自然灾害发生时，新闻媒体编辑一定要迅速做出反应，及时组织、策划版面，分专题进行多版面、全方位、连续性的报道，将灾情、灾因及救灾情况在第一时间告诉读者。

对于突发性社会事件，也就是"人祸"，如战争、暴力冲突、绑架、暗杀等以人为影响为主因的社会灾难发生时，新闻媒体编辑在策划时，版面安排要少些、精些，要突出的是读者最为关心的事件造成的后果、原因及将来可能发展的趋势，否则容易带来不好的社会影响与后果。

2. 根据报道策划的运行时态，可分为周期性报道策划和非周期性报道策划

周期性报道策划，是指媒体新闻采编部门的一种常规性的报道策划。策划的时间具有周期性特点，如按季度、月、周等进行的报道策划，均属此类。与可预见性的新闻报道策划相似，周期性报道策划的优点是能保证新闻传播的质量与效果，缺点是报道策划要突破与创新较难。

非周期性报道策划，是指媒体根据报道需要临时进行的报道策划。这种策划是周期性策划之外的一种应变策划。还有一些重要活动、会议的报道，虽然可以提前准备，纳入周期性报道策划中，但由于报道内容非常重要，需要长时间、大规模地报道，有时也在周期性策划之外专门进行报道策划。

3. 根据报道策划的运行方式，可分为独立型报道策划和非独立型报道策划

独立型报道策划，是指媒体独立运行的、与其他活动无关的新闻报道策划。如报道国务院机构改革、两会、叙利亚战争等，新闻媒介从旁观者的角度，独立进行客观报道。

非独立型报道策划又称联动型报道策划，是指报道策划与其他策划活动（主要为公益性活动）相关联，并相互发生作用。对媒体而言，非独立型报道策划集媒介策划、组织活动与策划、组织报道于一体，导致了报道者对报道客体的干预和介入，稍有不慎，则会与新闻报道客观公正的原则相违背，由新闻报道策划沦为新闻炒作甚至新闻造假，因此，学界和业界对此争议很大。所

以，编辑在进行非独立型报道策划时一定要慎之又慎，既遵循公关原则，搞好公益性活动的策划和组织，又要严格遵循新闻规律，把握好对新闻报道内容的社会价值评判。

第三节　新闻报道策划的选题及方案设计

【知识要点】

了解新闻报道策划选题的定义、特性。新闻报道方案设计是新闻报道策划的核心阶段。主要包括确定报道范围与重点，设计报道规模与进程，制订发稿计划，设计报道结构与报道方式，以及配置报道力量与报道运行机制等。

一、新闻报道策划的选题

1. 新闻选题的定义

新闻选题是记者编辑对新闻线索中的新闻价值进行评价、判断之后确定的媒体报道的主要内容。简单地说，新闻选题就是媒体报道的主要内容。选择什么样的题材，报道什么样的内容，取决于媒体人想表达什么样的价值取向，达到什么样的传播效果，从这个意义上说，新闻选题就是一种把关。

2. 新闻选题的特性

发现新闻线索是产生报道选题的前提。编辑记者每天获得的新闻线索是大量的，适合采访调查的新闻线索不多，需要进行新闻报道策划的选题更少。什么样的新闻选题值得进行报道策划？或者说，高质量的新闻选题有什么特点呢？通常要看它们是否具有以下特性：

（1）真实性

真实是新闻的生命线，也是不可逾越的底线。新闻选题的真实性就是指选题不是凭空想象，或者随心所欲地杜撰、制造出来的，而是客观真实存在的。此外，新闻选题的真实性也指新闻报道策划要尊重新闻规律，最大限度地发挥主观能动性，以事实为基础和依据，用辩证唯物主义和历史唯物主义的方法如实地反映客观事物的本来面目，做到本质真实，尽可能全面、深刻地反映事物的内在品质和规律，达到舆论引导效果最大化。

（2）重大性

它是指新闻选题取材的重大性与重要性。编辑要选择重大且有轰动效应的信息，在一定的时间和地域内为大多数人共同关注的事件进行选题策划，如国际上的战争、民族间的激烈冲突、国家政局的变动，国内党和政府重大政策的出台、重大的突发事件等。

（3）广泛性与接近性

它是指新闻选题要值得或能引起受众关注，一般而言，关注的受众越多，这个选题的意义和价值就越大。我们在发掘选题的时候，不论是大事还是小事，都要找到大众关心的切入点，都要站在大众的立场上思考选题的视角。好的新闻策划应当融入忧患意识和人文情怀，将视点下移到普通民众身上，挖掘平凡人不平凡的经历，反映普通人的声音。

（4）独家性

所谓独家报道，是指那些在重大事件发生后第一时间赶到现场播发的报道，或者是经过记者挖掘，使那些被掩盖的重要事实得以公之于众的报道。著名的独家新闻，常常是一家媒体得以声名远播、公信力大增的重要武器，如美国的《华盛顿邮报》，就是依靠其对"水门事件"的独家报道奠定了它在世界新闻史上的地位。

独家性是新闻传播本质赋予选题的特质，包括三个方面：①独家事实，包括媒体对重大突发事件的即时报道，以及记者独立揭露出来的为人特意掩盖的事实，如一些揭秘性的报道；②独家分析，即媒体在整合事实的基础上，对整个事实的发展态势、因果链条所作的分析和解释。在资讯极其发达、新闻资源共同占有的当下，独家分析正在成为许多媒体和栏目的核心竞争要素；③独家人物，指记者在新闻事件发生后，能够迅速找到和这个事件相关的权威当事人进行采访。

（5）可操作性

它是指媒体对这个新闻选题有没有可以进行报道的条件。媒体人常常用两个词评判选题好坏，一是预测其是否"好看"，二是估计它是否"好做"。"好看"涉及我们上文所述的选题特性，"好做"即选题的可操作性。

如图2-1所示，具体来说，可操作性包括：①是否符合当前相关的政策法规和宣传口径；②选题中的事实本身是否具有可被报道的必要前提；③媒体及报道团队和记者的个人能力是否具有相应的报道条件等。一个新闻选题再"好看"，如果不具备可操作性，媒体也只能望洋兴叹、忍痛割爱了。

总而言之，新闻报道选题决策的依据是一个彼此关联、互有重叠的集合概念。一般来说，能够满足受众需求、报道条件的客观事实才有可能成为新闻报道策划的选题对象。

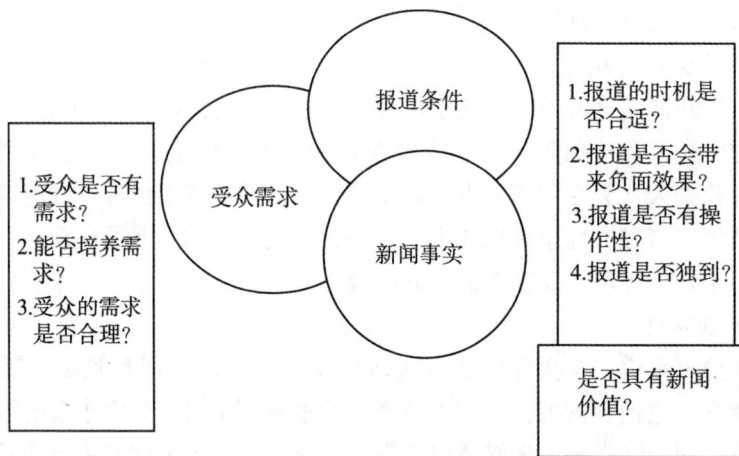

图 2-1　新闻报道的选题依据与范围

3. 新闻报道选题的策划预备

新闻报道选题的策划预备指从发现新闻报道线索、确定报道选题到收集与分析各方面相关材料，并根据所搜集信息的分析结果，选择最适合报道的选题与角度，确定报道效果目标的过程。

从上文可以看出，需要编辑策划的选题是内容重要、意义重大的，或者是由深度入手，进行由表及里的"线型"报道，或者是以广度切入，进行由此及彼的"网状"报道。但不论是哪一种，一旦发现值得进行新闻报道策划的新闻选题以后，策划者首先要围绕这一选题广泛收集各类信息。这些信息主要包括：

①报道客体的信息。如报道一个重大事件，除了了解事态现状外，还需要了解有关这一事件的背景性、前景性和相关性信息。

②报道主体的信息。包括报道主体所拥有的人力资源信息、保障系统信息和传播符号信息等。知己知彼才能百战不殆。

③报道环境的信息。包括执政党和政府的宣传意图与口风，相关政策、法规和法律；涉及的各类利益组织、集团的态度和观点；可能会触及的社会伦理道德规范和文化传统；竞争对手的实力情况，等等。特别是对一些意义重大、媒体普遍会加以报道的选题，要设法了解其他新闻媒体的报道方案，弄清其可能选择什么样的报道方式、报道的规模会有多大等，这样才能针对竞争对手的行动采取相应的对策，在报道中扬长避短、出奇制胜。

④报道受众的信息。如读者对这些新闻线索是否已经有所了解，他们对此选题的需求点究竟在哪里，已知事件的读者对事件的反应，有关专家对事态发展的分析预测，有关领导者对事件的态度和对策，等等。这些信息有助于策划者把握受众的心理特点，有的放矢地策划报道，而且这些信息有一部分可能直接成为报道的内容。

信息是选题决策的依据，策划前期收集与分析相关信息对于选题策划至关重要。这样既有助于选择出最适合报道的选题与角度，又能帮助媒体更准确恰当地评估选题的报道效果目标。一些重视新闻报道策划的媒介，甚至设有专门的部门和人员从事这类信息的收集与分析工作。

二、新闻报道方案设计

新闻报道方案设计是指根据选题报道效果目标，编辑对报道选题、新闻报道进程、报道方式、表现形式等进行大胆设想，最终形成系统的报道设计方案的阶段。它是新闻报道策划的核心阶段。新闻报道方案设计要对报道策划的内容作全面的表述，其主要内容包括五个方面：

1. 确定报道范围与重点

报道范围是全部报道客体的组合，它规定了报道对象是哪些人和事、报道面有多大。

报道重点是报道客体中最重要的部分，规定了报道的核心人物或核心事件、核心问题，需要报道者投入最多的力量，在媒体上也要予以突出表现。

2. 设计报道规模与进程

报道规模是报道的时间、空间与人力三方面因素组合的概念，即报道在媒体上持续进行多长时间、占据多大版面空间和多少栏目配置、动用多少采编力量。

报道进程是指报道全过程中时段的分割与安排，如规定报道分多少阶段进行，何时开头、何时推进与扩展、何时结束，以及各阶段之间如何转接等。

3. 制订发稿计划

发稿计划是报道进程中各阶段新闻稿件的统筹规划，包括确定每条稿件的题目、内容、体裁和篇幅，确定稿件的先后次序与具体时间，稿件在版面上的位置等。

4. 设计报道结构与报道方式

报道结构是报道各组成部分之间的关系及其组合排列所呈现的外在形式，它是由报道选题和报道预期目标决定的。报道结构的组成要素包括时间、空间、角度、广度、深度和传播符号等。

报道方式是指将零散的新闻报道整合为报道整体的操作模式，即新闻编辑根据报道目标，运用某种手法组织若干相关报道，使之形成具有一定报道规模或持续一段时间的报道整体。

按照编辑组织安排稿件的特点，可将报道方式分为集中式、系列式、连续式和组合式。

①集中式，指在短期内将大规模、多篇幅的稿件集中于一定的版面或时段的报道方式，它能形成较大的声势，具有较强的效果，也因此多用于一些重大活动、重要事件和重大问题的报道。采用这种报道方式要注意，多篇稿件报道主题要单一，但内容、角度、体裁要多样，此外，要注意版面的统一。

②系列式，指围绕同一个新闻主题从不同侧面、不同角度，多次、多篇成组的报道方式。多用于对一些较复杂的事件或问题的报道，如《人民日报》"深入学习实践科学发展观活动专栏"等。采用这种报道方式，要求各报道之间应有内在的联系，此外，报道还要有深度和广度，具有启迪性。

③连续式，指跟踪新闻事件发展进程，连续及时做出报道的方式。如奥运会的召开、神舟七号飞船载人航天飞行并成功进行太空行走、全国"两会"的举行，等等。它的特点一是以时间为顺序，二是在事态进展过程中进行报道，所以最大的特点是每篇稿件报道的对象相同，只是反映的时间、过程不同，彼此之间环环相扣，步步紧跟，及时给受众最新的新闻信息。

组合式，指在同一次节目（版面、栏目）中对某一事件或问题，运用多篇稿件集中编排的报道方式。它适用于报道面较宽、报道对象较多的情况。运用这种报道方式，要注意使整组报道相互配合、互为背景、相得益彰，实现信息的增值，从而全面深刻地反映事件、揭露问题。

以编辑组织报道活动的特点划分，可将报道方式分为读者参与式、媒介介入式和媒介联动式。

读者参与式指吸引并组织读者参与到新闻报道活动中，多用于报道社会发展中出现的新现象、新问题和新观念。如《东南商报》组织"读者节"活动，吸引了上万名读者参加。运用这种报道方式，要注意将读者的活动与意见构成报道的主要内容之一。

媒介介入式指新闻工作者对所报道的新闻事实表现出明显的主观参与意识，直接介入、干预某一事件进程的报道方式。具体又可分为体验式介入、揭秘式介入和策划式介入等。运用这种报道方式的优点是能体现新闻媒体的专业精神和社会责任，能更好地满足受众需求，如《华西都市报》发起和组织的"孩子回家行动"，《北方新报》从 2003 年起，12 次"为农民工讨工钱"特别行动等。其不足是会导致记者职业角色和媒体功能的错位，误导被采访对象和社会受众对媒介功能的正确认知，甚至带来新闻伤害和"媒介逼视"现象。所以要慎重运用这种报道方式，要对活动内容进行严格把关。

媒介联动式指多个新闻媒介相互合作，联合展开某一报道。这种报道方式实现了不同媒介之间的资源共享和优势互补，在全媒体时代到来的今天，已经成为最常见、效果最好也最受欢迎的新闻报道方式。以"两会"报道为例，《人民日报》全媒体平台"中央厨房"的创立，新华社"两会新华全媒头条"的推出等都是这种报道方式的体现。

5. 报道力量配置与报道运行机制

报道力量配置是指参与报道的人力、资金和技术设备的配置。

报道运行机制是指为实施报道而临时建立的组织机构、工作流程及其管理制度。

报道方案，是报道思路的系统化、具体化产物，它将报道思路中的所有细节有条理地明确表述出来。重要选题的报道策划一般还要形成文字稿，在媒体内部向有关的报道参与人员公布，并听取他们的意见做进一步修正。在策划重要报道活动时，经常需要设计多套报道方案，以便从中比较选择。

第四节　新闻报道策划的实施与调控

【知识要点】

掌握新闻报道策划的实施与调控的知识和技能。

新闻报道的实施是对新闻报道方案的执行。

新闻报道的调控，是指策划者在新闻报道策划方案实施的过程中，主动地、全面地、及时地接受实施中的信息反馈，并根据客观情况的变化修正原先的策划方案，确保新闻传播活动取得理想的效果。这种调控与修正贯穿于新闻报道策划实施的全过程。

策划者要接受的信息反馈主要包括报道者的信息反馈、报道对象的信息反馈、有关部门与主管单位的信息反馈以及读者的信息反馈。

在现代传播活动中，受众的反馈除了作为新闻报道策划调控的依据，其本身也能成为报道内容，是提高策划报道质量的必要举措。媒介融合为策划者主动搜集反馈信息提供了便利。新闻媒介的官方微博、微信公众账号，新闻编辑个人的 QQ、微博、微信等社交网络平台，都是策划者主动捕捉公众反应、与受众沟通的有效工具。

☞ **思考与练习**

1. 从读者定位、内容定位、风格定位等方面入手，比较两份同质类新闻产品的异同与特色。

2. 简述新闻报道策划的含义、类型及方法。

3. 以对同一个重大新闻事件的报道为例，比较并评析不同媒体的新闻策划。

4. 寻找媒介融合进程中，新闻报道结构与报道方式创新的实例，并分析这种创新的策略与走向。

5. 用新闻报道策划知识与原理分析某一家新闻媒体的重大新闻报道，指出其成功与不足之处。

6. 选择一个新闻事件，写出一份完整详尽的新闻报道策划方案。

第三章　新闻稿件的分析与选择

【本章学习要点】

★ 了解新闻稿件的来源，分析与选择稿件的意义和目的

★ 了解新闻稿件价值分析的操作步骤和具体内容

★ 了解新闻稿件选择中要注意的问题

★ 了解新闻稿件差错的类型及其更正

第一节　新闻稿件分析与选择的意义及方法

【知识要点】

了解新闻稿件的来源及特点，了解分析与选择新闻稿件的意义、程序与方法。

新闻编辑每天都需要面对海量的稿件，这些稿件不可能全都被录用。怎样从这些内容不一、水平参差不齐的稿件中挑选出一些新闻价值高、表现手法好、符合报道要求的稿件，以达到吸引受众、承担社会责任的目的，成为新闻编辑必须解决的重点和难点问题。

一、新闻稿件的来源及特点

充足的稿件是选择的基础。在我国，新闻编辑部稿件主要来自以下渠道：

1. 通讯社提供的稿件

由于相关法律规定，我国媒体不得擅自直接使用外国通讯社稿件，因此，我国绝大部分通讯社稿件由新华社或中国新闻社提供。

通讯社稿件的优点：①稿件经过编辑的审查加工，播发出来的是成品，一般在思想、事实、辞章等方面都没有什么毛病，稿件质量有保证；②通讯社和报社、电台、电视台等新闻单位有固定的供稿关系，稿件供应有计划、有保障；③稿件供给各个新闻单位共同选用，通用性强。通讯社稿件的缺点：不一

定符合某一媒介的特定要求，很多时候还需要作必要的修改。

2. 新闻媒体的记者自己采写的稿件

这类稿件的优点，一是质量有保证，二是记者向所在媒体供稿是规定的工作任务，所以能够紧密围绕所在媒体的报道要求写稿，即便紧急索稿，也能按时完成。但是，编辑拿到这类稿件后，还要综合考量舆论导向、版面安排、稿件质量、受众需求等多方面因素，对记者的稿件进行选择、整合、归纳、提炼、修改等工作。

3. 通讯员和其他作者提供的稿件

这类稿件包括编辑约稿、受众自发来稿，也包括有关部门或者人员向新闻单位发来的稿件，如小报、简报、总结性材料以及其他宣传品等。

这类稿件的特点是信息比较丰富，但稿件质量良莠不齐，稿件供应不太稳定，具有自发性。很多时候，这类稿件需要编辑从报道角度、报道体裁、报道语言等方面下大工夫修改。

4. 从其他新闻媒体上获得的稿件

在全媒体时代，已经没有一家新闻单位敢确保能第一时间获得所有新闻线索，所以，及时翻阅或查看其他新闻媒体上已经播出的稿件、节目，直接转载或者从中获得新闻采访的线索与资料，是当下新闻编辑工作中很重要的内容和任务。

对此，新闻编辑可以聚焦热点话题和重点报道，抓住其他媒体的热点新闻及时跟进报道。

新闻编辑也可利用微博、网站等媒体，搜集、整理网友看法与反馈信息，从而编发新闻。

需要指出的是，其他媒体特别是网络媒体、自媒体上的信息庞杂多样，内容真假混杂，需要编辑认真地甄选处理。尤其是在新闻竞争十分激烈的当下，编辑在转载或者摘编这类稿件时，一定好好核查原稿，避免为了抢时效或吸引眼球，仓促发稿，结果以讹传讹，成为虚假新闻和不实报道的帮凶。

二、分析与选择新闻稿件的意义

稿件选择的好坏、恰当与否，在很大程度上决定着媒体宣传报道的质量。所以，分析与选择新闻稿件是新闻编辑业务中一个极其重要的环节，对于新闻产品的生产与传播具有决定性的作用和意义。

1. 贯彻编辑方针，保持报道水准

不同的新闻媒体有不同的受众定位、不同的编辑方针，并以此形成自身不同于其他媒体的鲜明特色。为了维护并强化这一特色，编辑必须对稿件精挑细选，选择最符合所在媒体编辑方针和风格特色的新闻，放弃那些虽有新闻价值但与本媒体定位不相符的稿件。

此外，新闻编辑承担着新闻稿件质量把关、优化报道的基本任务。只有舍弃没有新闻价值甚至是传达错误信息的稿件，优中择优，才能保证刊登播发的新闻体现、提升媒体的报道水准。

2. 满足受众需求，体现媒介特色

不同的新闻媒体有着不同的受众群体，不同的受众群体对新闻信息的需求自然也不相同。因此，每一家新闻媒体的编辑都要认真研究自己的受众，在分析与选择新闻稿件时，充分考虑自己特定受众群体的喜好与需要，保证新闻产品与受众需求相吻合。

另外，在媒介竞争日益激烈的今天，保持并凸显自身与众不同的风格和特色才是媒体立于不败之地的法宝。这种不同，首先或者说主要就体现在传播内容上。所以，我们可以看到，同样的新闻素材，不同的媒体选择完全不同。有的媒体选择刊登、播报，有的媒体则视而不见，选择放弃。即使同样是刊登、播报，有的媒体会浓墨重彩地报道，有的则是轻描淡写地报道。

3. 适应版面要求，做到报道平衡

所谓报道平衡，就是各种报道的量要符合一定的比例。"平衡"是一种新闻报道手段，是新闻报道中应该遵守的操作守则，更是一种新闻专业主义的报道理念与理想，新闻编辑理应为其实现而努力。新闻编辑的工作是力求尽量多、尽量快、尽量广地将有新闻价值的信息传递给受众。但新闻媒体往往有容量的限制。报纸的版面空间有限，广播、电视的栏目时长有限，网络媒体虽号称拥有海量信息，但它的新闻主页的页面容量也是有限的。新媒体虽然没有容量的限制，但也要考虑用户的时间压力和媒介使用习惯，不能毫不停顿、毫无节制地推送新闻。面对丰富的稿件与有限的传播空间的矛盾，新闻编辑必须根据自身的编辑方针和媒介特色，对新闻稿件进行分析和选择。

另外，在版面、栏目固定的情况下，编辑选稿时还要有报道平衡的观念，具体体现为：

（1）报道中心与报道面的平衡

根据实际生活中的主要矛盾，以及在某个阶段某个时间内要解决的主要问题，新闻宣传在某个时期对于整个社会有一个统一的报道中心，对每一条战线也有一个报道中心。因此，在一个时间段内，围绕报道中心选用稿件，是完全符合新闻价值要求的。

（2）各种报道内容之间的平衡

这种报道内容的平衡包含两层意思：一是指新闻编辑选择与编发的稿件所反映的地区、领域、行业及其构成要素要平衡；二是指稿件反映内容的倾向的肯定与否定要平衡。要在新闻报道中真实、全面地陈列新闻事实，在突出报道主要意见和观点的同时，也要保证不同意见和观点的完整呈现，确保真实、全面、公正、客观地报道事实。

（3）报道地区、单位的平衡

改革开放以来，由于种种原因，不同地区的经济发展水平等是不同的，不同单位的效益也是不同的。相对而言，经济发展好的地区和效益好的单位对媒介的利用能力更强，更容易在媒体上表达他们的观点和利益，也更受关注；弱势群体则较为沉默，也容易被忽视。如果坐视不管，只会让两者差距越来越大。所以，新闻编辑分析和选择稿件时，要注意不同地区、单位间报道分量的大致平衡，这样才有利于调动各种积极因素，才能促使后进向先进转化。

当然，报道平衡并不是指每天的报道都要兼顾各个方面，这个不现实，也没有必要，至于平衡点的把握，以及这种平衡比例的具体确定，就要因当时的新闻宣传政策方针、因媒体而异了。

三、分析与选择新闻稿件的程序

通常，新闻编辑选择稿件要经过三个环节：

1. 初选快速把关

初选是将所有新闻稿件汇总，确定可用稿，淘汰完全没有新闻价值和可用性的稿件。负责初选的一般是各编辑部门的编辑，解决的是稿件可用不可用的问题。因为稿件初选出来后，还要经过编辑等各环节的修改和淘汰，所以，初选主要从主题、内容、事实方面看稿件是否有意义，对文字是否简练、生动，不会太苛求。某种意义上，初选也是"粗选"。

一篇适用的新闻稿，既要有好的内容，又要有好的表现形式。只有让新闻编辑的眼睛在 3 秒内发亮，一篇新闻稿才算成功。贯穿于这一进程的新闻编辑的抉择，如《广州日报》责任主编林明所形容的，是"完全跟着感觉走"，难以用语言或程序来明确。在具体的操作中，新闻编辑对稿子的抉择往往是瞬间的决定。

2. 复选择优录用

复选是编辑根据当期报纸、广播电视节目或网络栏目的具体要求以及版面的情况，对为数不多的已做过加工的稿件进行再一次的分析和选择。复选主要是解决稿件怎么用及用在什么地方的问题。

新闻稿件要相互比较才能达到选优目的，所以复选也是"精选"的过程。

3. 定选审议决定

经过复选，大部分稿件已经定稿。但总会有少数稿件，如涉及重要人物、重大问题的报道，重要的批评稿件，重要的存疑稿件以及报道效果较难把握的稿件，仅靠单个编辑难以定夺，需要由总编辑或编委会集体审定后做决定。这一过程称为"定选"。

需要说明的是，新闻事实随时发生，新闻稿件也是源源不断地出现。所以，新闻编辑的分析与选择稿件工作是在动态中不断择优的过程，并非一旦选择就不能更改。可以说，直到最终截稿，编辑分析与选择稿件的工作才算结束。

此外，从新闻流程层面来看，编辑要判断新闻稿件内容的真实性，是否全面准确地反映客观事实，是否有新闻价值。从受众需要的角度来说，编辑要通盘考虑并且预测稿件可能产生的社会影响，以及发布的时机。当下，报纸尤其是都市类报纸通过渠道向"用户"靠近，电视通过"有线"与"用户"连接，网媒通过网络与"用户"联通，手机报通过终端与"用户"联系。媒体已经不可逆转地从"受众时代"走向了"用户时代"。新闻编辑在分析与选择稿件时，更应牢记用户需求，带有倾向性地去选择那些更符合用户需求的稿件。

一项新闻调查揭示了读者最希望从新闻节目中收看到的新闻内容，如表3-1 所示。

表 3-1　　　　　**读者最希望从新闻节目中收看到的新闻内容**

题材类别	中选率	题材类别	中选率
热点人物或事件	66.9%	宏观形势的趋势分析	27.8%
批评揭露性报道	61.1%	情感类话题和故事	27.1%
社会现象的背景分析	54.1%	流行趋势与时尚信息	27.1%
热点话题性报道	53.4%	科技进展与前沿学科	25.9%
生活服务性报道	46.1%	调查体验性报道	24.7%
百姓茶余饭后的话题	43.5%	小说或影视剧的缩写	23.0%
国外的情况与信息	38.9%	文学纪实类作品	22.2%

续表

题材类别	中选率	题材类别	中选率
普通人的生活与命运	38.3%	热点理论观点摘要	22.0%
实用经济与社会信息	35.7%	其他	1.5%

　　每一种媒体都有自身的限制，都不可能对新闻事件的报道做到"有闻必录"，所以，通过这种排序的手法，可以帮助编辑更合理地进行稿件的分析与选择，实现受众满意和媒体竞争的双赢。

第二节　新闻稿件的分析和选择

【知识要点】

　　新闻稿件的分析与选择包括新闻价值的判断、社会效果的分析和媒体适宜性的把握三个环节。了解新闻价值分析、社会效果分析、媒介适宜性分析。

　　分析稿件是正确认识稿件的第一步。一篇稿件能否采用，一般要经过新闻价值的判断、社会效果的分析和媒体适应性的把握三个环节。首先，在所有稿件中，根据新闻价值分析挑选出真正意义上的新闻稿件；其次，在具有新闻价值的稿件中，根据社会效果分析挑选出社会影响正面、导向正确且符合媒介立场与导向的新闻稿件；再次，在具有良好社会效果的新闻稿件中，根据稿件对新闻媒介的适宜性分析淘汰那些不符合媒介性质与容量的稿件，挑选出适合表现媒介特色的新闻稿件。经过这三轮淘汰，最终筛选出具有新闻价值和良好社会效果，并且符合媒体特殊要求的稿件。

　　当然，对这些被选择出来的稿件，编辑在修改前还要进行新闻事实的核实，如果发现新闻事实方面有问题，编辑可以决定稿件待用甚至不用。

一、新闻价值分析

　　新闻稿件能否刊用，刊用的价值大小，首先取决于稿件内容的新闻价值大小。"新闻价值就是事实所包含的足以构成新闻的种种特殊素质的总和。"[1]

---

　　① 陈韵昭、吴文虎：《我们对新闻价值的基本观点》，载《复旦大学学报》（社会科学版）1984 年第 3 期。

这些特殊素质包括时效性、新颖性、重要性、接近性、显著性、趣味性等可变要素。新闻事实所包含的价值要素越丰富，级数越高，新闻价值就越大。

1. 时效性

时效性又称时间性、新鲜性，指新闻要报道及时、内容新鲜。新闻价值与时效成正比，事件发生和公开报道之间的时间差越短，新闻价值越大；内容越新鲜，新闻价值越大。因此，自新闻传播出现以来，时效性作为其特性，一直是衡量新闻的一个决定性标尺。特别是在媒体高度发达、竞争十分激烈的今天，新闻装备和通信手段越来越发达，对稿件的需求量越来越大，人们对新闻时效性的要求也变得越来越高，达到了分秒必争的程度。一些编辑、记者为抢时效、提升新闻价值使出了浑身解数，甚至不惜代价、不择手段。

但是，在新闻大战愈演愈烈的同时，作为编辑，一定要头脑冷静，注意两个方面的事项：

一是要处理好新闻时效性与真实性的关系。真实是新闻的生命线，对新闻时效性的追求不能以损害新闻报道内容的真实性和准确性为代价；否则，冲击和伤害的是媒体自身的公信力。

二是要认识到全媒体时代新闻时效性的新特点。在内涵上，如今的时效性已经不仅仅是"及时性"那么简单，而更多地体现为"全时性"和"即时性"。所谓"全时性"，是指现在的新闻报道要全天候、全历史、全过程地对新闻事件进行报道。如果说，"及时性"的新闻编辑观念强调快速，那么，"全时性"的新闻编辑观念在意的是恒常。它要求我们不能把编辑工作看成某一天某一时段的任务，而是要看成 24 小时，甚至超 24 小时的滚动版连续操作。在一些重大突发事件的报道中，我们经常可见编辑不断滚动更新报道事件的最新进展，时间精确到分甚至秒，这就是观念改变的体现。

所谓"即时性"，指对事件零时差、零距离地进行报道，它使得新闻更贴近受众，也更贴近新闻的本质。"即时性"在某种程度上要求记者、编辑在新闻事件尚未发生时，就做好报道的准备。

在外延上，新闻的时效性衡量标准也逐渐变为谁的新闻报道最先被受众接受。随着媒介技术的快速发展，用户已经从图文时代走向看短视频、玩游戏的时代，形式单调的图文报道已经无法满足用户的口味，好玩、新鲜、有趣的内容形式才能吸引用户的注意力。所以，当今的新闻编辑不仅要以最快的速度选择修改新闻，还要以受众最容易理解的形式，通过受众最轻松、最便捷、最喜欢获取新闻的途径传播新闻。广播、电视和网络的现场直播，视频、动画、VR、H5、数据新闻等的兴起是现代新闻时效性的最好例证。时代的发展，对新闻编辑提出了更高的要求。

2. 新颖性

新颖性指新闻内容要给受众以新鲜感，要尽可能地向他们提供未知而欲知、应知的问题。选择新闻稿件时，把握新闻内容时效性和新颖性是编辑衡量新闻稿质量的重要保证。对于编辑来说，在选稿时要紧扣一个"新"字，即稿件内容要新近，稿件报道模式要新鲜，稿件写作文风要新颖。新闻事实越具有新意，对受众就越具有吸引力。

首先，稿件报道的内容要新近。新闻事实发生的概率越小（包括意外、偶然、异常），便越有新闻价值。新闻事实发生的时间距离新闻报道的时间越近，便越有新闻价值。所以，编辑应该挑选那些新近发生的、有现实意义且为公众所关注的新闻，以最迅速、最及时的方式传达给受众。

其次，稿件报道的模式要新鲜。在媒介融合的背景之下，文字、图片、音频、视频彼此之间已是互补关系，新闻编辑必须顺应时代发展潮流，将新媒体技术融入到新闻行业中，改变传统的新闻传播模式，实现全媒体时代下新闻传播的创新。哪种形式最有利于展示信息内容，哪种形式便为首选。

最后，稿件写作的文风要新颖。在信息化时代，获得独家新闻是非常难的，以独特的新闻视角解读新闻是媒体立于不败之地的最大法宝。新闻"怎么说"比"说什么"显得更为重要。在平常的选稿中，新闻编辑要非常注意以受众需要和兴趣为依据，尽量选择那些贴近生活、人情味浓、服务受众的稿件。对于有些选题严肃重大的稿件，也要注意从语言风格、表现形式上改进，尽量让受众看得懂、爱看。

3. 重要性

新闻的重要性是由新闻所报道的事件、现象对受众和社会所产生的影响所决定的。新闻事实影响的人越多、时间越长、范围越广、对人们实际利益牵涉的程度越深，这条新闻便越重要，新闻价值也越大。重要性是新闻编辑选稿的第一参考要求。

这种重要性分为四个方面：

①人物重要。同样的事情发生在不同的人身上，会有完全不同的新闻价值。

②事件重要。重大事件大致分为两类：一是涉及党和国家的重大方针、政策的会议，社会生活中的重大政治事件等；二是人们难以预测或未能预测而突然发生的某种客观情况或事件，如地震、洪水、火山爆发、山体滑坡等自然事件，以及战争、枪杀、宗教冲突、伟人逝世等社会事件。突发性事件让人难以

把握，却也最能引起读者的关注，所以，它是编辑处理稿件的重点。

③背景重要。有些事情看似很小，但在特定的历史背景下，实际上关系着大问题，会有大影响。这就需要新闻编辑用历史的眼光去分析和选择稿件。

④时间重要。有些新闻内容看起来很平常，似乎是政治、经济、社会生活中的常规动作，但是如果它们在一个比较敏感的时间点发生，或者将之与其他新闻联系起来考量，这些新闻又显得特别不同寻常。

重要性是新闻稿件的核心价值体现，但衡量重要性的尺度应由受众来判定，而非编辑工作者。因此，新闻编辑在选稿时要根据受众的需求和心理，准确估量新闻稿件内在的重要性，绝不能对价值小的新闻夸大宣传，也不要把价值大的新闻做"压缩"处理。此外，重要性是相对而言的，一个新闻事实重要与否，不同的媒体、编辑认识也不一致。所以，我们常常可以看到，同一新闻事件，在不同的媒体上有完全不同的处理与反映。

4. 接近性

新闻的接近性是指新闻事实因与受众在地理上、职业上和心理上的距离不同而对受众产生的吸引力不同。距离越小，关系越接近，其新闻价值就越高。

一般来说，本地发生的事情，总是会比外地发生的事情更吸引人。这也是新闻媒体大多比较重视本地新闻的原因。所以，新闻编辑在选择稿件时，要注意那些能与本地联系起来的新闻稿件。

这种接近性也可以是心理上的，是人们对新闻事件中的人物、地点、事件等要素熟悉与关切的程度。有时候地理距离虽然遥远，但心理距离却可能是很近的。

5. 显著性

显著性是指新闻中的人物、地点、事件、时间等越著名，越能在社会上引起轰动，新闻价值就越大。追求新闻稿件的显著性是新闻编辑出"精品"的一种战略目标，因此，新闻编辑在选择稿件时要对新闻中涉及的这些要素格外注意。美国新闻学者乔治·莫特在《新闻学纲要》中曾给出形象公式："常人＋平凡生活＝0"，"不平凡的人＋平凡生活＝新闻"，等等。常人的起居、饮食和行踪一般不会引起人的关注，但名人、明星、高级官员等知名度高的人身上发生的事情却极易成为新闻。

知名度高的机构、地点或建筑也容易产生新闻，如我国中南海、美国白宫、韩国青瓦台等地点，它们发生的变动往往可能成为受众关注的焦点。

当然，编辑对显著性的追求有个"度"的问题，并非所有关于知名人物、知名地点或建筑的事件都具有显著性，都值得报道。编辑如果处理不好，很容易陷入煽情与媚俗的行列，无形之中会降低媒体的品质与水准。当今中国新闻宣传报道中，某些娱乐新闻的烂俗就是典型体现。

6. 趣味性

新闻的趣味性是指新闻的事实及表现手法富有情趣和兴味，能吸引受众的一种属性。新闻趣味性以内容真实、新鲜为前提，以适应受众的视听心理和审美需求为目的，它有两层意思：①指新闻稿件内容新奇曲折、富有情趣，使受众普遍感到有趣；②指新闻稿件写作形式和表现手法生动活泼，具有吸引力。

从新闻接受者的阅听动机来看，追求趣味性是新的文化背景下人们阅听新闻的一种自然需求。人间的悲欢离合、生老病死、儿女情长的事实报道，特别是那些奇特、反常、感伤的人生故事，最能引起新闻接受者的共鸣。所以，编辑在选择稿件时可多多留意这方面信息。

从新闻传播活动的目的和效果来看，新闻传播者也很有必要加强趣味性新闻的报道。新闻编辑不仅要在选材上倾向于那些蕴涵着趣味性的事件和人物，而且在报道一些重要的或关系到国计民生的硬新闻时，也可以适当发掘其中的趣味性，在报道手法、表现形式上尽力让受众感觉轻松、便捷、愉快。

时效性、新颖性、重要性、接近性、显著性、趣味性六个方面是新闻编辑在分析新闻稿件是否具有新闻价值、有多大新闻价值时应主要考虑的内容。国内外一些学者还提到了其他的判断标准，如冲突性、有用性、激励性、趋向性和特殊兴趣等。当然，不是所有的新闻稿件都同时具备这些新闻要素，不同的媒体在分析和选择稿件时偏好和要求也不尽相同。一般来说，新闻编辑在分析稿件时，应主要把握时效性、新颖性和重要性这三条，其他方面综合考量，这六个要素具备得越全面，稿件的新闻价值就越大，越应该被选用。

二、社会效果分析

所谓社会效果分析，即新闻编辑在分析稿件时，要以社会的政治、经济、文化、军事及道德、法律等方面能否产生积极意义为价值判断来决定稿件的取舍。社会效果分析是新闻编辑分析与选择稿件的第二步。

预测新闻报道的社会效果是一项很复杂的工作。我们可以从三个方面来考量：

1. 新闻编辑要综合考虑新闻发布的时机、社会背景与受众心理，立足于全局看问题

所谓社会背景，是指新闻稿件发布之时的社会矛盾和受众情绪的主流。新闻事实的发生是不以人的意志为转移的，但是一篇新闻能否采用、何时采用、

怎样采用，新闻编辑却是能够把握的。选择判断的重要依据就是稿件刊发时的社会背景。社会背景合适，新闻稿件可以抢发；社会背景不合适，稿件写得再好，也要缓一缓、压一压。

所谓"站在台长的位置上把握导向"，就是说，新闻记者、编辑在工作中一定要有大局观。大局观是指一种把握整体和关键的战略思想，新闻宣传工作中的大局观包括：①对党的路线方针政策的全面理解；②对经济社会发展大势的科学判断；③对人民群众意愿的真切了解；④对党报宣传要求的准确把握。新闻记者、编辑有了大局意识，才能写出有高度、有深度、有精度的稿件。

新闻编辑在分析稿件时也要充分考虑受众心理。受众心理是指媒体信息接受者在接受媒介传播的信息时产生的心理现象和心理过程。时代的进步、媒介的发展使当今受众心理呈现出新的特点。他们反抗话语霸权，主张自主选择；希望传受互动，要求深度参与；冷淡于宏大叙事，钟情于日常叙事；主张"去中介化"，推崇零度观照；向往"虚拟现实"，渴望轻松娱乐；逃避"抽象快感"，追逐视听快感；厌烦枯燥说教，沉迷新闻纪实。对此，新闻编辑在分析和选择稿件时也要注意，在新闻内容上，常进行受众感受调研，进行新闻内容选择的创新；在选材上，尽量根据受众的喜好，加大新闻内容的有效信息含量；在形式编排上，通过多种形式符号的综合运用提高新闻信息的吸引力，等等。

2. 新闻编辑要用辩证的眼光分析稿件

此举旨在保证新闻报道的公正立场，确保新闻稿件立场和观点不偏颇。主要分为政治层面、社会层面两个层次。

在政治层面，新闻编辑要严格按照党和国家的各种规定，坚持以正面宣传为主，注重教育性、指导性。注意稿件中不要出现与当前方针政策相悖的情况，防止新闻片面性。

在社会层面，新闻编辑选择的稿件要有利于经济和文化发展，对国家安全和社会风尚起到促进作用，对人们的道德、情操、家庭生活起到正确导向作用。编辑要特别注意以下两个方面：

一方面要防止正面新闻报道产生负面效果。正面报道的本意是为了宣传党的方针政策和被报道者的建设成就和先进经验。可是在现实当中，有一些正面报道刊发后不仅没有产生预期的鼓舞、激励和推动作用，还背离了报道者的初衷，产生了严重的负面效应。

为什么正面报道却不一定都能取得正面的宣传效果？原因有三点。第一，记者、编辑没有大局意识。新闻宣传与国家经济社会发展的大政策、大气候紧密相连，宣传口径必须与党和政府的执政理念和政策法规相统一。第二，采访不深入，报道内容不真实。正面报道产生这样或那样的负面效应，大多数情况下是由于报道本身含有容易使受众作负面理解的因素。记者、编辑如果不能在稿件中将这些因素解释清楚，就可能使受众对整个报道产生怀疑。第三，表达不当。表述要有分寸，绝不能为了夸大报道对象而过分渲染。所以，编辑在分析稿件时，一定要把握这三点，确保正面报道与正面效应。

另一方面，编辑在分析与选择稿件时，也要特别注意负面新闻的正面引导与正面效果。编辑可从四点入手：①从正确的立场出发、从积极的方面下笔，讲求客观报道方法；②通过言论加以引导；③突出建设性报道；④融入人文关怀；⑤注意转化报道。

3. 新闻编辑要注意新闻内容是否合理、合法，要杜绝有明显危害性质的新闻

根据我国目前的宪法、刑法、民法以及其他法令，编辑要牢记以下两类内容禁止刊载：

第一类，属于危害国家和社会方面的，内容包括：反对中国共产党的领导，煽动推翻无产阶级专政的政权和社会主义制度；主张分裂祖国和破坏民族团结；煽动闹事，扰乱社会秩序；煽动群众抗拒、破坏国家法令的实施；传播谣言；传播淫秽；传播犯罪方法，教唆犯罪；泄露国家机密，等等。

第二类，属于侵犯公民人身权利和民主权利的，内容包括：诽谤，即故意捏造事实，羞辱他人的；侮辱，即故意用下流语言羞辱他人的；侵犯隐私权，即未经本人同意，公布私人生活方面的秘密，如生理缺陷和残疾情况；恋爱、婚姻与家庭生活情况；私人日记、信函、录音等。

一般来说，彻底地、明目张胆地"犯规"的新闻稿件不多，大部分问题隐藏在稿件的某些情节、细节，或者某些描述、概括和评论中。新闻编辑在分析与选择稿件时要特别注意、特别小心。

三、媒介适宜性分析

新闻编辑在选择新闻稿件时，还要考虑媒体自身的特色，媒体风格特色是新闻编辑选稿的第三个把握技巧。新闻编辑坚守了这个选择，对新闻稿的选择就有了指向性和约束性，避免了新闻稿的同质化现象。对新闻稿件的媒介适宜性分析，主要从四个方面来考虑：

1. 根据媒体性质进行稿件分析

每一种媒体由于其所包含的媒介符号不同，对人们的感官刺激不同，对受

众心理的影响便存在差异。根据媒体所包含的媒介符号的类别和多少，可以将媒体分为纸媒体、广播、电视、网络和新媒体五大类。每一类媒体有其传播优势，也有不足。如纸媒体的媒介符号主要是文字和图片，其传播优点是文字具有滞留性，可以反复阅读和思考，不受时空的限制，可以长期保存。其传播不足则是版面容量太有限，并且时效性差。网络新媒体作为一种新兴传播形式，传播时间上自由、快捷，传播空间上海量、无限，传播方式上灵活、多样，具有传统媒介无法比拟的优势，但它也有严谨性、深刻性、权威性不足等问题。既然媒体性质各不相同，不同媒体各有优劣，新闻编辑在选稿时就要根据所在媒体的特性，扬长避短，选择合适的稿件。

2. 根据媒体受众进行稿件分析

新闻编辑在选择新闻稿件的时候，必须考虑所要面对的受众。受众是复杂的，对新闻内容的需求也是多方面的。按地域分，可分为国际的、国内的、本地的、本单位的，等等；按内容类别分，可分为政治的、经济的、文教的、体育的，等等；按内容特点分，可分为信息性的、知识性的、指导性的、服务性的，等等；按新闻发生的时间分，可分为上午的、下午的、晚上的，等等。任何一个媒体都难以满足受众的全部需求，而只能有所侧重。

3. 根据已有同题新闻进行稿件分析

"同题新闻"是指对同一新闻事件或新闻现象的报道。随着信息化时代的到来，媒介竞争越来越激烈，无论是报纸、杂志这样的传统平面媒体，还是百花齐放的广播、电视媒体，以及信息海量丰富的网络媒体，都在力求以最快速、最权威、最独特的方式进行报道，争取受众。但是由于信息的高度开放，传统意义上的"独家新闻"越来越难寻觅，"同题新闻"的出现成为不争的事实。在这种严峻的形势下，编辑如何选稿，让所在媒体的报道在同题新闻中脱颖而出，就成为重要议题。

新闻编辑在分析与选择稿件时，要秉承差异化原则，既横向比较其他媒体做过的报道，又纵向了解自身已经做过的报道，在此基础上，判断出这一次新闻报道的角度、主题与特色，从而根据要求选择出合适的新闻稿件。

4. 根据新闻报道总量、报道面"平衡"进行的分析

所谓报道平衡，就是各种报道的量要符合一定的比例。新闻编辑选择稿件不仅要符合媒体的风格特色，还要注意报道的平衡，这样才能真实地反映客观世界。这种"平衡"体现为：

（1）报道重点与报道面的平衡搭配

新闻编辑在选稿时，必须顾及各类新闻的平衡性搭配，突出重要新闻，兼

顾次要新闻。反映社会主要问题或一个时期、一个事件主要矛盾的稿件应该作为选择的重点，比如两会的召开、奥运会的举办等。阶段性的突发新闻也有可能成为选稿的重点，例如，2017 年 8 月九寨沟突发地震，全国军民万众一心、奋勇抗灾的相关报道就是这一时期选稿的重点。

当然，新闻编辑在选稿时，一定要有全局意识，要把具体的新闻报道放到整体的传播环境中去考虑，既要有重点，又要注意次要新闻的合理搭配，力求满足不同受众的新闻需求。

（2）各类新闻稿之间选择比例的平衡

这种选择比例的平衡包括：①稿件所反映的地区、领域、行业及其构成要素的平衡。社会生活包括政治、经济、文化、教育、科技、卫生、体育等各行各业，每一个方面又都可以延伸若干个小的方面，因此，新闻编辑在选稿时也应该注意这些小的方面，使选择的新闻稿在反映社会生活方面达到报道的平衡。②稿件所反映的倾向的平衡。新闻报道是有倾向性的，或者肯定，或者否定。在我们的社会，先进的、光明的、积极的因素是主要的，落后的、阴暗的、消极的因素是次要的，编辑在进行新闻稿件分析与选择时要以前者为主，后者为辅。在做负面新闻报道时，也要注意不要过度渲染，失"度"报道，要通过正面新闻报道和负面新闻报道的合理搭配实现版面语言的平衡。③稿件长短搭配、体裁形式的平衡。长、短稿件错落有致，消息、通讯、评论、图片、视频等多种形式组合，新闻报道才会好看，才能多角度、深层次地揭示新闻事实的本质。

总而言之，新闻选择是极其重要的，其过程也是复杂的。它是对新闻编辑政治、经济、社会、文化和新闻素质全面、综合的检测。要胜任这项工作，新闻编辑必须熟悉党的路线、方针、政策，提高自己把握全局的认识和能力，充分了解生活、了解受众，在具体的新闻实践工作中培养自己的职业敏感度，提高选稿水平。

第三节　选稿的注意事项及对差错的更正

【知识要点】

新闻编辑选择稿件要注意的问题有：最大限度地开发利用每一篇稿件的新闻信息资源；及时慎重地处理好每一篇稿件；积极主动地建立一支通讯员队伍。新闻稿件差错的类型及其更正。

一、新闻编辑选稿应注意的问题

1. 认真负责，最大限度地开发利用每一篇稿件的新闻信息资源

新闻稿件不仅是作者的劳动成果，也是媒体宝贵的信息资源。每位编辑在分析和选择稿件时，不能只关注此时能用的稿件，而对那些有缺陷、有瑕疵，或因为时机不合适而暂时不能采用的稿件置之不理。编辑应以强烈的责任感，最大限度地挖掘每一篇稿件的潜在价值。具体方式如下：

①可用稿。它是指符合编辑选稿标准的稿件。编辑要认真修改后发表。

②备用稿。它是指由于种种原因暂时不宜刊登的稿件。编辑要明确稿件不能采用的原因，并在时机成熟的时候，将其修改完善并发表出来。

③不宜刊登，需作其他处理的稿件。有些稿件的主题、内容都很好，但是因为新闻事实比较敏感或复杂，不适合公开发表。对这些稿件，编辑可以采用转发内参、转交有关部门等方式处理。

④线索稿。有些稿件不宜刊登，但含有新闻线索，具有新闻价值，编辑可从中发现新的主题，作为记者采访报道的线索与参考。

⑤淘汰稿。即不具备上述各种价值的、淘汰不用的稿件。

2. 及时慎重，处理好每一篇稿件

新闻是"易碎品"，对时间的要求非常严格，编辑处理稿件要及时，不能拖延时间，尤其是处理重大突发新闻稿时，要争分夺秒，让新闻在最适宜的时机发布，达到最佳传播效果。

编辑选择稿件也要细致慎重，不放过稿件中任何有价值的东西，遇到拿不准的情况，多与人商量，不要轻易决定弃用一篇稿件。当然，编辑还要注意避免重复用稿。

3. 积极主动，建立一支通讯员队伍

建立一支通讯员的队伍，打造一个通讯员的网络，对于媒体编辑的重要性不言自明。在日常工作中，编辑要重视每一位通讯员的稿件，尊重他们的劳动成果，将处理结果尽快通报给他们。同时，编辑要慧眼识才、耐心育才，有意识地与那些有写稿热情或写稿能力的通讯员建立联系、培养感情，帮助他们提高新闻报道水平，使其成为媒体忠实可靠的作者。

二、新闻稿件差错的类型及其更正

新闻出现错误是不幸的，但它又不可避免地会发生。新闻采访、写作、编辑、排版、校对的每一个环节都有可能出现差错。对于新闻媒体而言，当错误发生时，关键是要及时更正。

新闻传播中的更正，就是在新闻报道发生失实之后，媒体针对失实内容所发表的更改纠正说明。更正的实质是新闻媒介及其从业人员对报道内容真实性所承担的责任，在法律面前就是一种义务。

新闻稿件中常见的差错分为三类：

①政治性差错。多指一些导向性的或与党和国家的路线、方针、政策不一致甚至相违背的错误观点和提法。如将"中国"与"台港澳"并列，将一些国家与台港澳并称"等国"，将"朝鲜"写作"北朝鲜"等。

②事实性差错。如新闻稿件中人物的名字或职务、职称有错，新闻事实的某些细节有错，等等。值得警惕的是，有些事实性差错，也会引发政治问题。

③技术性差错。这类错误所占的比例最大，包括题文不一、电头错误、标点错误，以及掉字、掉段、多字、错别字，等等。这些"小错误"有时也可能导致事实性差错甚至政治性差错。

另外，还有因漏报、迟报，或将未定稿乃至涉密文件当成新闻稿发表等造成的差错。有差错的新闻稿件若被发表，极易产生不良的社会影响。从这个角度来说，建立更正机制，是新闻真实性规律的体现和必然要求，也是维护媒体形象和公信力、提高新闻从业人员责任意识的有力保障，更是解决矛盾冲突的缓冲阀，意义十分重大。

目前，业界对新闻错误的更正主要采取以下方式：

①"来函照登"。它是指在原新闻报道确实存在差错的前提下，直接刊登报道对象的来函，以此消除差错稿件产生的不良影响。

②编写更正说明。即针对稿件中的事实性差错，以简要的文字说明指出差错所在，并公布正确的内容。这种更正由编辑在核实事实的基础上编写，有时候还需简要说明出现差错的原因，并向所涉及的单位或个人致歉。

③重新发布新闻。它是指编辑利用后续报道的方式，在向读者提供最新信息的同时，对前一篇稿件中的差错予以纠正。

④公开检讨。这种更正方式主要针对特别重大、后果特别严重的差错。编辑部不但要更正错误，还要向当事人和广大读者公开检讨，有时候还要说明对相关记者、编辑人员的处理结果及媒体内部的整改措施。

☞ **思考与练习**

1. 分析与选择新闻稿件的意义和目的是什么？

2. 新闻稿件的价值分析包含哪些内容？

3. 如何判断评析新闻稿件的社会效果？

4. 媒体的个性取向怎样制约编辑对稿件的分析与选择？

5. 新闻稿件有哪些类型？如何才能更好地处理新闻稿件？

6. 新闻稿件差错的类型有哪些？如何更正？

第四章　新闻稿件的修改

【本章学习要点】
- ★ 了解新闻事实的核实与订正
- ★ 了解新闻事实观点的修正
- ★ 了解新闻稿件的修改程序和方法
- ★ 了解稿件修改的几种方法

第一节　新闻事实的核实与订正

【知识要点】：

订正新闻事实的基本要求是：真实、准确、科学、清楚、统一。订正稿件中的事实，消除差错的基本方法：分析法、查阅法和调查法。

一、新闻稿件订正事实的基市要求

新闻稿件订正事实的基本要求是：真实、准确、科学、清楚、统一。

1. 真实

新闻稿件中不真实因素的表现形式是各不相同的，主要有以下几种：

①虚构。记者报道的内容没有事实依据，主观臆造，无中生有。

②东拼西凑。这种情况中新闻事实并不全是虚构，而是有一定依据的，但是却张冠李戴、胡乱拼凑成一篇新闻稿件，严重违背了新闻真实性原则。

③细节夸张。新闻稿件报道内容属实，但却有意地夸大或者缩小事实，把个别说成普遍，以偏概全。

④假象。根据一些表面现象来判断事物，没有真正做到透过现象看本质，甚至把假象当做本质。

⑤孤证。为了验证作者的主观定论，违背事实的真实性地去选择需要的材料进行论证，造成因果关系不符等。

⑥导演。记者为了报道的完成将事实导演出来，虽然事实已经发生，但导演出来的内容却与实际情况不相符。

2. 准确

新闻报道除了新闻事实要做到真实准确外，新闻稿件中构成新闻事实的因素：名称、时间、地点、人物、事件、数字、引语、图表等也要做到完全准确无误。编辑在修改稿件时，越是细小的地方越是不能放松警惕。

要保证新闻事实的准确性，应该注意以下四个方面。

①注意细节。俗话说"细节决定成败"。有时新闻报道一句话、一个字、一个标点符号的差错就可能谬以千里。因此，越是细节越不能忽视。

②注意不要混杂。有时候正确的和不正确的内容会混杂在一起，需要编辑对事实进行逐一核查。

例如某些稿件中把省会城市和自治区放在一起并列，或者将经济特区和省会城市放在一起并列。这些差错混杂在稿件中，如果不逐一检查就很容易忽略。

③注意不要混淆。混淆的现象以人名、地名最为常见。我国同名同姓的人不少，外国人同姓的也多，而外国人习惯称呼姓氏，所以在稿件中注意不要将同名同姓的人当成一个人。另外，还有一些国家、城市名称也容易混淆，例如巴基斯坦和巴勒斯坦，摩纳哥和摩洛哥，巴拉圭和乌拉圭，利比亚和利比里亚，阿尔巴尼亚、阿尔及利亚，等等。

④注意更新。事情是发展变化的，如果现在还沿用以前的一些习惯用法可能是不准确的。尤其是随着新媒体的诞生，很多网络用语层出不穷。国家语言资源监测与研究中心发布了"2018年度十大网络用语"，上榜的热词依次为"锦鲤""杠精""skr""佛系""确认过眼神""官宣""C位""土味情话""皮一下""燃烧我的卡路里"。这些词已不再沿用以前的意思，不懂的人可能会一头雾水、不知所谓。另外，马克思、恩格斯、列宁、斯大林的著作已经出现了更准确的新译本，因此，在引用这些经典语句的时候应尽量参考新版本。

3. 科学

某些新闻稿件所描述的事实会涉及自然科学和社会科学方面的知识，对于记者写稿来说，容易发生这样那样的错误，编辑在修改稿件时应该将其改正过来，符合科学。对于一些自然现象、奇异现象，不能宣传迷信思想，应该持有科学的态度。对于某些新科技的新闻报道，也应该持以科学的态度，不能被商家借以炒作甚至传播假新闻。

4. 统一

这里所说的统一主要是指表述的统一。要让读者看得明白，不留疑问。

一是指稿件前后表述要一致。例如，前面写年份是"二零二零"，后面写成"2020"；还有外国人名的译法也要统一，对于人名"William"，前面称呼"威廉"，后面称呼"威利恩"，这都属于前后不一致的问题。二是指新闻事实的表述方式要与国家规定的译名、数字写法、计量单位等保持一致。我国对稿件中数字的使用有着严格的规定，要遵循 1995 年国家技术监督局颁布的《出版物上数字用法的规定》，凡是在出版物上涉及时间、长度、质量、面积、容积等量值和数字代码等都应该以上述规定为依据，该规定的出台为采编工作的规范化提供了指导。

5. 清楚

清楚指的是除了稿件中的要素要交代清楚外，还要注意数字、标点、简称、地名等。例如，第一次见报的地名不能用简称，要交代清楚该地名所属的省、市、自治区。对于人物的交代也是一样，不能仅仅称呼"张书记""李主任"等职务，而应该写出其姓名。此外，对于一些专业性较强的新闻，作者若一知半解也很容易出错。例如，法制新闻报道中的法律常识性错误，作者经常将立法、司法、行政机关职权相混淆。如《法检两家被假新闻缠身能否讨要名誉权》一文中，表述如下："这些学者认为，法检两家用法律手段来维护司法机关的良好形象，是司法机关依法行使职权，严格执法，维护司法机关司法权威的具体举措。"[1] 问题出在法院和检察院属于司法机关，没有行政执法权。

二、新闻稿件订正的主要方法

新闻编辑修改、订正稿件时主要采用以下几个种方法：

1. 分析法

分析法是新闻编辑通过对稿件所叙述的内容和叙述方法、写作条件等进行逻辑分析，发现其破绽和疑点的一种方法。这种方法是编辑改稿时使用最多的一种方法。这种方法不需要借助任何工具，完全靠的是编辑的知识、经验、阅历和对稿件的分析、比较、判断能力。分析时可以从以下几方面入手。

①前后矛盾。即指稿件叙述同一事实时，前后不符，那么编辑即可判

---

[1]　何帆、门晓彤、管金迎：《法制报道中法律错误问题的社会学研究——基于对某法制类报纸近五年报道的抽样分析》，载《法制博览》2015 年第 15 期。

断，其中有一处肯定是错的。例如有的稿件中写道："凡尔纳逝世后，人们在他房间里整理衣物时，发现他写的读书笔记竟达 25000 多本。"但是，看看凡尔纳生平介绍的人都会产生疑问。他活了 77 岁，一共 28105 天，就算一天写一本也要从 9 岁开始写才能完成，这显然与事实不符。还有一篇名为《河南 207 名煤矿事故责任者受到严肃处理》的稿件，导语中说"河南省各类煤矿全年共发生重大、特大事故 10 起，死亡 81 人"，最后一段又说新生煤矿和大平煤矿事故就"造成 100 多人遇难"，与之前"81 人"的说法相矛盾。

②不合情理。大部分不真实的稿件都是作者主观想象理解不透彻、调查不彻底导致的。

③笼统含糊。即指新闻来源交代不清楚。新闻来源交代不清楚，往往是造成失实的主要因素。类似"据悉""据认为""据知情者透露"等，通常被认为是不可靠来源，这类稿件需要查证核实。还有"有的人说""大家认为""该领导认为"等，这类用语其实很多都是作者借别人的嘴表达自己的观点。编辑在改稿时要特别注意。

④超越采访的可能。在采访报道中，记者应该对素材的真实性保持警惕，要核实新闻线索的真实性，要对新闻素材的细节进行推敲。比如说报道英雄与歹徒搏斗的事迹，作者不可能对在搏斗中牺牲的英雄进行思想活动的描写，这种描写很有可能是作者虚构的。

2. 查阅法

分析法主要是依据稿件本身，查阅法依据的是权威性资料，权威人士的口头材料来纠正新闻事实方面的差错。尤其是一些词语的使用和有关历史或自然科学领域的稿件。

3. 调查法

调查法是对稿件中所叙述的事实通过直接或者间接调查进行核实的一种方法。对于稿件的调查应该是全面的，既可以对当事人、相关群众、单位领导三方面进行调查，也可以通过电话、邮件、信函等方式进行调查。

分析法、查阅法、调查法相互作用、相辅相成。采用分析法可以找出稿件中的逻辑错误，查阅法可以更有针对性地对症下药，调查法可以进一步证实分析法所发现的疑点。所以，一篇稿件要经过三种方法的核实才是最准确的。

第二节 新闻稿件观点的修正

【知识要点】

要消除报道在某些观点和具体称谓上的错误，以保证稿件在思想政治方面的正确性。修改稿件时要从稿件表达、角度、选材等方面发现错误观点，坚持全面的观点。对于新闻稿件中涉及案件和法律方面的内容，要把握分寸。对于稿件中可能造成的"泄密"内容，要严格把关。

一、观点差错的表现形式

对于稿件观点的订正，主要从以下几个方面入手。

1. 稿件中的观点差错直接表述出来

即指新闻稿件中的观点差错直接通过遣词造句、语言陈述表达出来。这类问题虽然不会在政治导向和原则问题上有大的差错，但也会影响国家政策的顺利实施、贯彻。曾有一篇报道我国引进外资形势喜人的消息——《青岛经济技术开发区引进较大型项目出现好势头》，文中说："今年以来，已有中外客商 77 批，共 834 人次到青岛技术开发区考察洽谈，外商主要来自日本、韩国、加拿大、丹麦和台湾、香港等地。"这段文字表述是有错误的。我们不能将台湾和香港等同于"外商"，这种称呼违反了我国一贯坚持的台湾与香港是中国领土的组成部分这一立场，造成了政治性错误。①

2. 稿件中的观点通过字里行间流露出来

这一类差错除了具有隐蔽性之外，主要是由作者所持的感情不正确所造成的。经过仔细推敲不难发现，作者在叙述中所表现出来的思想、情感是有差错的。例如新闻稿件《面对"开房校长"望法律杀一儆百》：

> 5 月 8 日，海南省万宁市后郎小学 6 名就读 6 年级的小学女生集体失踪，原来该 6 名小学女生被万宁市第二小学校长陈某鹏及万宁市一政府单位职员小忠带走开房。（5 月 13 日《法制日报》）
>
> 猥琐幼童、强奸幼女的事件，已不是一两例，但是，作为学校的领

---

① 蔡雯、许向东、方洁：《新闻编辑学》（第三版），中国人民大学出版社 2014 年版，第 164 页。

导——小学校长，居然带着自己的多名女学生开房，作为人，你寒心不？是校长丧尽天良，还是学生年幼无知？是教育腐败，还是社会风气糜烂？是处女情结作怪，还是生理存在缺陷？变态与肮脏，侵蚀的不只是下三滥的泼皮户，还有你这道貌岸然的伪君子，还有你这枉为人师的破皮囊，还有你这禽兽不如的良心。

己身不正，何以育人？像你这种猪狗不如的人，拿什么来教书育人，凭什么作校长？难道是当初选聘的错误？难道是当年你伪装的优良？是你欺骗了教育，还是教育欺骗了你？此时，称你为人，嫌脏。你教育学生什么来着？尊敬师长，尊老爱幼，洁身自爱，做有思想有文化有道德的人，而你呢？难道你是那巧舌如簧的骗子？枉为人师的禽兽，你如何下得了手？你摧残的不是几朵花骨朵，是祖国的未来啊！

孩子是祖国的花朵，是祖国的未来。为何天使般的学生妹惨遭一个个禽兽的猥亵和奸污？对于一个法治国家来讲，打击强奸幼女案，重中之重是加强对强奸幼女案的处罚力度。强奸幼女案判宫刑！不是追溯古代的酷刑，这个丧尽天良的犯罪，必须要给以宫刑，不然如何严惩这些罪犯？死刑太轻了，对于那些不畏惧死亡的伪君子，尤其是官员、校长、老师等在社会上有身份有地位的人，当他们的心理变态时，死有何畏？这些人犯罪会给社会带来极大的负面影响，国家司法机关一定要严厉打击，给予宫刑！

望法律杀一儆百，剁了这股邪气，阉割这种扭曲，以正人心！①

本应为人师表的校长，竟然带着多名小学女生开房并实施强奸，行为确实令人发指，也理应受道德谴责和法律严惩。但是，依法治国是我国的基本方略，打击违法犯罪行为也必须在现行的法律框架中进行。更何况，"宫刑"是古代落后的刑罚，因与现代文明相悖而早已被废除。上文作者在文中提出"必须处以宫刑"的言论，其实是一种情绪宣泄。但这种情绪裹挟下的新闻传播，既误导了公众，更损害了法律的尊严与权威。

二、订正的原则

1. 稿件中的观点要正确，要符合党的路线、方针、政策，要以正面宣传为主

这里的"正面宣传为主"，并不是指只能进行正面报道而不能进行负面报

---

① http：//www. hkwb. net/news/content/2013-05/14/content_1194014. htm，2013-05-14。

道，应理解为"以正面宣传效果为主"。

2. 稿件要注意社会效果，要传播正能量，弘扬主旋律

第 26 届中国新闻奖消息类一等奖《从受触动到行动　知识改变命运——629 户人的藏乡走出 359 名大学生》一文，通过报道吉乡群众在自身的努力、党和国家的政策支持、社会各界的帮助下培养出众多大学生，反映出西藏最真实的声音，形成了良好的舆论导向。文章不仅表达了国家和地方政府对教育问题的重视，还提到了"社会各界伸出了援手""藏区走出来的大学生反哺家乡"，向读者展示的是一个积极向上、充满人文关怀的社会环境，将贫困地区的落后置于一个良性社会的系统下，传播了正能量。

3. 稿件中不能泄露国家机密

根据新闻出版总署教育培训中心编著的《报纸出版工作法律法规选编》，在新闻出版物中，严禁载有下列内容：

①国家事务重大决策中的秘密事项；

②国防建设和武装力量活动中的秘密事项；

③外交和外事活动中的秘密事项以及对外承担保密义务的事项；

④国民经济和社会发展中的秘密事项；

⑤科学技术中的秘密事项；

⑥维护国家安全活动和追查刑事犯罪中的秘密事项；

⑦其他经国家保密工作部门确定应当保守的国家秘密事项。

另外，涉及下列内容的，要严格执行送审报批制度：国家事务的重大决策，党的文献和档案，国防建设和武装力量情况，国外外交政策和对外宣传工作，国民经济和社会发展中的统计资料和数据，尖端科技、科技成果及资料，测绘和地图，国家安全活动和追查刑事犯罪活动，其他各部门各行业中不宜公开的重大事项，以及出版单位把握不准是否属于秘密的问题。①

第三节　修改新闻稿件的程序和具体方法

【知识要点】

编辑修改稿件时要面临不同程序和方法的选择。校正是改正稿件中不正确的写法。压缩是删除稿件中多余的部分，要突出主题、摘取精华、以虚衬实。

---

① 方毅华：《新闻编辑学》，中国人民大学出版社 2013 年版，第 73 页。

增补是补充原稿中所缺少而又需要交代的内容。改写是指对写得不好或者不符合要求的报道进行重新写作。

一、修改新闻稿件的程序

修改稿件的程序一般有三个步骤：

1. 通读稿件原文

通读原文是对原文的主题、材料、结构、语言等进行再认识，掌握原稿的要领和实质。通读稿件是修改稿件的基础，对稿件认识越清楚就修改得越顺利，稿件质量也就越有保障。如果发稿时间紧，改动不大，一般由编辑改；如果时间不紧，改动大，一般会请记者修改。如果编辑急于求成，在没通读原稿的情况下进行修改，不仅不能保质保量，相反会歪曲原意。

2. 对原稿进行认真修改

经过对原稿的通读，对新闻事实和修辞有了一定的了解，通过仔细思考后，编辑将决定用什么方法对原稿进行修改，可以从题目开始修改，看标题是否抓住了全文的核心；也可以从文字的压缩、增补等方面进行修改。如果时间不紧，编辑可以多设计几种方案，选择最合适的进行修改。

3. 检查性阅读

稿件修改完毕后，最好从头到尾读几遍，至少是两遍，看看遣词造句、语义表达是否准确、生动、鲜明。检查复读一方面要看是否还存在错别字、标点符号不正确的情况；另一方面，通过复读还要看能否找到可以修改得更好的地方，精益求精。一位合格的编辑不仅仅要通过以上三步骤进行稿件的修改，还需要有高度的责任心、服务读者的意识，只有通过反复斟酌，才能为读者呈现丰富的精神食粮。

二、修改新闻稿件的具体方法

1. 校正

校正，指改正稿件中不正确的内容和写法。包括对稿件的事实、观点、语法、修辞、逻辑等各方面的差错的校正，目的是要消除一切错误信息，使稿件事实准确、观点正确、文字通顺，客观公正、真实生动地反映现实的变动。

校正一是对文字本身的校验，二是对新闻事实的核实。对文字本身的校对包括遣词造句、标点语法上的错误，编辑应及时发现不足并加以修改，保证语言的精准度。对新闻事实的核实就需要编辑求证相关工作人员，集思广益。

文字、标点、语法等错误是稿件的致命伤。2014 年 7 月 11 日，中华全国新闻工作者协会（简称中国记协）在第 24 届中国新闻奖、第 13 届长江韬奋奖评选工作中启动了一项重大改革：增设审核环节。审核环节除了对作品的舆论导向、新闻价值、写作框架进行深入检查研究外，还对错别字、词语乱用、标点符号错误等情况进行了规定：凡是有错别字、多字、落字、标点符号错误等的作品是不能获得中国新闻奖一等奖的，同一错误连续犯了两次以上是不能获奖的。

2. 压缩

稿件冗长是编辑经常遇到的问题。因为记者在写稿过程中希望把事实写得详尽、全面，从而给编辑修改留有余地，所以明明三言两语就可以表达清楚的事实，往往会拖泥带水地写上几千字。对于这种情况，编辑应该大刀阔斧地进行删减。编辑在审核新闻要素是否齐全，是否具有新闻价值，稿件内容是否与新闻观点、国家政策法规相吻合后对新闻稿件的删改其实相当于对新闻价值的提炼，从而起到加深印象和印证的作用。还有一种情况，稿件本身没有问题，由于版面有限或者重大突发新闻、国家重大决策需要占据版面等也需要删改稿件。

有些稿件如果不进行压缩、缺少提炼，那么许多有价值的事实就会被冗长的内容所淹没。例如，有一篇报道描述了一个省会城市出台一项鼓励科技创新措施一年后的效果，主题很重要，材料也很扎实，从措施的制定过程到贯彻实施的经验，面面俱到，长达 6500 字，占了四分之三的版面。[1] 这样的稿件虽然看起来气势磅礴，作者也满意，但在碎片化阅读的今天效果可能并不理想。大部分读者都不可能读完整篇，只是略看下标题然后将目光转向自己感兴趣的内容。这虽然是一篇好稿件，但作为新闻报道就需要将它进行压缩，甚至分割成几篇稿件。

3. 增补

增补和压缩正好相反，压缩是去掉冗长、累赘的内容，增补是补充文中所缺少的内容。有的稿件很有新意，但作者交代不清楚，使人一知半解，缺乏整体印象。这时编辑有必要对稿件中的背景材料、注释、事实、议论等进行补充，从而帮助读者全面地了解新闻内容。

---

[1]　华惠毅：《为新闻"添光增色"的实用技巧》，载《新闻与写作》2015 年第 10 期。

4. 改写

改写是改稿过程中难度最大、操作最复杂的一种修改方式，是对观点和材料不统一、内容和体裁不协调、结构混乱、导语枯燥等进行"重新包装"。

（1）改变主题和角度

改变主题是对原稿中不新颖、老一套的主题进行修改，把最有价值、最吸引人的报道提供给读者。新闻工作者要从计划经济年代习惯做宣传报道的思维中走出来，报道角度和主题应该从领导、工作、专业转向群众、社会生活、市场，缩短与普通读者的距离；从介绍经验角度改为报道成果角度；从会议角度改为报道新措施、新思想的角度；从正面角度改为侧面角度等。①

（2）改变体裁

改变体裁指的是将稿件中原有的体裁改变成另外一种形式。新闻报道的体裁多种多样，不同体裁的新闻稿件报道效果是截然不同的。形式是为内容服务的，一般情况下是将信息量大的体裁改为信息量小的体裁。另外，编辑根据媒体的需要，将一些已经发表了的新闻或者官方微博、微信公众号、APP 等新媒体产品的内容进行摘编并放到纸质媒体上。这种情况一般属于压缩，摘录的内容一般很短，原文却可能是类似于通讯、调查报告等很长的文章。

（3）调整结构

调整结构就是要将线索不清、条理紊乱、平铺直叙、枯燥呆板的结构调整为条理清晰、方便阅读、引人入胜、波澜起伏的结构。既要按照时间顺序展开又要按照事情发展的过程来描述；既要按照时间的因果关系来呈现也要正反面相结合、前后相呼应、不落俗套。在新闻稿件中应该合理地安排结构，巧妙地使用表现手法，顺叙、倒叙、插叙可以穿插使用。

5. 分篇

分篇指的是将一篇很长的稿件改成若干小篇。编辑在改稿过程中将内容丰富、篇幅较长的稿件分成若干小篇一方面是为了方便读者阅读，另一方面是为了版面美观。尤其是针对新华社的稿件，大部分媒体会采取分篇的处理方法。因为对于新华社的来稿不适合压缩，这样会损害报道内容，不能保全要点，所以将报道的若干重点分篇开来，既相互联系又相互独立。

6. 综合

综合就是把几篇稿件合成一篇稿件。这和将稿件分篇正好相反。编辑收到

---

① 阎瑜、胡航、章妮：《当代新闻编辑二十五讲》，中国书籍出版社 2013 年版，第125 页。

的稿件中会有反映同一题材和同一主体的，只是地域或报道角度不一样。这时，编辑会提炼一个主题，然后根据主题在每一篇投稿中挑选具有代表性的材料，进行稿件的结构重组，从而改写成一篇新的文章。要综合稿件首先要进行分析。对于要综合的稿件，编辑需要透彻地了解其主题、观点、材料等，然后将其分成若干部分，分析出这些内容的共同点，从而形成统一的主题。这种新提炼出来的主题不是把若干稿件简单相加或相减，而是一种对稿件的再创作。

第四节　修改新闻稿件的注意事项

【知识要点】

改稿要根据实际情况，决定是由原作者改还是编辑改。改稿要充分尊重作者的建议，尽量保留稿件的原有风格。改稿过程中要认真细致，注意语言文字标点符号的规范性。要正确使用校对符号。

修改稿件除了要掌握正确的原则和恰当的方法程序外，还要注意以下几个方面的问题。

一、尊重作者，尽量保持稿件原有的风格

记者提交的稿件是经过采访获得的第一手资料，稿件带有记者的风格和特色。编辑在改稿过程中应该首先征求记者的建议，告知记者改动的范围，或者让记者提供补充材料，尽量保持稿件原有的风格和立场。有些专家学者的稿件富有哲理，有些基层记者的稿件生活气息浓郁，所以编辑不能仅凭个人喜好独断地修改稿件，不能用编辑的写作风格去代替作者的风格。

二、尊重新闻事实，防止出现新的差错

编辑修改稿件的目的就是使稿件更加完善，因此编辑在改稿过程中不能片面追求生动、添枝加叶、渲染拔高，不能为了追求效果而歪曲事实。凡是涉及事实的修改都应该进行调查研究，对自己不熟悉的内容，要查资料或向专家咨询。不能因为自身的主观随意性导致稿件出现差错。

三、注意语言文字的规范性，使用有意义的新生语言

新闻媒体担负着推广普通话的责任，因此编辑在改稿过程中要将古文、方言、外国文字翻译成现代汉语和普通话。与此同时，也要采用能够反映社会变

革、被受众广泛接受的流行语。这些流行语的使用能够体现社会的发展变化，能够使媒体与时俱进。另外，对于那些生僻、不合规范或者自己创造的词尽量不要使用。

四、使用正确的校对符号

校对符号是编辑、作者、版面编排技术人员、校对人员的"联络语言"。新闻编辑要遵守《中华人民共和国专业标准校对符号及其用法》的相关规定，不能自己随意生造。现在大部分编辑是在电脑上改稿，网络采编系统能够将原稿和改动痕迹全部记录下来。但是还有些报社编辑依然习惯将稿件打印出来后用笔修改，这些编辑就要特别注意校对符号的使用。

☞ **思考与练习**

    1. 编辑修改稿件有哪些程序？

    2. 编辑修改稿件有哪些方法？

    3. 新闻稿件修改的注意事项有哪些？

    4. 稿件修改：将一篇通讯改写成一条 800 字左右的消息。

第五章 报纸媒体的新闻编辑

【本章学习要点】
- ★ 了解报纸编辑工作的流程与特点
- ★ 了解新闻标题制作的基本规范
- ★ 了解新闻标题的制作方法
- ★ 了解报纸版面设计的原则以及版面语言的使用

第一节 报纸媒体概述

【知识要点】

报纸是以刊载新闻和新闻评论为主的公开发行的定期刊物。纸质媒体的四个基本属性为：政治属性、信息属性、文化属性、商品属性。根据不同的分类方式，报纸可以分为不同的类型。

报纸自诞生以来一直是受众接受新闻信息的主要媒体，尽管目前新媒体在信息传播中起到越来越重要的作用，但传统纸质媒体的地位不可动摇，仍然在当今传媒格局中发挥着重要作用。

一、报纸的产生

报纸是以刊载新闻和新闻评论为主的公开发行的定期刊物，一般以散页的形式连续出版。一般认为，罗马共和国在公元前 60 年创建的《每日纪闻》是世界上最早的报纸，而在我国被认为是报纸雏形的是以邸报为代表的刊载朝廷文书、法令等的管文书，最早的非官方报纸是宋代的"小报"。不过，无论是西方的《每日纪闻》还是我国的邸报，都只是报纸的雏形，并非真正意义上的报纸。

14、15 世纪欧洲地中海的沿岸城市中，资本主义开始萌芽，手抄小报诞生。1609 年世界上最早的印刷周报《报道或新闻报》出版。19 世纪 30 年代，大众化报纸大量涌现，取代了政党报纸，适应了自由资本主义的发展，成为资产阶级报纸的主流。19 世纪末，垄断出现，大众化报纸被资本家收买后纷纷形成报团，标志着现代报纸的产生。进入 21 世纪，"数字报业"概念被人们广泛接受，受新媒体的影响，国外一些知名报业开始停止出版纸质媒体，只出版报纸的电子版。纸质媒体面临着前所未有的压力和困境。

二、报纸的传播特点和基市属性

1. 报纸的传播特点

在传统四大媒体中，报纸是数量最多、普及性最广和影响力最大的媒体。随着时代的发展，报纸与读者的距离越来越近，内容越来越丰富，版式越来越灵活，印刷越来越精美，有的报纸特刊还带有特殊香味。报纸易保存，便于重要信息的查找、收集和存档；读者有较大选择的空间和自由，目前各类特刊报纸与综合类报纸繁多，报纸内容包含国内外的政治、经济、军事、体育、娱乐、文化、文学和艺术等各个方面，读者可以根据自己的需要选择性阅读；读者在阅读报纸的过程中常常伴有思考，阅读的主动性强，适合传达深度信息，可反复阅读；报纸印制成本低，购买价格低廉，便于携带；报纸具有较强的延续性和传递性，传阅率高；报纸的版面越来越多，新闻的及时性也逐步加强，内容上愈发丰富，具备大量刊载的条件。但也存在一些局限，比如表现形式单一，不能与电视、视频声形并茂相比，时效性、互动性不强，传播不够广泛和迅速。

2. 报纸的基本属性

报纸的基本属性包括：政治属性、信息属性、文化属性、商品属性。这四个属性是互相制约、互为补充的。四个属性中最重要的是政治属性，它代表着社会的最高利益，其他属性都要服从政治属性；政治属性在操作层面上体现为分清是非、旗帜鲜明、解放思想、多说新话、重责守纪、讲究方法。

在报纸的四个属性中，信息属性是本质的。报纸的本质是信息，信息要真实、新鲜、有用。[①] 信息属性决定报纸上的政治、文化、广告内容都要通过信息形式来传递；文化属性说明报纸上的政治、信息、广告都需要通过文化形式来表现，需要达到一定的文化标准；商品属性往往通过广告来表现，并受到其他三个属性尤其是政治属性的制约。

---

① 王灿发：《报刊编辑》，中国人民大学出版社 2013 年版，第 3 页。

三、报纸的类别

根据不同的分类方式，报纸分为不同类型。

1. 按发行范围分

全国性报纸：指的是以全国的新闻为报道范围，在全国发行的报纸，如《光明日报》《人民日报》等。地方性报纸：指的是以报道某一地区新闻为主，并在该区域发行的报纸，如《南方都市报》《广州日报》《长江日报》等。

2. 按报纸传播信息的类别分

经济类报纸：指的是报道国内外经济领域新情况、新问题的报纸。时政类报纸：指的是报道国内外时事政治以及政治局势的报纸。法制类报纸：指的是报道国内外法制发展变化及动态的报纸。生活服务类报纸：指的是以老百姓衣食住行为主要报道内容，从而提高人们物质文化生活水平的报纸。体育类报纸：指的是报道国内外体坛省会、体育赛事等的报纸。娱乐类报纸：指的是报道国内外娱乐活动、明星动态等信息的报纸。

3. 按报纸内容分

综合性报纸：内容不局限于某一领域，面向社会，以刊登有价值的新闻以及新闻报道评论的报纸，发行对象为普通读者。专业性报纸：以报道某一行业或者某一领域新闻和评论为主的报纸，发行对象为特定范围的读者。

4. 按出版时间分

目前按出版时间可以分为日报、早报、晚报、周报和星期刊等。

5. 按使用语言分

报纸按使用语言可以分为汉语报纸、少数民族文字报纸、外文报纸。

6. 按所属关系分

报纸按所属关系可以分为党报、非党报、机关报和非机关报。

党的各级领导机关党委主办的报纸为党报；党委机关报之外的报纸为非党报；党、政以及军队、社会团体主办的报纸为机关报，其言论由相应机关负责；不代表任何党政或社会团体机关的报纸为非机关报。

第二节　新闻标题的制作

【知识要点】

　　新闻标题分为狭义的新闻标题和广义的新闻标题，一般而言，新闻标题指的是狭义的新闻标题。新闻标题的出现和发展经历了类题、单行题和现代标题三个阶段。新闻标题具有组织新闻内容、评价新闻内容、吸引读者阅读、美化版面等功能。

一、新闻标题的产生和发展

新闻标题是用以揭示、评价新闻内容的一段简短文字，其用醒目的形式刊于新闻之前。新闻标题概括了最主要的新闻事实并揭示其新闻价值，通常在正文之前与正文字体字号有所区别以便吸引读者。新闻标题的产生经历了三个阶段：

1. 类题阶段

从清初至 19 世纪 70 年代，出现了一种类题，即给若干篇同类的新闻加总标题。例如有"宫门抄"、上谕、奏折等按新闻性质划分的标题，还有"西湖棹歌""羊城夕照"等以新闻发生地点划分的标题，还有按照新闻门类划分的"法律""商情报告"等标题。这类标题虽然不能让读者对新闻事件有清楚的认识，但却能有大致的了解。

2. 单行题

单行题也叫作一文一题。19 世纪 70 年代，外国人在中国办的《上海新报》上写有"刘提督阵亡""种树得雨"等标题，并且采用四、六字一句的单行式，打破了报纸上只刊登"中外新闻"字样的局限。

3. 现代标题

现代标题出现在 20 世纪初，旧的新闻样式已经无法适应视野日渐开阔的受众，多行标题应运而生。这类标题摆脱了"类题"的束缚，采用正文的字体，出现了辅助标题，打破了栏的界限，更加引人注意。1907 年 1 月 9 日，《时报》上的一则标题为"异哉近又有所谓股东公立会"。这一标题中"所谓"和"异哉"几个字评价了新闻内容，表达了编辑的报道倾向和见解。

二、新闻标题的功能

新闻标题主要有以下一些功能：

1. 组织新闻内容

一份报纸往往有多篇新闻稿件，每篇稿件表达的主题、传递的信息各不相同，如果稿件没有标题，对于读者来讲很难理清头绪，无法选择性地阅读。因此，标题能够起到组织新闻内容并进行分类提示的作用。

2. 揭示新闻内容

新闻标题能用最简洁的文字，让读者在最短的时间内了解新闻的内容，将最重要的新闻事实展现在读者面前。现在各类报纸版面一般为十几版，有的特刊还有上百版，读者在选择阅读时感到越来越困难，他们不可能一字不漏地读完每篇新闻稿件，但通过标题可以粗略浏览从而选择感兴趣的进行精读。还有些读者只读标题不读正文，这就更需要用标题将文章的精髓呈现出来。

请看以下两个例子：

《新京报》2014 年 8 月 7 日 A26 版有一则新闻，标题为"12 起村官巨腐案涉 22 亿"。一方面，这则标题因含有数字 12 与 22 而具有强烈的视觉冲击感，贪腐金额总数之高本身就能勾起读者继续阅读的欲望。另一方面，12 起案件与 22 亿的对比，以及新闻主角又定位为村官，则更具有重磅新闻的冲击力，能满足受众的好奇心。

《新京报》2014 年 4 月 9 日 A02 版报道了国家贫困县湖北房县违规建造大片政府办公楼的新闻。新闻标题为《贫困县里豪楼起，可有官员乌纱落》，这则新闻标题中，将"豪楼起"与"乌纱落"，"贫困县"与"官员"作了强烈的对比，读者首先从标题便能得知新闻的主题是违规建楼，又加之"贫困县"的因素，则更能导致读者的疑惑与不满。其次，将贫困与官员作对比，显示出社会矛盾的中心问题与贫富差距，又让读者添出几分阅读的渴望。最后通过"豪楼起"与"乌纱落"的对比，提出文章的出发点——问责违规建楼的相关官员，避免此类事情再度发生。①

3. 吸引读者阅读

文学家邓拓曾经说过："谁要给我出一个好题目，我给他磕三个头。"②这句话充分说明了标题的"眼光效应"。新闻标题不仅能向读者提供最重要的事实，还能够以生动优美、风趣幽默的语言吸引读者阅读。新闻标题修辞的运用可以形象、生动、鲜明、传神地表达新闻作品的主题，从而增强标题的形象性。新闻标题要吸引读者，首先要揭示新闻内容的实质，其次要通过修辞手法的运用激发读者的阅读兴趣，在新媒体上更强调新闻标题的可读性，标题吸引读者阅读的功能更加彰显。

① 杨雨奇：《"三化"新闻眼，报道出新意——以〈新京报〉新闻标题制作为例》，载《西部广播电视》2015 年第 10 期。

② 杨雨奇：《"三化"新闻眼，报道出新意——以〈新京报〉新闻标题制作为例》，载《西部广播电视》2015 年第 10 期。

4. 美化版面

报纸能否吸引读者是由报纸的内容和形式决定的，好的内容需要新颖的形式去表达，也就是"心灵美"与"外在美"的结合。要将真实可靠的、深入问题本质的新闻内容用新颖、美观的标题、图片、稿件编排等表现出来。而只有吸引读者，报纸的功能才能得以发挥。有特色的标题不仅能美化版面、吸引读者阅读，还能形成报纸的特殊风格。尤其随着手机报、微博、微信等新媒体的出现，读者的阅读选择更加广泛，要让读者"悦读"，形成自己报纸独特的风格尤为重要。

三、新闻标题的类型

根据标题对新闻内容的表达方式以及与稿件的关系，一般分为主题、引题、副题、提要题、分题，以及边题、尾题、栏目题、通栏题等。也可以将新闻标题分为两大类，一类是单篇新闻标题，另一类是"大标题"。单篇新闻标题既可以是单一型结构的新闻标题，也可以是复合型结构的新闻标题。"大标题"有表述事实的大标题，有提出观点的大标题，也有两者兼而有之的大标题。从标题的内容划分，又可以分为实题和虚题。下面分别进行介绍。

1. 单篇新闻的标题

在阅读新闻稿件时，我们往往会看到主题、引题、副题、提要题和分题这五种标题形式。这五种标题中只有主题可以独立存在，其他标题都不能脱离主题而独立存在。

（1）主题

主题是标题的核心部分，是揭示新闻主要事实和思想的部分，主要用于说明主要事实和观点，所用字号最大、最显著。主题在新闻稿件中通常是一行，一般情况下不超过两行。例如：

5345 名中外"泳士"今日逐浪武汉

（《武汉晚报》，2017 年 7 月 16 日）

击水圣美大江　极目壮美武汉

（《楚天都市报》，2017 年 7 月 17 日）

太阳大，大不过长江的诱惑　气温高，高不过武汉的热情

（《长江日报》，2017 年 7 月 17 日）

以上新闻标题都揭示了"渡江节"盛况这一主题，只是报道侧重点不同。《5345 名中外"泳士"今日逐浪武汉》揭示的是参赛选手多，渡江节名声在外。《击水圣美大江 极目壮美武汉》揭示的是渡江节的盛况为长江，为武汉添光增彩。《太阳大，大不过长江的诱惑 气温高，高不过武汉的热情》这一标题揭示的是酷暑高温也挡不住人们参加渡江节的热情。

（2）引题

引题一般位于主题之前，字号小于主题，目的是为了引出主题，是主题的副题，又称肩题或眉题。例如：

中企承建的印尼雅万高铁瓦利尼隧道工程正式开工

"我们离高铁梦又近了一步"

（《人民日报》，2017 年 7 月 17 日）

云南曲靖职校毕业生就业率 98% 以上，但仍受社会轻视

职教就业好 为啥招生难（走转改·一线调查）

（《人民日报》，2017 年 7 月 17 日）

以上两则标题的引题都是为了引出主题。第一则标题主要揭示了中企承建印尼隧道工程的意义，是为了让印尼老百姓能够坐上高铁。第二则标题的引题其实是为了吸引读者的目光，唤起大家的好奇心，从而揭示主题——职教招生难的问题。

（3）副题

副题的作用是对主题进行补充和解释，字号小于主题和引题。例如：

高铁"外卖"今开订 地方美食可送上车

可通过 12306 网站、手机 APP 订餐，需在开车前 2 小时预订；首批 27 站开通供餐服务

（《新京报》，2017 年 7 月 17 日）

北京核心区架空线将全入地

明年底前实现，今年改造 68 条架空线；今明两年改造量为过去 5 年的 10 倍

（《新京报》，2017 年 7 月 17 日）

以上两则标题的副题主要是对主题的补充说明。第一则标题的副题告诉读者通过什么方式可以订购高铁"外卖";第二则标题的副题解释了北京核心区架空线的数量和规模。

（4）提要题

提要题是位于正题和正文之间,在重要的长新闻主题下,用以概括新闻中主要事实和观点的纲要题。字号大小介于标题和正文之间。提要题主要是使读者迅速掌握更多的新闻信息,在读者没有多余时间阅读正文的情况下,阅读提要题能够基本上了解事件的大概。近年来,提要题出现了内容和形式上的创新。有些提要题只提示一部分内容,然后制造悬念吸引读者;有的还采用描写、抒情等手法"提"而不"要"。

例如:

名不副实的地铁站名

广州飞翔公园、白云公园、白云文化广场地铁站找不到实际场所,与《广东省地名管理条例》等相冲突

（《南方都市报》,2017 年 7 月 17 日）

以上这则新闻标题的提要题提纲挈领地概括了新闻稿件的主要内容,读者即使不通读全文也能了解新闻事件。

以下这条新闻篇幅较长,读者可能没有时间从头到尾读一遍,这些提要题可以帮助读者迅速掌握主要内容和观点。

武汉渡江,长江献给世界的礼物

"7·16"渡江节今晨 8 点开幕,直播镜头对准五千中外"勇士"

◎ 这里是武汉长江主轴核心段

◎ 这里是万里长江最佳横渡水域

◎ 这里是全球奖金最高的公开水域竞渡赛

◎ 这里是最富人文情结的逐浪嘉年华

（《武汉晨报》,2017 年 7 月 16 日）

（5）分题

分题又称插题,是穿插在新闻稿件中的,用于概括报道某部分或段落的内

容，既是对新闻主标题的补充又美化了版面。值得注意的是，每个分题的字数相近、结构相同，不能影响内容的表达，最好连标题下的文字篇幅也相近以方便版面排版。

2. 大标题

大标题也称刊头、牌子或横幅，通常是对观点立场的表述、新闻现象的概括，具有指导性思想观点或者倡议，宣传鼓动性明显。例如：

各地泳友喜圆横渡长江之梦

武汉的江水给了他们特别的体验

（《武汉晚报》，2017 年 7 月 17 日）

这条大标题说明了基本事实，来自国内外的游泳健将喜圆他们横渡长江的梦想。《武汉晚报》在"逐浪武汉"版以此标题集纳了 5 篇新闻稿件和 5 张新闻图片。

3. 实题与虚题

新闻标题从内容上可以分为实题和虚题。实题着重表现人物、事件，是叙述事实的新闻标题；虚题着重说明原则、道理等，是发表议论的新闻标题。实题可以独立存在，而虚题不能独立存在，虚题依附于实题发表观点、说明道理等。因为，读者读到的标题仅仅是表达观点立场的虚题，那么就无法知道到底发生了什么新闻事件。作者在制作新闻标题时，既要告诉读者最基本的新闻事实又要表达媒体的态度和立场。例如：

82 岁的张纪淮，工作日上午仍时常去人工影响天气所的办公室

一辈子都在琢磨云的脾气

（《人民日报》，2017 年 3 月 23 日）

这则标题是虚实结合的标题，将主题做成了虚题，以表明一种新闻现象，标题有理有据，揭示新闻事实。

四、新闻标题的结构

根据结构的不同，标题可以分为单一型标题和复合型标题。单一型标题只有主题，没有辅题；复合型标题既有主题也有辅题。单一型标题以一行题居多，复合型标题一般是多行题。复合型标题可以充分揭示新闻的主要内容，读

者通过看标题就能了解新闻内容。例如：

1. 单一型标题

例如：

中企对美投资收获互利共赢

（《人民日报》，2017 年 7 月 17 日）

向世界传递金融稳定正能量

（《人民日报》，2017 年 7 月 17 日）

单一型标题只有主题没有辅题，因此主题一定要揭示新闻事实。而且标题的意义一定要完整，要让读者看明白、读懂，不存疑虑。

2. 复合型标题

例如：

充分展现党的十八大以来全面深化改革的非凡历程

十集大型政论专题片《将改革进行到底》即将开播

（《人民日报》，2017 年 7 月 17 日）

东城党政机关 9 月底前强制垃圾分类

涉及 877 家党政机关、企事业单位；回收企业将统一标识、运输车辆、人员着装及价格管理

（《新京报》，2017 年 7 月 17 日）

以上标题都属于复合型标题，第一则标题通过引题交代相关背景、意义、目的、原因，对主题起到引导作用。第二则标题是对主题进行补充和解释，对主题中未涉及的新闻事实进行补充。

五、新闻标题的制作方法

在传统媒体与新媒体竞争的今天，报纸的版面有时会达到上百版，而都市生活的快节奏，让读者没有那么多时间通读报纸，因此标题的制作就显得尤为重要。新闻标题的制作是编辑必须掌握的一项基本技能，要制作出好的新闻标题，需要掌握标题制作的步骤和技巧。

1. 从新闻中选择列入标题的主要事实

编辑在制作新闻标题时要通读全文，并选取最重要的内容凝练成关键词用来制作标题。新闻标题是否能吸引读者取决于标题是不是读者想要知道的最感兴趣的问题。

（1）从新闻事实中最重要的内容里选择

新闻价值几要素里，"新"是最吸引读者的，因此在制作标题时应该将最新鲜、最重要的内容体现出来，让读者在最短的时间内获取主要信息。例如：

不砍树、不拆房、不占田、不贪大、不求洋的中廖村

"没想到如今这么美"

（《人民日报》，2017 年 7 月 18 日）

这则新闻标题从原文中提炼出"美"这个字，又用"不砍树、不拆房、不占田、不贪大、不求洋"的引题来设置悬念，吸引读者阅读文章。

（2）从新闻事件中最有特色的内容里选择

国内外学者一再谴责新闻的同质化，就是要求所报道的新闻与同类新闻存在明显的特色与不同，新闻标题的制作同样也需要突出个性。新闻中最吸引人的内容可能是主要内容也可能是次要内容，将这些内容提炼出来用于标题无疑会吸引读者的注意。例如：

坚持世界眼光、国际标准、中国特色、高点定位，建设践行新发展理念的典范之城

长江新城选址正式公布

起步区位于谌家矶——武湖区块，30 到 50 平方公里

（《武汉晚报》，2017 年 7 月 18 日）

长江新城定址谌家矶武湖区块对标雄安新区打造武汉第四镇

图文：筑梦新城

（《楚天都市报》，2017 年 7 月 18 日）

同样是关于"长江新城"选址的公布，前者突出的特色是"世界眼光、国际标准""典范之城"。后者突出的是"武汉第四镇"。因此，制作新闻标题

不能仅仅满足于揭示新闻事实，还要使新闻标题具有个性和特色。

（3）标题选择的内容要与新闻内容的本质一致

标题虽然是从新闻内容中挑选出来的，但字数与结构的限制决定了标题必须用最凝练的文字传达最主要、最重要、最全面的新闻事实，如果部分事实被遗漏，就会出现标题与正文不一致的情况。例如：

乘客中途下车取钱　留下手机作为抵押

出租车带着乘客的手机跑了

（《楚天都市报》，2017 年 7 月 18 日）

稿件讲述的是乘客下车将手机遗留在出租车上，等他从银行办完事出门，车跑了。但根据出租车司机的陈述，他没有拿手机也绝不会拿手机，认为可能是乘客记错车牌号了。目前乘客已报警。但从标题上看，明显感觉是出租车司机故意拿着手机逃跑了。标题的观点与正文描述有偏差，在警方没有下定论的情况下，记者应该保持中立态度。但该稿件正文里态度中立，标题上却有倾向性。

2. 确定标题的立场和态度

新闻标题的功能是揭示新闻事实，但在揭示事实的同时往往带有立场态度和思想情感。

（1）用事实说话

制作标题时应该针对当前形势和舆论导向来选择事实和内容。事实胜于雄辩，用事实表明观点立场更具有说服力。例如：

扎针放血救中暑？高温急救还得 120

网帖称中风、中暑可扎针放血、按压穴位抢救；中医专家称，勿擅自施针，应拨打 120 等专业人士急救

（《新京报》，2017 年 7 月 19 日）

标题中的设问句以及副标题揭露和谴责的立场非常鲜明。在制作标题时，要善于用事实说话，认真考虑选择什么样的内容作为标题的主题，这些内容也应该包含编辑的立场和态度。

（2）选择恰当的角度

在选择角度时，一般选择受众的角度制作标题，要找到与读者情感上、心

理上最接近的点，让他们觉得所报道的新闻和自己息息相关。例如：

有居民"家住长江边吃不上水"
江岸区承诺财政买单解决老旧小区二次供水突出问题
（《长江日报》，2017 年 7 月 19 日）

有的水箱没盖子水质堪忧　有的水箱没蓄水是个摆设
家住长江边却遭遇用水难
（《武汉晚报》，2017 年 7 月 19 日）

第一则标题是从发布信息的角度切入，比较官方，吸引力不够；第二则标题是从读者的角度切入，如"水箱没盖子"等，让读者感到媒体确实起到了监督和服务的作用。

（3）选择恰当的字词

汉语博大精深，文字内涵丰富，标题的遣词造句也能够表现立场和观点，因此编辑在标题的用词上要费脑筋。

贵州避暑旅游经济潜能释放
"凉"资源化身"热"产业
（《人民日报》，2017 年 7 月 19 日）

标题里的"凉"指的是贵州"气候凉爽，空气清新，满眼翠绿"。"热"指的是"贵州避暑旅游坐拥天时、地利，再加上推出的各种优惠政策，用贵州人民的热情汇成'人和'，开拓避暑旅游市场大有可为"。前者指的是气候，后者指的是旅游的热度，冷热对比之下让人印象深刻。

（4）掌握分寸

新闻报道是在准确反映客观事实的基础上，对舆论进行引导。所以，新闻报道反映的应该是客观现实，要保持客观中立的态度。既不能对社会问题无动于衷，也不能对读者某些不合理的需求一味迎合，应该在立场鲜明的同时把握好"度"。尤其是一些社会新闻对于奇闻轶事的报道，标题只能说明事实而不能表示喜恶。

3. 确定标题的结构和表现手法

新闻标题的结构是由标题的内容和报道的目的所决定的。一般情况下，确定标题的结构有以下几个原则。

（1）根据稿件的重要性和篇幅长短来决定

一般情况下，重要报道、篇幅较长的报道普遍采用复合式标题，但也有篇幅不长的稿件为了引起读者注意而采用复合式标题。

《新京报》2017年7月19日头版头条的文章为了引起读者注意而使用了主题、副题和提要题的复合型标题，如图5-1所示。

图5-1 《新京报》2017年7月19日头版

（2）根据新闻报道的目的决定

新闻标题不仅能揭示新闻事实而且能够表达媒体的观点和立场，编辑在制作标题时要考虑到社会效果，要对舆论进行正确的引导。在这种情况下往往也使用复合型标题。

（3）根据媒体的风格决定

标题是展示个性风格的重要途径，新闻编辑在制作标题时既要注重新闻的真实性、重要性、篇幅长短、报道目的，又要考虑该媒体的风格。如图5-2和图5-3所示。

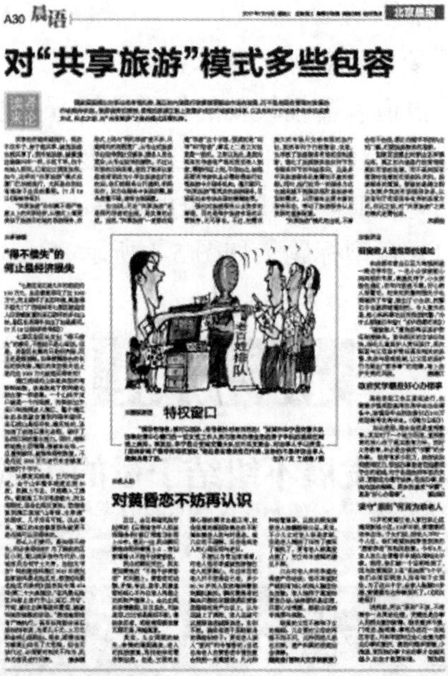

A30 晨语　北京晨报

对"共享旅游"模式多些包容

"得不偿失"的何止是经济损失

特权窗口

对黄昏恋不妨再认识

图 5-2　《北京晨报》2017 年 7 月 19 日版面

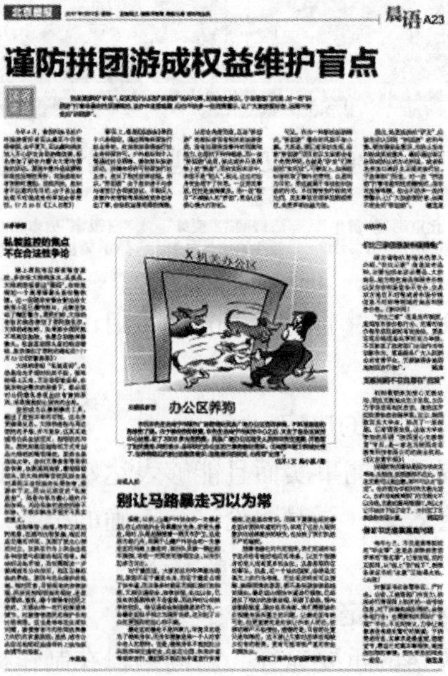

北京晨报　晨语 A23

谨防拼团游成权益维护盲点

私装监控的焦点不在合法性争论

X机关办公区

办公区养狗

别让马路暴走习以为常

图 5-3　《北京晨报》2017 年 7 月 17 日版面

图 5-2、图 5-3 所示为《北京晨报》的"晨语"版面，其大多使用小标题的形式，让人一看就知道是该报的风格。

（4）根据当日版面的编排需要决定

编辑在制作标题时需要根据当天稿件的情况选择是否集纳编排或相互呼应，从而表现特定的编辑思想。

如图 5-4 所示，这个版面使用的是统一式的标题，中间四条新闻标题结构一致，字数相近，字号相同，排列整齐。本版内容是渡江节的后续报道，算得上是花絮，根据稿件情况进行集纳编辑。

图 5-4　《武汉晚报》2017 年 7 月 18 日版面

第三节　报纸的版面设计

【知识要点】

版面指的是印刷品的印刷幅面，由文字和图片组成。报纸版面指的稿件编排布局的整体形式。报纸版面可以通过编排布局传达对新闻时间的立场和观点。好的版面不仅能烘托新闻事实、强化阅读效果，而且能够实现导读功能。

一、报纸版面历史概述

报纸版面的发展经历了一个很长的演变过程。中国古代的报纸以书册式居多，幅面很小，文字通排，没有字体、字号和栏的变化。19世纪初，报纸上的新闻没有重点、没有顺序，随意排放。到了20世纪初，报纸的字体、字号与栏才有了变化，重要新闻和一般新闻被区分开来。20世纪六七十年代，编辑开始将文字、图片放在规定区域内形成模块式版面。在我国，1956年之前，报纸版面编排都是竖排形式，直到1956年《人民日报》改成对开八版，版面编排才呈现出一种新的状态，其他各级各类报纸也相继改版。中共十一届三中全会后，新闻改革推动了报纸版面的革新，各类媒体对报纸版面也有了具体的规定。到了20世纪80年代，国内报纸开始借鉴国外报纸的版面设计，引进新的编排方式，让报纸更贴近社会、贴近群众和贴近生活。20世纪90年代中期，都市报异军突起，厚报时代到来，报纸呈现出大标题、大图片、导读化和版组化的新趋势。

二、版面编排手段及运用

编排手段指的是如何通过字符、图像、线条和色彩来安排版面。

1. 字符的运用

字符主要指的是字体和字号，比如宋体、黑体、楷体、彩云体、正方体、长体、扁体，等等。黑体庄重，宋体秀气，楷体活泼，同一标题，大字号比小字号更有气势，粗体比细体更具强势。编辑要通过这些字符的变化来表现编辑的目的。

2. 图像的运用

图像包括照片、绘画、图表、装饰、报花等。21世纪的报纸是读图的时代，图像越来越重要，它不仅能起到传递信息的作用，还能够吸引读者，构成版面的整体风格。例如，《南方都市报》2017年7月19日头版上大胆使用图片，把具有强烈视觉冲击力的照片安排在最醒目的地方，用漫画来解释标题的意思，如图5-5所示。

图5-5　《南方都市报》2017年7月19日版面

3. 运用线条和色彩

线条在版面上可以起到区分作用、美化作用、表情作用、强势作用等。线条也是除字符和图像外使用最多的基本编排手法之一。除此之外，还有色彩的运用。红、黄、蓝是三种基本色，在基本色的基础上可以调配出不同的色调，不同色调的版面所产生的视觉效果也是不同的。色彩的运用要以简洁为主，既要恰到好处又要有力地表现内容。另外，还可以通过明确视觉层次、纯色的强弱对比、色彩明度来吸引读者的视线，以视线的流动形成版面的层次美，让读者在不知不觉中按编辑的要求浏览版面内容。

报纸要在与新媒体的竞争中分得一杯羹，除注重新闻价值外，版面设计必须与时俱进、常办常新。报纸在用色上一定要记住行为是为内容服务的，在版面的美化上不能花里胡哨、喧宾夺主。版面的设计也要以读者为主，方便读者阅读，使读者易于接受信息。所以，设计出既符合新闻事实，又符合读者审美习惯，具有视觉冲击力和艺术效果的版面才是最终目的。

三、版面布局及运用

版面布局指的是稿件的布局结构、题与文的布局结构两方面。版面布局需要编辑处理好整体与局部、局部与局部间的关系，让合理、美观的版面呈现在读者的面前。

稿件的布局结构分为排列和穿插两种。排列指的是整齐的编排，稿件界限分明；穿插指的是在视觉上化整为零、化长为短。前者方便读者阅读和编辑组版，后者使版面富于变化，能吸引读者目光。

题与文的布局结构指的是标题和正文之间联系的表现形式。题文关系要求标题能够概括文字的主要内容和精华，对文字有明确的统领关系。题与文的关系让报纸在可读性上有了强弱之分。

四、版面类型

版面类型又称版式，每一种版式都有其自身的特点，这些特点可以使内容更加突出，更具有表现力。版面的基本形式从内容组织角度可以分为重点式、集中式、综合式；从形式设计角度可以分为规则对称式、非规则对称式、齐列式。

1. 重点式

重点式版面的特点是有意突出某些内容，吸引读者注意。有时报纸一个版面可能只有一个重点，也可能出现两个重点，那么这些重点内容就需要在版面上加以强调和突出，在这种情况下，可以使用重点式版面设计。

2. 集中式

集中式版面是集中大部分版面报道同一主题的稿件，多用于专版。如图5-6所示。

3. 综合式

综合式版面的稿件较多，编辑不刻意引导读者去阅读哪部分内容，而是让读者自行判断和选择。这种版式也有主次之分，但编辑并不强调这种区分。

4. 规则对称式

规则对称式版面对稿件要求较高，它要求版面以中分线为对称轴，左右两边内容对等，一般用于重大事件和节假日。

5. 非规则对称式

非规则对称式版式运用得较少，它采用的是不对等的对称形式，不要求完

图 5-6 《北京日报》2017 年 7 月 19 日版面

全对等，只要上下对称或对角对称即可。

6. 齐列式

齐列式版面整齐划一、排列整齐，符合读者的阅读习惯，都市报使用较多。

☞ **思考与练习**

1. 新闻标题有几种类型？
2. 比较党报与都市报版面设计的不同。
3. 改写一篇通讯的标题。

第六章 期刊媒体的新闻编辑

【本章学习要点】

　★ 了解期刊的定义和特点

　★ 了解期刊的历史现状

　★ 了解期刊的类型

　★ 了解期刊的版面设计

第一节 期 刊 概 述

【知识要点】

了解期刊的定义、特点、类型。

一、期刊的定义与特点

1964 年联合国教科文组织对期刊所下的定义是：凡用同一标题连续不断（无限期）地定期与不定期出版，每年至少出一期（次）以上，每期均有期次编号或注明日期的称为期刊。我国新闻出版总署 2005 年公布并施行的《期刊出版管理规定》中指出，期刊是"有固定名称，用卷、期或者年、季、月顺序编号，按照一定周期出版的成册连续出版物"。①"期刊"又称"杂志"，其形态有纸质期刊、数字期刊，根据出版周期有周刊、旬刊、半月刊、月刊、双月刊、季刊、半年刊。期刊是大众传媒的重要工具，它记录了一个时代政治、经济、文化、教育的方方面面。

期刊是连续定期出版的刊物，各期之间有固定的出版间隔期，增刊一般也是定期出版的。期刊根据一定的报道目的进行编辑，有的侧重于政

---

① 方毅华：《新闻编辑》，中国人民大学出版社 2013 年版，第 114 页。

治，有的侧重于经济，有的侧重于科技、文化、娱乐等。期刊的内容丰富多彩，能容纳各种各样的题材和主题，图文并茂，篇幅或长或短。但不管形式怎样变化，内容一定要符合编辑宗旨，要体现编辑方针。

期刊兼有图书和报纸的特点，是介于两者之间的大众传播媒介。它以散张形式出版，装订成册，多为 16 开或 32 开，比报纸方便阅读和保存。期刊的出版周期在一周到半年间，大部分是月刊，因此组稿、构思、策划、润色、版面设计的时间较为充裕。在刊载内容上，期刊重视"解释性"报道，比报纸报道更有深度和广度，更深层次地对社会现象进行探讨和研究。期刊的受众更加明确，更加细化，有一定专业性。期刊的文章间没有必然的联系，但编辑会将同类文章、同类专栏、期与期之间同类话题组成一个有机的整体。

日本杂志研究学者吉良俊彦将期刊（杂志）的特征归纳为：第一，杂志是目标对象媒介，也就是对目标对象进行细分的媒介。第二，杂志是个人付费媒体。电视和广播是不需付费媒介，家庭订阅的报纸是家庭付费媒介，杂志是个人付费媒介，因此杂志购买者会更加珍惜杂志，会反复阅读。第三，杂志是为生活者进行生活设计的媒介，在提供信息资讯方面，其优势无可取代。[1]

二、期刊的类型

期刊种类繁多，一般可分为以下几类：

1. 根据内容进行划分

根据期刊内容划分，可以分为综合型期刊和专业性期刊。前者内容多样涉及多种领域，后者偏重于某一领域，专业性较强。根据具体内容的种类来分，可分为新闻信息类期刊、学术期刊、文艺期刊、生活期刊等；根据内容层次来分，可以分为高级期刊、一般期刊和通俗期刊；根据内容属性来分，可以分为自然科学类期刊、社会科学类期刊以及其他类型期刊。[2]

2. 根据形式进行划分

根据期刊篇幅分类，一般篇幅较大的为大型期刊，篇幅较小的分为中型期

①　方毅华：《新闻编辑》，中国人民大学出版社 2013 年版，第 116 页。
②　杨文利：《三十年回首期刊路——新时期以来我国期刊的发展及特点》，载《期刊志》2008 年第 6 期。

刊或小型期刊。按出版时间的长短分为周刊、旬刊、半月刊、月刊、双月刊、季刊等。在一般情况下，时效性较强的期刊刊期不应过长，而对于学术期刊这类时效性不强的期刊，刊期一般较长。根据办刊级别，一般分为公开发行和非公开发行两类。公开发行的期刊由国家报刊管理部门颁发出版许可证，有国际、国内标准刊号；非公开发行的期刊一般指的是内部期刊，它由各地新闻出版管理部门自行管理。根据发行途径，期刊分为邮发期刊和非邮发期刊。邮发期刊指的是国家邮政部门统一向国内发行的期刊，必须是国家报刊管理部门批准公开出版的期刊；非邮发期刊指的是期刊社通过书商或者书店售卖的期刊。①

3. 根据读者对象进行划分

根据读者年龄划分，可以分为老年期刊、青年期刊、少儿期刊。根据读者职业可以划分为企业家期刊、工人期刊、白领期刊。根据读者性别划分，可以分为女性期刊、男性期刊、中性期刊。

4. 根据出版形式进行划分

根据出版形式，可以划分为印刷期刊和电子期刊。任何以电子形式存在的期刊我们都称为电子期刊（Electronic Journal）。电子期刊兼具了平面媒体和互联网两者的优势，融入了流媒体，通过文字、声音、图像、视频、游戏呈现在受众面前，是一种令人享受的阅读方式。

三、期刊的出版与管理

我国期刊的创办实行审批制度，符合《期刊出版管理规定》的期刊需经过新闻出版总署审批后才能进行登记，并正式出版。一个国内统一连续出版物号只能对应出版一种期刊，且刊载内容真实、公正、合法。我国期刊的发行方式有邮局发行、自办发行和非公有文化经营渠道发行三种方式。我国期刊采取的是"三级双层制"的管理体制。"三级"分别是指国家新闻出版总署，省、自治区、直辖市新闻出版局，主管与主办单位。国家新闻出版总署，省、自治区、直辖市新闻出版局主要负责期刊出版的方针政策和出版业务等指导性的宏观管理；主管与主办单位主要负责办刊方向、人员配置、质量审核等方面具体性的微观管理，由此形成期刊管理的"双层"机制。②

---

① 杨文利：《三十年回首期刊路——新时期以来我国期刊的发展及特点》，载《期刊志》2008 年第 6 期。

② 方毅华：《新闻编辑》，中国人民大学出版社 2013 年版，第 121 页。

第二节 期 刊 编 辑

【知识要点】

期刊编辑的各个环节既相互联系又相互制约，是一个严密的整体。期刊审稿和认真加工是一个编辑的基本要求，也是提高期刊质量的保证。期刊编辑流程包括：审稿、编辑加工、装帧设计、排版校对、印刷装订。

一、期刊编辑的审稿

1. 期刊审稿的性质

审稿是新闻出版业的术语，指阅读稿件，按照组稿要求特别是内容质量和表现形式的要求，对稿件作出评价和选择，提出是否采用的意见，并对可用的稿件提出修改意见及要求的编辑劳动过程。[①]

期刊编辑审稿主要是对原稿中的结构、文字、逻辑等进行全面分析，作出实际的判断并提出中肯的书面意见。因此，期刊编辑审稿是一项思想性、学术性很强的编辑工作，而不是一般事务性的出版检验工作。

2. 期刊编辑审稿的基本流程

期刊编辑在审稿流程中要具有高度的责任感，大部分期刊，尤其是高水平的期刊都有严格的审稿流程。严格审稿的目的就是为了保证刊物的高质量、高水准。期刊编辑审稿一般包括三个流程。

（1）初审

初审是对稿件的思想内容、艺术价值、学术观点等进行审查，指出其优缺点，提出自身见解和改正建议。商议是由作者自行修改还是送外审等。

（2）复审

复审是承上启下的环节，它是站在更高的角度，提出相应的处理意见，明确答复初审的意见。

（3）终审

总编辑或副总编辑在充分了解初审和复审意见，查看修改稿件质量的基础上，提出明确的处理意见。终审是编辑工作最后的把关环节，它既对之前审核提出的问题进行解决，又要发现之前二审中没有发现的问题，终审是编辑审读

---

① 蔡鸿程：《作者编辑实用手册》，中国标准出版社 2004 年版，第 75 页。

工作中最关键的环节。

3. 期刊编辑审稿的步骤和注意事项

（1）审稿的步骤

期刊编辑审稿一般包括审前准备、认真通读、作出评判三个步骤。第一步是审前准备，包括查阅相关资料，明确相关题材。要把读者群的需要作为审稿的依据，要及时、全面地了解党和国家的方针、政策，全面掌握科学发展动态和趋势。除此之外，针对一些专业知识还要准备一些相关方面的工具书和参考书。第二步是认真通读，只有通读才能大致了解稿件的内容以及作者的撰写目的，对总体质量做到心中有数，方便后期修改和调整。第三步是作出评判。包括对稿件内容和形式的评判，看稿件内容是否符合国家对于出版的要求，是否符合党的方针、政策，是否符合刊物的宗旨和质量，最后提出修改意见。

（2）审稿的注意事项

期刊编辑在审稿时要注意三点。首先要公正客观。编辑应该同等对待每一篇稿件，既要指出稿件的不足又要从整体上评判它的价值。要善于发现稿件的闪光点，不要造成好稿件的流失。其次审稿要科学。编辑审稿必须具备较高的专业水平，不能只凭经验作出判断，要靠知识积累得出结论。所以编辑要与时俱进，在发展变化中作出正确判断。最后还要在政治上进行把关。审稿过程中要维护国家方针、政策，坚持正确的价值取向和舆论导向，处理好批判性、前瞻性稿件和政治大局的关系。

二、期刊编辑加工的任务

1. 期刊编辑加工的意义

所谓期刊稿件的编辑加工，就是经过编辑初审、同行专家复审拟定采用的稿件，按照编辑原则、审稿人意见和期刊出版要求对稿件的内容进行修改，以改正错误，统一体例，处理图表，润色文字，使其完善。①

编辑加工的目的就是使稿件符合出版物要求的同时能反映时代的变化，能抓住社会的热点，从而吸引读者。因此编辑既要考虑到稿件的全局又要注意细枝末节，对期刊出版物进行质量检查和全面优化，使稿件尽善尽美。

2. 编辑加工的任务

期刊编辑加工的过程中主要任务有以下几项：

（1）消灭差错

---

① 王灿发：《报刊编辑》，中国人民大学出版社 2013 年版，第 333 页。

消灭差错是期刊编辑的首要任务，编辑既要找出政治性错误加以清除，又要对期刊内容的知识性、科学性以及文字语法、标点等差错进行修改。

（2）统一规范

编辑加工环节中最琐碎的任务就是将稿件中的插图、表格、公式、人名、地名、注释、术语等规范化和标准化，将不符合规范的地方全部改正过来。

（3）提高质量

在完成以上任务后要对稿件进行升华，对稿件精心修改，完成稿件作品的超越，要使稿件主题突出、逻辑严密、文字流畅。以下摘录部分是 2017 年修订版新闻报道中的禁用词和慎用词规定（一共有 57 条，因篇幅有限只摘录了 23 条）。

媒体人必读：新华社新闻信息报道中的禁用词和慎用词（最新修订版）①

一、时政和社会生活类

1. 对有身体伤疾的人士不使用"残废人""独眼龙""瞎子""聋子""傻子""呆子""弱智"等蔑称，而应使用"残疾人""盲人""聋人""智力障碍者"或"智障者"等词汇。

2. 报道各种事实特别是产品、商品时不使用"最佳""最好""最著名""最先进"等具有极端评价色彩的词汇。

3. 医药产品报道中不得含有"疗效最佳""根治""安全预防""安全无副作用""治愈率"等词汇，药品报道中不得含有"药到病除""无效退款""保险公司保险""最新技术""最高技术""最先进制法""药之王""国家级新药"等词汇。

4. 通稿报道中，不使用"影帝""影后""巨星""天王""男神""女神"等词汇，可使用"著名演员""著名艺术家"等。

5. 对各级领导同志的各种活动报道，慎用"亲自"等词。除了党中央国务院召开的重要会议外，一般性会议不用"隆重召开"字眼。

6. 对国内领导干部和国有企业负责人，不使用"老板"。

7. 报道中一般不有意突出某一类型群体或某一种身份。如灾祸报道中，不使用"死难者中有一名北大学生，其余为普通群众"的类似提法。

---

① 《媒体人必读：新华社新闻信息报道中的禁用词和慎用词（最新修订版）》，http：//www.sohu.com/a/158343396_184317，2017-07-19。

8. 不使用"践行'八荣八耻'"的提法，应使用"践行社会主义荣辱观"。

9. 报道中禁止使用"哇噻""妈的"等脏话、黑话等。近年来网络用语中对各种词语进行缩略后新造的"PK""TMD"等（新媒体可用"PK"一词），也不得在报道中使用。近年来"追星"活动中不按汉语规则而生造出的"玉米""纲丝""凉粉"等特殊词汇，我社报道中只能使用其本义，不能使用为表示"某明星的追崇者"的引申义。如果报道中因引用需要，无法回避这类词汇时，均应使用引号，并以括号加注，表明其实际内涵。

10. 新闻媒体和网站应当禁用的 38 个不文明用语：装逼、草泥马、特么的、撕逼、玛拉戈壁、爆菊、JB、呆逼、本屌、齐 B 短裙、法克鱿、丢你老母、达菲鸡、装 13、逼格、蛋疼、傻逼、绿茶婊、你妈的、表砸、屌爆了、买了个婊、已撸、吉跋猫、妈蛋、逗比、我靠、碧莲、碧池、然并卵、日了狗、屁民、吃翔、××狗、淫家、你妹、浮尸国、滚粗。

二、法律法规类

1. 在新闻稿件中涉及如下对象时不宜公开报道其真实姓名：犯罪嫌疑人家属；案件涉及的未成年人；采用人工授精等辅助生育手段的孕、产妇；严重传染病患者；精神病患者；被暴力胁迫卖淫的妇女；艾滋病患者；有吸毒史或被强制戒毒的人员。涉及这些人时，稿件可使用其真实姓氏加"某"字的指代，如"张某""李某"。不宜使用化名。

2. 对刑事案件当事人，在法院宣判有罪之前，不使用"罪犯"，而应使用"犯罪嫌疑人"。

3. 在民事和行政案件中，原告和被告法律地位是平等的，原告可以起诉，被告也可以反诉。不要使用原告"将某某推上被告席"这样带有主观色彩的句子。

4. 不得使用"某某党委决定给某政府干部行政上撤职、开除等处分"，可使用"某某党委建议给予某某撤职、开除等处分"。

5. 不要将"全国人大常委会副委员长"称作"全国人大副委员长"，也不要将"省人大常委会副主任"称作"省人大副主任"。各级人大常委会的委员，不要称作"人大常委"。

6. 国务院所属研究机构、直属机构和其他相关机构，称谓要写全，不得简称为"国务院"。

7. "村民委员会主任"简称"村主任"，不得称"村长"。大学生村干部可称作"大学生村官"，除此之外不要把村干部称作"村官"。

8. 在案件报道中指称"小偷""强奸犯"等时，不要使用其社会身份或者籍贯作标签式前缀。如：一个曾经是工人的小偷，不要写成"工人小偷"；一名教授作了案，不要写成"教授罪犯"；不要使用"河南小偷""安徽农民歹徒"一类的写法。

9. 国务院机构中的审计署的正副行政首长称"审计长""副审计长"，不要称作"署长""副署长"。

10. 各级检察院的"检察长"不要写成"检察院院长"。

11. 不宜称"中共××省省委书记""××市市委书记"，应称"中共××省委书记""××市委书记"。

12. 一般不再公开使用"非党人士"的提法。在特定场合，如需强调民主党派人士的身份，可使用"非中共人士"。"党外人士"主要强调中共党内与党外的区别，已经约定俗成，可继续使用。

13. 除对过去特定历史时期的表述外，不再继续使用"少数民族上层人士"的称谓。

三、期刊编辑加工的主要内容

期刊编辑加工的内容与报纸编辑加工的内容基本相同：内容加工、文字加工和技术加工。

1. 内容加工

内容加工的主要方面是要把好政治关，凡是版面中涉及国家方针、路线、政策以及国家领导人的照片、言论等，都属于政治性加工对象，一定要杜绝政治性差错。对于涉及的民族、宗教问题，港澳台问题，军队、国防问题等也需要好好把关，不允许出现任何差错。对于内容的加工，就是要注意事件的真实性，以及稿件中时间、地点、人物、事件的客观性。

2. 文字加工

文字加工是编辑加工的基本工作。文字加工包括错别字、不规范简称、外文字母、文字逻辑语法错误、标点使用不当等问题。对于这些问题，期刊编辑需要进行修改和润色。

3. 技术加工

技术加工指的是统一稿件的规范，其中包括稿件的体例、书写格式和版式，字体、符号大小，版面缩行，图标处理等。其次还要对人名、地名、数字、日期、译文、引文、参考文献等进行核对。

四、编辑加工的基本程序

编辑加工没有固定的模式，根据稿件的性质和内容以及报道目的的不同，编辑加工的方式不同。

1. 准备工作

编辑加工稿件前要检查稿件的完整性，查阅相关的知识或者工具书，做好审核加工的准备工作。

2. 通读全文

通过对全文的通读了解稿件的报道目的、中心事件、结构框架和表现形式等。对通读过程中发现的文字、标点错误应该及时修改。对需要仔细考虑或者查阅的内容作上记号，等待进一步探讨或处理。

3. 精读加工

通读过后，一些原则性问题、政治性问题或者模棱两可的问题已经解决，接下来是对文字表述、用词规范、标点符号等内容进行统一，并删除与主题无关的内容，改正表述不够准确的地方。

4. 查漏补缺

这一阶段主要看前期的改动是否达到了预期的效果，有无遗漏或不妥之处。对于不妥之处，可请教专家给出建议。

5. 作者复核

编辑在加工稿件时要尊重作者的原意，在修改后要通报给作者，最好与作者达成一致后再定稿。

6. 发稿

这是编辑加工的最后一个环节，此时稿件从内容到形式都达到了基本的要求，若无遗漏问题，则可以发稿，发稿后一般不做太大的修改。

五、期刊编辑加工的基本原则

期刊编辑在编辑活动中应遵循以下原则：

1. 态度认真，科学公正

编辑在改稿过程中，不管稿件的来源如何，都应该保持公正的态度，遵循对社会负责、对读者负责的原则，认真核对、精心加工。

2. 尊重作者，协商修改

编辑不能根据主观想法随意修改作者的稿件，作者从采访到后期成文不仅付出了心血，而是离事件全貌最近的人。编辑要尊重作者的观点和风格，不能在改稿过程中将自身的主观思想渗透到稿件中。在确实要修改部分内容时要与作者协商，找到最能体现报道目的的修改方式进行修改。

3. 精益求精，多就少改

编辑在修改稿件的过程中需要精益求精，要就不改，要改就一定要改得恰到好处，做到锦上添花。对于可改可不改、不影响读者阅读的稿件，一般情况下不予修改。编辑在审稿过程中帮作者找到存在的问题是对作者的帮助，不随意修改作者的稿件是对作者的尊重。

编辑加工和校对对提高稿件质量、减少错别字和病句起到重要作用，编辑人员在加工过程中要充分运用整体思维、逻辑思维，把握好全局，对稿件进行修改。校对工作要注意对细节文字、页码、标点、注释等的把关，只有将整体和细节相结合，才能为原稿锦上添花。

第三节　期刊的栏目

【知识要点】

了解栏目设置的作用、类型、特征、设置。

期刊的栏目是期刊的窗口，通过这一窗口体现刊物性质、风格、品位等重要内容。期刊大多设置有专门的栏目，这些栏目将不同性质、内容的文章归纳到一起，具有一定的集合性。例如，2017 年 7 月 24 日出版的第 946 期《三联生活周刊》有"封面故事""社会""专题报道""经济""文化""专栏"等栏目。

一、栏目设置的作用

栏目是编辑针对作者来稿，期刊宗旨、特点以及读者需求对期刊形成的类目。期刊中栏目的作用是针对不同题材和社会热点组织、贯穿期刊的主题，引导读者阅读。期刊中优秀栏目的建设非常重要，优秀成功的栏目设计编排在给读者带来阅读便利的同时能教育人、引导人、鼓舞人，介绍社会热点，宣传新观点，使刊物具有很强的时代感。栏目的作用主要有以下几个方面：

1. 分类稿件

作为一项社会文化工作，期刊编辑通过生产精神文化内容为社会服务，引导人们树立正确的人生观、价值观，树立中国特色社会主义的共同理想。将这些能够反映社会变化、引导正确舆论导向的稿件集结在一起，成为展示期刊不同文稿的展台就是栏目设置的作用和意义。多篇稿件组成栏目，多个栏目组成期刊从而形成期刊系统，让读者在查阅浏览时清晰明了，通过栏目设置形成一个分类清晰、井然有序的内部结构。

2. 易于规划期刊内容

栏目的设置体现了编辑的方针，编辑的方针又靠栏目来落实。栏目的设置有一定的规则、秩序和结构编排，所有栏目设计好了，就等同于一种宏观架构的期刊规划成功。如《三联生活周刊》具有浓厚的文人气息和知识分子情调，将新闻与文化、生活融为一体。《三联生活周刊》强调的"生活"二字，实际上是指一种新时代的生活观。它以新闻调查与文化评析相结合的方式，深入追踪，在有限空间内安排丰富的阅读内容，并强调与读者的交流。其内容除了涵盖封面故事，独家的社会、财经、文化、网络深度报道外，另设"一周时事""一周社会""财经""文化""时评专栏"及"环球要刊速览""读者来信""新闻人物""生活圆桌""声音"等特色栏目。这些栏目的设置是编辑方针和办刊宗旨的体现。

3. 便于体现期刊风格

期刊栏目的设置体现了期刊的风格和特点。如《凤凰周刊》致力于为全球华人打造一种对时事文化报道的崭新立场与权威态度，揭示影响中国和世界的重大事件、非常人物，以及华人最关注的财经新闻。[①] 其栏目设置更能体现为全球华人打造的期刊，包括"封面故事""大陆时事""台港澳""观察""国际""军情""特别报道""财经线""图谋天下""历史档案""文化""三地书"等栏目。

还有《中国国家地理》，该刊以中国地理为主，兼具世界各地不同区域的自然、人文景观和事件，并揭示其背景和奥秘，是中国著名的地理杂志。其设置有"封面""卷首语""世界观""行囊""专题""黄南绘画者之乡的轮回""视野""目的地""特辑""专访""主题""回忆"等栏目，体现了"内容为王"的办刊宗旨以及将读者带入现场的"文本文风"的办刊特色。

4. 刊载时间灵活

期刊可以将篇幅较长的稿件分期连载，形成系列稿件，也可以将篇幅短小

---

① http://www.fhzk.net/，2014-01-14。

的稿件集纳在固定空间内"集零为整",吸引读者阅读。

5. 吸引读者来稿

读者通过期刊栏目的内容、题材、风格了解期刊栏目后,可以根据栏目需求进行写作,栏目无形中起到了"征稿启事"的作用。

二、栏目的类型

期刊栏目一般有以下几种类型:

①从栏目结构划分,可以分为松散型和严谨型两种。松散型栏目指的是栏目文章、选题范围角度大致相同,但不一定有内在的逻辑联系。严谨型栏目除了选题范围角度相同外,还要求文章之间有内在联系,是一个完整的整体。

②从稳定性上可以分为动态性栏目与非动态性栏目。

③从重要程度上可以分为重点栏目和一般栏目。重点栏目是期刊的特色和创新所在。例如《新周刊》的"事件"栏目,它属于深度报道类的栏目,与传统深度报道不同,在坚守新闻报道原则的同时,不断寻求创新,是《新周刊》的重点栏目。还有前文提到的《三联生活周刊》的"封面故事"栏目,也是重点栏目。

④根据栏目所涉及的领域不同,可以分为经济专栏、政治专栏、文化专栏、社会专栏、法律专栏、国际专栏等。

三、期刊栏目的特征

从栏目在期刊中的地位来看,它具有从属性和服务性的特征。栏目虽然是反映期刊特色和质量的窗口,但在期刊体系中并不占主导地位,它的发展、变化受办刊宗旨的影响,因此体现出来的是从属性和服务性的特征。

从栏目的内容来看,它具有独立性和关联性的特点。期刊栏目之间是有区别的,这些区别可能表现在报道内容的重要性上,也可能表现在反映问题的角度或者文章体裁上。期刊的各个栏目之间是有机的整体,它构成了期刊内容的统一性。虽然每个栏目的具体内容相对独立,但是每个栏目的内容都会受到期刊整体报道主旨的影响。栏目的独立性体现了期刊鲜明的个性,栏目的关联性体现了期刊的完整性与系统性,这是期刊栏目最大的特点。

从栏目的表现形式来看,它具有多样性和独特性。期刊是综合性的出版物,其栏目内容种类繁多,表现形式丰富多彩。

从栏目的运动过程来看，它具有稳定性和重复性的特点。重复性指的是一些重要栏目或者主要栏目会在不同期号上重复出现。而且栏目在期刊中的顺序位置也具有稳定性，一般不会发生变化。但是，为了突出某个主题，反映某个热点，有些栏目会暂时停用，但这只是将与主题关联不大的栏目暂时停用而不是永久停用，并没有从根本上改变栏目重复的特性。根据社会的热点、国家出台的方针政策以及突发事件，充实或暂停一部分栏目是必要的，但这种充实不能太频繁，否则就会模糊期刊的特色和风格。

总而言之，期刊栏目的稳定性和复杂性、独立性和关联性、从属性和服务性、多样性和独特性是期刊的基本特征。这些特征是众多期刊栏目的概括和抽象，而不是意味着所有期刊都具备这些特征，因此，我们在分析研究某一期刊特征时还是要从实际情况出发，具体问题具体分析，不能生搬硬套、主观武断。

四、栏目的设置

1. 栏目设置的原则

栏目设置主要有以下四个原则：

①一致性原则。栏目设置应该与刊物的特点保持一致，能够体现刊物的特色、编辑的意图。

②差异性原则。期刊要突出个性，要有自身鲜明的特点，在主题的选择上要人有我新，避免雷同。

③独特性原则。这一特性是期刊区别于其他期刊的关键，只有通过栏目的不断创新，才能凸显自身的特点。

④时效性原则。期刊栏目应该紧跟时代步伐，抓住热点，关注前沿动态。

栏目设置的依据：

①从文稿特征角度进行划分。这是最简单也最基本的方法，文稿特征包括形式特征和内容特征。以问题类型为特征进行划分的方法比较常见，简单明了，可以方便地找到所属栏目，但有时略显单调，不利于反映特色。以文稿内容进行划分的方法常见于专业性较强的学术期刊，可以直接标明报道的范围和刊物特色，满足编辑、作者和读者的专业性需求。

②从读者角度进行划分。这种设置可以更好地满足读者的需求。分析文稿对各读者层次的价值，需要编辑具有强烈的读者意识，才能做到栏目设置贴近读者。

③从编辑角度进行划分。可以实现编辑对科教文化的引导，使得期刊反映编辑思想，体现编辑意图。通过编辑意图对专访、问答、编读往来等栏目进行设置，形成成熟的、可以引起强烈反响的栏目。

2. 栏目设置的要求

目前期刊栏目设置中存在一些问题。有些期刊的栏目设置有很大的随意性，根据稿源临时设置栏目，变动性大，设置不够科学；有些期刊的栏目设置创新不足，缺少灵活性；有些期刊可能将同类型的文章放在不同栏目里，栏目设置不合理。栏目设置具体有以下要求：

（1）排列应科学有序

栏目要按照一定顺序科学的进行排列。这些顺序包括内容轻重缓急，内容涉及的领域范围以及文章体裁等，力求将栏目排列得科学、合理、清晰、严谨。例如，《中国经济周刊》2017年第26期栏目有："中国经济时评""一周资讯""封面故事""特别报道""宏观政策""金融资本""产业公司""区域·城市""精准扶贫看典型""热点观察""悦读"。这些栏目安排得较合理，既有宏观政策又有具体个案，既有指出的问题也有解决的建议。

（2）长短结合，重点与一般相结合

在设置栏目时应该长短结合，重点栏目和一般栏目结合。

3. 固定品牌栏目

品牌栏目是期刊赖以生存的基础和灵魂，也是期刊的标志。因此，品牌栏目应该期期有、分量重、位置固定。

4. 不断开拓创新

创新是保持期刊活力的源泉，也是期刊能长期屹立于不败之地的重要因素。因此，期刊栏目要与时俱进，要改革旧栏目，增加新栏目，做到"人无我有，人有我新"。

5. 名称恰当准确

期刊栏目的名称一定要符合期刊的报刊宗旨和报道内容。让读者一看名字就知道期刊的风格，以及文章的大致内容。例如：《外滩画报》包括"外滩新闻""外滩国际""外滩生活""外滩亮点"等栏目，其中"外滩新闻"有24个版，包括"封面故事""上海新闻""长江三角洲新闻""国内新闻"以及"经济新闻"。从各个栏目的名字可以看出期刊报道的重点和特色。

第四节　期刊的版面设计

【知识要点】

期刊版式是期刊版面编排的样式，是期刊内页正文的编排设计。期刊版面设计是艺术的又是科学的。期刊版面设计要达到内容和形式的统一。

期刊的版式是期刊内容排篇布局的整体表现形式，是为了体现编辑意图、期刊特色、报道宗旨而在版面处理上采取的方式与手段。期刊版面设计要科学合理地安排各种版面要素，在突出期刊特色的同时一定要设计出具有易读性的版式，从而真正做到为读者服务。期刊版面是杂志页面最后展现出来的编排方式，包括标题的形式，字体字号的大小，文字、图片的布局，栏的划分，等等，是影响期刊外观的重要因素。

一、期刊版面设计的特点及作用

1. 期刊版面的特点

期刊版面与报纸版面相比，有以下特点：

（1）周期性

期刊分为周刊、半月刊、月刊或双月刊，这些信息需要在期刊版面上有所体现，以确保期刊视觉效果的延续性。具有延续性的期刊版面应该在设计上有预先性，在稳中求变，保证期刊信息的可视性与新鲜感。

（2）信息化

报纸和期刊的时效性相对于网络新媒体来说不强，在信息量成倍增长的今天，期刊的设计不可能出现简洁疏朗的版面样式，而是要以更密集的视觉形象出现，使版面更加紧凑，从而控制视觉节奏。

（3）风格化

期刊以文本和图像为主要视觉元素，在版面设计中逐渐形成了两种风格。一类是专业期刊，另一类是商业期刊。前者注重文本内容，设计较传统、古典，目的是体现期刊的权威性。后者强调阅读中的视觉冲击，大量的图像占据主导地位，使期刊的可读性更强，能刺激读者对视觉文化的消费欲望。

（4）版面的容量和排文形式不同

期刊多为 16 开，而报纸常见的为对开或者 4 开，期刊版面的容量要比报纸版面的容量小。因此，稿件安排的变化也就小，表现出相对整齐的特点。期刊版面排文一般采用两栏或三栏，有时通栏。另外，由于期刊版面空间有限，因此区序的强势程度没有明显差别。

（5）更重视双版的设计

期刊中的双版指的是由于对折形成的对应并列两版。由于有时图片太大或者所配标题太长，往往会横跨两个版，形成左右对称的样式，因此，在进行期刊版式设计时要把双版作为一个整体。

2. 期刊版面设计的作用

（1）吸引读者阅读

在信息泛滥的今天，期刊要想占有一席之地就必须具备吸引力。期刊的版面设计决定了读者对期刊的印象，能激发读者的阅读欲。

（2）体现期刊个性

期刊要展现自身特色除了通过独特的稿件内容外还需要通过版面布局、标题样式、美术手法等艺术形式。

（3）推销期刊本身

对于期刊来讲，只有版面精彩、设计新颖才能激发读者的阅读欲和购买欲。精彩的版面设计不仅对塑造期刊形象起到了重要作用，还能对期刊本身进行推销。

二、期刊版面设计的原则

期刊版面设计的原则：整体统一原则、艺术性与思想性统一原则、独创性与和谐性统一原则、视觉美感原则。

1. 整体统一原则

期刊版面的设计要与封面的设计相一致，包括装帧、材料选择、印装工艺等，从而使整个期刊在形式上成为一个完整的艺术品。整体的统一性还表现在具体细节上的统一，比如字符的统一、空白的统一和线条的统一。在版面设计中，形体、大小、方向、色调、明度等都要保持一致。期刊的统一性越强，期刊的形式就越有秩序感，期刊的统一性越弱，期刊的形式就显得松散。一般情况下，专业期刊对于统一性的要求更加严格一些。另外，这种整体的统一性还体现在形式要服从内容上。严谨的学术期刊等专业期刊，版面设计不能过于花哨；时尚、休闲的商业期刊，版面设计不能太过拘谨。

2. 艺术性与思想性统一原则

当代期刊受众群的审美已经到了内容与形式、思想性与艺术性并重的阶段，彻底摒弃了以往一个版式的模式。因此，期刊版面设计应该让读者在获得精神启迪的同时也拥有美的享受。版面设计的艺术是期刊编辑工作的重要组成部分，如何借助版面设计的技巧和手法满足读者的审美心理，是编辑必须掌握的专业素养。不过，版面所追求的艺术不仅仅是外在的形式，而是在符合主题内容表达的基础上，用新颖、独特、具有美感的版面形式表现出来。首先明确版面要表达的主题思想和报道目的，其次才是选择最能表现这些内容的艺术形式。艺术性与思想性统一是版面设计的基本要求。

3. 独创性与和谐性统一原则

期刊版面的个性化表现形式是版面创意的灵魂，具有独创特色的版面设计能摆脱常规束缚，将各种艺术形式情景交融、图文并茂地展现在读者面前，让读者享受到阅读的愉悦。这就要求期刊的编辑人员必须具有敏锐的洞察力和别具一格的创造力，在以栏目内容为主题的同时，构思、设计出变化万千的表现形式，使版面生动活泼、多姿多彩而不是千篇一律，令读者乏味、疲倦。但值得注意的是，版面形式的个性化设计并不是标新立异，而是版面内容和形式的协调与和谐。这种和谐表现在编排的各个要素和色彩选择、文图组合上。

4. 视觉美感原则

视觉美感原则是要求版面设计能给人赏心悦目的美感。这种美感是通过版面设计艺术与读者审美接受效果的完美结合。期刊编辑既要了解读者的审美心理和审美接受范围，还要有熟练掌握印刷技术的能力。

相似的版面设计容易使版面单调、单板，从而影响读者的阅读。适当地突出编排手法，使各要素进行对比，可以避免单调、平衡版面。对比包括形的对比和色的对比。形的对比包括大小、方向、标题字号、文章长短、宽窄、疏密、边框、花线型号等。色的对比包括颜色、纯度、明度等方面的对比。例如，对比度大小能突出要强调的内容，标题的对比能冲淡可以忽略的内容。

除了对比之外还有对称与均衡。对称的排法整齐划一，给人秩序感。均衡的排法不像对称一样要求版面量上的绝对精准，而是侧重于读者的心理感受。最后还要注意版面的比例。黄金分割律是一个重要的参考比例，这样的比例会给读者带来最佳的欣赏境界。标题、正文所占面积的比例也是版面设计时需要考虑的重要因素。如果题厚文薄，那么会让读者感到压抑，从而影响版面美观。

三、期刊版面设计的方法

诉求准确、不拘一格的封面不仅能刺激刊物的销量，还能提高文字内容的传播效果；新颖醒目的标题不仅能激发读者的阅读欲望，还能促使读者接收刊物传递的信息；精美的装饰符号和字体运用不仅能增添版面的灵动，还有助于读者与期刊的情感互动。期刊版面设计的最终目的并不是要达到版面艺术性的最高境界，而是要能够清晰、准确地传递文章所要表达的信息。因此版面的设计方法就显得尤为重要，编辑要在版面设计原则的指导下进行合理的版面编排，主要有以下几种方法。

1. 空间分割法

此类方法适合文章篇幅较长、图片较多的版面。空间分割主要采取上下分割、左右分割、倾斜分割和曲线分割的排版形式。

（1）上下分割

将版面水平分割成上下两部分，或上中下三部分，分割的页面可以采用对称或均衡的方式排列。这种分割方式比较自然，给读者带来有秩序、沉稳、整齐的感觉。

（2）左右分割

这种分割是将版面分成左右两个部分或者左中右三个部分。分割的页面也可以采用对称或均衡的方式排列。这种方法能够形成强弱对比，给读者造成心理上的不平衡从而强调要传递的重点信息。

（3）倾斜分割

将图片、标题、文案倾斜排放，营造版面不稳定的效果。这种编排方式能够起到"平地起惊雷"的视觉效果。

（4）曲线分割

将图片或文字以曲线的形式排列摆放。这样的编排方式能够减少读者的视觉疲劳，产生活跃版面的韵律和节奏感。

2. 限定分隔法

限定分隔法指的是利用线条、线框或图形对文字进行分隔或限定，适合篇幅短小、文章相对独立的版面。这种方法既能增强版面空间的相互依存性，又能使版面充满动感和活力。

（1）以线分隔

利用直线将不同文案中的多种信息组合成块状，使图形和文字达到次序化、条理化和规范化。这种方法适用于轻松休闲的文章，起到划分和区分空间位置的作用。编辑要恰当合理地运用线与线形，要注意版面的主次关系和前后呼应，实现整体上的统一和谐。

（2）以线分栏

在栏与栏之间插入直线进行分隔限定，适用于较长的文字排列版式，这种方法可以使栏目更加清晰，可视性大大增强。在整体版面中等比例的栏面可以给人统一的规整感；非等比例的栏面，可以强化主体、丰富空间层次。

（3）版心四周加框

在一个版面中独立成篇的文章四周加上分边框。此种方法能最大限度地稳定版面，使阅读不受干扰。其使用的线形与造型也可以多种多样。

3. 视觉延伸法

为了营造强烈的视觉效果，版面设计往往采取延伸设计的方式，这种方法主要用于以图像为主体、文字为辅助内容的版面，具体有以下几种形式：

（1）出血

将版面中的图片等元素扩大到页面边缘，使其占据整个版面或者版面中的一个边缘。这种方式多用于广告以及分量较重的文章配图。这样的排版，视觉效果更加强烈，图片看起来更有张力。

（2）跨页

将图像分跨到同视域中的两个页码之中。充分利用页面的张合进行设计，达到整体上大气、美观、新颖、通透、舒展的效果。

（3）版式重复

对于篇幅较长、分量较重且占据多个页码的同一文章，采取一种版面设计。这样不仅能在视觉上起到连续性效果，还能增强文章内容的一致性，加深读者的印象。

4. 自由组合法

自由组合法就是版面中的各视觉元素在页面中自由分布，这种方法崇尚感性设计，易体现设计者的独特个性。

（1）图片的自由组合

可通过方向的变化，利用强弱对比，达到视觉感应的最佳效果，从而形成多视点的立体空间。

（2）文字的自由组合

可综合使用各种版式设计方法，一般适用于文字较少的期刊广告。它要求设计者必须有较清晰的思路与对版式较强的控制力，否则就会显得杂乱无章。

☞ **思考与练习**

1. 期刊栏目有哪些特征？

2. 期刊栏目设置的原则有哪些？

3. 选取上年某份期刊的优秀版面，对其进行分析。

第七章　广播媒体的新闻编辑

【本章学习要点】

  ★ 广播媒体概述
  ★ 广播新闻编辑的特点和主要任务
  ★ 广播新闻的编辑原则和特殊要求
  ★ 广播新闻节目编辑的选择和串联
  ★ 广播新闻组合节目的编排

第一节　广播媒体概述

【知识要点】

  广播是在现代电子技术特别是有线电声技术和无线电通信技术发明的基础上发明和产生的，先有在线广播，后有无线广播（或叫无线电广播）。要了解其他广播形式的发展，以及广播新闻编辑与其他媒介新闻编辑的区别和联系。

一、广播的发明和运用

  广播是在现代电子技术特别是有线电声技术和无线电通信技术发明的基础上发明和产生的，先有有线广播，后有无线广播（或叫无线电广播）。

  有线广播在技术上面依托于 1876 年诞生的有线电话。这一年美国人亚历山大·格拉汉姆·贝尔发明了有线电话机。1880 年，俄国人奥霍罗维奇成功研制了用导线将剧院里的音乐节目传输出去的播音设备。1890 年夏天，在美国萨拉托加的大联盟旅馆，有 800 人通过电话欣赏了在梅蒂逊广场花园举行的音乐会，还有其他地方传送的舞曲和朗诵等。1893 年，匈牙利人西奥多·普斯卡把布达佩斯市 700 多条电话线连接起来，定时报告新闻，其被称为"电话报纸"。无线电波的发现、无线电通信的实现和无线电波负载装置的成功这三件事都具有划时代的意义。

1864 年，在多种学科中有重大贡献的英国科学家詹姆斯·克拉克·麦克斯韦在电磁波理论的研究中，提出了"存在无线电波"这一猜想。1873 年，他在《电磁论》中预言，由于电磁波的存在，特别是电磁波以每秒 30 万公里的速度传播，人们可以在相距遥远的两地之间建立起瞬时可达的通信联络。

1888 年，德国物理学家海因里奇·鲁道夫·赫兹用实验证实了麦克斯韦的预言，并发明了测量电磁波波长的科学方法。后来，麦克斯韦被公认为"无线电之父"。人们以赫兹的名字作为无线电频率的计量单位，无线电波也一度被称为"赫兹波"。在美国匹兹堡大学物理系执教并任西屋电气公司工程师的加拿大人雷金纳德·奥布里·费森登在马萨诸塞州布兰特岩城设立了实验室，进行了艰苦曲折的探索与试验。1906 年 12 月 25 日圣诞节之夜，航行在大西洋西海岸边的一些船上的报务员偶然在耳机里听到了人的声音，这就是费森登主持进行的第一次成功的无线电广播实验。

随着广播发送和接收技术的发展与改进，从 1909 年开始，美国相继出现了各种不同性质的实验性广播电台，不定期地播放音乐、市场行情、气象报告等内容。1920 年 9 月，西屋电气公司当权者戴维斯受一则推销收音机的广告启发，产生了建立一座播出定期节目的广播电台的想法。同年 10 月 27 日联邦商业部向戴维斯颁发了商业电台营业执照，并批准了"KDKA"这一名称，同时戴维斯征得了匹兹堡《邮报》的同意，匹兹堡 KDKA 广播电台于 11 月 2 日开始播音。它成为美国历史上第一家正式的广播电台，也被公认为世界上第一家正式的广播电台。1922 年夏，苏联在莫斯科建立了世界上功率最强的广播电台，并于同年 11 月开始播音。同一年，法国巴黎设在埃菲尔铁塔上的无线电台正式开始播音。英国广播公司也在伦敦正式开播。1923—1924 年，比利时、德国、加拿大、新西兰、中国、日本等国也相继建立了广播电台并开始播音。到 1930 年，无线电广播几乎遍及世界。

二、其他广播形式的发展

1. 调频广播

1923 年，美国科学家阿姆斯特朗开始从事调频广播的研究，1933 年取得进展，达到实际应用的水平。

2. 有线广播

1924 年苏联开办有线广播，其曾是有线广播最发达的国家之一。

3. 国际广播

"二战"期间，国际广播得到很大发展。"二战"之后，不少第三世界国家开始兴办对外广播。2011 年，"美国之音"停止了中文广播。

4. 教育广播

教育广播源于美国，1921 年美国政府颁发了第一个教育广播电台的执照。

三、广播新闻编辑与其他媒介新闻编辑的区别和联系

其一，广播的传播方式和新闻编辑的基本原理，是广播新闻编辑工作的基础。它们都不以编辑的个人意愿为转移的前提。如果单凭编辑个人意愿和喜好，一味强调某一方面，则结果不是削弱广播新闻编辑工作的特点，就是背离新闻编辑的正确方向。

其二，广播新闻编辑工作的对象和目标，主要是将来自各个渠道、各种形态的稿件和素材，加工组织成可供播出的节目，这同其他媒介的新闻编辑乍看似乎没什么区别，但由于广播可以吸纳各种渠道的报道，它的工作对象更广泛，实现工作目标的过程也不同于其他媒介。比如一期 30 分钟的新闻节目，电视一般能容纳 20 条左右的新闻，广播则往往能容纳 30 条以上。两相比较，广播新闻编辑无疑需要更加自觉地广辟稿源，更加慎重地选择、处理、配置和组织稿件，否则就难以使节目成为内容充实、形式多样而又井然有序的有机整体。

其三，作为一项贯穿节目生成过程始终的工作，广播新闻编辑工作的全过程一般包括三个阶段：前期编辑——根据特定节目预先设定的目标和方针，策划每一期节目的具体内容和表现形式，有计划、有目的地组织和筛选稿件；中期编辑——立足于全局，从当前的客观实际出发审视、配置、修改、加工稿件，核实新闻事实，确保内容正确、事实真实；后期编辑——按一定的意图编排节目内容，撰写配套稿件，安排播前的录制、合成和播出时的导播、监听工作。此外，收集和处理播出后的反应，也是广播新闻编辑工作的重要组成部分。这些阶段及其相应的具体任务虽然同其他媒介的新闻编辑基本相同，但运作方式方法却有明显差别。

其四，广播新闻编辑具有很强的群体性，任何一期节目的生产都需要处于不同岗位的专业人员的全力协作。编辑人员的分工，虽然因编辑部的建制和节目设置而异，但通常按日常的工作对象和范围，可分为稿件编辑和节目编辑。还有录播节目的后期制作编辑。当然这种分工是相对的，目的在于明确各自的职责，充分发挥岗位工作的主动性和创造性，依靠群体紧密配合、相互协作的合力，优化稿件、优化节目，争取产生更好的播出效果。

第二节 广播新闻编辑的特点和主要任务

【知识要点】

了解广播新闻编辑的特点是声音传播、线性传播、移动收听，并了解其主要任务。

一、广播新闻编辑的工作特点

广播新闻编辑工作在适应广播传播方式和传播特点的过程中，形成了不同于其他媒介新闻编辑的工作特点，这些特点大致可以归纳为三个方面。

1. 声音传播

声音是广播唯一的传播符号，但广播中的声音经过电波传送，无论语言还是其他音响，都与自然状态下的声音明显不同。比如"我喜欢鱼"这句话，在水族馆里说和在餐厅里说，意思截然不同。如果在广播中孤零零地这样说，听众就不知所云了。音响也是如此，比如体育比赛中看台上的嘈杂音，假如不在现场，有时就分不清究竟是喝彩还是起哄。另外，在广播中，说话人失去了直接反馈，不可能像日常交谈中那样随时改善表达，即时克服和消除交流障碍。这些无不说明声音符号既赋予广播以方便、迅速的传播优势，也给它带来不容忽视的劣势。广播新闻编辑要创造性地运用声音符号传播信息，就要适应电波传送条件下的声音传播规律，不仅要注意发挥声音的传播优势，而且要正视和认真克服它的传播劣势。

广播新闻编辑工作的这一特点，要求在稿件编辑中做好以下工作：

其一，根据便于说和听的要求，精心选择、锤炼语言，善于运用听众熟悉、一听就懂的语言表达新闻内容，切忌玩弄词藻、故弄玄虚。

其二，认真筛选，恰当运用音响，力求音响既富有特点和表现力，又用得恰到好处，同时注意交代音响的背景（如发生的时间、地点和生源），按照协调一致的原则处理好音响与叙述语言的关系。

其三，稿件要求短小精悍，坚决杜绝空话、套话等繁言赘语，以真实、确切、精彩的新闻事实吸引听众进入专注收听状态。

其四，按适合听觉习惯的方式处理稿件，如叙事多用顺叙，少用或不用倒叙、插叙，描述正在进行的事件时，可运用闪回手法追叙在此之前发生过的事件的，多用单线结构，少用或不用多线条交叉的结构。

2. 线性传播

"报纸一个面，广播一条线。"广播以节目面向听众，按节目时间的自然流程安排稿件。广播只能一句一句地传送新闻内容，听众也只能一句一句地即时收听，这意味着广播听众并不拥有选择收听时间和局部内容的主动权。报纸则可以利用版面空间和字体、字形、花边、线条等手段强调重点、引导阅读，读者也能充分享有选择阅读时间和内容的权利。电视虽然也是线性传播，但它是图像线与声音线相互配合的双线传播，与广播的单向传播有区别。广播传播方式的这一特点，尤其是它的局限性，决定了广播的任何稿件和节目都必须符合线性传播的需要，从而成为广播新闻编辑工作的另一个重要特点。

由于这一特点，除了上面所说的尽量按单线结构和顺序手法处理稿件外，关键在于节目编辑中要着重处理好以下问题：

其一，精心选择头条，同时认真为头条选择或撰写配套稿件，借以发挥头条带动整个节目、引导收听的作用。

其二，恰当配置稿件，不仅考虑上下稿件内容的关联性，而且讲究形式的多样性，力求长短相间、繁简有致、节奏和谐、气氛协调，赋予节目既丰富多彩、悦耳动听又脉络清晰、层次分明的整体感。

其三，合理协调口播新闻稿、录音报道的比例和播出位置，后者再现现场能力强，但不易精炼，在一次节目中数量不宜太多，安排不宜太集中，制作则应力求精致。

其四，在播出时间较长的节目中，除把最重要、最精彩的报道放在头条以外，适当运用西方节目编辑常用的"峰谷"编排手法，即把比较重要和富有吸引力的报道适当分散在同一节目的不同时间段落里，然后以它们为中心，按重要性或吸引力递减原则配置相应稿件，形成若干类似高峰、低谷逶迤连绵的播出单元。这种编排有利于形成若干收听高潮，让整个节目波澜起伏，以保持对听众的持续吸引力。

其五，合理设置栏目，精心处理栏目与本次节目其他内容的横向关系，力求既保持栏目的风格特点，又使栏目成为节目的有机组成部分，以上主要针对新闻节目而言，但也适合多稿组合的新闻性专题节目和新闻性杂志节目。

3. 移动收听

广播听众在稍纵即逝、不能局部选择的条件下收听，多数处于被动的半接收状态。这与电视观众基本相同，与报纸读者则截然不同。报纸读者可以主动选择阅读的时间和内容，也可以选择浏览或细读或反复推敲的阅读方式。如果说媒介的传播方式决定了受众的接收方式和接收状态，那么后者也必然反过来制约包括编辑工作在内的媒介日常运作。从这个意义上说，适应听众的接收状态，通过稿件和节目的处理，吸引听众进入主动、专注的接收状态，既是广播新闻编辑工作的目标，也是它的重要工作特点。

　　积极地适应听众的接收状态，关键在于牢固地确立听众观念，时时处处为听众着想，千方百计为听众创造便于收听、易于理解的条件。体现在日常编辑工作中，就是要善于针对多数听众的收听状态，采取相应的编辑措施，让听众能够享有一定的选择权，保持较长时间的专注收听状态，其中尤为重要的是：

　　其一，认真撰写新闻提要和串联词，充分发挥它们引导收听、增强印象和加深理解的作用。

　　其二，善于按"听"的要求处理新闻背景材料，包括力求简明扼要，防止喧宾夺主、冲淡湮没主要的新闻事件。为听众理解事物的最新状态提供条件，尽可能围绕有关新闻事实交代背景，防止相互脱节或割裂。报纸可以保存、可以检索，此前报道过的事件未必需要回叙，也可以集中在某一段落交代背景。广播则不然，它之前报道过的事情，某些听众可能没有听到，或听到了也未必能够记住，所以即使昨天刚报道过的事情也得做适当的交代；同时也不宜过于集中，因为在半接收状态下，听众可能未必能够把背景材料与相关的主体事实联系起来。

　　其三，妥善处理稿件内部的繁简关系。广播要求新闻报道短小精悍、简洁明快，防止拖泥带水、节外生枝，即所谓的"长话短说"，但为了听众确切理解、加深印象，对于重要内容、关键性的新闻事实，则需要适当展开，为听众提供确切地理解有关事物的必要材料，包括知识性材料和对某些关键词语的解释，必要时甚至需要"短话长说"，不辞繁复。也就是说，在稿件处理方面要讲究繁简得当，善于把整体上的"长话短说"和关键处的"短话长说"结合起来。这是适应听众接收状态的一个重要方面，也是广播新闻编辑实践亟待解决的问题。

　　广播新闻编辑工作的上述方面，都是由广播的传播方式或电传输条件下的声音传播规律决定的。它们之间形成了递进式的联系，即适应声音传播规律、适应线性传播需要、适应听众接收状态；而体现特点的具体要求也是相互渗透的。所以，务必把它们联系起来理解，甚至可以把它们视为一个统一特点的三个层次。这样才能从整体上把握广播新闻编辑工作的特点，才能更好地调动各种编辑手段，为实现预期的传播目标服务。

二、广播新闻编辑的工作任务

广播新闻编辑工作既有与其他媒介共同的任务，也有自己的特殊作用，既有阶段性的任务，也有日常性的任务。这些任务包括：

1. 确定报道方针，制订报道计划

确定报道方针和报道计划，是一个主观与客观结合、吃透"两头"——"上头的精神"和"下头的情况"的过程，也是一个群策群力、集中编辑群体智慧的过程。

2. 遵守策划原则，组织新闻报道

对于广播新闻编辑来说，策划、组织报道不仅是组稿、约稿、选稿，而且是有明确目的、有计划的自觉活动过程，是一个需要发挥积极性、主动性和创造性的过程。要认真处理以下几个矛盾：第一，现实生活的广阔性、听众需求的广泛性同报道反映面的有限性之间的矛盾；第二，稿件数量多和节目时间容量有限的矛盾；第三，各种来源的报道客观存在的无序状态和广播新闻性节目编排有序化、整体化的矛盾。

3. 选择修改稿件，校正把关稿件

这是日常主要的编辑工作之一。除按新闻价值标准和体裁的基本要求选择和加工稿件以外，还要遵循声音的传播规律和从特定节目的需要出发。广播的任何稿件都要符合说和听的要求，也就是讲求语言朗朗上口、悦耳动听，音响含义明确、易于理解，稿件内部层次简洁、脉络清晰。任何稿件都是节目的组成部分，适用于新闻节目的稿件未必适用于专题节目，适用于重点新闻节目的新闻未必适用于整点新闻，同一则报道用于不同类型、不同时段的节目也有不同的处理要求。

4. 编排组合节目，撰写配套稿件

新闻节目的构思过程，包括聚集材料、提炼思想和结构布局三个环节。前两个环节主要解决节目内容由什么构成和如何构成的问题，一般在占有稿件和其他素材的基础上，经过筛选和提炼形成该节目的整体意图或主题，然后按体现意图和主题的需要确定和加工入选稿件。后一个环节则侧重于寻求适当的表现形式，包括结构形成和播出方式，以及赋予节目什么样的表现风格等。

节目构思是节目编辑日常工作中的首要任务，在很大程度上决定着节目的整体质量和播出效果。节目构思属于节目的孕育阶段，从构思到制作成可供播出的完整节目，还需经过编排组合。

节目编排既是节目构思的延续，也是节目构思方案的实现。节目编排，包括单稿节目和多稿节目的编排。单稿节目的编排，主要是按照节目的定位加工、润色稿件，同时按播出的要求做适当的包装，如为稿件加上"开场白""结束语""间奏乐"等。多稿节目的编排，则是按照节目的定位和本次节目的构思意图，把各种稿件组织成脉络清晰、层次分明的有机整体，形成某种组合优势，争取获得整体大于部分之和的传播效果。

5. 研究听众反馈

听众是广播的服务对象，他们不仅是节目的接收者，也是节目的检验者。收集、研究听众的收听情况和他们对广播节目的意见、要求和建议，不光是听众工作部门的事情，也是广播新闻编辑日常工作的重要内容。广播新闻编辑要经常听取听众意见、要求和建议，定期做好听众调查，及时收集反馈信息，尤其要切实加强研究，引出切合实际的认识，真正把各种反馈作为改进新闻传播工作的重要依据来对待。

第三节 广播新闻的编辑原则和特殊要求

【知识要点】

广播新闻的编辑原则是指导日常编辑工作的编辑思想和活动准则。科学的编辑原则源于编辑实践，是在坚持新闻编辑原理和广播传播方式相结合的基础上，在实践—认识—再实践—再认识的过程中逐步形成和不断完善的。

一、广播新闻的编辑原则

从既有的实际出发，大致可以围绕新闻节目的生成过程，把广播新闻的编辑原则概括为以下三项：

1. 突出报道重点，扩大报道范围

所谓突出重点，就是对人们关注的重大事件或问题，重要的决策、部署和方针、政策进行集中、连续的报道。也就是在一段时间内或在一次节目中，围绕某一中心，从不同角度，运用各种体裁和编播方式，做多方位的报道和阐述。但是，集中绝不是"单打一"，"单打一"难免遗漏重要的或听众关心的新闻，时间长了势必导致收听率下降。所以，越是突出重点，越需要力求兼顾一般。如果在一次节目中，在突出某一领域的同时兼顾其他领域，在集中报道某一重大政治活动或事件时适当提供社会生活方面的新闻，就可以避免因题材单调而引起的收听疲劳或厌倦，收到"红花绿叶相衬"的传播效果。如果在日常节目中，既有政治、经济、科技、文化教育新闻，又有关于人们日常生活的适当报道，既有政治性强、富有认识和教育意义的内容，也适当提供一些知识性、趣味性强的信息，就可以更广泛地反映客观实际，满足听众多方面的需求，从而吸引更多的听众。所以，突出重点，兼顾一般，努力拓宽报道面，是广播新闻编辑工作的一个重要原则。

2. 增加信息容量，提高信息质量

在有限的节目时间里扩大信息容量，让人们用较少的时间获得较多的信息，这是当代社会对广播新闻的要求。为了扩大节目的信息容量，不少电台缩短了新闻的篇幅，增加了每次节目的新闻条数。如中央人民广播电台 30 分钟的《新闻和报纸摘要》节目播出 7000 多字的稿件，虽不足报纸的一个版面，但播发的新闻条数（包括简讯）却远远超过报纸的要闻版。上海人民广播电台的《990 早新闻》在 60 分钟的节目时间内，播发的新闻也有 60～70 条。节目信息容量的扩大，不仅较好地满足了听众的信息需求，也加快了新闻的传播速度，发挥了广播的优势，增强了广播的竞争力。

不过，扩大节目的信息容量，主要指为听众提供更多有助于正确认识客观实际的、切实有效的信息，而不仅仅是单纯地增加新闻条数。如果忽视新闻本身的质量，而一味在压缩报道篇幅、增加新闻条数上下功夫，就可能适得其反。所以，在扩大节目信息容量的同时，必须把提高信息质量、提供有效信息提到同等重要的地位上来。

所谓信息质量，就一则报道来说，就是体现新闻价值标准的程度，包括新闻题材本身的重要性、新鲜性、贴近性以及报道的时效性等；就一档节目来说，则指反映客观实际的广度、深度和速度，包括及时地提供广播电台覆盖范围内各个领域的最新信息，国内外重要的或对当地具有特殊意义的新闻，尤其是与听众休戚相关、为听众普遍关心的信息。

3. 适应听觉需要，增强听觉效果

为适应"听"的特点和需要，广播新闻节目的编排一向强调层次清楚、详略得当、脉络分明、结构严谨。但要真正落实到节目中，却需要精心策划和编排。这是因为编辑要把来自各个渠道、分散的稿件组合起来，使它们成为一组组相互联系的稿件群、一个个完整的节目，从而使听众"看"到比较完整、统一的画面。稿件与稿件的不同组合，往往能产生不同的意义。正确的组织、合理的编排，可以真实地反映出全局的面貌，可以抓住社会生活中的主要矛盾，引导人们去正确认识和处理这些矛盾；反之，则可能使人产生误解，导致完全相反的效果。所以，节目的编排过程，实际上是变分散为集中、化无序为有序的过程，是发挥稿件组合效应的过程。

广播新闻编辑常用的编排方法有：同类编排，即把内容相近或相关的稿件排列在一起；组合编排，即把同一主题的不同体裁的稿件组合在一起；对比编排，即把内容对立的稿件排列在一起，通常带有褒贬的色彩；集纳编排，即一般采用专栏的方式，有固定专栏和临时专栏两种。这些编排方法相互配合，往往可以收到相得益彰的编排效果。

二、广播新闻编辑稿件的特殊要求

在广播新闻工作中，记者只要完成单篇的新闻报道即可，编辑则要从提高整体传播效果的角度出发，将节目内容与听众的需求结合起来；除节目内容外，还需要考虑音乐、音响等多个角度。仅从单条新闻的编辑来讲，就包括选择适当的新闻稿件，对稿件进行必要的核实、校正、增删、润色以及音响编辑等。

1. 使人喜欢听、听得懂、记得住

广播记者和编辑的工作特点是他们写的短评信息和通讯不是被人阅读的，而是被人收听的。由于阅读和收听这两种方式的不同，对同一稿件的表达要求往往大相径庭，所以很多时候需要采取完全不同的处理办法。这不仅说出了广播和电报纸的区别，同时也指出了撰写、修改广播稿件的特殊要求：从文章内容、结构到语言运用都要做到"适听化"，从而使人喜欢听、听得懂、记得住。

（1）内容集中，主题鲜明

由于广播稿是按照时间顺序，以线性结构形式进行传播的，听众大多又是边做事边收听，随意性很大。这就要求撰写广播稿要内容集中、主题鲜明。一篇稿件最好只谈一个问题，突出一个中心，不要枝节太多、贪大求全，而且内容要扎实、具体、形象，因为只有具体、形象的东西才能引起听众联想，从听觉感受中获得视觉形象，从而加深印象。广播稿要尽量短一些，这样不仅易听易记，还能增加单位时间内的信息容量，让听众在有限的时间内获取更多的信息。但是我们强调的短，绝非越短越好，不能为了短而不顾内容，要摆正内容与篇幅的关系，力求短而精、短而有物、短而易听。

（2）时间顺序，易懂易记

广播新闻的写作结构，通常有以下几种：一是时间顺序结构；二是"倒金字塔"结构；三是逻辑顺序结构；四是"悬念式"结构。

一篇广播稿采用哪种结构形式写作，要根据具体内容和受众心理来决定。

常见的写作多采用时间顺序结构。这种写法是指，对于新闻的主体部分按照事实发生、发展的时间顺序来安排材料，写出的文章层次分明、脉络清晰、顺理成章，听起来易懂易记。

突发性新闻多采用"倒金字塔"结构，就是把最重要的材料放在最前面，次要的稍后，以此类推。"悬念式"结构适用于故事性较强的事件。

不论哪种结构形式，在材料的组织上都应以线性结构为主，以单线发展为特点。因为听不同于看，报纸一时看不懂，还可反复看，广播却没有这种便利性，所以广播稿不适合多线条立体交叉结构，如果线索过多，或者跳跃性过大，就会使听众在收听时不易听明白。

广播稿的结构，还应有必要的重复。这样一是为了照顾刚打开收音机的听众，让其能接着听下去；二是为了增加关键信息对听众的刺激程度。

（3）语言通俗，口语规范

广播稿在语言表达上要做到通俗化、口语化、规范化。

所谓通俗化，就是用广大群众习惯的语言和易于接受的方式，深入浅出地把问题和事物说清楚、讲明白。要少用形容词，不用生僻的字词，更不能生造词汇。要尽可能避免使用专业性、技术性太强的术语。非用不可的时候，应加以注解说明。口语化就是在用词造句时要符合群众的口语习惯，使广播稿读来上口、听来入耳。它应该既有书面语言的精练性和严密的逻辑性，又有口头语言通俗易懂的群众性。广播稿要做到适听化，有以下几种方法：

其一，把单音词改成双音词。单音词，播音员读起来不上口，听众听起来又不顺耳，更体现不出语言的韵律美。所以，在广播稿中应尽量把单音词改成双音词。如"但""曾""仅""虽"等应改成"但是""曾经""仅仅""虽然"等。

其二，把文言词或半文言词改成口头语。例如，把"均""即""故""日益"改为"都""就是""所以""越来越"。

其三，避免使用音同意不同的词。为了避免这种现象，编辑在改稿时需要把这类词改过来，例如，"期中"和"期终"，"全部"和"全不"，"走进"和"走近"，就是这类词，可把"期终"改为"期末"，"全部"改为"全都"，这样就不至于混淆，听众一听就能懂。

其四，不要滥用简称，少用代词、虚词。在广播稿中使用简称，应特别慎重。对于听众不熟悉的单位名称，不可滥用和生造简称，否则就会影响收听效果。例如，将"田间管理"简称为"田管"，将"打击拐卖人口办公室"简称为"打拐办"等，一般听众是听不懂这种简称的。对于代词特别是人称代词，要尽量少用，如"他""她""它"，听众听了很难分辨清楚。为了使句子简洁明了，虚词也应尽量少用，如"由于""为了""所以""虽然""不但""而且"等。虚词大多会使句子成分变得复杂，不适合收听。

其五，少用或不用倒装句式。作者为了强调某句或某段话的重要性，先把它放在前面，然后再交代出处。这种句式不符合汉语的语言习惯，不但不易听懂，而且容易把意思听错。

广播的任务之一就是推广普通话，所以在广播稿中应尽量不用或少用方言土话。如果为了保持任务的性格和语言特点，非用不可，则必须加以解释。当然，专门以方言播音的节目，则是另一回事。

2. 文字解说和音响紧密结合、相得益彰

在编辑音响报道时，广播新闻编辑需要格外注意，插入的音响和报道的内容要有一致性，要能够使文字解说和音响紧密结合、相得益彰，而不是文字、音响"两张皮"。

（1）剪接

在对音响内容进行剪接时，需要注意剪辑的合理性。首先，段落长短要适宜。音响的长度应在 10 秒钟以上，过短的音响容易显得突兀，也不自然；过长的音响则容易拖沓，降低报道和节目的信息量。其次，要保持话语连贯。在对同期声进行剪辑时，要在语言自然停顿的地方下手，不要生硬地从中间剪开，更不要把一句话剪开后打乱顺序重新安排，要保持谈话的连续性，避免在打破话语连续性的同时造成意思的改变。另外，还需要剪掉没有声音的空白段落或者啰唆的内容。语气、语调、语气词、说话的速度、说话的节奏等能传递出人物对新闻事件的看法、情绪和人物本身的性格、气质、人格魅力等，同期声剪辑后保留这些声音元素，能够增强音响的可信度和感染力。最后，要保持情感连贯。有些时候，有些同期声的内容不完全符合语言规范，但如果剪切掉这些内容，则会丧失贯穿于话语中的情感的连续性，进而影响传播效果。这个时候，不完整或者略有重复的内容，也应当予以保留。

（2）插入

音响在广播节目中插入的方式有两种：一种是直接插入，就是在广播节目中直接插入实况音响、诱发音响或记者的口头报道等；另一种是混播，混播的对象一是同期声，二是现场音响。同期声的压混，一般在将采访中的方言、少数民族语言和外语等同期声变为大多数人可以理解的语言时使用。电视可以借助字幕帮助人们理解听不懂的语言，广播则只能用一种声音诠释另一种声音，所以需要压混。

经常使用的压混形式大体有两种：一是配音式压混，二是旁白式压混。配音式压混的原声一般来说需要一字一句地"翻译"给听众，信息相对集中，逻辑比较清楚，而且语言的表现力好；旁白式压混的原声在语序、逻辑上就比较差了，有时候"口水话"很多。在面对听众的时候，需要整理，需要理顺人物讲话的逻辑，这时运用旁白式压混就比较省力，容易交代清楚事件内容。压混的时间选择应该是在说话者的第一个意群出来以后，这样既能够体现说话者的语言特点，又可以保证语意的完整性。

第四节　广播新闻节目编辑

【知识要点】

广播新闻节目编辑的稿件选择、编排串联以及广播新闻组合节目的编排。

一、选择稿件

广播编辑每天的第一项工作就是选择稿件。在选择稿件的时候，有哪些基本要求呢？

1. 注意政治原则，坚持社会标准

政治原则是我们社会标准的一个重要方面。我们的社会是全面发展、全面进步的社会。社会的政治原则是以经济建设为中心、坚持四项基本原则和坚持改革开放。编辑在选择稿件时，首先要注意的就是稿件是否遵循了这一原则。

稿件的内容要有益于社会和大众的利益，这是对编辑选稿的又一要求。不同制度的国家有自己不同的社会标准，这一标准通过法律、道德规范等方面来体现。广播作为一项社会文化事业，属于社会活动范畴，而且影响面大。因此，编辑在选择报道新闻人物或事件的稿件时，应该对所涉内容负责。

2. 注意稿件的重要程度，优先选择反映当前热点的稿件

稿件的重要性取决于它所含的意义。意义的大小由两个因素决定：一是稿件内容与听众的关系。稿件内容关系到的听众人数越多，关系越深，稿件就越重要。二是稿件内容和实际生活的关系。广播编辑在选稿时，要考虑稿件内容是不是抓住了实际生活中尖锐的、亟待解决的矛盾，是不是冲击了当前社会上"绷得很紧的弦"。优先选择这些稿件，能配合政府解决现实生活中的问题，起到舆论监督的作用。

3. 注意新鲜性和显著性，挑选内容上有新意，任务、地点、时间上有显著意义的稿件

有新意的报道能引人深思，给人动力。为此，广播编辑要注意新鲜性，挑选反映新动向、新问题、新世情、新见解的稿件。注意显著性的意思是，报道显要人物的活动、著名地区的新闻、与听众关系密切的地区发生的事的稿件，应当作为选择的对象。

4. 注意群众性，选用与群众日常生活、情绪息息相关的稿件

广播传播消息迅速，收听工具方便，传播对象广泛，能够深入到群众生活的各个角落。广播与群众生活的关系如此密切，广播编辑在选稿时应当特别关心这方面的稿件。

5. 注意时效性，挑选时效性强的稿件或录音

挑选出时效性强的稿件后，应该尽最大努力使稿件及时播出。时效性一是指来稿反映的事实及时，二是指电台报道的及时。

6. 注意可听性，注意选用适合听众口味的自由稿件

收音机掌握在听众手里，如果你所广播的节目不符合听众的口味，他就会关掉收音机，而不管你在制作这个节目时出于多么良好的意愿和花费了多大的精力。为此，广播编辑要注意选用下列稿件：用事实说话的稿件，有趣味的稿件，能给人启示的稿件，与听众平等相处、亲切谈心的稿件，以及形式和表现方法有广播特点的稿件。

二、编排串联

广播新闻可以单条播报，也可以把各条新闻缀合在一起进行播报，广播编辑在新闻编辑室使用串联的方法。

1. 串联的作用

所谓串联，是指用一个单词、短语或音乐把听众自然地从这一条新闻引入下一条新闻。这个起连接作用的部分，可以放在一条新闻的后面或下一条新闻的开头。

报纸通常用版面和各个版将各类消息编排在一起，并且根据内容和重要性将消息归入不同的版。广播节目是在事件的连续流动中完成一组节目的播报。声音符号按顺序出现形成的语流把单条消息连在一起，串联可以引导听众在收听过程中，自觉地把那些有对比效果的或有相同之处的消息联系起来，从中获得更多的认知。

（1）串联是一种起衬垫作用的语句

用一句话或一段音乐串联消息,为正文的出现作必要的衬垫,引起听众的收听兴趣。这种衬垫作用的语句如果从新闻广播中删去,不会影响听众对内容的理解,不会破坏消息的完整性。但是,如果运用得当,可以始终抓住听众的注意力,使他们从一条消息的收听转到另一条消息。听众的注意力是很容易分散的,那种呆板地、一成不变地播报消息的方式,最容易导致听觉疲劳。如在10分钟内播出的七八条消息中,都是以"本台消息""本台记者报道""新华社消息"的方式引出各种新闻,方式的一律性或多或少会掩饰消息的差异性,对于听者来说,千篇一律的句子、语调易引起疲劳感。如果这七八条消息既包括国内的也包括国外的,不妨在国内消息播报完之后,用这样的句子串联与垫衬一下:"在了解了国内的最新消息以后,让我们再来听听来自世界各地的报道……"

(2)强调对比效果

编辑在编排稿件时,经常把可作比较的消息放在一起,使消息之间产生对比,引出思考。串联句引导听众从对比的角度收听这些消息,并作出是非判断。如编辑可以把关于如何教育子女的两篇报道放在一起播出,这两篇报道讲述的是用两种不同方式教育子女的事情。一种是棍棒教育,另一种是晓之以理、动之以情的教育。在第一篇消息播报完以后,可用这样一段串联语承上启下:"'棍棒下面出孝子',这是不少家长在教育子女时认定的一种经验。棍棒下面真的能出孝子吗?刚才的报道已经做出了否定回答。应该用什么方法教育子女呢?我们一起来听听下一位家长的另一种做法……"这样通过前后对比,听众就有了正确答案。

(3)产生整体感

编辑每天面对报道各种消息的稿件,这些稿件所涉及的事实从表面上看可能并没有任何联系,它们是独立的、互不相干的。但是,它们发生在今天,成为今天的事实,而不是昨天的历史,似乎都与今天有关系。所以,从今天的角度来看,它们是同一时间上并列的事件。如果从这种并列中能看到某些引人关注的现象,或者这种并列能够给人启示的话,编辑就会采取串联的方式。串联可以是独立零散的事件的互相观照,也可以让同一类事件产生综合效应,增强节目的整体感。

(4)完成内容的转换

广播节目一般靠停顿来区分句子、段落、篇章。听众根据个人的阅读习惯分辨出句子、段落,但对一条消息的结束、另一条消息的开始却不易区分。尤其是在陌生的语境中,由于听众对所说内容的不熟悉,对关键词语所指的不明白，较难从听觉上判断一条消息是否播报完毕。广播节目中串联的作用相当于报纸中用横竖排版、加花边等方式区别每条消息。

2. 串联的主要方式

串联也就是从不同的角度排列组合每一个节目，并且给这种组合一个说法。它可根据地区将节目分类，也可以根据事件的性质分类，或根据对比的原则（正比、反比）组合，等等。总之，串联可以体现出编辑的意识水平、品位和综合艺术能力。因此，在实践中，编辑们创造出了不少有效的串联方式。

(1) 报时、报地的串联

这种形式就是采用了播报消息来源的办法，从一条消息转换到另一条消息，这是最简单的一种串联方式。

例如，我们在收听广播时，经常听到这样的串联语句："本台消息""据新华社报道""《人民日报》开罗消息""本台记者从华盛顿发回的消息"。

(2) 用串联词把几条新闻组合在一起

在时间较少的简明新闻的播报中，采用报时报地的方式会占用有限的节目时间，影响正文的播出，若采用串联词联系各条消息，不但能加深听众对节目的整体感觉，而且能使节目进展流畅。

(3) 用停顿完成节目的转换

在半个小时或更长时间的新闻节目中，采用停顿的方式不失为一种简单易行的办法。不过，聪明的编辑们一般不轻易让节目时间白白流过。当然，假如这种停顿本身包含某种意义的话，如在刚刚播报完一条令人震惊悲哀的消息后，稍稍停顿一下，会比用串联词马上引出另一条消息要好得多。

(4) 用音乐作间奏曲，衔接与转换节目

在广播节目中，音乐有着十分重要的作用，音乐本身的丰富性，也显示出了它有广阔的用武之地。即使是新闻节目的编辑，对于音乐和各种声音都应该保持敏感，懂得使用它们。使用音乐，既可以让听众的听觉器官稍稍休息，又可以将节目划分成不同的"版面"。

(5) 男女播音员轮换播报

在一组节目的播出过程中，采用男女播音员轮换播报每条消息的方式，就是以声音的变化来转换节目。这种声音的变化，也可以给听众以新鲜感，吸引听众的注意力。

三、广播新闻组合节目的编排

广播新闻组合节目的编排，是广播新闻编辑的重要工作，编排合理恰当，能使节目达到"1+1>2"的效果,反之,则会使新闻组合节目产生逻辑混乱、表意不清的负面效果。广播新闻编辑向来重视节目的构思与编排,力求把一则则新闻组织成井然有序的有机整体。

1983年2月13日(大年初一),宜昌市人民广播电台的"本市新闻"播出以后,听众反应强烈,认为是"建台以来较美的一组新闻"。1984年湖北省电台节目交流会上,这组节目又受到与会者的一致好评。省新闻学会和新闻协会主办的《两会通讯》,也刊登了制作者制作节目的经验。之后3年,四川、云南、贵州、甘肃、湖南、陕西等地几十个电台和广播站的教师前来要求交流业务经验,并且纷纷将这组节目复制后带走。武汉大学新闻与传播学院和华中科技大学新闻与信息传播学院的教师也先后将这组节目录下作为教课内容。那么,这组节目为什么会引起听众、同行和新闻教育工作者的普遍兴趣呢?

由于在这里无法重听一遍,只好先列出这组新闻的播出节目单:

迎春曲:
简短祝词
内容提要
消息: 全国劳模杜远金除夕谈改革
录音访问: 走访省特等劳动模范郑守仁
口头报道: 在宜昌船厂游艺会上访厂长
本台短评: 改革声中迎新春
特写: 春节凌晨见闻
听众信箱: 市政协委员、台属陈宝珍来信畅述党的恩情
录音访问: 走访郊区万元户刘生武
录音讲话: 工人作家鄢国培谈新年打算
配乐通讯: 西陵灯会
一句话新闻:
女飞行员、十二大代表张文秀坚持除夕值班;
向老红军余爷爷赠送红领巾;
个体户刘井珍除夕通宵营业;
东山烈士陵园今天正式开放;
医院领导同志除夕到病室看望模范教师刘自铮;
一轻局党委领导到工厂看望节日坚持生产的职工;
市电子管厂玻璃熔解工人在炉旁度过第十个除夕;

　　第一人民医院家属宿舍起火，公安消防大队迅速赶到现场将火扑灭；
葛洲坝电厂节日安全发电

录音报道：孙守清提前解除劳教回家过年

春节期间天气预报

音乐：贺新春

　　从上述节目单大体可以看出，这组节目之所以受欢迎，主要是在讲求真实性的基础上，又对美化节目作出了努力。

　　第一，追求内容充实美。新闻的美首先体现在一个"新"字上。这组新闻全部是除夕和大年初一凌晨的事，距播出时间（早上 7 点）最远的有 21 个小时（走访郊区万元户刘生武），有的是 13 个小时（春节凌晨见闻），最近的只有 1 个小时（春节期间天气预报）。新闻再新，如果只有稀稀拉拉的几条，也会显得很单薄。这组新闻共 15 分钟，除开始的迎春曲和末尾的音乐以外，在近 14 分钟内，播出了长长短短 20 条消息，不但数量多，而且涉及的内容广，工、农、兵、学、商、文、教、卫、统战、政法等各个方面都有反映。既有劳模的新计划，又有作家的新打算；既有干部的新姿态，又有知识分子和工人的新奉献；既报道了党的十二大代表一心扑在党的事业上，也报道了台属对党的一片深情；既反映了工农业战线的新成绩，也反映了专业户、个体户的新发展；既有经济、文化新闻，也有社会新闻；既报了大量的喜，也报了一点忧（第一人民医院家属宿舍失火），从而引起听众注意节日期间的安全问题。特别是最后一条天气预报，告诉大家近期天气晴朗，是走亲访友、外出游玩的好天气。整组节目给听众留下的印象是丰满的，听众反映"人情味浓"，让大家感到过的是一个充实的年、团结的年、安全的年、欢乐的年。

　　第二，追求形式多样美。内容充实是美的基础，选择恰当的表现形式，才能把美揭示出来。这组新闻节目，体裁有口播新闻，也有录音新闻。口播新闻有消息、特写、评论、通讯、听众信箱、一句话新闻；录音新闻有录音访问、口头报道、录音讲话、录音报道。根据不同内容的需要，让新闻形式的十八般武艺各显神通。大家听后认为这期节目品种多、编排活，广播特点突出。

　　第三，追求文字简练美。编稿时，编辑字斟句酌地反复推敲，一删再删。《西陵灯会》原稿 500 多字，经过几次斟酌，只播出了 300 字。《女飞行员、十二大代表张文秀坚持除夕值班》原来是一篇 900 字的长稿，经过反复讨论，感到有许多事情过去曾广播过，因此只选择了最新的一件事，放在"一句话新闻"栏目播出。这样反复压缩，才在近 14 分钟内播出了 20 条消息，平均每条消息只占 42 秒钟，约 140 字。

第四，追求语言朴实美。口播新闻也好，录音新闻也好，都要用语言来表达。怎样让听众听得顺耳、有点味道呢？我们在采编上提出了四条要求：避免书面语言，力求口语化；避免生僻字眼，力求通俗化；避免用词呆板，力求生动明朗；避免艰涩难念，力求明快流畅。

第五，追求整体和谐美。一组新闻，不是少数几个记者、编辑所能完成的，要靠采、编、录、播各方面的密切配合。这组新闻各方面配合较为和谐。采：为节目提供广泛、扎实、丰富多彩的内容。编：根据口播、录音、内容和形式等不同的特点，注意长短结合、"口""录"相间、错落有致、编排得体。录：精心制作，保证印象质量。播：认真备稿，争取声正情浓。

追求美当然并不等于达到美，大家较为肯定这组新闻节目，主要是肯定他们在美化新闻节目上所作的种种追求。报纸为了吸引读者，早就有"美化版面"一说，"美化版面"已成了办报人的"行话"，而广播战线提出美化新闻节目的还不是很多。有人认为广播新闻一听就过去了，又有何"美"可言？诚然，眼睛是欣赏美的主要器官。但别忘了，声音同样能表达形象、感情、意境、情绪……追求声音美，不应当是音乐工作者的"专利"，也应当是广播编辑的责任。美化广播新闻节目，应当成为广播新闻工作者孜孜以求的目标。①

☞ **思考与练习**

1. 广播新闻编辑与其他媒介新闻编辑有什么区别和联系？

2. 根据广播新闻编辑的工作特点，如何做好稿件编辑工作？

3. 广播新闻的编辑原则有哪些？并举例说明。

4. 广播编辑在选择稿件的时候有哪些基本要求？

---

① 陆先荣：《美化广播新闻节目》，载《新闻战线》1986 年第 9 期。

第八章 电视媒体的新闻编辑

【本章学习要点】

★ 电视媒体概述

★ 电视新闻编辑及其特殊性

★ 电视新闻编辑的工作原则

★ 电视新闻编辑手法

★ 电视新闻编辑的工作环节

第一节 电视媒体概述

【知识要点】

了解电视的定义和电视传播特性，以及电视新闻的概念、传播特性和分类。

一、电视的定义与电视传播特性

1. 电视的定义

电视，即电视接收机，指利用电子技术及设备传送活动的图像画面和音频信号，它也是重要的广播和视频通信工具。电视机最早由英国工程师约翰·洛吉·贝尔德在 1925 年发明。

电视用电的方法即时传送活动的视觉图像。与电影相似的是，电视利用人眼的视觉残留效应显现一帧帧渐变的静止图像，形成视觉上的活动图像。电视的诞生为人类成功实现了远距离传送图像的愿望，可谓实现了"千里眼""顺风耳"之梦，不仅是人类视听领域的重大变革，也深刻影响了人们的生活方式和社会的发展进程。科学技术的进步，是电视迅速普及的一个重要原因。

2. 电视传播特性

在总结前人研究成果的基础上，进一步研究电视传播的过程及其传播的各个环节，从"电视最擅长什么"和"电视所独有的是什么"两个视角出发，有助于我们更好地把握电视的传播特性。

（1）即时现场性

即时，是从时效性上看电视的传播特性；现场，是从真实性上看电视的传播特性。光有即时，就不能成为电视的传播特性，因为广播也可以做到即时传播，也可以在新闻事件发生的同时，快速地做同步的广播播报。仅有现场，也不能成为电视的传播特性，因为从更广阔的视角来看，电影也具备重现现场事实的能力，它可以通过大银幕将现场事件重新放映给观众，但是电影不具备即时性，通常需要长时间的前期准备、中期摄制和后期加工流程才能最终完成。因此，只有同时强调即时和现场，才是电视所独有的传播特性，只有电视可以用几乎和现场事件同步的速度重现现场的一切。随着现代科技的发展，新闻传播的技术手段也实现了飞跃式发展，从先进的转播车、遥控通信到通过卫星通信技术直播，还有现在的直升机、高空无人机拍摄，这些技术进步从根本上改变了原有新闻定义的概念，即把"新闻是新近发生的事实的报道"变为"新闻是新近或正在发生的事实的传播"。① 此外，电视的即时现场性也体现在现场报道、现场直播这些节目类型上。

（2）双重信息传播性

电视主要利用声音语言和图像语言来实现对现场的双重信息传播，即电视可以"传真"现场一切有声有形的事物，实现声画合一、形声兼备。电视的声音语言包括解说、同期声和音响，主要作用于人的耳朵；电视的图像语言主要是非语言符号系统，这些画面作用于人的眼睛，二者结合就是视听兼备，使得观众不仅可以"耳闻"，也可以"目睹"。电视的双重信息传播，类似于"传真"，将事件现场有声有色地"传真"给观众。从信息传播的角度来看，电视的双重信息传播特性也表现在它是同时输出直接信息与间接信息的传播媒介。在信息论中，直接信息是指事物的存在方式和运动状态，间接信息是指关于事物存在方式和运动状态的表述。电视通过声音语言和图像语言、间接语言和直接语言等双重信息传播系统来实现传播，二者相辅相成、互相配合、缺一不可，构成一个完整的系统，共同传达了一个和谐的声画信息集合。

（3）兼容性

在传统的大众传播媒介中，几乎没有任何媒体能像电视那样具有强大的兼

---

① 石长顺：《论电视传播的特性》，载《当代传播》2000年第1期。

容性，它几乎可以把所有媒介的传播内容和形式全部运用过来，经过改造加工，衍生出新的表现形态。①首先，现代电子科技的发展，使得电视可以利用新技术手段创新不同的节目形态，容纳更多的可能性。其次，观众对电视节目的需求更加多样化，使得电视频道化、专业化发展迅速，新频道、新栏目层出不穷。这两方面的原因进一步加强了电视的兼容性。电视兼容报纸，产生了图文电视，或者叫电视报纸，图文电视就像在电视上阅读报纸一样，用遥控器选择要阅读的页；电视兼容广播，产生了口播新闻、说书节目等新节目形态；电视兼容电影，出现了专门播放影片的电影频道，如 CCTV6 电影频道等；电视兼容戏剧频道，出现了大量的电视剧频道，还有专门的戏剧频道，如央视戏曲频道专门播放中国传统戏曲节目，CCTV8 是专门播放电视剧的频道；电视兼容文学，出现了电视小说、电视散文，还有大量融合了文学艺术的知识类节目，如《百家讲坛》《中华好诗词》《文学英雄》等；电视兼容音乐，出现了大量的电视音乐类节目，如最近几年火热的音乐选秀节目《我是歌手》《中国新歌声》等，还有专门的电视音乐频道；电视兼容文艺，电视文艺节目真正实现了"百花齐放"的局面，出现了大量的综艺节目、真人秀、大型文艺晚会等，融知识性、趣味性、娱乐性为一体。此外，电视兼容了新的科技手段，产生了现场直播、现场报道等节目形态。电视的兼容性使它获得了更大的影响力，满足了更多观众多样化的需求，也大大增强了电视在大众传播媒介中的竞争力。

（4）线性连续传播

电视在把事件现场"传真"给观众时，是以电波为载体，以电波的速率逐行、逐帧按时间顺序进行"传真"的，由于电视的线性传播，观众看电视节目时只能按时间顺序一个一个看下去，如果离开电视一会儿就会错过某个时段的节目，因此，电视缺乏存储性和复现性。而报纸就不同了，读者不需要按版面顺序阅读，可以越过不感兴趣的消息，挑选自己感兴趣的版块反复阅读。而电视节目是按时间顺序播放的，观众遇到不喜欢的节目，只能等它"走过"了之后才能看到自己想看的节目，电视的这种线性传播方式，使电视观众被迫接受某种程度上的强制性，当然，电视频道的增多、各类型节目的增多、家用录像机的出现，包括现在兴起的网络电视都削弱了这种强制性，给观众提供了更多的选择。

一方面，从播出内容来看，电视的传播又是一种连续播放，如电视新闻，

---

① 石长顺：《论电视传播的特性》，载《当代传播》2000 年第 1 期。

按新闻事件的发生、后续发展来做连续报道，观众只有连续观看、不断跟进报道才能完整地了解整个新闻事件。又如电视剧的播放，电视剧的整个剧情是连贯的，但是每天只播放固定的集数，观众必须按电视台的安排，每天收看固定的电视剧集，大部分情况下不能像看小说那样一口气从头看到尾。另一方面，正是电视台这种连续播放的特性，让观众产生了持续的期待，不断跟进新闻事件的进展，不断跟进自己感兴趣的电视剧剧情的发展，从而也维系了观众的收视习惯。

二、电视新闻的概念和传播特性

1. 电视新闻的概念

何志武、石永军在《电视新闻采写》一书中对电视新闻的定义为："电视新闻是利用电视传播媒介，公开传播新近发生、发现或正在发生的社会变动的事实的信息，是电视新闻节目的总称。"[1]

本书认为何志武、石永军关于电视新闻的定义最完整，它重点表述了电视新闻的信息属性和所属新闻类的基本要求，同时也涵盖了电视作为一个传播媒介的个性特点。这个定义的内涵包含两大要点：第一，从根本上看，电视新闻传播的内容是信息。"利用电视传播媒介"指出了电视新闻传播的载体，也是电视新闻的个性，"信息"二字指出了电视新闻的传播内容归根结底是信息。第二，电视新闻作为新闻的种类之一，具备新闻的基本特征。"新近发生、发现或正在发生"强调了电视新闻的时效性，特别是由于现代科技的进步，使得电视新闻可以通过现场直播的方式实现事件和报道的同步进行，这也进一步扩大了原有新闻定义的内涵和外延，指出了电视新闻的个性特征。

2. 电视新闻的传播特性

所谓特性，即指一事物相较于其他事物在本质上的个性特征。电视新闻的传播特性，就是指电视新闻在与其他媒介新闻、其他电视节目的对比下具备的独特个性。只有挖掘出电视新闻的传播特性，才能掌握电视新闻的传播规律，指导电视新闻工作的实践。

（1）现场实证性

俗话说，眼见为实。电视新闻对于电视观众来说，就是及时地传达新闻事件现场的图像，让观众直观地看到新闻现场的事实，产生一种证实事实准确无误的认同效应，也会给观众带来强烈的视觉冲击感和真实现场感，仿佛把观众

---

[1] 何志武、石永军：《电视新闻采写》，武汉大学出版社2008年版，第11页。

带到新闻现场去亲眼目睹一样。

（2）及时/即时性

及时性是从新闻传播的时效性来说的，即指从"信源"（新闻事件发生）到信宿（观众）之间，新闻媒介传播信息所耗费的时间短。人们对新闻的需求总是求新、求快、求多，观众总是希望及时地获得最新最多的新闻消息。电视新闻在提供最迅速的、最新鲜的新闻信息方面，具有其他媒介所没有的强大优势。与报纸因为固定出版而导致时效性降低相比，电视媒介已经可以实现新闻与事实的同步传播，具有很强的即时性。

（3）符号易受性

这里的易受性，是指电视新闻在传播过程中拥有众多的传播符号，使受众接收信息时费力程度最小。传播学家施拉姆称"费力程度"为受众接收信息时付出代价（时间支出、精力消耗）的大小。①很显然，与报纸相比，电视以其声画并茂的表现力、视觉冲击力、感染力，直观地为观众呈现新闻事件现场的人物、气氛、场面，使受众通过"看"，就能接收到所有的传播符号。尤其是图像这种非语言符号，直接作用于人的视觉感官，消除了人们从知觉到符号之间的距离，消除了报纸那种印刷媒介传播的文字符号所造成的抽象性，也不要求观众具备报纸读者所需要的一定的文化水平，使得观众更易理解电视媒介传播的信息。

（4）传媒兼容性

相较于其他大众传播媒介，电视由于技术上的优势，具有更大的传媒兼容性。电视新闻把其他传播方式和艺术形式吸收进来，加以创新改造，可演绎出众多更新颖的传播内容和形式。例如：电视兼容报纸，产生了图文电视，电视屏幕就好比报纸页面，可以点击阅读或者经过主持人的解读，来浏览重大新闻。电视兼容广播，出现了结合广播和电视特点的口播新闻。口播新闻就是播音员结合图像背景和画外音，口头播报文字新闻稿的报道形式。实际上关闭图像后，整个新闻播报和播送广播稿没有区别。电视兼容网络，出现了结合网络的新节目形态和传播方式。比如很多电视新闻节目，主持人会结合网络上网友的评论和意见，对新闻事件加以解读，或者直接就新闻事件与网友互动交流。这种电视兼容网络的新闻报道方式，进一步丰富了电视新闻节目的形态，调动了线上线下观众的参与积极性，增强了新闻事件的关注度和话题讨论的热度。

---

① 何志武、石永军：《电视新闻采写》，武汉大学出版社 2008 年版，第 15 页。

三、电视新闻的分类

不同研究者根据不同的分类标准，对电视新闻的分类各不相同。有的按电视新闻题材涉及的地域范围来分，就有国际新闻、国内新闻、地方新闻等不同类别；按电视新闻体裁来分类，就有评论类新闻、消息类新闻、专题类新闻等；按电视新闻题材的专业内容来分类，又有体育新闻、经济新闻、时政新闻、科教新闻、社会新闻等。

这里我们按照通常意义上的新闻体裁分类，把电视新闻分为消息类电视新闻、专题类电视新闻、言论类电视新闻。

1. 消息类电视新闻

广义的电视新闻涵盖面比较广，泛指电视节目里传播新闻信息的各种新闻节目。狭义的电视新闻即消息类电视新闻，是指迅速、广泛、简要地报道国内外新近发生的事件的新闻报道的节目形式。①消息类电视新闻节目汇总了国内外重大新闻，是观众了解国内外大事的主要渠道，也是电视台新闻节目的主体部分。一般观众概念里的电视新闻实际上就是指消息类电视新闻，其基本特点是"短、频、快、活"。以表现形式为标准，消息类电视新闻又可以分为口播新闻、图片新闻、影像新闻、字幕新闻等。如中央电视台《新闻联播》《晚间新闻》《朝闻天下》《新闻30分》《经济新闻》和整点新闻播报等各类节目，还有各个省市电视台自己的新闻联播节目。这类节目主要报道消息类电视新闻，它们及时、简要地报道国内外新闻，每条报道时间都很短，有的甚至只有几十秒。

2. 专题类电视新闻

专题类电视新闻是指"对新闻事实作较详尽而有深度的报道，它以较为详细、系统的解释、分析，比较深入完整地反映新闻事件的发生、发展过程"。②与消息类电视新闻相比，专题类电视新闻的特点是节目时间长，内容详细、丰富、深刻，信息量大，通常关注新闻事件发生的过程、不断发展变动的情况、后续的影响等。专题类电视新闻，实际上是一种深度报道的重要形式。

专题类电视新闻按照内容走向和表现方法的不同，可以分为专题新闻、专题报道、新闻调查报道、新闻性访谈节目等。③

---

① 何志武、石永军：《电视新闻采写》，武汉大学出版社2008年版，第17页。
② 赵玉明、王福顺：《广播电视辞典》，北京广播学院出版社1999年版，第99页。
③ 叶子：《电视新闻学》，北京广播学院出版社1997年版，第7页。

专题类新闻节目的选题通常是社会上的热点、焦点、难点问题，通常受到人民群众的巨大关注。在这类新闻节目中，要求记者尊重事实真相，分析研究问题，引导观众一起参与问题的探讨和深层思考。专题类新闻节目的典型代表就是央视的《焦点访谈》，它通常选择群众普遍关心、社会上普遍存在的问题作为报道选题，并且坚持"用事实说话"的报道方针和节目理念，节目采用演播室主持人加记者现场采访相结合的节目形式，使得报道事实充分、评论准确、述评结合、有理有据。有时专题类新闻节目也报道新近发生的重大新闻事件的深层次及后续报道，重视报道的时新性、时效性。例如世界杯、党代会、人代会举行期间的专题新闻特辑。专题新闻是一种深度报道形式，需要对新闻事件进行深入、详尽的报道，因此其节目时间也比较长。

3. 言论类电视新闻

言论类电视新闻即电视新闻评论，是指评论者、评论集体或电视机构对当前具有普遍意义的事件、问题或社会现象表示的意见和态度。[1]言论类电视新闻节目主要分为评论员评论、电视述评、电视辩论等几种形式。

与消息类和专题类电视新闻相比，言论类电视新闻在整个电视新闻节目中所占的比重并不大，但是却在新闻传播、舆论引导方面具有很重要的作用。因为这类节目除了会为观众梳理新闻事实的来龙去脉，还会为观众提供对新闻事件的看法、观点和评论，引导观众进一步认识和思考，因而比消息类和专题类电视新闻节目更有引导性。

言论类电视新闻节目首先是新闻节目，其次是言论节目。因为其评论的首先是新近发生的重大事件或者当前社会的热点，先有具体的新闻事实，然后才引出评论，因此言论类电视新闻节目具有很强的时新性、新闻性，也具有很强的思辨性。和消息类、专题类电视新闻节目完全用事实说话不同，言论类电视新闻节目在摆事实的同时，评论者会直接表明自己的见解和主张，并从不同角度来论证自己的观点，有时多个评论者集中时，各方观点交锋，节目的思辨性更加突出。

当前的电视新闻节目正向深度报道的方向不断发展，观众除了希望第一时间了解到世界上发生了哪些具体的新闻事件，也希望了解新闻事件发生的背景、前因后果及其影响和意义，这就需要一个为观众提供分析和观点，引导观众更加深入思考的电视新闻节目，因此，言论类电视新闻节目正好契合了观众对能够提供观点和评论的深度报道的迫切需求。这类节目能够紧跟国内外新近

---

① 杨伟光：《电视新闻分类与界定》，中国广播电视出版社1994年版，第21页。

发生的重大新闻事件或热点话题，分析新闻的前因后果，评论新闻事件的影响、意义及其未来的发展趋势，因而极大地满足了观众对新闻事件分析及深度报道的需求，深受观众的肯定。

第二节　电视新闻编辑及其特殊性

【知识要点】

　　了解电视新闻编辑的定义和内涵，电视新闻编辑的基本职业责任，电视新闻编辑工作的特殊性。

一、电视新闻编辑的定义

　　如何界定电视新闻编辑？中国传媒大学王振业教授提出，"电视新闻编辑是以提高电视新闻稿件和节目质量为目标，以编辑专业人员为主体，按电视传播特点进行前期策划、组织和后期加工、制作、播出等一系列工作环节的总称"。[①]

　　这个定义主要有以下几个要点：

　　第一，编辑工作贯穿前期策划到播出的全过程。编辑工作不是某一个部门或者某一个岗位的简单的工作，而是包括前期编辑和后期编辑两个阶段，从节目策划到播出的全过程。从新闻传播角度出发，编辑工作还包括播出后的反馈阶段。

　　第二，编辑工作的目标是提高电视新闻稿件质量和节目质量。这就要求编辑人员牢牢树立质量意识，当好电视新闻"把关人"的角色，把提高报道和节目质量作为新闻编辑工作的出发点和落脚点，立足各个岗位，精益求精地做好每一个环节的工作。

　　第三，结合电视传播特点，力求体现新闻编辑的基本原则和核心要求。电视新闻编辑是一个具有高度创造性的过程，无论是前期策划还是后期艺术再创作，都要牢牢把握住新闻传播规律，同时结合电视媒介视听兼备、现场感强等传播特性，在充分发挥电视媒介特有的传播优势基础上，更好地进行技术和艺术的再加工，创作出更多内容精良、质量上乘的电视新闻作品，满足观众通过视听获得新闻的需求。

---

　　① 王振业：《广播新闻与电视新闻》，武汉大学出版社2001年版，第489页。

第四，电视新闻编辑活动的主体是编辑人员。编辑人员的工作贯穿前期策划、中期组织摄制及协调各岗位工作、后期编辑加工和播报等各个环节。一个优秀的电视新闻报道或节目，需要编辑人员发挥专业精神和创造性能力，力求做好每个环节的工作，比如按照突出报道主题和前期策划的要求来选择和摄制合适的素材，后期加工时把握好声画和谐的原则，使得画面和声音和谐地融为一体。只有做好每一个环节的具体工作，才能实现报道目的，更好地满足群众的电视新闻需求。

只有理解了以上几个要点，才能更好地掌握电视新闻编辑的定义，领悟电视新闻编辑工作的内涵，为创造性地从事新闻编辑工作打下坚实的基础。

二、电视新闻编辑的基市职业责任

电视新闻编辑的基本职业责任，其实就是做好每一个环节的具体工作，力求每一则新闻报道和节目都能突出地表现报道主题，达到预期的传播效果。电视新闻编辑的基本职业责任大致可以分为以下五个方面。

1. 前期总体策划

古语道："凡事预则立，不预则废。"这里的"预"就是指准备、计划，也就是提前策划、规划的意思。电视新闻编辑是一个整体性、综合性、系统性的工程，前期总体策划是做好后期报道及再加工的前提和基础，为后面各环节工作指明了方向、制定了具体的目标，是电视新闻编辑活动的首要环节。前期总体策划主要是围绕"做什么、怎么做、由谁做、达到什么目标"这些问题来谋划。前期总体策划主要包括近期策划、中期策划、远期策划。近期策划主要是研究制定当前报道或节目的具体报道思路及其详细实施方案。近期策划用来指导后面的选材、采访、拍摄等一系列环节，是采编人员最直接、最具体的行动指南，因而也是前期总体策划的重中之重。中期策划是研究制定阶段性的报道重点和选题计划，如针对中美贸易战，每一个阶段都有报道的重点，需要确定选题计划。而远期策划则是研究制定一个较长时期的报道思想和宏观报道计划。如，2018 年启动的军运会报道计划就属于远期策划。而中央电视台为2016 年里约热内卢奥运会制定的新闻报道方案就是一个成功的近期策划实例。

2. 组织新闻报道

组织新闻报道实际上就是把总体策划方案落实到具体的采访拍摄中的过程，即用前期制定的报道计划来指导具体的采访拍摄。在组织报道过程中，编辑并不一定直接参与采访拍摄，但是编辑会与采编人员做好协调沟通，提供建设性建议，以协助记者明确采访意图、选择报道题材、采制恰当的新闻素材，从而落实报道计划。同时，编辑也可以根据报道计划的安排，选择和配置来自记者的报道或者音像素材，更加突出地表现新闻主题，达到预定的报道意图。

3. 画面新闻编辑

画面新闻编辑就是按照报道意图，对音像素材进行选择、裁剪、排列组接的过程，或者是对已有的新闻报道中的音像素材进行再加工。画面新闻编辑要在尊重新闻事实的基础上进行，因为真实性是新闻的生命，这就要求画面编辑人员选取真实的新闻镜头画面，同时电视新闻注重时效性，所以也要求编辑人员从大量散乱的素材中快速选取最能表现新闻主题的素材画面，并且迅速地把这些素材有序地组接起来。

4. 文字新闻编辑

文字新闻编辑主要包括撰写解说词、口播导语、新闻提要等。电视新闻文字编辑在编辑工作中承担了重要责任，是编辑环节中不可或缺的一环，文字编辑人员要及时地与采编人员协调沟通电视通稿的要求和报道主题，按照采编情况，创造性地编辑电视新闻报道的内容，这就要求文字新闻编辑不仅要有政治敏感性和觉悟，而且在写作中能够把握正确的政治舆论导向，同时要具备深厚的文字功底和创新意识，确保文字内容准确客观地传达新闻的同时，突出语言特色，创新写稿角度和报道角度，深化思想深度，最大化地发挥语言文字的优势，配合画面语言为电视新闻编辑工作提供良好的支持。

5. 收集观众反馈

观众对电视新闻报道的反应和反馈，是检验新闻报道传播效果的重要依据，因此，随时收集和研究观众对报道的反应，了解观众的信息需求，应该成为电视新闻编辑工作的重要组成部分。

以上关于电视新闻编辑的5种基本职业责任，没有先后主次之分，都是不可或缺的。但是在电视新闻实践中，有些职责领域存在薄弱环节，需要更加重视。比如说普遍存在的轻前期、重后期现象，以及不重视收集观众反馈等。因此，前期总体策划、组织新闻报道、收集观众反馈等环节，都需要在新闻节目制作中更加重视。

三、电视新闻编辑工作的特殊性

与其他媒介的新闻编辑工作相比，电视新闻编辑工作具有一定的特殊性。分析研究其特殊性，有助于我们更好地把握编辑工作的全局，掌握电视新闻编辑工作的规律。

1. 编辑对象的复杂性

几乎所有主要的大众传播媒介的工作对象都是稿件，比如报纸编辑的主要工作对象就是文字稿、图片、图表等，广播新闻编辑的工作对象则是文字稿和音响素材，而电视新闻编辑的工作对象则更加复杂。

第一，除去一部分口播新闻外，绝大多数电视新闻稿件都是多种表现符号的综合体。电视的符号系统主要包括视觉符号系统（图像、字幕等）和听觉符号系统（同期声、解说词等），二者分别构成了表现电视新闻内容的图像线和声音线。这两种符号系统和两条符号线如果相辅相成、协调一致，构成一个有序和谐的统一体，就会收到"1+1>2"的协同效应，取得良好的传播效果。如果两种符号"各自为政"，各自表达各自的意义和内容，或者两条符号线机械地并列平行，就可能造成冗余重复、互相干扰、杂乱无序的局面，会严重损害电视新闻的品质，其传播效果更是无从谈起。正是由于电视新闻具有双符号系统和双向结构的特点，才使得电视新闻的编辑对象具有复杂性，这也对编辑人员提出了更高的要求，他们在面对纷繁复杂的电视新闻稿件时，需要以专业、仔细的态度把双重符号组合成自然、流畅、有序、和谐的状态，使两条符号线组合成协调一致、相辅相成的状态。

第二，电视新闻稿件主要通过图像和同期声来表现客观事物，是将包含了视觉符号和听觉符号的客观事物真实地呈现在电视屏幕上，让观众通过观看直接获得对事物的认知和感受。电视通过图像把事物原本的视觉形象生动地传达给观众，这就要求编辑人员具有一定的形象思维。能够掌握形象思维的规律，把事物如实、生动、流畅地展示给观众，也就是说电视新闻稿件体现了形象思维和逻辑思维。因此，编辑人员也必须按照形象思维和逻辑思维规律来审视稿件。

第三，电视新闻稿件是经过记者编辑加工过的素材集合体，因此，电视新闻编辑对于新闻稿件的再加工受到一定程度的限制。电视新闻编辑不能像报纸编辑一样对稿件大删大改，甚至另起炉灶，只能在已有的影像素材基础上发挥创造性，通过恰当的排列组合，把已有素材蕴含的有价值的信息发掘出来。甚至有时电视新闻编辑还会遇到只有文字稿、没有画面素材的情况，这时编辑就要寻找资料库的画面素材或者制作动画、字幕来加以弥补。

2. 编辑主体的群体性

理解编辑主体的群体性，就是理解多个编辑人员如何既做好自身岗位的工作又与其他岗位配合，发挥"1+1>2"的群体效应的过程，就是要辩证地看待和处理编辑个人和编辑群体之间的关系。要理解这一点，就要从以下两个方面来把握。

第一，编辑群体的创造性是建立在编辑个人的创造性基础之上的。电视新闻编辑工作本身就是一个再创造、再加工的过程，需要编辑人员充分发挥个人的创造性思维和专业能力，通过独特的艺术加工和技术改造，把一堆音像素材组合成生动流畅的艺术作品，使得原有的新闻素材产生巨大的附加值，更加充分地表现新闻主题。从这个意义上说，编辑个人的创造性直接影响着一条新闻、一个节目的成败得失。所以，编辑主体群体性的核心或实质，在于最大限度地充分发挥而不是抑制编辑个人的自觉努力，包括发挥自身创造力和配合其他编辑环节的工作主动性。①

第二，编辑人员应该树立群体观念，加强群体协作能力。

第三节　电视新闻编辑的工作原则

【本节要点】

电视新闻编辑的工作原则既包括传播媒介编辑的一般原则，也包括电视新闻编辑的特殊原则。只有坚持工作原则不动摇，才能不偏离正确的方向，实现良好的新闻节目效果。

电视新闻编辑的工作原则，其中有一些是体现新闻编辑原理的基本原则，比如真实性原则，是新闻编辑的共同原则，还有一些是基于电视传播特点的特殊原则，也是与电视新闻编辑的工作实际密切相关的指导性原则。

一、真实性原则

在电视新闻摄录过程中，采编人员应该秉持事实至上的信念和专业的精神，把新闻事件现场真实的画面和同期声如实地摄录下来，保证事实真实。但是在实践中，仍有不少损害摄录真实的情况发生，比如，摄录人员"摆拍"或者事先"导演"好要拍摄的画面，有些声音也采取后期加工的方式合成。这些弄虚作假的行为会给观众留下"不真实""虚假"的印象，进而使观众对新闻报道产生质疑、排斥、反感的态度，新闻报道可信度的降低，也直接削弱了媒体的权威性和公信力，从而导致更多受众的流失。

以上是有意识行为导致的报道失实，另外还有一种无意识失实，即摄录的

---

① 方毅华：《新闻编辑》，中国人民大学出版社 2013 年版，第 169 页。

画面和同期声是真实的，由于后期编排时的不合理、不妥当，导致画面的"缺环""凌乱"，从而造成一种逻辑上的失实。

电视新闻编辑应该坚守新闻的真实性原则，既维护摄录真实，也注重逻辑真实，既要在实践中努力具备鉴别真假图像和同期声的能力，坚决抵制在声画素材上的弄虚作假行为，同时也要在后期编排时遵循逻辑规律，杜绝逻辑失实现象的出现。

二、全局化的选材原则

全局化的选材原则，也是所有新闻编辑应该遵循的共同准则，即要求新闻编辑能站在时代的高度，拥有全局化的战略眼光和系统思维，坚持为人民服务的理念，坚持一切从实际出发，精心选择要报道的新闻题材。对于电视新闻编辑来说，体现全局化的选材原则，主要表现在以下两个方面：

第一，电视与报纸、广播等媒介相比，具有无可比拟的传播优势，因此相比其他媒介，电视覆盖了更大规模的受众，通过电视收看新闻消息已经成为人们的一种日常生活方式。

第二，电视与其他媒介相比，最大的优势就是能直接传送新闻事件现场的图像，具有强大的视觉冲击力；但是，电视在具备传播图像符号优势的同时，也有自身的局限性。因此，电视新闻编辑，要能站在全局角度，正视图像的局限，不因过分突出图像新闻而忽视口播新闻。比如在实践中，有些编辑容易选取有丰富的图像素材但不适宜报道的题材，或者因为图像的缺乏而放弃一些重要的题材。

三、声画协调原则

声画协调原则是针对电视媒介传播特点的一个特殊原则。声画组合是将画面和声音这两大类信息形成整体，综合处理画面和声音，使画面和声音既有各自的表现特性，又达到声画协调、配合的高度统一，最终使电视节目成为一种相对完美的视听综合艺术。声画组合主要有两种表现方法，即声画统一和声画对立。二者都遵循声画协调原则来处理声音和画面的关系，使声音和画面实现互补互助、和谐一致，从而释放出更大的信息量；二者也都要求声音，尤其是解说词充分发挥说明、解释和提示画面的功能，避免与画面的简单重复或相互脱节。① 二者的区别主要在于：声画统一是指新闻中声音和画面同步和谐、融

---

① 赵玉、吴天生：《电视编辑技术与创作》，暨南大学出版社 2012 年版，第 316 页。

合一致。声画统一也是声画组合中运用最多的一种方式。具体到新闻报道中，声音主要包括解说词和同期声，解说词必须与画面相对应，才能既起到补充、提示、说明、概括、强化画面的作用，又能引导观众思考新闻内容包含的深刻意义。而同期声是在摄录画面素材的同时采录的实况音响，同期声能够进一步烘托画面形象、渲染现场气氛、增强视觉冲击力，实现声画合一的表现效果。

声画对立，也称声画对位，是指声音和画面形成相反、对立的关系，二者在各自表意的基础上结合为一个整体，形成一种声画对立的反衬效果，以表现更加深刻的思想意义。声画对立引用了画面中对列蒙太奇的手法，其中声音主要是解说词，虽然解说词和画面并不是同时摄录，但是若和画面配合得好，就能发挥说明、解释、表达画面内容和深层含义的作用。

简而言之，声画统一和声画对立的区别是：声画统一除了有解说词，还有同期声，其中同期声具有表意、渲染、增强效果的作用，而解说词则直接说明和解释画面；声画对立主要是通过声音和画面对立关系，发挥声画融合、共同表现内容和意义的作用。这种区分是相对的，在实际中不是绝对需要用这一种手法或者另一种，二者也没有优劣之分，只要运用得恰当，就都能收到声画协调、共同表现新闻主题和揭示深刻意义的效果。

四、节目编排组合有序化原则

电视新闻节目的编排组合，是指电视编辑人员从新闻栏目的定位和编辑方针出发，根据一定的编排原则和技术手法，将各种不同形式的稿件通过一定的组织形式搭配组合成一个跌宕起伏、高低错落的有机整体的过程。节目的编排组合决定了电视节目的总体形象，是电视新闻编辑过程的最终也是最重要的环节。一档编排得当的电视新闻节目，可以让观众产生一种引人入胜、惊喜不断的观感，实现"1+1>2"的传播效果。因此，能否通过优秀的编排组合能力，牢牢地"抓住"观众，成为电视新闻编辑人员的一大考验。

电视新闻报道内容多样、纷繁复杂，如果只是简单地把每条新闻报道连接起来，那就是一种杂乱无序的堆砌，甚至可能由于不恰当的编排组合造成一些误解，产生消极的影响。因此，电视新闻编辑人员要按照有序化原则，精心搭配、合理组合，做到主次分明、结构合理、脉络清晰，形成一个井然有序的有机整体。在这里，主要是注意两个方面的问题。第一，就是要分清主次，理顺每条报道之间的关系。在编排时要认真解读每一条报道，发掘每条报道之间的关系，使前后报道形成一定的联系，既要突出重要报道，又要防止孤立地突出某一条报道而损害节目的整体性、完整性，力求节目内容和形式多样化、多层次，防止单一化和杂乱化。第二，要敢于打破旧的编排方式，善于创新编排方式。电视新闻的编排组合有一定的规则，但是也不能墨守成规。比如，如果一味照搬报纸编辑的"倒金字塔"原则，总是把最重要的信息放在节目开头，那么由于电视新闻顺序播放的方式，观众就会认为越往后新闻的重要性不断递减，新闻价值也越小，观众兴趣就会消减，甚至可能刚看完开头就调转频道。因此，在编排组合中，编辑人员要善于把若干条有价值的新闻分散编排，造成一种高潮迭起、峰峦叠嶂的观感，让观众在每个时段都能产生兴奋感，持续吸引观众的注意力。

第四节　电视新闻编辑手法

围绕电视媒介的传播特点，电视新闻编辑工作在实践中形成了一系列独特的表现手段和方法，统称为编辑手法。

一、蒙太奇手法

蒙太奇是电视新闻编辑的一个基本概念。蒙太奇来源于法语 Montage，本是建筑学上的一个术语，具有"构成""装配""组接"的意思，引用到电影电视创作中后，就是剪辑、编辑的意思。蒙太奇有两方面的含义，一是指影视作品的结构手段和叙述方式，包括镜头的分切与组接，场面、段落间的连接与转换，以及剪辑的具体技巧。通过各种组合，使视觉、听觉元素构成运动的、完整统一的荧幕形象。二是指影视创作中存在于创作者观念之中的一种基本思维方式，贯穿于从构思、选材、拍摄到制作的全过程，是创作者在构思过程中的一种独特的思维活动。①

蒙太奇手法主要分为叙事蒙太奇和表现蒙太奇两大类。

1. 叙事蒙太奇

叙事蒙太奇，"它主要在讲一个故事"，是指为了展示事件发生、发展的过程，依照逻辑顺序或时间顺序将许多镜头、场面、段落分切组合，从而连续地叙述一个情节和故事的最基本的蒙太奇手法。它的特征是以交代情节、展示事件为主旨，这种手法脉络清晰、逻辑连贯、清楚易懂，也是电视片中最常见、最简单的一种叙事方法。法国电影理论家马赛尔·马尔丹在《电影语言》一书中指出："所谓叙事蒙太奇，是蒙太奇最简单、最直接的表现、意味着将

---

① 方毅华：《新闻编辑》，中国人民大学出版社 2013 年版，第 178 页。

许多镜头按照逻辑或时间顺序分段纂集在一起，这些镜头中的每个镜头自身都含有一种事态性的内容，其作用是从戏剧角度（即戏剧元素在一种因果关系下展示）和心理角度（观众对剧情的理解）去推动剧情的发展。"① 叙事蒙太奇根据叙述方式分类，主要有4种：平行蒙太奇、连续蒙太奇、交叉蒙太奇、重复蒙太奇。

（1）平行蒙太奇

这种手法常以不同时空（同时同地或同时异地）发生的两条或两条以上的情节线索并列表现，分头叙述而统一在一个完整的情节结构之中，或几个表面毫无联系的情节（或事件）互相穿插交错表现而统一在一个共同的主题中。在平行蒙太奇中，同时发生的平行事件互相衬托和补充，使得戏剧情节之间的冲突更加激烈。普多夫金说，通过平行蒙太奇来表现出所发生的动作的对照和比拟，就可以给予观众以联想和比喻。②平行蒙太奇有着多方面的作用，第一，在处理情节时可以删减戏剧过程，有利于集中表达，从而节省更多的篇幅，扩大影片的容量。第二，几条平行线索互相补充和衬托，形成对比、呼应的效果，进一步丰富了情节，也增强了影片整体的艺术效果。第三，平行蒙太奇提供了这样一种可能：情节可以在不同时空灵活转换，这给予了创作者更大的自由表达的空间，也使得影片结构更加立体化、多样化。

我国经典历史电影《开国大典》中，就运用了平行蒙太奇手法来展现中华人民共和国成立前的国内形势：

南京总统府：蒋介石迫于形势，离开总统府。

西柏坡（中共中央所在地）：军民联欢，庆祝胜利。

南京黄浦路蒋介石官邸：张群向军政要员宣读蒋介石引退文告。

西柏坡（中共中央所在地）：中共主要领导人聚集在一起，一边慰问朱德，一边展望全国胜利形势。

北平，中南海，傅作义总部：傅作义正为作战一筹莫展。

西柏坡（中共中央所在地）：周恩来向毛泽东主席汇报邀请知名人士回国事宜，机要员前来汇报前线指挥部战报。

（2）连续蒙太奇

---

① ［法］马塞尔·马尔丹：《电影语言》，中国电影出版社1980年版，第89页。
② 吴兵、阎安：《电视编辑理论与实践》，国防工业出版社2013年版，第27页。

这是影视作品中最普遍、最基本的一种蒙太奇手法，是绝大多数影视节目中情节不断推进发展的一种主要叙述方式。这种手法不像平行蒙太奇、交叉蒙太奇一样多线索发展，而是以一条单一的情节线索和连贯动作为主要内容，按照事件结构的逻辑顺序，有条理地连续叙事。连续式蒙太奇以情节和动作的连续性和逻辑上的因果关系作为镜头的组接依据。连续蒙太奇在影视制作中是表现故事因果关系的重要手法，在电视新闻节目中，这种叙述方式可以让观众全面了解新闻事件起因、发生、发展和结果等全过程，因此，它的优点也十分鲜明，即有头有尾、脉络清晰、层次分明，符合观众日常的逻辑思维方式和认知习惯。连续蒙太奇的局限性也十分突出，由于它缺乏时间、地点、场面之间的不断变换，就无法表现多条线索同时发展的情节，因此也无法突出多条情节线索之间的对列关系，在叙事时不利于省略多余的情节，容易造成一种平铺直叙、拖沓、单调、冗长的观感，缺乏艺术表现力。因此，在影视制作实践中，连续蒙太奇很少单一使用，大多与其他叙事蒙太奇手法如平行蒙太奇、交叉蒙太奇、重复蒙太奇搭配使用，多种手法的运用，也使得作品更加立体、生动、丰富。

下面的段落就是运用连续蒙太奇叙事手法的例子。

（全景）工人们在一大片花卉田里采集鲜花

（中景）工人们抱着一箱箱鲜花走向运输车

（近景）运输车上整车装满鲜花

（全景）一辆辆装满鲜花的运输车开出花卉田

（全景）运输车开到鲜花市场大门口

（3）交叉蒙太奇

交叉蒙太奇，也称交替蒙太奇，是指将同一时间不同地域发生的，具有密切因果关系的两条或两条以上的情节线索迅速而频繁地交替剪辑在一起，其中一条线索往往影响或决定其他线索的发展，多条线索相辅相成、互相促进，最后融合汇总在一起。交叉蒙太奇是平行蒙太奇的发展，由国际著名导演格里菲斯首创。在影视创作中，交叉蒙太奇手法常常能制造出激烈紧张的气氛，增强戏剧冲突的尖锐性，制造出悬念，能够紧紧地抓住观众的情绪。

（4）重复蒙太奇

重复蒙太奇，又称复现式蒙太奇，它相当于文学中的复述方式或艺术中的重复手法。在这种蒙太奇结构中，代表一定寓意的镜头在关键时刻反复出现，

造成一种强调、对比、渲染、呼应的艺术效果，以达到刻画人物、深化主题的
目的。构成影视作品的多种元素，如人物、景物、动作、场面、细节、语言、
音乐、音响、色彩、光度等都可以通过恰当的方式反复出现，增加影视作品结
构的完整性和节奏感。

总之，叙事蒙太奇是画面组接的基础和主体，也是电视节目的一种基本结
构方式，它按照情节发展的时间顺序、逻辑顺序、因果关系来组接镜头、场面
和段落，展现事件的进展或全貌，推动情节不断发展，引导观众理解剧情。这
种手法能使电视节目脉络清晰、逻辑连贯、清楚易懂，也是电视节目最基本、
最常用的叙述方法。

2. 表现蒙太奇

表现蒙太奇，又称对列蒙太奇或对称蒙太奇，与叙事蒙太奇相反，表现蒙
太奇不是为了叙事，而是为了某种艺术表现的需要，它以镜头对列为基础，通
过不同内容镜头的连接，形成一种形式或内容上的相互对照、冲击、暗示，来
产生比喻、象征、联想的艺术效果，进而产生单个镜头本身所不具有的新的丰
富含义，以揭示事件的本质内涵、展示事物的关系、创造某种情绪气氛、表达
某种深刻思想。它的目的不在于叙述情节，而是用一种作用于视觉的象征性的
情绪表意方法，直接深入事物的深层，去表现一种比人们所看到的表面现象更
深刻、更富有哲理的意义，激发观众的联想，启迪观众的思考。①表现蒙太奇
不注重事件的连贯和时间的连续，而是更突出画面之间的内在联系，它也是剪
辑中最富于变化、最具创造力的一种手法，它的灵活运用更需要创作者的智慧
和艺术技巧。常见的表现蒙太奇主要有以下几种形式：

（1）对比蒙太奇

对比蒙太奇如同文学中的对比描写，它是指将两个性质、内容、形式等相
反的镜头或场面前后组接在一起，使某一特殊的性质分离出来，从而造成强烈
的对比效果，产生相互冲突的作用，以强化某种思想、内容、情绪，表达创作
者的某种寓意。就如普多夫金所说："这就仿佛是强迫观众不得不把这两种情
形加以比较，因而收到互相衬托、互相强调的作用。"②对比蒙太奇既有内容的
对比（贫与富、生与死、苦与乐、高与低、风光与落魄、高尚与卑鄙、胜利
与失败）等，也有光线的明暗、景别的大小、声音的强弱、色调的冷暖、角

---

① 赵玉、吴天生：《电视编辑技术与创作》，暨南大学出版社 2012 年版，第 15 页。
② ［苏］普多夫金：《论电影的编导导演和演员》，中国电影出版社 1980 年版，第 47
页。

度的仰俯、静止或运动等画面形式上的对比。但应注意的是，"尽管对比蒙太奇是最有效果的，但也是最普通、最老套的手法之一，因此，应该注意不要过多地使用这种手法"。①

（2）积累蒙太奇

积累蒙太奇就像修辞中的排比句，是把若干性质、内容、形式相同或存在一定联系的画面主体前后组接在一起，形成一种效果的积累和叠加，常常用以渲染气氛、树立主题、强调情节。如飞机、坦克、大炮、枪火镜头的累加形成一种战争气氛，金黄稻田、农民收割、打谷、装袋、大车运输等营造出一个繁忙的丰收时节气氛。积累蒙太奇的作用主要有三种。第一，它可以通过没有时空联系镜头的组接来实现一个完整意义的表达。不需要观众理解每一个镜头，看清每一个镜头的细节，只要通过所有画面累积产生的一个综合效应，就能让观众形成一种整体气氛和印象。第二，表达一种诗意的效果。把一系列单个的、也许本身并不明确的镜头连接起来的方法，形成一种综合效应传达给观众。比如很多描写景物的风光片就是如此。第三，表达情绪、情感。

（3）比喻蒙太奇

比喻蒙太奇，好比修辞中的比喻，它是通过不同主体内容的镜头画面的组接，让它们彼此之间形成一种比喻关系，用一种形象、动作比喻一个抽象的含义，或者借用一种现象的特征去解释另一现场、象征某种寓意。这当中一个镜头可以是真实的剧情，另一个镜头可以来自于真实剧情，也可以是与真实剧情无关的镜头。比如，一个镜头是妈妈喂孩子吃饭的镜头，另一个镜头是母鸟喂食雏鸟的镜头；一个镜头是硝烟四起、尸横遍野的战场，另一个镜头是鲜血淋淋的屠宰场。将这样彼此之间形成比喻关系的镜头组接起来的方法，就是典型的比喻蒙太奇。

比喻蒙太奇有利于刻画人物性格、揭示作品主题，给观众传达一种深刻的思想内涵，但是也不能过多运用，否则容易模糊人物形象的具体性、主体性。

二、镜头转换技巧

在电视新闻节目中，镜头是基本的结构单位，通常一个镜头是由一台摄像机拍摄的一个连续的画面，电视画面的编辑主要就是处理和运用镜头，因此，电视新闻编辑也必须掌握镜头的转换技巧。

---

①　[苏] 普多夫金：《论电影的编导导演和演员》，中国电影出版社1980年版，第48页

转场，指场面的转换，即蒙太奇镜头段落的转换。尽管在前后连接的蒙太奇镜头段落之间存在一定时空或情节的差异，但是仍然具有某种内在联系。就像写文章，一个段落结束，要另起一行写下一个段落，段落与段落之间要有分隔，形成层次分明的形式，同时也要有内容上的逻辑关系，有一种起承转合。电视片的转场，就是要依赖场面转换技巧，使整个电视片既分隔又连贯。因此，电视编辑人员要善于选取合理的转场依据，通过恰当的转换方式，使整个电视片显得流畅、完整、和谐、统一。

转场的方式通常分为两大类，一种是无技巧转场，就是用恰当的素材镜头直接转换；另一种是技巧转场，就是利用特技转换。

1. 无技巧转场

无技巧转场，就是不通过技术手段来"承上启下"，把内在相关联的镜头、段落、句子合理地连接起来，实现自然过渡。无技巧转场属于两个画面之间的直接切换，中间留下的空白无需说明，因为省略了许多"过场戏"，从而缩短了段落之间的间隔，在一定程度上加快了电视片的节奏和进程，使作品结构更加紧凑，扩充了作品的容量。但要注意的是：无技巧转场中段落转换处的画面，必须具备确切的过渡因素，这些过渡因素可以是画面之间的相似性、某种内在逻辑性，或者暗含的比喻关系等，主要起到承上启下的作用，只有这样才能实现直接切换。因此，在使用无技巧转场时，要求尽量去寻找一个场景画面与前后场景画面在外在形态和内在逻辑上的联系性因素，选择可以担当场景转换的画面，保证段落转换的连贯、顺畅。

从内容和造型两个方面来考虑，画面的转换可以采取以下方法：

（1）出画、入画转场

出画，是前一个镜头的主体走出画面；入画，是后一个镜头中主体进入画面。出画和入画的主体可以是人物，也可以是动物，或者是其他可以运动的事物，如车辆、船舶等交通工具。出画会在视觉上造成短暂的悬念，但会在下一场的第一个入画镜头中解除这种悬念。出画和入画的主体可以是同一个主体，也可以是不同主体，但在实际使用中，以同一个主体出画、入画来实现转场的居多。在使用出画、入画来实现转场时，需要注意出画和入画方向的一致性，比如，在水平方向的出画、入画时，出画方向在画框左边时，入画时就应该在画框的右边。

（2）同一主体转场

同一主体转场是指前后两个场景用同一个人物或者事物实现段落转换。这种转场方法的使用，就像是同一个主体的一个故事又接着下一个故事，转换得自然又流畅。如前一个镜头是一个导游在某处景点前介绍那里的风光，下一个镜头中，她到了另一个地方。又如前一个镜头是一位年轻人给自己远方的朋友写信的近景，下一个镜头就是他跑到邮局收到对方来信的中景。因为主体始终处于画面中醒目的位置，这也符合观众的视觉逻辑习惯，可以使观众的注意力始终保持在主体上面，实现段落的自然转换。

（3）相似体转场

这是指前后两个镜头中，两个主体属于同一类物体，或者是具有某种相似因素的物体，利用这种相似因素来实现自然、顺畅的段落转换。其中相似因素可以是物体外形的相似，也可以是主体运动形态的相似，或者概念上属于同一属性等。比如，前一个镜头中果农们在果园里采摘水果，一棵棵果树上硕果累累，果农们摘下水果装入箱子，下一个镜头中水果就摆在了市场的摊位上。

（4）两极镜头转场

两极镜头转场是指前后相接的两个镜头在景别上处于两个极端，即如果前一个镜头是特写，下一个镜头就是全景或者远景；如果前一个镜头是远景或全景，下一个镜头就是特写。两极镜头的组接，往往造成一种鲜明的对比，产生一种明显的段落感，因此适合在较大段落转换时使用，不宜过多使用，否则容易给人带来凌乱、不流畅的观感。

（5）空镜头转场

空镜头是指一些以刻画人物情绪、情感、心理状态为目的，只有景物、没有人物的镜头。空镜头的艺术表现力很强，可以起到比喻、象征、抒情等作用。空镜头的运用，往往使段落之间有一种明显的间隔效果，也能给观众短暂的放松时间。尤其是当前后两个段落情节紧张、主体情感激烈时，空镜头的插入可以减弱观众的心理期待，放慢戏剧节奏，调整观众情绪，完成过渡。

（6）特写镜头转场

在特写镜头转场中，无论前一组镜头的最后一个镜头景别是什么，后一组镜头都是从特写开始。一方面，由于特写镜头展示的是人物或者事物的局部，很难看出人物、物体、环境等各个因素之间的相互关系，尤其是画面主体周围的环境处于一个模糊状态，没有明显的特征，即使变换了场景也不易被观众发现，因此，特写镜头能够实现顺利转场。另一方面，由于特写镜头的画面不能让观众看清楚画面环境和整体效果，这反而能调动观众的好奇心和情绪，使得观众自然地集中注意力观看特写镜头中的人物或事物，从而忽视或者察觉不到画面的转换，实现场景的自然过渡。特写镜头转场是一种很常见的转场方法，摄录人员可以在拍摄时有意识地多拍摄一些特写镜头，或者是从特写拉到中景、全景的镜头，可以在后期编辑时用特写实现顺利转场。

（7）挡黑镜头转场

挡黑镜头转场是指在前后相连的两个镜头中，前一个镜头是人物走向摄像机，直到镜头全部被挡黑，后一个镜头先是人物背部充满画面，然后人物从镜头前全部挡黑开始，走向远方，挡黑画面逐渐过渡为另一个环境。在这种方法中，前后两个镜头中的主体可以是同一个主体，也可以是不同的主体。这种方法可以用来转换时间、地点，但不适用于一般镜头的转换。挡黑镜头转场的优点很明显，第一，画面主体先走向镜头，继而挡黑镜头，能给观众一种强烈的视觉冲击力，同时也造成了一种视觉上的悬念。第二，画面主体走向镜头，又离开镜头，来去之间使得很多过场戏被省略，加快了画面的节奏。第三，主体靠近并挡黑镜头也赋予了主体动作一种强调、夸张的效果，能够表现一种强烈的情绪、气氛、心理状态。第四，如果前后挡黑镜头中是同一个主体，则对主体自身的地位是一种突出和强调，使得主体给观众留下更加深刻的印象。

（8）逻辑因素转场

逻辑因素转场是指利用前后两个镜头之间的因果、呼应、内容上的联系等逻辑因素来进行场景转换。因为前后镜头之间存在内在的逻辑联系，这种转场显得有根据、合情理，场景的转换水到渠成，更加自然流畅。比如，前一组镜头是大雨哗啦啦地下，河流涨水，冲毁堤坝，淹没村庄，后一组镜头是解放军战士在村庄抢救受困的群众，卡车不断往受灾地区运送救灾物资，受灾群众被安置在安全地带，排队领取救灾物资。逻辑因素转场又可以分为以下三类。

第一，主观镜头转场。这种方法中，摄像机处于画面人物眼睛的位置，去拍摄人物视线中看到的景物，拍摄的景物是画面中人物的主观印象。比如，前一个镜头是人物去看的动作，后一个镜头是另一个场景，即人物看到的场景。由于前后相接的两个镜头之间的这种逻辑关系，使得段落的转换更加合理。

第二，修辞性转场。在这种方法中前后段落之间存在着一种隐含的内在联系，即后一个画面对前一个画面起到隐喻、象征、比兴等修辞性作用，通过这种修辞作用实现了段落的顺利转换。比如前一组镜头是人物情绪焦虑不安，处境危机四伏，感觉大难临头的场景，下一组镜头就是天空中乌云密布，乌云慢慢遮住太阳，风雨马上降临，这就暗示了人物面临的处境不妙，危机就要显现。

第三，动势转场。这种方法是利用人物、交通工具等动势的可衔接性以及动作的相似性，作为场面转换的合理过渡。①比如表现一场交通事故时，前一组镜头中人车相撞，警察封锁道路，救护车赶到，把受伤者抬上救护车，下一组镜头中伤者躺在医院病床上输液。

（9）运动镜头转场

运动镜头转场是指利用摄像机机位的移动所造成的视线、场景的改变来达到地点转换的目的。摄像机作升、降、摇、移、推、拉、跟、甩等运动拍摄，都可以用来作为转场的方法。比如，可以把摄像机放置在高空拍摄俯视一个城市时的全景，然后随着摄像机慢慢下降，视线越来越接近地面的楼房，最后镜头落到一个隐隐透出灯光的窗户前，透过窗户可以看到一个家庭的布置和人物的活动。同样，也可以反着来，先拍摄一家人在屋里的活动，然后镜头慢慢升高、推远，拍摄整栋楼、整个城市的夜景。运动镜头可以使观众按照镜头移动方向看到一个又一个不同的空间场景，顺利地实现转场。在使用运动镜头时，要注意防止跟拍、移镜头时造成的冗余，过长的镜头也容易造成节奏的拖沓。

（10）声音转场

这种方法是利用声音与画面的结合来达到转场的目的，有的用对白、台词转场，有的用解说词、对白、台词转场，有的用解说词、歌词转场，等等。声音作为一种重要的中介，不仅可以连接同一个场面的不同镜头，也可以连接不同时间或者不同空间的镜头。声音以其包含的内在逻辑将不同时空的画面组接在一起，使得画面段落自然转场。典型的声音转场，在戏剧作品中往往是前一个镜头人物说到另一个人物的名字，下一个镜头自然引出被提到的人物。比如，前一组镜头里，一个孩子放学回家后，妈妈高兴地告诉孩子，爸爸正在为孩子做饭，下一组镜头就是孩子爸爸在厨房做饭的身影。电视节目中的声音转场，可以是解说词转场、音乐转场、音响转场，比如央视新闻节目《焦点访谈》就是通过解说词来实现段落之间的过渡和衔接。

由于以上无技巧转场方法的简便易行，它们在电视作品中得到了广泛的运用。这些方法也对电视节目编导和摄像师提出了很高的要求，他们必须尽量发现画面内外之间的关系，采集到适宜转场的镜头，才能满足后期编辑时无技巧转场的需要。

2. 技巧转场

技巧转场是用电子特技来实现场景分隔和转换。伴随着电子特技技术的日

---

①　方毅华：《新闻编辑》，中国人民大学出版社 2013 年版，第 82 页。

益成熟和完善，特技的视觉样式越来越丰富多彩，画面的组接也更加灵活多变。在编辑实践中，镜头组接、画面表现、段落转换都可以用特技实现。常用的技巧转换主要有以下几种：

（1）淡入、淡出

在这种方法中，前一个段落的最后一个镜头由明变暗，慢慢隐去；后一个段落的第一个镜头则由暗转明，逐渐显现。前者就叫"淡出"，后者就叫"淡入"。淡入、淡出往往给观众造成一个间歇感，回味完上一个画面，然后就有一个新的画面重新开始，这种方法一般用于大段落转换，表明在时间连贯性上有一个大的转换。淡入、淡出让观众有时间品味、思索上一个画面情节，也为后面画面的出现做了一定的心理准备。它的优点也很突出：第一，可以实现场景段落的转换；第二，可以压缩时空；第三，可以延伸情绪，调整节奏。但要注意，淡入、淡出不可以在一个节目中过多地使用，否则也会破坏节目的整体性和连续性。

（2）叠化

叠化，也称化入、化出，这种方法是前一个镜头逐渐模糊，直到消失，后一个镜头逐渐清晰，直到完全显现，在这个化入、化出的过程中，两个镜头有几秒钟的重叠、融合，叠化过程可以根据需要设置快慢，给人以自然、柔和的观感，抒情色彩浓厚，一般用于柔和、缓慢的时空转换。比如，表现一个舞蹈演员的优美舞蹈动作或者运动员腾空而起的瞬间动作，不能将一连串动作从一个摄像机切换到另一个，不利于表现舒缓的节奏和特殊的韵味，这时候采用叠化手法转换镜头，就能收到良好的视觉效果，可以看到一连串动作的平滑流动。叠化常常用来表现想象、梦幻、回忆或者四季的交替，以及人物从少年到青年、中年、老年的历程等；叠化也大大压缩了时间，表现时间的飞快流逝，既可以表现场景的变幻莫测，又可以将一连串动作平稳地连接在一起。

（3）定格

定格是将画面中运动的主体突然变成静止状态，用以突出强调主体的形象或表达画面细节的含义，定格结束后，自然地转入到下一个场景。定格多用于一个大段落的结尾或者整个节目的结尾。由于定格画面突然由静变动，使人产生瞬间的视觉和心理上的停顿感，给人以强烈的冲击，这种停顿不是随时间顺序自然结束，而是一种生硬的强行终止，因此，一般性段落转场不适宜多用，以免打乱叙事的节奏。

（4）划像、翻页等特技

电子特效技术的进步，使得特技形式更加多样化，出现了划像、翻页、圈入、圈出等多种形式的特技。划像，分为划入和划出两种。划入是指前一个画面作为衬底在屏幕中不动，后一个画面以某种方式进入屏幕，取代前一个画面；划出是指前一个画面以某种方式退出屏幕，空出的位置由叠放在"底部"的后一个画面取代。随着特效技术的发展，划像方式有上百种，除了上下、左右不同方向的划像外，还有星形、圆形、扇形等各种图形的划像。翻页是指画面翻过去之后是另一个场景。比如展示某个朝代的艺术珍品时，可以采用翻页的特技，让观众像看一本书一样，看到一系列艺术珍品的画面。运用划像、翻页等特技转场方法，段落转换很明显，可以使得节目内容活泼、节奏明快，但是应注意不要过度滥用这些特技，不要因为追求特技的新颖技法而影响了内容的表达，特技的使用应该和节目的风格、内容保持一致，避免干扰观众对节目的理解。

三、屏幕文字的使用

电视新闻画面上的文字，可以说明、补充、扩展、强调画面内容；可以介绍电视节目的情节、内容；可以转换场景，便于电视画面的组接；可以提示归纳节目的重点问题。总之，屏幕文字也是电视编辑一种特殊的表现手段。

在电视新闻中，字幕可以传达多种图像和声音不能传达的具体信息。我们常常可以在新闻节目中看到主持人口播新闻的同时，屏幕上会出现口播新闻的文字，提示一些重要信息。电视新闻中出现地名、人名、人物身份和职务、具体时间、外语时都会用字幕加以说明补充，大大增加了新闻的信息量，便于观众理解画面的内容。字幕是一种和图像、解说词、同期声等共同来传达信息、烘托气氛、表达主题的重要手段，字幕是一种无声的画外音，它与图像、解说一起构建了一个完整的信息场，表达更丰富的内容。①

在字幕文字的制作上，对于字体、字号、颜色的选择，字幕的位置都需要精心研究，为了更加清晰地传达信息，屏幕文字的导入方式、衬底颜色的搭配、在屏幕上停留时间的长短，都需要反复推敲。总之，屏幕文字的制作既要美观大方、鲜明突出、赏心悦目，和画面融为和谐的有机整体，又要保证文字正确，杜绝错别字，句子要简洁、通顺，同时也要给予观众合适的阅读时间，保证观众能看清、看懂、看完屏幕文字。

---

① 方毅华：《新闻编辑》，中国人民大学出版社 2013 年版，第 86 页。

第五节 电视新闻编辑的工作环节

【知识要点】

电视新闻编辑环节有单条新闻和整档新闻的编辑环节，二者互相交叉和渗透，了解多个环节的内容和需要注意的问题，将对电视新闻工作实践形成有效的指导。

一、单条新闻的编辑环节

就一条电视新闻报道或者专题新闻报道来说，编辑过程不论长短，一般有下面几个环节：

1. 通读所有声画和文字素材

电视新闻稿件的编辑一般由两个部分组成，一个是记者负责的前期编辑，另一个是编辑人员的后期编辑。记者和编辑都需要通读所有的声画素材和文字素材，但是二者侧重点不同。记者在前期编辑时，需要仔细通读采访中摄录的原始音像资料和自己的采访笔记，以及其他从各种渠道获得的与采访人物和事件相关的背景资料，在这些资料的基础之上，记者撰写解说词，编辑画面并制成素材带。编辑人员在后期编辑时，要通读素材带，看清每一个画面，并弄清其传达的信息，要通读所有的镜头素材，对画面景别、拍摄角度、镜头长短都了然于胸；还要弄懂每一段声音包含的意思，发掘声画背后的深层思想和价值，然后发挥专业的编辑技术，实现声画的再加工。

2. 慎重选择第一个画面

由于第一印象的重要性，编辑人员在后期编辑时一定要慎重选择第一个画面，力求新闻一开始就能够深深吸引住观众注意力，并引起观众继续观看的兴趣，引领观众不断地跟随节目走下去。要做到这一点，文字上要写好新闻的导语，画面编辑上要选好第一个镜头。对于第一个镜头的选择，应该从以下几点出发：第一，要有利于体现新闻主题或突出新闻人物；第二，要有利于突出新闻事实的本质特点，再现现场的典型环境；第三，要能够形成一定的悬念，或显示事件的结果；第四，要能够标明某些新闻要素或具有一定的视觉冲击力；第五，要能够带动整则报道的所有画面，形成逻辑脉络清晰、画面自然和谐的组合。①

　　当然，并非第一个镜头一定要同时包含以上所有条件，编辑人员应该综合考虑以上几个要点，然后选择一个最优的、最能吸引观众注意力、抓住观众收看兴趣的镜头。要选好第一个镜头，除了需要摄像人员采集足够丰富、有价值的画面素材，也需要编辑善于分析画面与新闻主题的联系，懂得最大化地表现画面的价值。

二、整档新闻的编辑环节

　　电视新闻节目通常是多个电视新闻稿件的集合体。编辑人员要把多条内容、形式各不同的新闻稿件组织编排成一档井然有序的完整节目，这个编辑过程，通常有以下几个基本环节：

　　1. 把握好本档节目的定位

　　编辑人员要熟知本档节目的定位，根据定位来选择、编辑新闻稿件，来编排组合新闻稿件，突出新闻节目的风格、个性特征。比如同样是新闻节目，中央电视台《新闻联播》《新闻30分》《朝闻天下》《晚间新闻》等不同节目各有自己的节目定位，各有侧重，节目个性也就不尽相同，受众群也不同。即使是同一条新闻，这几个节目的报道方式也不同。编辑人员要能把握本档节目的定位，严格按照定位来决定新闻题材，组织编排节目，形成并完善本节目的风格特点，稳定固定的收视群体，并不断吸引新的观众群。

　　2. 精心选好头条

　　由于新闻节目的线性播放方式，选择好头条就显得十分重要。这是因为：第一，头条是一档新闻节目的"门面"和"橱窗"，它能不能吸引观众的注意力，引起观众的浓厚兴趣，直接影响观众继续收看的兴趣和对整个节目的印象；第二，头条通常是节目的重中之重，好的头条可以起到准确传达重要信息、引导大众舆论、凝聚和激活其他新闻、为整个节目增值增色的效果；第三，头条新闻也往往是国内外政治经济生活的晴雨表，一定程度上可以帮助观众了解当前各个领域的发展现状和趋势。简言之，头条新闻代表了整个节目的品位，关系着节目的社会效果，因此，编辑人员要精心选择好头条新闻，可以从以下几个要点出发来取舍：评估本节目新闻的数量和质量；根据新闻价值权衡标准审视所有新闻，选择重要的、关注度高的、贴近性强的新闻；确认节目的定位、前期设想、报道意图、预期目标等综合因素。只要从几个方面出发来

---

　　① 方毅华：《新闻编辑》，中国人民大学出版社 2013 年版，第 88 页。

综合考虑，精心细致地选择，就可以挑选出理想的头条。

3. 恰当取舍新闻，保持信息量

新闻节目存在的最主要目的就是通过反映客观现实的变动情况，满足人们多样化的信息需求。故此，新闻编辑人员在取舍新闻时，应该突出重点，做到有主有次、新颖生动，尽可能实现新闻稿件的最优化组合，最大限度地满足多个观众的需求，尽可能留住并吸引更多的观众。

4. 合理编排内容，把握整体节奏

在电视稿件的编排组合中，编辑人员应该按照有序化和整体化原则，把不同形式和内容的稿件组成一个个段落，使得整个节目产生音乐般的节奏感，这样才能对观众形成一种持续的吸引力。首先，依据新闻价值大小和有序化原则，合理编排新闻的播出顺序，使其产生一种和谐一体的整体效应。其次，要使整个节目层次分明、结构清晰，杜绝杂乱无序的现象和前后反差太大的现象。最后，长短新闻、软硬新闻、图像新闻和口播新闻要适当搭配、合理组合，形成跌宕起伏、错落有致的观感，才能持续吸引观众。

5. 严格把关，杜绝错误，保证安全播出

毫无疑问，编辑人员是电视新闻最后一位把关人，他们需要及时发现并消除新闻节目中的错误。在新闻实践中，节目编辑要核实事实是否有差错；认真校对新闻字幕，消除错别字；纠正解说词中的错误读音；删除多余、无意义的画面，并对可能给新闻人物带来不利影响的画面做一些特殊技术处理；检查所有的播出带，保证安全播出，包括政治安全和技术安全。

☞ **思考与练习**

1. 电视与其他媒介相比，其传播特性有哪些？
2. 电视新闻编辑人员的职责有哪些？
3. 电视新闻编辑的工作原则和编辑手法有哪些？
4. 整档电视新闻节目的编辑环节有哪几个？

第九章　网络媒体的新闻编辑

【本章学习要点】

★ 了解互联网的概念、属性、特征

★ 了解网络新闻编辑的定义、原理、技法

★ 了解新闻留言板、网络调查、网络论坛、微博的编辑与管理

★ 了解网络语言的表达方式、网络设计的布局原则与制作要求

★ 了解网络新闻稿件判断与选择的方式

第一节　网络媒体概述

【知识要点】

网络媒体是建立在互联网技术、数字技术和计算机技术基础上的新型媒体，三大技术的特性延续到数据业务上，形成了网络媒体的新闻传播特性。网络媒体是借助互联网这个平台来传播新闻信息的一种数字化、多媒体的传播媒介。

一、互联网的定义与网络的多功能属性

1. 互联网的定义

互联网又叫因特网，是现代化通信信息技术与计算机技术结合后的产物。所谓互联网，就是将分布在不同地方的计算机通过通信线路连成一个规模大、功能强的网络系统，众多的计算机利用这个系统可以方便地互相传递信息，共享硬件、软件等数据信息资源。

互联网的组织建构需要三个条件：第一，互联网是全球化、数字化的；第二，连接到互联网的每一台主机都需要配备一个"地址"（IP 地址）；第三，进入互联网的主机都需要按照共同的协议（规则）即"TCP/IP 协议"连接在一起。

2. 互联网的多功能属性

人们对互联网是什么一直存有疑问，有的人认为它是传播媒体，有的人认为它是工具，有的人认为它是商务交易的平台。从互联网目前的功能与应用来看，我们认为它是多种功能的综合，它主要具备以下六大功能属性：

（1）交流功能

互联网作为交流功能的典型应用包括即时通信、电子邮件、论坛（BBS）、SNS（社交网络）、博客、微博等。通过这些应用，互联网能够实现个人与个人、个人与群体、群体与群体之间的沟通、交流、传播、分享。其中，电子邮件是互联网交流平台上最早、最广泛的应用。

（2）数据功能

主要应用包括网络新闻、网络报纸、网络电子杂志、网络广播、网络视频、网上图书馆、网络数据库等。这是互联网的海量信息空间特性，能满足用户查阅资料、浏览新闻信息、发布信息、储存各种文档等与数据相关的多方面需求。网络中的信息量究竟有多少？没有人能给出一个准确的数字。据不完全统计，仅"谷歌百科"的信息量就是《大英百科全书》的十几倍。网络新闻、信息可谓浩如烟海，应有尽有，无奇不有。只要你有足够的时间、精力、耐心，你可以访问网络中的任何一个网站，并按照自己的兴趣浏览网页上的相关内容，正可谓"独坐家中环行八万里，足不出户尽知天下事"。

（3）商务功能

主要包括 B2B（企业对企业）、C2C（个人对个人）、B2C（企业对个人）、网络支付、网上银行、网络招聘、网络交易等。

（4）娱乐功能

主要包括网络游戏、网络音乐、网络影视、网络文学等。这是互联网利用其海量特性、多媒体特性，满足用户的音乐、影视、游戏等娱乐需求。

（5）工具功能

主要包括搜索引擎、RSS 简易信息聚合、TAG 社会化标签、Widget 个性化定制、BT 下载、FTP 文件传输等。

（6）政务功能

主要包括各级政府网站、部委网站、社会团体网站等。这是指利用互联网的海量性、交互性、超时空性为政府搭建政务新闻发布、社会职能服务和政府民众沟通交互的网络空间。

二、互联网的技术特性和传播特性

1. "第四媒体"的技术特性

自互联网诞生，网络便被认为有"自由、平等、开放、共享"的特色，人们开始认识和发掘网络的特性。1998年5月，在联合国新闻委员会上，联合国秘书长安南提出在强化运用传统的文字和声音、图像传播手段的基础上，还应利用先进的"第四媒体"——互联网。由此，互联网继报刊、广播、电视之后的"第四媒体"身份被正式承认。

想要了解网络新闻的传播特性，首先需要认识网络的特性，基于目前对网络技术、计算机技术和通信技术的开发，我们认为"第四媒体"具有五大基本特性：第一，网络存储信息的海量性；第二，超越时空性；第三，多方位的开放性；第四，超媒体性；第五，双向传输的交互性强。

2. 互联网的传播特性

媒体，是指传播信息的载体。互联网的媒体属性是网络众多功能性之一，其所用的传播工具是网络。网络的功能十分强大，网络的上述功能属性自然延展为网络媒体的特性，并在与新闻传播规律结合后形成互联网的传播特性。主要表现为：①迅速及时，公开发布，第一时间同步传播；②网络传播信息量大，海量储存；③传播形态多样，并存交融；④手段汇集，多媒体化，兼容量大；⑤交互性强，传受频繁易位；⑥超文本、超链接建构，检索功能强大。

第二节　网络新闻编辑原理和编辑手法

【知识要点】

了解网络新闻编辑的定义、网络新闻编辑原理，掌握网络新闻编辑的技法。

一、网络新闻编辑的定义和内涵

新闻工作的内容主要包括两项：前期策划采访与后期编辑制作。至今为止，大多网络媒体还没有明确的新闻采访权，因此，策划采访在网络新闻报道中所占的比例较小，大量工作依赖于后期新闻编辑与制作，即网络新闻编辑。

1. 网络新闻的定义

2017年出台的《互联网新闻信息服务管理规定》对互联网新闻信息进行了界定："互联网新闻信息，包括有关政治、经济、军事、外交等社会公共事务的报道、评论，以及有关社会突发事件的报道、评论。"根据上述规定可知，我国对互联网新闻的界定重在强调其时政性和公共性，互联网新闻不但指关于公共事务、社会突发事件的新闻报道，还包括相关评论文章。互联网新闻信息服务的主体，则从早期发布或转载新闻业务的新闻网站、门户网站，扩大到各种互联网站、应用程序和网络自媒体。

为了便于网络新闻和网络新闻编辑的研究，我们将网络新闻界定为：有资质的网络媒体机构通过互联网中的网页、论坛、博客、微博等社会化媒体传播渠道，运用文字、图片、音频、视频、Fash、电子杂志等多种手段，对新近发生或正在发生的事实所进行的报道和评论。这里所说的"有资质"，是根据《互联网新闻信息服务管理规定》，国家或地方有关部门允许网站从事互联网新闻信息服务业务而颁发给网站"互联网新闻信息服务许可证"。

2. 网络新闻编辑

网络新闻编辑应该把网络新闻内容和表现形式方面作为重点，网页技术操作和页面呈现是为编辑服务、实现编辑思想的一种工具。

编辑通常有两种含义：一是指工作、活动，是根据社会文化需要，按照指导方针，使用物质载体和技术手段，对精神产品进行组织、采集、鉴审、选择和编序加工，并构成一定的文化符号模式进行社会传播的活动；二是指岗位、职业、人员，是指组织、采录、收集、整理、纂修、审定各式精神产品，使之传播展示于社会公众的工作，以及从事这项工作的人员。

结合上述网络新闻的定义和编辑的内涵，我们认为，网络新闻编辑是指有资质的网络媒体充分运用各种网络传播手段，对网络新闻报道和评论的内容和形式进行选择、鉴审、加工、制作、设计、策划、组织，并通过各种网络传播渠道呈现出来的活动。同时，从事编辑工作、编辑活动的人员及其对应的岗位，亦可称为网络新闻编辑。

从具体业务的角度来认识和解读网络新闻编辑的内涵，我们认为其编辑流程包括三个层次、十个方面。三个层次包括基础层——选择鉴审，核心层——加工制作，提升层——策划组织；十个方面包括选择稿件、判断稿件、修改稿件、制作标题、加工文本、整合制作专题、组织设计页面、互动组织与管理、策划新闻报道、架构频道栏目。

（1）选择稿件

选择稿件就是依据一定的选稿标准从不同的新闻源初步筛选新闻，并将新闻归入不同类别的稿件库，以便于下一步的加工制作。

选择稿件包括以下四个方面：选取稿件的地方、选取稿件的方式、选取稿件的标准、选取稿件的归类。具体来说,网络新闻稿来源主要有新闻从业者的稿件、网站向一些专家学者等的约稿、网民的稿件及网站的转载稿。

一般而言,选择稿件有两种方式:一种是人工选择,即编辑人员依靠自己的判断手动从不同供稿源选取新闻;另一种是自动抓取,即网站通过专业软件,采取设置关键词的方式自动从各供稿源捕捉选取新闻到稿库。前者选取的稿件与网站制定的标准相对一致,采用率比较高,但效率相对慢一些;后者效率高,但准确度相对较低,有时还可能遗漏重大新闻。选取稿件是网络新闻编辑的后续活动的基础,选择的结果很大程度上会影响到编辑加工、制作的成果、效果。

(2)判断稿件

稿件的判断有两次:一次是在选择稿件时作出判断,另一次是在调整网页新闻顺序时作出判断。这两次判断都要从新闻价值要素、网络传播点和网站性质、定位、要求等多方面来审查核定一条新闻的价值,决定新闻在网站页面中的定位,例如新闻是发到网站首页上还是新闻首页上,是放在频道中还是放在滚动新闻中,是依据新闻制作专题还是以多媒体新闻形式出现,这些都需要编辑依据自身的新闻感、网络感和互动感以及对网民阅读兴趣、爱好和习惯的整体把握,对稿件做出基本的价值判断。

(3)修改稿件

网络新闻编辑在修改稿件中,要推敲主题、修改错别字、修订语法错误、查改知识性错误、修正标点错误、核查事实性错误等。根据网络更大众化的特点,在进行网络新闻的文字修改时,还要注意网络新闻的易读性,因为人们必须通过电脑阅读网络新闻,需要注意力比较集中,容易造成视觉疲劳。

网上的信息包罗万象,编辑要花更多的时间去分析辨别稿件,注意稿件的来源,稿件如果是来自传统媒体的,修改的内容会少一些;稿件如果是来自网民投稿或者论坛、博客的,修改的内容就会多一些,修改的压力就会大一些。修改稿件考察编辑的基本功,无论是传统媒体的编辑还是网络媒体的编辑,无论处于何种级别的编辑岗位,改稿都是最基础的工作。

(4)制作标题

这里所说的制作标题,主要是指那些需要发布在以新闻列表为呈现形式的网页上的标题。标题的制作有严格的规范和要求,比如:要求单行题,一行控制在一定的字数内;实题,要有具体内容,突出亮点和兴奋点;题文一致,不能为了增加访问量和点击率而博眼球、成为"标题党",等等。

(5)加工文本

加工文本指对新闻正文进行删减、增加和改写：删除冗余信息和新闻价值较小的部分；适当增加提要或摘要、图片、视频、超链接、背景资料、调查等扩展延伸阅读的内容；在特殊的情况下对新闻正文进行适当改写，以便于受众阅读、接受和理解文章的内容。

（6）整合制作专题

网络专题是最具有网络传播特点、体现网络新闻整合性优势的报道手段。互联网因其海量的空间能够存储无限的内容，但网络新闻的内容是一种碎片化的呈现。针对大量碎片化的内容，网络新闻需要整合制作专题。首先就要根据新闻事件的价值先设立专题；其次是设计专题，将不同来源、不同手段、不同主题的新闻归纳整合集中；最后用网页编排的方式呈现出来。网络新闻需要进行整合制作，小到单独一篇新闻文本的编辑，大到一个新闻事件的专题报道，都要通过有创意、有策划、有思想的整合编排来完成。

（7）组织设计页面

组织设计页面包括设计网站页面、频道页面、专题页面、文本层页面和其他栏目页面等。设计页面一般需要编辑和美工共同完成，编辑提出思路、方案和设想，然后针对编辑思想、内容需求和完成要求与美工沟通，在页面设计完成后再由编辑对页面内容进行测试。

（8）互动组织与管理

互动组织与管理包括设计互动环节、组织网站与网民的互动活动、监测与编辑网民分享与共享的互动内容、制定互动管理规章制度等。随着 Web2.0 的发展，网络媒体目前拥有多样化的互动方式，包括电子邮件、论坛、博客、播客、微博、贴吧、留言板、网络调查等。

（9）策划新闻报道

尽管大多网络媒体没有采访权，策划新闻报道往往不能在采访环节实施并完成，但编辑还是可以针对已经发生或将要发生的新闻事件进行设计与规划，并利用网络特殊的表现手段呈现发布出来，以达到策划和议程设置的目的。策划报道是新闻编辑的高级阶段，是新闻编辑发挥主观能动性的直接体现。

（10）架构频道栏目

架构频道栏目是指在初建网站、频道或对网站、频道、栏目进行改版时，除了设计出合理的板块，安排好页面的编排，确定互动的栏目，区分出网页的呈现层次，还要同时考虑到后台系统的设计、网络技术的支持、频道栏目设计与网站整体风格的协调等问题。

如果对以上十个方面进行分类与定位，那么选择稿件、判断稿件是网络新闻编辑的基础层，修改稿件、制作标题、加工文本、整合制作专题、组织设计页面、互动组织与管理是网络新闻编辑的核心层，策划新闻报道和架构频道栏目是网络新闻编辑的提升层。总体而言，这十个方面基本包括了网络新闻编辑的全部内容。

3. 网络新闻编辑的外延

综上所述，网络新闻编辑有两种释义，在这里我们主要针对网络新闻编辑活动这一层释义来探讨网络新闻编辑的外延。

网络媒体类型多种多样，有中文网站、外文网站，有新闻类网站、社区论坛类网站，有图文网站、视频网站，同时，网站内层级丰富，有首页层、文本层，有频道、栏目、专题，不一而足。我们根据网站的性质、内容和语种等对网络新闻编辑进行分类。

①从网络新闻编辑的对象来分，有网页编辑、电子杂志编辑、论坛编辑、博客编辑、微博编辑。

②从网络新闻编辑的形式来分，有文字编辑、图片编辑、音视频编辑、Flash 编辑。

③从网络新闻编辑的岗位来分，有主页编辑、频道编辑、栏目编辑、专题编辑、论坛编辑。

④从网络新闻编辑的内容来分，有时政编辑、财经编辑、文体编辑、教育编辑、军事编辑等。

⑤从网络新闻编辑网站的语种来分，有中文编辑、外文编辑、少数民族语编辑。

⑥从网络新闻编辑网站的性质来分，有新闻网站编辑、门户网站编辑、电子商务网站编辑、政务网站编辑、企业网站编辑、校园网站编辑等。

由于类别不同，编辑的要求、方式和重点也有很大差异。例如主页编辑注重新闻稿件的价值判断，专题编辑则注重稿件的组织、新闻的策划，论坛编辑注重互动组织，网页编辑注重标题制作、文本修改、专题策划，文字编辑注重稿件的修改、加工，音视频编辑则注重内容的分类、切割和整合。

随着网络技术的发展、网络应用的普及，网络媒体的类型和网络新闻的表现形式会愈加丰富，网络新闻编辑的外延也会不断扩展。

二、网络新闻编辑原理

网络新闻的载体是集计算机技术、数字技术和网络技术等高新技术于一体的互联网，三大技术的特点和优势通过互联网自然嫁接到网络新闻报道上，产生出特有的网络新闻编辑方式。网络新闻编辑原理就是在深入理解并掌握网络传播规律的基础上，结合新闻传播规律，概括、归纳出的指导网络新闻编辑的基本原理与方法。

1. 快速传播和即时式编辑

众所周知，网络传播的特征之一是快速传播。网络的开放性——时间与空间的开放，使得互联网传播处于一种无障碍的状态，网络新闻、信息能够在第一时间实现自由流动。站在新闻传播的角度，地球上任何一个角落发生的新闻都应该在第一时间传播出去，以体现出新闻传播价值中的新鲜度。网络传播既然能实现新闻快速传播的要求，那么在新闻编辑上就必须有为完成这一要求而采取的相应编辑手段——即时式编辑。

在网络传播中，即时传播能发生在 1 分钟、1 秒钟的范围内。比如在即时通信上的对话和信息传递，一方发送出信息，与此同时另一方就可以接收；一方在电脑桌面上截取的文件几乎能同步传送到另一方的电脑中。

即时式编辑中的"即时"包括以下五个层次：第一层是即时发布，就是要对最新鲜、最有价值的新闻进行即时选择、推荐、更新；第二层是即时策划，就是根据新闻事件的发展、变化即时制定编辑思路，确定编辑手段；第三层是即时调整，就是对网页新闻发布位置、停留时间和展现方式等进行即时调整；第四层是即时删除，就是对不良信息、错误信息进行即时删除、处理；第五层是即时互动，就是对网民反馈的信息进行即时跟踪，并即时与网民展开互动交流。

即时式编辑既有相对时间概念上的编辑，比如网站每隔两个小时更换新闻头条，轮换播放新闻图片和要闻区新闻；也有绝对时间概念上的编辑，比如在直播的体育比赛报道中选手夺取奖牌和网站发布新闻之间几乎没有时差。在2008 年北京奥运会报道中，搜狐网凭借赞助商的身份获得第一时间发布比赛数据的资格，其网站发布的各类比赛数据与大会比赛系统中的数据几乎同步，比其他网站要快 1 分钟。

起初，网络新闻编辑主要强调及时、实时、快速发布，要求新闻事件第一时间在网页上被呈现出来，而新闻发布后的诸多环节则没有跟进和追踪。随着互联网进入 Web 2.0 时代，网络技术的发展对新闻编辑提出了更高的要求，要想真正实现网络新闻的快速传播，就必须完整、系统地运用即时式编辑。在发布、策划、调整、监审和发送五个层面都要做到第一时间实现网络新闻的立体编辑。

2. 海量信息和整合式编辑

网络媒体能够发展到今天，与互联网的海量信息有密切关系，一方面互联网的无限空间能承载海量信息，能给予无尽的知识和乐趣；另一方面海量信息并不全是有效资讯，良莠不齐的新闻、信息扰乱了网民对正常信息的接收，在一定程度上增加了网民的负荷。因此，网络新闻编辑有必要对发布在网上的信息进行二次筛选，用互联网的编辑手段对网络新闻进行整合式编辑。

什么叫作整合？整合就是将一些零散的、有意义或看似无意义的内容通过某种方式重新编排组合到一起，形成一个系统化的整体。通过信息系统的资源共享和协同工作，新的整体不仅能提升原有内容的价值，而且能展现出新的形态，创造出新的价值。

什么叫作整合编辑？即运用计算机技术、数字技术、网络技术和视频多媒体技术，采用集成、配置和深度加工等编辑手法，围绕着单条新闻、单个话题或问题、单个新闻事件的相关新闻或多篇新闻报道进行编排、组合，最后形成符合网络特点的、具有原创色彩的、新闻价值获得整体增值的网络新闻报道。

在整合编辑的过程中，需要新闻编辑有目的地进行创新、策划、编排，需要对新闻源进行必要的优化配置，对单条内容进行有目的的摘选，对话题的角度、层次和表现形式进行排列组合，对新闻的内在逻辑进行梳理，以实现对新闻资源的挖掘、加工和组织。

整合编辑的价值体现在四个方面：一是可以满足用户对简约、精要而又认知多元、平衡的内容的需求；二是可以改变网络新闻报道生态，避免同质化，增强差异化，打造网站品牌；三是可以聚合、梳理民意，强化议程设置，提升网络媒体的舆论引导力；四是可以增强网站编辑的主观能动性，体现网络编辑的思想和价值观。

整合式编辑包括三个层次：宏观整合编辑、中观整合编辑和微观整合编辑。

宏观整合编辑在网络新闻报道中以专题的形式表现出来。专题能整合不同来源的新闻稿件，包括传统媒体的稿源、用户贡献的内容、网站自采的稿件和编辑翻译的外电等；能整合不同体裁的新闻报道，包括消息、快讯、述评、评论、图片和音视频等；能整合各种各样的网络报道手段，包括滚动报道、直播、访谈、调查、图表、Flash 和电子杂志等；甚至对于一些大型专题还可以整合各个相关的小专题。通过宏观整合编辑，不仅能够使受众在专题中看到新闻事件发生、发展的完整过程，了解事件的前因后果，而且还能够使受众看到专题改变了单条新闻、单个报道手段单一、零碎的状况，从而整体提升新闻的品质和价值。宏观整合编辑一般适用于重点新闻报道或重大突发事件，如"两会"、奥运会、世界杯，以及地震海啸类灾难性新闻。

中观整合编辑在网络新闻中以话题策划、主题性专页的形式表现出来。在面对热点话题、焦点新闻时，网络媒体如果用专题形式则显得过于宏大和复杂，如果使用单条文本则显得过于单薄和肤浅，因此需要采用中观整合编辑的方式，通过对话角度、层次和表现形式的策划，用主题专页的形式展开报道。中观整合编辑并不是将所有内容源进行集纳，也不是将所有报道手段全部运用，而是根据编辑思想、话题内容和网页需求，对新闻源进行必要的筛选，对单条内容进行摘选，对新闻的内在逻辑进行梳理，然后再与页面融合，形成一个新的整体。中观整合编辑类似于报纸的专版、期刊的封面报道，强调的是从不同角度运用相应的报道手段对新闻进行集纳式解读，展示出新闻报道的深刻内涵。

微观整合编辑在网络新闻中以文本层融合新闻的形式表现出来。微观整合编辑是网络媒体针对海量信息和发挥多媒体特性而进行的最基本的编辑操作。微观整合编辑的对象是单条新闻、单幅照片和碎片化的微内容，编辑手法就是在制作单条新闻时尽可能地"做加法"，将该条新闻的文字报道、图片、视频和相关新闻整合到一个页面上，将留言评论功能、分享功能和工具功能整合进文本层页面，对于新闻排行榜、新闻推荐、广告等推广性功能借助文本层整合营销，最后在文本层上呈现出一个全新的融合新闻。

3. 网页限制与标题式编辑

网络新闻的展现依赖于网页，网络新闻的存储依赖于服务器。理论上说，网页的长度不受限制，可以无限延长页面的长度；存储的空间也不受限制，可以无限增加网站的层级结构。两者都能达到无限增加文字、图片、视频等各种内容的要求。但是网页的展现受制于电脑屏幕，用户第一眼接触的内容仅限于网页第一屏的内容，要想看到更多内容，就需要拖拉滚动条或者借助超链接进入新页面浏览。为了能让用户在有限的空间里方便、快捷地浏览到尽可能多的内容，减少网站的层级结构，在编辑网络新闻时就需要采取标题式的编辑方式。

标题式编辑就是在网站的首页、频道、专题、专栏等各层页面上，采取标题列表式的编排方式，只呈现出新闻的标题或标题组合而隐藏新闻正文的内容，让标题发挥导读、导引的作用，引导用户进入下一层文本页面。标题式编辑就要求编辑做好每一条新闻的标题，其背后考量的是编辑在选择推荐新闻稿件时对新闻价值的准确判断。因此，标题式编辑首先要做的是依照一定的选稿标准挑选好每一条新闻，其次根据标题制作原则和要求做好每一条标题，最后实现网页有效展示空间的价值最大化。

在标题式编辑中存在两个误区，第一，过度依赖标题，而忽略对新闻稿件本身价值的判断。标题固然重要，然而，没有价值的新闻即使有个好标题，也仅能带来一次无效的点击，浪费用户的信任。当用户通过标题点击新闻后没有看到实质性内容时，就会产生不满甚至反感，从而影响其对网站的忠诚度，不利于网站的长期发展。第二，忽视用户体验的重要性，即为了在有限的页面空间中显示更多的新闻，采取过多的技术手段。比如将所有网页空白都填满，在一行中制作两个毫无关联，甚至会让人误解的新闻标题，页面上标签切换得太密、太频繁等。这些看似增加了页面新闻的数量，但却有可能影响用户阅读的舒适感，使其对密密麻麻的文字内容望而生畏。

标题式编辑带来的直接结果是题文分开，进而使新闻标题的导读作用得到高度重视。报纸、期刊、图书等纸质出版物在编辑排版上都采用题文一体的形式，正文内容与标题在一个版面或页面上，标题虽然也对受众起到一定的导读作用，但由于报纸、期刊和图书都易于翻页，所以受众想看正文内容很便捷。但网络新闻是题文分开的，用户是否会点击标题的超链接进入下一页面，在很大程度上取决于标题的吸引力和创意性。由于对新闻标题的这种严重依赖，以至于出现了专门以制作夸大、煽情甚至与内容无关的标题来吸引网民眼球的"标题党"。

标题式编辑对新闻标题的制作提出了很高的要求，要切忌随意曲解原文标题，或夸大新闻事实、断章取义、制造噱头。因此，一方面，新闻标题要题文一致、准确明了、简洁凝练，符合字数要求；另一方面，新闻标题要突出亮点、兴奋点，传神、传情，只有这样，新闻标题才能真正激发起用户深度阅读的欲望。太直白、中规中矩的标题无法吸引网民，太煽情、太哗众取宠的标题又有滑向失实的危险，因此要把握好分寸，保持好均衡，在确保标题真实准确、题文一致的基础上做到尽可能增强标题的可读性与吸引力，处理好两者之间的关系。

4. 形态多样与多媒体编辑

人类处理信息分为五种形式：视觉、听觉、符号、语义和行为。报纸擅长文字符号的表达，从视觉获取信息，缺少听觉信息、语义信息和行为信息；广播擅长语义的表达，从听觉获取信息，缺少视觉信息、符号信息和行为信息；电视擅长语义的表达，从听觉、视觉、行为获取信息，缺少符号信息；网络媒体，则包容了视觉、听觉、符号、语义和行为五种信息，成为迄今为止信息处理手段最为全面的媒体。

网络媒体处理信息的多样化手法决定了网络新闻的多媒体编辑特征，即采用多媒体的编排思路和编辑手法。多媒体编辑不仅需要完成与报纸、广播和电视一样的新闻组织、配置与编辑，而且要利用网络媒体特有的互动传播特色。在组织深度报道方面，网络新闻比报刊更能就某一事件进行全面、深入、细致、充分的报道；在广播、电视的声像报道上，网络新闻可以利用图片、图表、声音、视频、Flash、3D 甚至是 5D 等手段，使报道生动形象，充满视听冲击力，具有与广播、电视一样的现场感；网络新闻最显著的优势是可以随时互动，通过发帖、留言、微博、调查、访谈、问答、视频分享等多种方式与用户互动，收集用户反馈，使信息得到更广泛的覆盖和传播。多媒体编辑综合运用上述互动方式，并将其与新闻报道结合起来，便能形成立体报道。如果说传统媒体的报道曾使人感官失衡的话，那么媒介融合下的网络新闻多媒体化则"使人恢复到自然的感官平衡"。

多媒体新闻编辑要求编辑人员首先建立起多维报道新闻的理念，破除过去只用一维手段表达内容的局限，意识到随时随地利用不同手段服务于各类报道的重要性；其次，多媒体新闻编辑要掌握文字、摄影、摄像、图片处理、网页制作等多种报道方式，以此熟练地运用各种途径进行全方位的立体报道，做到有声有色、声情并茂、图文并茂地报道新闻事件；最后，多媒体新闻编辑要在编辑过程中，学会运用声音文本、图画文本、动画文本或者影视文本，根据报道内容、性质随时进行变换与组合，选择合适的报道方式。在多媒体编辑中还要注意，手段丰富并不意味着在一篇报道中要把所有的手段都用上，而是要根据新闻内容的不同，将各种手段灵活搭配、合理组合、适时变换，灵活运用合适的多媒体手段。

5. 稿件多元和把关式编辑

随着 Web 2.0 技术的广泛应用以及各类别机构大量建立网站和网站新闻发布门槛的降低，网络新闻稿件的来源更加多元化。有的是来自传统媒体，包括报纸、期刊、广播、电视、图书的新闻和咨询；有的是网站自采或原创的快讯、消息、直播、调查、访谈、对话或专供稿；有的是网民在博客、微博、知识问答网站、视频分享网站、贴吧、播客等空间原创的文字和音视频；有的是党政机关、行业企业、社会机构团体、各级政府、国家部委和地方厅局通过官方网站发布的官方新闻；还有的是外电、外报、外网的翻译稿等。面对来源如此繁杂的新闻，网络编辑的第一要则就是筛选、过滤和把关。

在传播学中，"把关人"把关是一种普遍存在的现象，其起着决定信息传递继续或中止的作用。网络媒体要进行把关式编辑，就是要对快速发布的内容进行迅速判断，对纷繁冗杂的信息进行分类梳理，对多元化内容进行严格审核，以此来保证网络新闻的权威性与公信力，尽最大努力保证网络媒体能更好地发挥出信息平台的价值。

6. 交互传播与引导式编辑

信息传播的双向互动，是网络传播的本质特征和社会意义的集中所在。交互传播具有三个重要特征：信息的传播者、发送者不再享有信息特权，与受众一起成为真正意义上的平等交流伙伴关系；网络用户不仅可以平等地发布信息，还可以平等地开展讨论与争论；舆论监督功能在网络振荡中不断放大，具有无比的威慑力量。交互传播的特征让人们一度认为网络媒体只能被动传播信息而不再能发挥舆论引导作用。

但是，由于网络环境的复杂和网络舆论的巨大影响力，网络媒体需要发挥引导作用，主动设置议程。网络技术为网络媒体开展各类引导活动提供了基本的手段和方法，互联网的传播特性为将舆论引导置入互动奠定基础，利用互联网引导舆论，能够达到事半功倍、润物于无声的效果。因此，引导式编辑具有重要的作用。

在实际的网络新闻编辑中，引导式编辑无处不在。小到单条新闻编辑方式的选择、新闻在网页中的位置，大到新闻头条的选择、停留时间，以及专题的设置，都反映出编辑的思路，透露出编辑的意图。

一方面，引导式编辑要洞悉网民的心理和行为习惯，掌握一定的编辑艺术和技巧，善于灵活运用互联网的网页语言和编辑手段，例如网页位置、色彩、特殊符号、多媒体编排等来实现引导的目的。另一方面，引导式编辑要善于在与网民的交互传播中有意识地进行舆论引导，根据不同的用户群来进行针对性的新闻推动，对网民内容进行恰当的推荐、置顶、"加星"等，利用网页位置、色彩、特殊符号等方法编排新闻的位置、停留时间和相关组织，融引导于交互之中，或者组织展开话题讨论，让网民在争辩中认清是非、找到方向。总之，引导式编辑要充分发挥出互联网的作用和价值，善于在与网民的交互传播中有意识地进行舆论引导。

三、网络新闻编辑的技法

网络传播具有存储空间无限、信息量大的特点，海量的信息催生了整合式新闻编辑。整合式新闻编辑包括三种：一是以单条新闻为对象的微观整合，二是以新闻专页为对象的中观整合，三是以网络新闻专题为对象的宏观整合。针对这三种不同的整合，相应地产生了三种网络新闻编辑手法。

1. 以单条新闻为对象的微观整合

网络新闻编辑是新闻网站传递新闻、信息的主要载体，也是网络媒体新闻编辑中的基础性工作。网络新闻中的单条新闻相当于传统媒体如报纸、杂志的单篇稿件，广播、电视的一条音频、视频，主要指的是网络媒体发布的单条网页新闻。一条网络新闻的完整编辑流程包括选稿、编辑、发布和留言管理这四个步骤，选稿是编辑工作的基础，也是编辑方针和编辑思想最直接的反映；编辑是针对单条新闻，进行修改、删减、增添、改写等具体工作；发布是基于网络新闻的发布系统而进行的模板设计与签发流程；留言管理主要是对互动内容的管理，涉及审核、通过、过滤、删除、回复等工作。

以单条新闻为对象的微观整合有两种：一种是通过不停地添加各种元素和材料，将一条"单薄"的文本新闻变成"丰腴"的多媒体新闻、融合新闻；另一种是针对单条新闻，通过技术性的改造完成局部或整体包装，从而实现微观整合的目的。

网络新闻的增添包括三类内容和两种方式。三类内容指新闻内容、互动内容和广告内容，两种方式指自动添加方式和手动添加方式。

①新闻内容的增添包括基本信息的增加、新闻增值阅读的增加和新闻延伸阅读的增加。基本信息的增加有电头、来源、时间、责编等；新闻增值阅读的增加有图片、音视频、提要、摘要、背景资料；新闻延伸阅读的增加有相关专题、相关新闻、关键词超链接、热词超链接等。

②互动内容的增添包括直接互动的增加和间接互动的增加。直接互动方面有直接表达意见和观点的留言板、评论区等窗口；间接互动方面有转发、分享、挖掘以及链接到朋友圈、空间、贴吧、论坛、博客和微博的转发按钮。

③广告内容的增添包括 24 小时新闻排行榜、评论榜等新闻推广，网站自身或网站频道的形象广告，文字链接、图片或视频的商业广告，电子商务广告以及搜索联盟的广告。

上述三类内容中，新闻内容中的基本信息、互动内容和广告内容的增添一般设定为自动增添，即将这些内容写在网络新闻发布模板中，并放置在固定的位置，轻易不会改变位置或从模板中剔除。新闻内容中的增值阅读和延伸阅读部分需要手动添加，编辑要根据新闻报道的内容及其价值先进行判断，然后确定增添哪些内容。需要注意的一点是，可以根据事实适当配置每篇报道的延伸阅读内容，但不是说每一篇新闻报道都需要完整的延伸阅读内容。

2. 以新闻专页为对象的中观整合

中观整合主要指一种建立在策划基础上的整合，可以"创意""策划""特色"三个词概括。这种整合不是将所有报道手段全部运用，也不是将所有内容源进行集纳，而是根据编辑思想对话题角度、层次和表现形式进行创意和策划，对新闻源进行必要的筛选，对单条内容进行摘选，对新闻的内在逻辑进行梳理，从而形成对新闻的再组织与再配置。中观整合新闻就是围绕着一个主题或话题，从海量信息中精选、提炼出若干篇文章，运用计算机技术和网络技术以及集成、配置和深度加工等编辑手法进行编排、组合，最后形成一篇符合网络特点、具有原创色彩、新闻价值获得整体增值的网络新闻报道。腾讯的《今日话题》，网易的《网易另一面》《网易发现者》，搜狐的《搜狐论座》《点击今日》都是中观整合新闻的代表。

中观整合新闻的编辑包括四个步骤：一是话题的选择，二是内容的构成，三是互动的运用，四是页面的编排。

从原则上说，时事政治、社会民生、教育文化、国际冲突、影视娱乐、热门人物等各类新闻均可被列为整合编辑的对象，话题的范围没有禁区，但考虑到整合式新闻会带来强势的传播效果，因此话题的选择必须兼顾新闻性、时效性和参与性，以提出问题、探讨问题为编辑主旨和思路，以话题的层次、角度和材料的丰富性为基本前提，以引发网民的深度关注与积极参与为目标。

组织、配置内容，确定内容的框架和逻辑结构是中观整合新闻编辑的重点。一条中观整合新闻一般包括主旨新闻、编辑点题（编者按）、角度新闻、网络互动、多媒体报道和相关链接。主旨新闻是指报道该话题的主要文章，透过主旨新闻网民可以了解到新闻事件的主要事实和背景；编辑点题（编者按）是指编辑撰写寥寥数语的评论，用来引出要探讨的问题；角度新闻是指编辑从不同的层面、不同的角度选取相关新闻对主题进行解读、评述，或者是层层递进的剖析，或者是正反意见的对比，或者是多元观点的有序罗列；网络互动是指集纳来自网民的留言、评论、调查投票等互动性内容；多媒体报道是指收集、整理图片、图表、漫画、音视频、Flash 等多媒体材料并将之整合进新闻报道中。

互动板块是中观整合新闻里必不可少的板块。编辑的主要工作是根据不同的内容选择不同的互动手段，根据内容的热度选择网民的热评，根据互动性合理安排互动在页面的位置与区域，并不是所有互动手段都要被整合到新闻中。比如：对于热点焦点话题，可以开辟网民留言、评论的板块用来互动；对于有争议的话题，可以设置网络调查、网络辩论、网络投票的板块进行互动；对于热议热评的话题，可以引入博客、微博内容进行互动。

中观整合新闻一般不采用网站固定的单条新闻的模板，而是单独设计页面，为其量身打造符合其要求的网页。在设计页面、编排结构时，要做到层次清晰、重点突出、图文均衡、区位合理，要让网民在阅读新闻时产生视觉美感，要通过合理的页面编排提升内容的传播效果。

3. 以网络新闻专题为对象的宏观整合

网络新闻专题是互联网独有的新闻梳理、整合与优化的方式，通常是围绕某个或某系列重大的新闻事件或事实，在一定时间内，运用新闻消息、特写及背景资料、新闻分析、评论、新闻调查等体裁，调用文字、图片、声音、视频等多种表现方式，通过专门的编排与制作，进行连续的、全方位的、深入的报道和展示新闻主题前因后果、来龙去脉的新闻报道样式（组合）。设立、制作和完成一个网络新闻专题既是对网络信息资源的一次重新包装，也是网站思想和编辑方针的一次完整体现。

网络新闻专题的制作流程包括设立专题、设计专题、制作专题和维护专题四个方面。

判断一个新闻事件是否需要设立专题，要从新闻价值、网民关注度、新闻报道量、社会效果几个因素综合考量。

一般情况下，大多数预见性事件都会被制作成策划型专题。在中国新闻奖网络专题新闻获奖作品中，《纪念中国人民抗日战争暨世界反法西斯战争胜利70周年大会在京隆重举行》《把握对外传播的时代新要求——深入学习贯彻习近平同志对人民日报海外版创刊30周年重要指示精神》《更高举起改革开放伟大旗帜——写在邓小平同志诞辰110周年之际》《祭·忆——南京大屠杀死难者公祭日》等都是根据可预见性事件提前策划制作的专题了。

对于日常新闻，要从事件的连续性、重要性、关联性和普遍性等多个视角来审视其新闻价值并判断设立专题的必要性。突发性事件、重大责任事故、灾难、意外及自然灾害都具有明显的新闻价值和网民关注度，自然需要设立专题重点报道，如"章莹颖失踪案""四川茂县暴雨塌方""刺死辱母者案""杭州绿城保姆纵火案"等。但是，还有一些突发性的社会新闻、民生新闻、地方新闻，虽然也属于突发性事件范畴，但对社会的危害不大，媒体与网民的关注度不高，新闻报道量不够支撑起一个专题，在这种情况下，就不必设立新闻专题了。

在设立专题的过程中，根据专题类型的不同，还需要进行相应的前期策划、准备工作，包括确定专题名称、策划原创内容、确定专题的规模和色调等。

设计专题是建立网络专题的重要一环，考验着编辑的创新性与创造力，决定着专题是否能比同类专题高出一筹，能否有竞争力和吸引力，设计专题一般涵盖确定专题栏目、选用表现手段、选择专题模板和规划页面结构这四大内容。

一般性专题的栏目大多依据内容性质或形式进行设置，包括"最新动态或滚动""图片""视频""访谈直播""分析评论""网友关注"，这些是网络新闻专题的基本板块。

随着网络媒体的发展和技术手段的成熟，网络新闻的表现手段越来越丰富，运用也越来越频繁。但是，运用过多过滥的手段，非但不能提升新闻的表现力和感染力，有时还会适得其反。因此，设计专题时要充分考虑多种表现手段在专题中的运用，更重要的是为不同的内容选择合适的、有表现力的手段。比如，如何设置网络专题经常会涉及历史资料、背景知识等静态内容，为了让更多的人有兴趣去看，就需要调动各种网络表现手段。有的网站只是简单做一个文字罗列，但有的网站会采用有奖征文的方式，或者动漫 Flash 的方式，或者电子杂志的方式，甚至还可以采用将知识设计到游戏中的方式。相同的内容，选用的表现手段不同，网民的接受程度就会不同，传播的效果自然大相径庭。

当前，网站发布新闻均采用专业的新闻流程发布系统。在没有特殊需求的情况下，设计网络新闻专题时都以选用模板为主，一则节省时间，提高工作效率，突发性事件发生后行动快的网站能在 5~10 分钟就推出专题，这完全依赖于模板的标准化制作；二则选用模板能统一专题格式，形成网站风格。网站每年要完成上百个专题，少数的大型专题根据新闻内容需要单独设计专题模板，但如果大量的中小专题也都单独设计模板就会导致格式差异显著，专题风格不统一，最终会影响到网站的对外形象。

专题页面一般设计为三层，即首页层、栏目层和文本层。页面规划的重点在首页层，栏目层与文本层基本依照首页层的风格进行设计。不仅三个层级的风格要保持统一，颜色、格式要大体一致，而且专题的风格也要与网站保持一种有机的整体感。

在技术人员把制作好的专题交到编辑手中时，专题还是个半成品，因为这个时候，专题只有样式，内容还是一片空白，等待着编辑去添加、填充。编辑制作专题包括添加内容、调整栏目和设置互动。添加内容包括添加往期相关新闻、相关专题、相关链接、背景资料、历史资料以及为专题原创的新闻报道、专家学者约稿等独家内容。调整栏目有两种情况：一是专题推出之前的调整，这是指由编辑根据专题制作的情况，总体协调栏目的位置和板块的设置，以及为专题的色调平衡、页面均衡度做出的调整；二是专题推出之后的调整，主要是指局部的微调，以不动页面框架结构为原则。设置互动则主要包括设置调查题和开通留言板。调查题可以是一个，也可以是多个；留言板即为专题设置留言板，将专题新闻的所有留言集中在一个页面上，既便于网民浏览，也能给网站提供全面的反馈信息。

维护专题是指在专题推出之后，为保证专题内容的新鲜度、突出专题的价值而进行的日常维护、更新工作。大型专题的维护更新随着新闻事件的发展分为前奏期、高潮期和衰退期。专题前奏期的新闻更新重点在于及时收录，不要将重要新闻遗漏在专题之外，难点是新闻量比较少，需要编辑花时间去收集此类新闻。专题维护高潮期指不仅要做到及时更新，完整收录与事件相关的最新动态报道、图片和音视频，还要根据事件进展对已有的新闻内容进行梳理、分析，适时策划一些整合性的原创内容，在动态新闻之外增加深度报道。专题维护衰退期是指不仅报道量骤减，而且编辑已产生疲惫感，观众也有了疲劳感，但从专题的完整性和服务于历史的角度来看，后期的新闻更新是反映整个事件过程必不可少的一环，也需要编辑将相关新闻及时收录到专题之中。

第三节　网络互动编辑与管理

【知识要点】

　　了解和掌握新闻留言板、网络调查、网络论坛、微博的编辑与管理知识。

　　网络互动，是指处在信息传递两端的行为主体（个人或组织），借助于网络符号及其意义实现的相互联系、相互影响、相互作用的动态信息交流过程和方式。互动是网络传播的本质特征，不仅仅对网络与外部世界产生作用，而且使网络内部，网络与网络之间，网络与用户之间，用户与用户之间发生关系——网际关系。

　　在网际关系的动态发展过程中，以互动为基础的网络社会关系逐渐形成，进而出现了网络媒体、网络组织和网络社区等，比如即时通信中的群组、博客中的圈子、SNS 中的班级等，这些群体或组织有些是虚拟的，有些是真实社会关系在网络环境下的再现。

　　网络互动的方式多达十几种，但大多数的网络互动如电子邮件、即时通信、SNS、互动问答平台、博客、贴吧等都是以个人为主导的，私有性超过公共性，缺少明显的媒体组织特征。由网络媒体主导并进行组织、编辑的网络互动主要有新闻留言板、网络调查、论坛和微博。

一、新闻留言板的编辑与管理

如图 9-1 所示，留言板类似于论坛，都是基于 UGC（用户原创上传内容）的互动模式，有所不同的是：留言板的针对性更强，直接对某一新闻或专题跟帖、反馈，可看作一种"命题式"的互动；论坛则不受话题限制，完全是一种自由发言的"讲坛"模式。

留言板的组织与编辑包括以下五项内容：设置留言板、审核留言、回复留言、编辑留言和发布留言。从网络新闻发布的技术角度来看，每一条网络新闻、每一个网络专题都可以设置留言板，留言板的位置可以任意选择。但是，是否设置新闻留言板则需要根据新闻话题的热度、敏感度和社会影响力以及其他相关要求来确定。因为网络新闻的文本层一般都会带有大量广告，所以放置留言板的位置一般应在页面的下部、靠近文章结尾的区域，如果留言板设置的位置与新闻距离太远，操作上就会很不便利，不利于网民留言。

审核留言是留言板编辑与管理中极其重要的一环。对于留言的审核，一般分为两种情况，如果网站留言板的审核机制是先审后发，那么需要编辑定时审核留言，以保证留言能够快速、及时地发布出去；如果审核机制是先发后审，那么编辑需要对已发布的留言没有遗漏地进行审核。审核留言一方面是对留言内容的过滤、管理，另一方面也是对留言的筛选过程，回复留言是网络媒体与网民直接互动的一种表现。原则上，编辑需要对每条有质询的留言进行回复答疑，但由于网络留言量大、内容庞杂，编辑无法做到对每条留言都回复。因此，在实际工作中，编辑可以有选择地进行回复，对部分留言特别是咨询型、质疑型的留言，编辑应及时给予回复。对于某些反映各部门工作问题、舆论监督类的留言，编辑可以将留言转至相关部门，并将相关部门的回复及时发布。

编辑发布留言的对象有两类：一类是经过审核、筛选的留言；另一类是对留言的回复，尤其是获得有关部门回复的舆论监督类留言。编辑的工作包括三个方面。第一，对文字、标点进行修改。大多数网民的留言是随性而发的，难免出现基本的文字错误，因此要对留言进行第一道"把关"。第二，对全部留言进行整纳分类。一般情况下，大部分网民是就某一方面发表只言片语的评论，内容相对简短，陈述的观点比较单一。编辑要对网民的评论性留言进行分类归纳，尤其是网民留言都没有标题，编辑应针对每一类评论做出概括性标

热评论

koudelka 2小时前　　　　　　　　　　　　　　　👍 114 | 回复 | 举报

哀悼！我们创造新的更大的业绩是对老先生们驾鹤西去最好的吊慰！

澎湃网友fM3Efq 1小时前　　　　　　　　　　　　　👍 46 | 回复 | 举报

先生之风，山高水长

幸福终于找到了我 1小时前　　　　　　　　　　　　👍 35 | 回复 | 举报

一个时代结束了，吾辈自强！

bababababbababab 1小时前　　　　　　　　　　　👍 27 | 回复 | 举报

魂去兮，大师，夯尽一生、探究历史之谜。此去一路，山高水长。生死无尽，天堂婉在近鲜；一生股肱，古今变通途，愿天堂里，与我中华诸位先祖，共畅太史公之未竟事业。

帆布鞋不黑 1小时前　　　　　　　　　　　　　　👍 22 | 回复 | 举报

致敬

热评论

弗雷姆flame 4小时前　　　　　　　　　　　　　👍 99 | 回复 | 举报

胸怀千秋伟业，恰是百年风华

集须再论返 4小时前　　　　　　　　　　　　　　👍 78 | 回复 | 举报

百年奋斗史，启航新征程。伟大的中国共产党万岁！

仙人掌 4小时前　　　　　　　　　　　　　　　　👍 65 | 回复 | 举报

百年华诞，砥砺前行！

感受时代脉搏 4小时前　　　　　　　　　　　　　👍 55 | 回复 | 举报

百年奋斗路，为民谋幸福。

小龙马殿下 4小时前　　　　　　　　　　　　　　👍 42 | 回复 | 举报

中国共产党万岁！！

图9-1 一般性新闻留言板页面截图

题，以此引导网民浏览留言。第三，对回复性留言做突出处理。在有关部门对留言做出书面或其他方式回复后，编辑应精编回复内容，并在网页上予以突出，与网民留言形成呼应，使网络媒体发挥互动的桥梁和平台作用。

发布留言与单条新闻发布基本一致，可以单独成篇，可以链接出原新闻或制作新闻摘要发布，可以编辑到专题中。新闻留言是网民对热点新闻的直接评述和意见表达，因此，网络媒体在发布留言方面还可以与传统媒体合作，将网民留言的精华内容摘出来，进行选择性发布。特别是有传统媒体背景的新闻网站，通过报网互动、台网互动来提升留言的价值，向传统媒体的受众辐射。

二、网络调查的编辑与管理

网络调查的发起者可以是任何一个个人、企业、组织或团体，调查的内容也是多种多样的，例如服务反馈调查、舆情调查、生活消费调查、企业口碑调查等。网络新媒体组织的网络调查一般分为两类：受众情况调查和受众意见调查。前者是网络媒体测量用户、了解网民状况的一种手段；后者是网络新闻报道的手段之一。新闻事件，尤其是重大新闻事件发生之后，网络媒体可以通过网络调查快速掌握网民对该事件的意见与态度，了解网络舆论的风向，同时也可以将网络调查的结果作为新闻报道的一手资源，丰富新闻报道的形式。因此，受众意见调查又称为网络新闻调查。

与传统调查类似，网络调查也有一套有序的组织与编辑流程，包括设置调查、设计问卷、调查数据处理和调查结果的发布。设置调查即选择调查话题，网络媒体要根据新闻事件、社会热点、网民关注点和政治经济时局对话题进行选择。设计问卷是网络调查的重点环节，设计问卷的水准直接关系到调查结果和调查质量。一般而言，问卷由前言、主体和结语三部分组成。问卷的前言是对调查的目的及有关事项的说明，主要作用是引起被调查者的重视和兴趣，争取他们的支持与合作；问卷的主体包括调查的问题、回答的方式及需要说明的其他内容；问卷的结语可以是表达对被调查对象的感谢，也可以是征询调查对象对问卷设计及调查本身的建议或意见，有些时候也可以没有结语。

在线调查会占用被调查者的上网时间，网民参与的方式又会受到技术制约，因此网络调查的问卷设计一般比较简单，以封闭式回答为主，将问题可能的几种主要答案选项列出，由参与调查的网民从中选取一项或多项。这种调查问卷的方式有利于被调查者正确理解问题和回答问题，提高问卷的回复率和有效率，也便于对回答结果进行统计与定量分析，有利于询问一些敏感问题。这种调查方式的不利之处在于问题设计比较困难，回答方式比较机械，调查问卷的质量不容易得到保证。

在适当的时候，网络调查也可以采用开放式问题，即对问题不提供具体备选答案，由被调查对象自由填写。如上述调查题中的"其他，有话要说"就是用超链接的方式引导网民到留言板发表意见。这种方式灵活性强、适应性强，但回答的标准化程度低，并且问卷的回复率、有效率以及统计方面会有麻烦。

由于网络调查一般采用一套单独的调查软件，都附带有数据处理的功能，因此在调查数据处理上，网络调查和传统纸质调查相比减少了数据输入的环节，同时网络调查还可以直接处理问卷数据并且自动生成简单的调查结果。编辑可以将调查结果与新闻报道相结合，运用到新闻报道中，或者据此做进一步的分析，形成专门的调查分析报告。

问卷调查结果的发布有三种方式，一是制作出可视图发布，二是转换成文字发布，三是可视图与文字结合发布。

发布调查结果的同时，还可以链接与调查相关的新闻报道、评论，一方面能够使调查结果丰富多样，另一方面可以帮助网民理解调查问卷设计的意义以及加深对调查结果的认识。

三、网络论坛的编辑和管理

网络论坛的主要特性表现在以下几个方面：

①交互性强。网络新闻论坛囊括了一对一的人际传播、一对多的大众传播和多对多的群体传播等多种传播方式，以及同步与异步传播。

②反馈及时，参与者彼此交流便利。在网络新闻论坛上，网民从发帖上传到得到其他网友的回应、反馈几乎是在瞬间，有利于论坛参与者彼此间的交流沟通。

③话题分散，讨论各种社会问题。无论是有主题还是无主题的网站论坛，无论是设置议题还是不设置议题的网站论坛，论坛参与者并不受影响和控制，而是不断有自己发起的、形形色色的社会话题。

④观点多元，丰富多彩。由于论坛参与者构成复杂，经常会出现"一个事件多种声音，一个事实多种理解，一个人物多种看法，一个陈述多种角度"的局面，在论坛中呈现出丰富多彩的观点。

⑤评论和发表意见比较随意。由于网络的开放性、自由性和虚拟性，网民在论坛发言时一般比较随意，网络语言、书面语言和口语化语言夹杂使用，缺少规范和约束。

⑥热点话题频繁出现。网民经常自发地炒热某个话题，话题通常没有规律性，从社会事件到天文地理都有可能成为下一个热点话题。

网络论坛的编辑与管理的基础性工作包括帖文编辑和设置性的舆论引导。论坛的内容基本来自参与交流与讨论的网民，用户创造内容决定了论坛的编辑与管理工作主要在于审看帖文、选择帖文和编辑帖文。同时，论坛是网络舆论形成的重要场所，面对形形色色的广大网民，编辑还需要做必要的话题设置、主题讨论、嘉宾访谈等舆论引导工作。

审看帖文是根据网站制定的论坛审稿原则和标准，对网民在论坛上的发言和讨论进行审读，并决定是否通过。不同性质的网站对帖文的审核把关尺度不一，相比较而言，新闻网站的 BBS 论坛审核较为严格，商业网站的 BBS 论坛审核较为宽松，新闻时事类论坛的帖文审核严格，非新闻类专业 BBS 论坛的帖文审核宽松。编辑在审核帖文过程中遇到精彩内容可随时挑选出来。换言之，审核的过程也是选择帖文的过程。选择帖文时要多关注论坛中经常引发网民讨论的用户的帖文，关注论坛中跟帖较多的帖文以及论坛深度讨论区的帖文。

对于精选出的帖文要进行整合、编辑处理。首先，要将帖文归类，特别是综合性论坛，帖文的内容包罗万象，要分门别类地归属到相应频道。其次，要进行文本处理，按照单条新闻的要求改错，减少或增添相关内容，修改帖文标题，对于内容或格式影响用户正常浏览的帖文，还需要进行技术性的调整。最后，要将精彩帖文推荐到网站频道主页和论坛显著位置，以此吸引更多的网民浏览。

话题设置是论坛加强舆论引导的手段之一，话题设置的手段包括：通过对帖文特别是跟帖较多的帖文和论坛精华区的帖文置顶来设置话题；通过邀请嘉宾访谈并设定访谈主题来设置话题；通过组织论坛网民讨论版主确定的议题来设置话题；通过网络热词、关键词来设置话题。此外，还可以将热门帖文推荐至重要位置、显著位置，加红、加粗或者用其他标识符号来设置话题。

论坛的交流方式有两种：一种是自由发帖式的开放交流，另一种是嘉宾访谈式的半开放交流。对于前者，论坛主持人可以在网民自由交流之外，针对社会热点和舆论焦点选择一些话题，组织网民展开讨论，自己也可以参与到讨论中发表看法，或者推荐与讨论主题相关的文章、资料作为话题讨论的背景资料，同时还要掌控讨论的氛围和尺度，确保舆论引导的方向不偏离。对于后者，论坛主持人可以在重大事件、突发事件发生时约请专家、学者或某一方面权威人士到论坛与网民交流。这种方式，既能对热点问题进行解读，经过观点碰撞达成共识，又能避免偏离论坛主题，具有较强的舆论引导性。

论坛是网民意见的发源地和集散地。据笔者统计，2009 年 77 件重大公共突发事件中，有 23 件是在网络论坛上率先被曝光的。从 2003 年的"孙志刚案"开始，一连串的热点话题如"黑龙江宝马案""重庆钉子户事件""山西

'黑砖窑'事件""华南虎照片案""罗彩霞冒名顶替案"等，都因网络论坛的参与、推动而出现了意想不到的结果。因此，论坛编辑的另一项重要的工作就是依托论坛的热点帖文和热度讨论来收集舆情，反映舆论动向，可以从点击浏览较多的帖文、跟帖较多的帖文、热门帖文的排行榜和跟帖排行榜等几个观测对象来总结一段时期的网络舆论的状况与走向。

四、微博的编辑与管理

相对于强调长篇宏论、页面设计完整以及仅限于互联网发布的博客来说，微博仅需只言片语，文字语言的门槛降低了，用户可以随时记录下自己的所见所闻，与他人建立分享与互动，每一位用户更易于成为多产的微博发布者。微博的页面设计简洁、明了，对用户的技术要求门槛也更低，发布微博的渠道增加了，手机、IM 软件（如 Gtalk、MSN、QQ、Skype）和外部客户端都可以发送微博。目前用户较多、最广泛使用的微博是新浪微博。

微博的编辑与管理包括编辑微博内容、设置微博话题、利用微博进行微访谈与微直播，以及对微博内容进行审核。

由于字数的限制，微博新闻不像一篇完整的报道有标题、导语和结尾。一条微博一般是碎片化新闻，主题单一，只报道一个事件、一个情境、一个观点，很容易产生新闻的断裂。因此，编辑可以依据微博的标签、关键词等将多条相同主题的微博集中，制作成一篇完整的微博新闻。在编辑微博文时，还可以考虑添加图片、视频、音乐，以补充因文字表达限制而缺损的信息，同时佐证文字的真实性，丰富报道形式，使新闻报道更直观、更形象。

微博新闻具有议程设置功能，大多数微博管理平台都有"自定义话题"或"新建话题"选项，编辑可以在热点新闻发生时主动设置话题，从而达到设置议程的效果。比如在四川茂县发生地震时，新浪微博不仅设置了"四川茂县救援"的话题，而且将其放置到了"1小时话题榜"中。在设置微博话题的同时，还可以组织网民讨论，挖掘话题的深度和广度。

网络直播是网络媒体报道的特殊表现手段之一。过去，网络直播都是在专门的直播页面上由速录员现场实录，然后由直播员逐条、逐段地发布出去，尽管能做到快速、及时，但由于是在网站内置的直播软件上完成的，互动性不强，网民的反馈、点评很难与直播内容融为一体。而直播微博化，就能强化互动，网民可以通过与手机、QQ 等绑定的微博观看直播、发表评论。目前，许多微博都与直播平台直接挂钩，最出名的是与新浪微博相关联的直播平台"一直播"。

审核微博内容与审核留言、论坛帖文一样，需要制定相应的制度条例、微博文章审核办法、技术过滤等多重管理手段。根据北京市制定的《北京市微博客发展管理若干规定》，要求"任何组织或者个人注册微博客账号，制作、复制、发布、传播信息内容的，应当使用真实身份信息，不得以虚假、冒用的居民身份信息、企业注册信息、组织机构代码信息进行注册"。目前，各大微博服务商都制定了相应的管理办法，加强对微博的审核，并积极推动微博的自律。

第四节 网页语言与设计原则

【知识要点】

网页，又称 Web 页，是一个网站构成的基本单元。网页的基本元素包括内容、图形、链接、色彩、特效等元素。对于网络媒体，网页是其发布新传播信息的基本载体，类似报纸的版面。但是，网页与报纸版面截然不同，具有稳定性、跳跃性、多媒体性、灵活性和艺术性的特点。

一、网页语言的表达方式

掌握网页设计与制作的技巧，首要需要了解网页设计与制作的意义，掌握网页意义的表达手段。传统报刊通过对新闻内容的版面安排、字体字号、线条图片等版面语言的运用，传递出一定的编辑思想。网页也是如此，它可以有不同的承载方式，通过对图文、音视频、互动等内容的不同设计与安排，对位置、色彩、面积、动静与字体的选择，表现出设计思想和页面意义。

网页意义的表达由内容和形式两部分组成。内容部分主要包括新闻的选择、标题的制作和多媒体的运用。形式的部分主要包括位置、面积、色彩、动静和字体。

1. 位置

位置是传递与表达网页意义的第一手段，或者说首要手段。不同的网页位置对于吸引阅览者的注意力的差别非常大。对于传统报刊有"金边银角草肚子"之说，网页虽没有类似说法，但所有设计者都知道"首页首屏"是网页的黄金地带。网站首页是一个网站最强势的页面，也是最具网站设计风格的代表性页面，是网页设计的重中之重。由于网页的可视单位是"屏"，每个电脑屏幕的大小、尺寸与宽幅都是有限度的，网民要浏览网页只能用拖动浏览器滚动条的方式一屏一屏地去看，因此，网站的首屏是一个页面的强势地带。

当然，位置的作用并非绝对的，在其他各种手段，例如加粗、加下划线、字体改变等影响下强弱位置会发生易位。处于弱势的位置如果加上色彩、动静、字体等网页元素的配合，也可以成为强势位置，类似于报纸存在顶部过重的问题，导航条、广告、工具栏等非新闻内容占据了首屏的大部分位置，因而网站需采用加大字号、改变颜色、扩大面积等方式突出新闻板块。

2. 面积

网页设计与制作的基本方式是"切割"页面，并划分区域，区域面积大小是网页表达意义的又一重要手段。在一般情况下，面积的大小与网页表达意义的强弱成正相关性，但也必须综合考虑位置、字体、颜色等其他因素。有的时候，强势位置上较小面积的内容也会比弱势位置上较大面积的内容更加引人注目，大块面积里密密麻麻的小字内容要弱于小块区域内的特大字号内容。

网页上面积的大小是否能起到相应的作用还受制于页面均衡的原则。如果都是大块面积，也就没有强弱之分了。因此，要先突出面积的作用，就必须遵循网页均衡的原则，只有在大小对比的情况下，才能凸显出面积对于网页表达的价值。

3. 色彩

2016 年 8 月 12 日是"天津滨海新区爆炸事故"的全国哀悼日，几乎所有的网站主页在这天的颜色都转为黑白灰三色，有的网站从主页、频道首页到文本页都变了。网站用沉重的黑色无声地表达出悲伤的心情和沉痛的哀悼。

在所有网页构成元素中，色彩元素是最富情感的一种元素，也是表达意义最直接的一种手段。几乎每一个网站都有自己的主色调，设计页面时首先要考虑页面的颜色与主色调的风格统一，其次要在主色调之外采用同色系的颜色。这样才能使网站的页面颜色既有层次，又能保持整体格调一致。

不同的色彩代表不同的情感，可以用来突出表达不同的内容和意义。例如：红色有欢庆、喜悦的作用，也有警示的作用；绿色有生长、健康的作用，也有环保的作用；蓝色象征着沉稳、理智，也代表着深邃、神秘；黑色意味着庄重、严肃、沉重等。

在网页设计与制作中，网站的颜色是较难把握的一种表达方式，也是最需慎重使用的一种表达网页意义的手段方式。网页颜色讲究均衡、协调，过多、过密地频繁使用，非但起不到预想的作用，还会过犹不及，影响页面的整体观感与视觉效果。

4. 动静

大多数的网页都以静态的文字和图片呈现内容，但如果在静止的网页上增加动态内容，那么这些动态内容就自然会吸引浏览者的注意力。网页上常见的动态表达方式有：内嵌在网页上的 Gif、Flash 动画，独立悬浮在网页上的图片，随页面一起打开的弹出窗口等。如果能够根据页面内容需要和宣传报道需要科学、合理、均衡地使用网络动态表达方式，会起到事半功倍的传播效果。但对于网页动静内容的安排，需要更多地考虑用户的视觉效果。

用动静手段表达网页意义要注意两点。第一，要动静相宜，发布位置、出现时间与表现形式应综合全面考虑，一屏页面上运动的图片或板块不宜超过三个，同一时间内不宜出现两个以上"大幅运动"的内容。最忌讳"满目动感"，这非但不能分清主次、突出内容，还会减慢网民打开网页的速度。第二，目前大多数网站把具有强烈表现效果的运动手段给了各类广告，比如按钮广告、富媒体广告、漂移广告和弹窗广告，而一些安全软件又将这类用 Flash 制作的动态图屏蔽了，以致用运动来强调效果的意图无法实现，因此，在设计动态图像来表达网页意义时要考虑如何不被屏蔽的问题。

5. 字体

字体的变化也是影响意义表达的一种手段。宋体沉稳，楷体秀气，黑体庄重，隶书文雅，不同的字体能表达不同的思想和文化。目前，网页浏览器能够支持显示的字体尚属少数，仅有寥寥数种，因此，利用字体表达网页意义的作用有限，不过，可以将文字制作成图片，图片相对文字更能引起受众兴趣。

二、网页设计的原则、技术要求与制作技巧

网页是网络技术、图像制作技术和美学、艺术相结合的产物，网页设计与制作有其基本的布局原则，同时也有技术方面的要求和一定的设计技巧。

1. 网页设计的原则

（1）主次分明，突出中心

这是网页设计的首要原则。形式是更好地为内容服务的，网页版面的设计也应遵循这个原则，做到区分主次，并有目的地采用各种手段（如色彩、位置、大小、字体等）突出主要的部分。例如，新闻网站以新闻发布为主要功能，因而在设计网页时要突出新闻内容，其他内容次之；综合门户网站内容庞大繁杂，但每个门户网站都具备自己的核心竞争力，以最核心的内容为网页设计的重点；Web 2.0 网站以用户为主，网页上要突出一个个用户的图像和信息；商务网站则应围绕商务信息设计布局网页。总之，网页设计主次分明，既

指通过页面布局清晰显示网站的主体业务，也包括具体设计运用网页表达手段突出重点内容。

（2）层次清楚，逻辑性强

尽管有多种网页形态，但无论选用哪种网页布局方式，都要做到板块清晰、逻辑结构合理，将具有某些共同特点的内容、栏目，依照一定的逻辑关系或编排组合，或有序区隔，形成条理清楚的分区，便于用户浏览和信息查找。页面的板块区隔，可以借助点、线、面、颜色、色块甚至广告来加以区分。

（3）合理搭配，大小适当

搭配平衡、合理是网页设计的重要原则，也是网页设计的难点。网络空间的页面元素是共享的，一般不要单独放大某个元素。搭配平衡包括文图搭配颜色搭配、栏目搭配、面积搭配、动静搭配、标题长短搭配等。达·芬奇说："完全的美感是建立在各部分之间的神圣的比例关系上的。"搭配的艺术就是寻求各种关系的比例及最完美的平衡。

（4）图文并茂，动静结合

页面中除了内容外，应当适当搭配几种元素，避免单调。图、文、表格，若适当搭配，会使页面显得丰富而不单调。

还要把握好网页上动静信息的搭配，有时需要强化"动"，加强冲击力，吸引读者的注意；而有时需要强化"静"，以免干扰文字、图表对信息的传递。总之，应根据如何能吸引客户、如何能更好地向读者传达信息的标准来确定动和静在页面中所占的比例。

（5）风格相同，连贯前后

一般而言，网站中众多网页的风格要一致、连贯。比如主色调、页面版式等应该风格一致。一些页面元素（比如导航条）的位置应该有相对的固定性，以免读者链接到另外的网页后有"不知所措"之感。

（6）展现新鲜、新颖和个性

在网络世界中，个性、新颖和新鲜是值得重视的一个方面。新鲜的、有个性的设计无疑可以吸引读者的注意力和好奇心，给读者留下较深刻的印象。

（7）坚持形式为内容服务的原则

网页设计是一门综合艺术，是表现内容的一种手段，因此，网页设计无论有怎样的流派、类型、有多么前沿的图像、图形技术，设计出的页面如果只有美学欣赏效果而不能升华内容，形式喧宾夺主，或掩盖了内容的价值，那么一切的设计都将徒劳无功。形式服务于内容，就是要通过页面设计让原本平淡的内容出彩，让原本被湮没的内容光彩夺目。

2. 网页设计的技术要求

（1）控制网页文件的大小

网页页面文件的大小与页面传输、下载和显示之间具有正相关关系，网页页面文件越小，网页打开速度越快，反之则越慢。尽管当今网络用户的带宽较过去有了很大的改善，但当今网页内容也比过去丰富、庞杂，因此网络编辑要控制页面文件的大小，以保证用户在 2～5 秒能看到网页的全部或部分内容。根据 ALEXA（互联网公司）网站的统计显示，新浪网页面的评价加载时间为 2.82 秒，腾讯网为 2.528 秒，搜狐为 2.673 秒，Google 为 1.579 秒。

控制网页文件大小最重要的是调整、控制页面上图片的大小。一张 15k 的图片可能只有邮票那么大，但其文件大小相当于 7500 个汉字，因此为了提高页面的传输显示效果和效率，页面上的图片总量不宜过大，同时，单张图片的文件也不宜过大。一些内嵌过大图片的网页往往会在下载时发生"梗阻"，即所有文件都下载完了，图片还迟迟不能显示。此外，图片、Flash 动漫也不宜集中在一个 HTML TABLE 中，那样也会造成文件过大、难以打开的局面。

（2）导航路径明晰合理

如今的网站内容愈加丰富，层级越来越多，用户进入网站就如同进入了迷魂阵，因此，在网页设计上应特别要求导航的路径清晰、逻辑层次明了，尤其是导航条和路径条的超链接一定要准确无误，大的门户网站或商务网站应该制作方便用户的网站地图，尽量减少层级，让用户能直达目标层。有些网站为了提高新闻访问量，采用嵌套、点新闻进频道、进专题的方式，让用户掉进技术陷阱，应该引起注意。

3. 网页设计的制作技巧

（1）元素的分散

网页中有很多组成元素，对于不同的网站和网页，这些元素的种类、数量、位置等会不同，但网页设计有一个规则：不要在同一个页面上使用太多好看的元素，否则会影响用户的注意力。抢眼的颜色、3D 效果、漂亮的图标和按钮可以给页面增加一些闪光点，给人一种高品质的享受。但是，如果用滥了，就会产生一种叠加效应，使页面变得混乱，使用户变得迷惑。同时，又要做到用设计语言将焦点引导到正确的内容上，将最重要的内容带到最前面，从而避免用户分散注意力。

（2）适当的留白

"留白"一词在这里往往容易被误解为字面解释的空白，在网页设计里较为准确的描述则是网页各个板块元素之间的空间范围。现在网站的首页尤其是首屏都是寸土寸金，一点点的空间都被挤占满了，然而留白对于网页设计非常重要，留白使页面中各个元素不堆积在一起，给页面留出足够的"呼吸空间"。如果实在需要放置更多的内容，可以采用类似图片轮显的方式，尽量在最小的面积内传递最大量的信息而不是将空间占满。

（3）善用白色和灰色

白色因其明度最高，无色相，明亮干净，畅快、朴素，永恒无暇，在自然界象征着极致的纯净与贞洁。白色优雅、平和而简单，没有强烈的个性，因而网站设计中白色具有高级感、科技感，是永远流行的主色调，轻快的白色可以给人很好的轻盈动感，运用恰当的话，可以让其他线色及充色显现出其深度、明度和饱和度的不同，通过对比让其亮色更加明快、专注和舒适。利用白色作为设计页面的主色调，需要编辑掌握一些小技巧，例如：让链接更容易识别，使用浅色或亮色；减少杂乱广告图片的堆放；不要使用字号过小的字体，避免页面看上去琐碎，避免使观众疲劳等。

灰色容易让人联想到智商与脑力。它不像黑色那么鲜明，也不像纯白那样苍白无力，灰色是黑色与白色的过渡，是几近完美的补色。灰色可以和任何色彩搭配，因为其中立性，它常常作为背景页面的颜色，以便让其他色彩突出。使用浅灰色替代白色或者用暗灰色替代黑色，能够赋予网页与众不同的高雅之感。灰色也是极简主义类型网站设计的首选色彩，这类网站一般会选用浅灰色作为背景主色，然后选用深灰色作为主要的字体颜色。

（4）网页设计从做加法到做减法

一般认为网页设计是在不停地"做加法"，从第一个像素开始，就不断地添加各种元素、手段进行创造，力求搭配建造出最完美的设计作品。但是，在一个网页设计将要完成之时，更需要考虑的是"做减法"，反复考量每一个必要元素的存在价值，力图使页面更趋于简约，画面更加通透大气，空间视觉元素不多不少，但刚好显得很丰富。

（5）注重网页所涵盖的细节

我们无法逐一说出一个网站页面所涵盖的所有细节，但每一个细节都是网页设计的关键。比如颜色的渐变，网站的色彩一般都会很丰富，合理的渐变与背景和谐搭配在视觉上会产生特效，但如果滥用渐变，就会让人感觉色彩过多、杂乱无章。再如网站的页面切割，前卫的网站设计都会考虑黄金分割律，但如果一味追求黄金分割律而不考虑内容的适用性，效果会适得其反。

（6）协调页面、内容与广告的关系

广告是一个网站特殊而必不可少的业务内容，那些以广告为主营业务的网站，网站的编辑在网页设计上必须挖空心思，一方面要考虑发布广告的数量，分配广告位，确定发布形式；另一方面要考虑不能因广告过多、形式复杂而与内容产生冲突，以致浏览者认知混乱，分不清什么是新闻、什么是广告。高明的网页设计是使广告内容与新闻内容协调一致，特别是广告的色彩、字体与周边的内容要搭配合理，不让用户对广告产生反感。

（7）大胆创新网页

网页设计没有必须遵守的规矩，随着网络技术的进步，以及图形、图像设计技术的进步，网页有自由的创新空间。因此网页设计者不应该受到任何束缚，可以充分发挥主观能动性，融合传统印刷媒体和电子媒体的性能，在网页设计上探索和设计不同风格、不同样式的网页。

第五节 网络新闻稿件的判断与选择

【知识要点】

了解网络新闻稿件多源的渠道、归因，了解网络新闻选稿流程、判断准则与稿件的选择标准。

一、网络新闻稿件多源的渠道

1. 新闻稿件的来源

网络媒体的新闻稿件主要来自五个方面。随着网络媒体的发展变化，每个新闻板块在整个稿件构成中所占的比重正逐渐发生着变化。总的来说，变化分为五个方面。

（1）转载传统媒体的新闻

报纸类以转载各级党报、行业报以及都市报的新闻资讯为主；期刊类以市场化的、立足新闻报道的杂志为主，少量转载学术性期刊的文章；电视类以中央电视台和各省级卫视的新闻性和专题性节目为主；广播类以各级广播电台的新闻节目为主。从转载传统媒体的内容来看，文字、图片类是转载重点，音频和视频都比较有限。目前报纸有 1900 多种，期刊有 9000 多种，电台、电视台有 400 多家，报刊为网络媒体提供了大量有品质的、规范的文字、图片内容，音视频内容提供更多的是在线同步收听、收看。

（2）网络媒体原创的新闻内容

网络媒体原创的新闻内容包括网站编辑自己采写的稿件和有传统媒体背景

的网站的母媒体的记者提供的稿件，翻译外电外刊的新闻，针对海量新闻编辑整合后的策划或报道，约请专家学者、社会知名人士进行文字或视频访谈后整理出的内容，在网站设置在线调查后根据调查结果写出的调查分析成报告，针对新闻发布会或重大事件进行图文与音视频直播的内容，相关机构或企业专为网站提供并授权发布的稿件，网站就某一问题或事件特别约请相关人员撰写的文章。目前已经对部分新闻网站的记者发放记者证，这些新闻网站包括新华网、人民网、中国经济网、中国日报网、中国国际广播电视网络台、中国网络电视台等中央级网站。商业网站在非时政新闻如体育、娱乐、健康、生活、科技等领域也在进行着原创采集。

（3）用户创造的内容

UGC 全称为 User Generated Content，也就是用户生成内容，即网民原创。网络的技术门槛很低，发布的渠道多样化，不仅包括 PC 电脑、手机、平板电脑及其他手持终端，甚至还包括一些具备了同步即时传输功能的相机，因此网民很容易通过各种互动应用工具如博客、播客、微博、论坛、贴吧、留言板、问答等，同步或异步快速、便捷地发送文字、图片、视频信息和资讯。

（4）来自党政机关和社会机构的稿源

国家信息化工程推动了各级政府、国家部委和地方厅局的电子政务建设。电子政务的功能之一就是通过政府网站及时发布、公告相关资讯。这类新闻信息权威、准确、专业，与政经、民生、百姓社会生活息息相关，正在成为网络媒体的新闻来源。例如在 2012 年"中日钓鱼岛争端事件"中，我国外交部通过官方网站从 9 月 3 日到 28 日连续发出 20 条"外交部发言人洪磊例行记者会"新闻，及时、准确、权威，其网站也成为这一时期最受关注的网站和其他网络媒体关于钓鱼岛事件的主要新闻源。

（5）来自行业及企业网站的稿源

各行各业、各类大中小型企业都逐渐创建了自己的网站、微博账户或微信公众号，官方网站、官方微博和微信公众号已成为它们新型的、自主的媒体平台，在上面发布的内容既及时、准确、权威，又没有信息损耗，也不易产生误解和歧义，因而也成为网络媒体的新闻源之一。

以上五个方面得来的新闻稿件品质不同、数量不同，在整体构成中的比重也在变化，因而对网络编辑的选稿也提出了不同的要求。从品质上看，第一、第二、第四类新闻来源准确、真实、权威、可信度高，可以信赖，可以较为放心地选稿；第三类来自网民的内容庞杂多样、良莠不齐，需要慎重选择、多加辨识；来自行业、企业的内容一般也可以信赖，但需要辨识哪些是新闻，哪些是软文，哪些是广告。从数量上看，第一、第三类新闻来源是目前网络内容构成的主体，是编辑选稿的主要对象，特别是第三类的数量越来越多，增加了编辑选稿的难度，但如果选择适度、恰当，则会提升网络媒体对用户的黏度。

随着网络媒体越来越重视原创性，党政机关、社会团体及行业企业越来越重视新媒体发布渠道，网络新闻的构成比例将发生变化，第二、第四、第五类新闻来源会逐渐呈增长趋势。这就要求网络编辑在选稿时要重视多选取原创新闻，多关注政府网站、企业网站，及时从上述来源选择稿件。

2. 网络新闻稿件多源的归因

自诞生以来，网络媒体就是一个集新闻、信息于一体的聚合平台，但早期整合的都是传统媒体的内容，还不能算是稿件多源。今天这样一种庞杂、海量、无序的网络新闻现状的出现，是多方面因素共同作用的结果。同时，这种多源的状况对于网络新闻编辑而言是一把双刃剑，既有积极的影响又有消极的影响。

网络新闻稿件多源的成因主要有四个方面。

（1）历史成因

1995 年《神州学人》杂志电子版的诞生，标志着中国网络媒体的出现。但直到 2000 年我国才出台《互联网站从事登载新闻业务管理暂行规定》。在此之前，商业网站相继创建，在网络新闻管理无法可依、无序竞争的环境下，商业网站由于没有新闻来源，率先采取集纳、整合传统媒体新闻的做法，造成了今天网络信息整合各方内容的现实。

（2）技术成因

从互联网的发展历史来看，技术手段是网络媒体成长的基因，每一次的技术进步都会创造条件以降低网络运用的门槛，让用户便捷地进入互联网，高效地使用互联网。从 Web 1.0 到 Web 2.0，从博客、播客到 SNS、微博，用户在互联网上发布的文字、图片和视频等内容的便利性、快捷性远远高于在传统媒体上发布同样的内容。可以说，技术为用户自创造内容打开了一扇窗。

（3）社会成因

当前社会正处于转型期，各方利益冲突不断，矛盾问题重重，如房价问题、拆迁问题、医改问题、教育问题、社会贫富差距加大问题、社会价值体系遭遇危机问题等，这些问题让现实生活中的民众困惑、迷茫、愤懑，这些民众需要倾诉、表达，需要一个倾吐心情的场所，需要一个表达意见的渠道。因此，各方人士都在借助互联网发表各种形式的内容，造就了网络海量而又碎片化的信息。

（4）媒体成因

当所有网络媒体都采用整合多方新闻的模式时，互联网上就不可避免地出现"千网一面"的尴尬了。因此，网络媒体需要摒弃同质化，追求差异化，打造原创特色内容，从而吸引用户、留住用户。这是网络媒体自身发展需要带来的。

以上四个方面的因素共同造成了网络新闻多源的现状，也深刻地影响到网络新闻编辑及其选稿的方向。一方面，来自四面八方的新闻和资讯丰富网络媒体的报道内容，平衡网络媒体的观点，活跃网络用户的互动内容，推动网络技术的创新，为编辑选稿提供更多的选择，也在一定程度上帮助编辑对稿件价值进行判断，与网民形成强力互动。另一方面，海量信息造成了网络内容过剩，干扰了网民及时、快速、准确地获取有价值的信息，良莠不齐的内容加重了编辑审核、把关的负担。此外，多源观点产生的舆论很容易混淆视听，引发社会震荡。

二、网络新闻选稿流程与判断准则

1. 网络新闻的选稿流程

网络新闻选稿有两个过程：第一个过程是从上述五类稿源里一般性地选择稿件，第二个过程是从已进入本网站稿库的稿件中选择重要稿件发布到频道首页、新闻中心首页或网站首页上。网络新闻选稿有两种方式：第一种方式是人工手动选择，第二种方式是机器自动抓取。

第一个过程被称为选取，也就是平时提及最多的 CP（copy-paste）。在网络媒体建设早期，网络编辑没有相应的技术支持，只能采用手工方式选稿。现在一些网络媒体已经开始借助抓取软件自动从各供稿源抓取新闻到稿库。在抓取前网络编辑设置抓取时间、关键词，标识被抓取的网站等，综合性门户网站基本隔 5~10 分钟就抓取一次，只要被选对象有新闻更新，抓取软件都能即时发现并抓取到本网站，然后自动配置到各相关频道。网站还可以设置专门的初稿编辑部，由初级编辑或助理编辑负责本网站所有稿件的初选，并将初选的稿件归类到不同的频道。

但是，网站不能完全依赖于自动抓取，虽然自动抓取效率高，但准确度低，有时还可能遗漏重大新闻。大多数网站采取的是自动抓取与人工选取相结合的方式，用自动抓取保证新闻的量、新闻的及时更新，以及对其他网站的监看，用人工手动选取保证新闻的质，因为人脑的判断终究要强于机器的简单判断，选取后的稿件与网站的标准比较一致，采用率也较高。

第二个过程是推荐，是一次高级选择的过程。互联网能够存储海量信息，但不是每条新闻都能被网民浏览到，因为承载重要新闻的空间是有限的，网民的视线也是相对集中的，要想让一些重要的、有价值的、涉及相关话题的新闻被网民第一时间看到，就需要对入库稿件进行有选择的编排和发布。按一个网站每天转载传统媒体 3000 条稿件计算，能发到首页的不到 10%。网站编辑要从 3000 条稿件中选出 300 条，就需要网络编辑根据新闻规律、网络传播规律和网站自身的要求等对稿件进行选择、推荐。编辑有权决定选择什么样的稿件，稿件是放到网站首页上还是新闻首页上、是放在频道中还是放在滚动新闻中，稿件以什么形式出现，稿件在各级页面上该放置多长时间等。这一推荐过程也被认为是网络媒体议程设置的过程。

2. 网络新闻的判断准则

无论是第一次选稿的选取，还是第二次选稿的推荐，网络媒体都需要建立一套自己的稿件判断标准和价值评判原则，制定网络媒体选稿的基本准则和要求。这涉及国家制度法规、新闻价值规律、网络媒体传播规律以及网站自身要求这四个方面。

（1）根据国家法律、法规准则判断网络新闻

国务院新闻办公室、信息产业部 2017 年 9 月 19 日联合发布《互联网新闻信息服务管理规定》，其中规定，互联网新闻信息服务单位登载、发送的新闻信息或者提供的时政类电子公告务，不得含有下列内容：违反宪法确定的基本原则的；散布谣言，扰乱社会秩序，破坏社会稳定的；侮辱或者诽谤他人，侵害他人合法权益的；以非法民间组织名义活动的。

根据国家法律、法规准则判断网络新闻是新闻编辑选稿的根本原则，是不容突破的"红线"。任何一篇文章、稿件中出现有危害党、国家和人民利益，涉及煽动、诽谤、侮辱、泄密、造谣、教唆、传播淫秽、侵犯隐私权等内容的，网络编辑都要毫不犹豫地予以剔除，否则将会带来严重的后果。2009 年新疆"7·5事件"发生后，国内有网站因选择了违反上述根本原则的稿件，以及没有严格审核来自网民的稿件而被关闭。

面对众多稿源时，编辑要根据这一原则严格把关，慎重判断筛选，特别是要严格审看来自网民的内容，因为网民的写作没有经过专业的训练，没有受到条条框框的约束，对于国家政策、法规也不是很了解，容易出现一些不该出现的问题。

（2）根据新闻价值判断网络新闻

网络新闻稿件的本质首先是新闻稿件，因此必须首先遵循新闻价值规律，

根据新闻价值要素来判断稿件。

判断新闻价值是选择和衡量新闻事实的客观标准，即事实本身所具有的足以构成新闻的要素总和。新闻价值要素包括时新性、重要性、接近性、显著性和趣味性。新闻的要素越丰富，新闻的价值就越大。

（3）根据网络传播规律判断网络新闻

网络新闻具有快速、海量、互动、多媒体等特点，因此在选择网络新闻时要遵循新闻传播的规律，突出真实性、时效性、权威性、多元性、多媒体性和实用性。

（4）根据网站自身要求判断网络新闻

目前，具有登载、转载新闻资质的网站大致分为两种：一种是官方新闻网站，另一种是商业网络媒体。两者的身份不同，背景不同，承担的社会责任和使命也不尽相同。而同为官方新闻网站或商业网络媒体，网站在选稿、登载、转载新闻上也有各自的目标和任务，比如中央级的重点新闻网站和省市级的地方新闻网站，在时政类新闻选稿时前者侧重于宏观的、全局的、战略的新闻报道，后者侧重于地方的、区域的、中微观的新闻报道。

以下部分摘录自国内两家网站关于选稿的规定（因为是内部资料，故不透露网站名称），从中可以看出不同网站对于稿件判断、选择都有自己的内部要求和规范。

第一家网站要求：

任何新闻信息都必须有来源（稿源）说明。

时政类新闻信息，包括有关政治、经济、军事、外交等社会公共事务的报道、评论，以及有关社会突发事件的报道、评论，原则上只能选用规定的可供网站转载的新闻单位发布的新闻信息。

在选择纸质媒体稿件时，尽量选取媒体记者、编辑采写的职务作品，控制非职务作品的数量；原则上，一个频道从一个媒体选取的非职务作品，每天不超过两篇。

未经书面许可（与其签约），不得转载任何商业网站的信息。

直接选用书籍上的信息，需获得出版社或作者书面授权，并标明来源。

不摘选网络中流传的、非正规来源的信息，如来自 MSN、QQ、论坛、博客的信息，本网站论坛、博客除外。

不摘选过时的新闻信息，除资料外，原则上只选当天和前一天的媒体报道。

不摘选非权威来源（《人民日报》、新华社、中央电视台、中央组织部的除外）关于国家党政领导人事变动的报道，不选择人事变动的预测性、精测性稿件。

慎重选择有关社会名人、精英名流的新闻报道，尽量采用中央媒体和省报的稿件。

慎重选择有关股市、汇市、期货的评论性报道。

第二家网站要求：

摸准媒体更新规律，及时捕捉新闻，选用新闻价值高，可读性强，具有知识性、实用性、趣味性的稿件。

对热点新闻注意从不同角度选稿，多方面报道，连续报道，深度分析，形成气候，但内容相同的只选一篇。

信息量除达到不漏重要新闻外，还要捕捉更多吸引人的新闻。

不得选用与中央宣传口径不一致，中伤我国，不利于祖国统一，攻击党、政府和国家领导人，违反民族、宗教、外交及其他政策，以及宣扬封建迷信、色情、暴力和明显失实、泄密的稿件，选稿时要通读全文，绝对保证无上述内容。

报纸和新华社都有的，用新华社稿。

ICP（Internet Content Provider，网络内容服务商）网站专稿慎用，其转抄稿需找到原文出处再用。

必须注意的是，在网络新闻价值判断的四项准则中，原则是**根据国家法律、法规准则判断**，不容置疑和妥协；基础是根据新闻价值规律**判断，保证网**络新闻符合新闻报道的基本规范；特色是根据网络传播规律判断，**凸显网络媒**体的独特价值；规范是根据网站自身要求判断，体现不同网站的性质和风格。

三、网络新闻稿件的选择

1. 从基本准则和要求出发选择稿件

虽然四项基本准则对网络新闻的价值提出了要求，但是在实际业务工作中，编辑很难做到在选择一篇稿件时兼顾所有的准则和要求，特别是当要求和要求之间发生冲突时，孰轻孰重，孰先孰后，如何取舍，就成为判断和选择的难点。处理好网络新闻选稿中的几对关系，掌握好网络新闻价值判断的要点，有助于网络编辑快速、准确、高效地进行筛选。

（1）处理好基本准则和要求中的几对关系

①处理好真实性与其他要求的关系。网络新闻报道对新闻的时效性要求较高，一些新闻网站为了在第一时间发布消息，往往抢发一些未经核实的消息，

这就严重影响了网络新闻的质量，损害了网站的公信力。因此，编辑在选择稿件的过程中，当真实性原则与时效、重要、趣味等其他原则发生冲突时，真实性应是第一位的。

2016 年 1 月 4 日，"澎湃新闻"发布消息称：2016 年 01 月 04 日 14 时 30 分 03 秒，江西省九江市浔阳区发生 6.9 级地震。随后，人民日报客户端、网易新闻客户端、一点资讯也纷纷开始推送这条消息。而 1 月 4 日 14：43，"澎湃新闻"发文《更正：中国地震台网称江西九江地震消息不实》。

站在时效性角度，快速、及时地转发这条新闻是必要的，但前提是这条新闻是真实的。如果这条新闻不真实或未经核实，一味为了抢时效而转发，造成的后果就会很严重。事实证明，这条新闻是谣传。如果在缺乏求证的情况下通过网络将一些传言当作新闻发出去，甚至把道听途说的消息当作事实来报道，网络就会沦为"谣言传播的工具和虚假信息泛滥的场所"。

②处理好权威性与其他要求的关系。为了提高网络新闻选稿的效率和准确性，对于同一内容的新闻稿，我们应尽量选择来自权威机构、权威媒体或权威人士的稿源，正如前文所述的第二家网站在内部选稿规定里写的那样："报纸和新华社都有的，用新华社稿。"但是，权威来源的稿件一样也要以新闻真实为基准，特别是在一些重大新闻的发布上，必要的审查、核实是不能省略的。

2009 年 1 月 20 日，中国政府发表《2008 年中国的国防》白皮书，第 14 章"军控与裁军"的第二段"核裁军"的第一句话是："中国主张所有核武器国家明确承诺全面、彻底销毁核武器，并承诺停止研发新型核武器，降低核武器在国家安全政策中的作用。"这句话被部分权威媒体错误地解读，而误读后的新闻又被网络媒体大量转载。例如：CCTV4、《北京晚报》、中国网、中国新闻网，《中国停止研发新型核武器》；人民网，《国防部：中国停止研发新型核武器》；新加坡联合早报网，《中国国防白皮书承诺停止研发新型核武》；英国 BBC，《白皮书表示，中国承诺停止研发新型核武器》。

从表面上看，出现这种误传是因为部分媒体对原文的断句出现误读，但本质上是网络编辑政治常识不足，新闻敏感性不足，编辑面对这样一条稿源过分相信权威而缺失了自己的思考：中国是不是真的宣布停止研发核武器？这符不符合中国一贯的军事政策？中国单方面宣布停止研发核武器的目的是什么？这样一条重大新闻，《人民日报》和新华社为何没有报道？

③处理好绝对时效与相对时效的关系。无论是按照新闻价值规律选稿，还是按照网络传播规律选稿，时新性、时效性都是网络新闻选稿的重要依据。能像直播体育赛事那样在第一时间选择、发布最新鲜的新闻，是一种绝对时效。

但绝对时效不是判断新闻价值的唯一维度，还要兼顾其他新闻价值，这就出现了相对时效。一般情况下，在网络新闻选稿的第一环节"选取"，要追求绝对时效；第二环节"推荐"，则要将时效性与其他要求结合，对一些时效性不高但综合价值高的新闻进行突出处理。

④处理好重要性与接近性之间的关系。一般而言，在新闻价值规律中，重要性排在接近性之前，编辑在选择、编排新闻时先考虑重要性，再考虑接近性。但是对于网络媒体，特别是地方性的网站，接近性更具有优先权重。国内已经存在四大门户网站和多家全国性的重点新闻网站，作为地方网站如果也登载全国性的重要新闻，那么将很难凸显地方网站的特色和价值，也无法吸引当地网民的浏览。在重要性和接近性之间，网站编辑选稿时要权衡比重，刊登国家大事的同时对地方性新闻予以关注，合理分配稿件的数量和顺序。

（2）掌握网络新闻选稿的要点

在网络新闻编辑选稿的过程中，除了要处理好基本准则以及若干要求之间的关系，还要以基本准则为依据，掌握网络新闻选稿的一些要点。

第一，采用"四看"方式判断稿件的真实性。

在编辑选稿过程中，新闻稿件的时新性、重要性、接近性、多元性、多媒体性、实用性等价值要素相对较好判断，难以处理的是对新闻真实性与权威性的判断。一般而言，比较可靠的判断新闻稿件真实性的方式是"四看"。

一"看"，即选择新闻稿件时要查看稿件的来源。本网站原创稿件质量比较有保障，可以直接采用；国内传统权威媒体的稿件，质量也比较高，可以转载，但需注意的是，要选择与本网站有签约协议的媒体的稿件，避免传播不必要的纠纷。在选择一般的地方小报、都市类报纸的社会新闻稿件时要谨慎，不仅要看其稿件来源还要看是媒体首发还是转发，若为转发还需要找到源头以保证稿件的质量，不能轻易使用来历不明的信息，避免传播不实新闻、虚假新闻。2016年5月5日，《中国日报》中文网转载一则消息《范冰冰母女共侍大佬》，后经查实，该消息为假新闻，编辑公开对范冰冰道歉："本网在未进行核实的情况下转载上述不实的文章，侵犯了您的名誉权。"

二"看"，即选择新闻稿件时要查看稿件内容。编辑要查看信息要素是否齐全，如事件发生的时间、地点、人物、原因、过程等；查看稿件中的引语、背景资料等，最好能交代清楚可靠的来源，确保消息的真实性；查看与分析信息的细节，确保信息准确。可以通过逻辑推理、调查以及与有关方面或有关资料核对等方法，对信息进行深入的判断。

三"看"，即选择新闻稿件时要查看重要新闻的更多的报道源头。如地震、矿难、医疗卫生、食品安全等公共突发事件新闻，要寻找更多的新闻源，查看是否有权威消息，然后再判断稿件的真实性。

四"看"，即如果要转载网络媒体的稿件，首先要看该网站是否具备新闻网站的资质，其次要对这类网站的原创稿件、论坛、博客、网友留言稿件等慎重选择。

第二，采用"三审核"方式判断稿件的权威性。

在编辑选稿的过程中，可以从新闻刊载媒体、新闻内容的提供者、新闻稿件中的人物，或者是信源出处权威，或者是新闻信息的发布者权威，或者是新闻稿件中的人物权威等方面来判断稿件的权威性。

（1）审核信源是否权威

例如，人民网，《江苏渔船相撞致9人遇险 已有5人获救》。这是一个发生在地方的渔船相撞意外事件，涉及人员的安全情况，由地方媒体报道，很难核实和求证消息的真实性与准确性，但是由人民网来发布，信源权威，信息的可信度明显提高。

例如，河北广播网，《对共享单车是否应按下"暂停键"》。作为绿色交通的代表，共享单车不仅促进我国汽油消费量出现负增长，还极大地打击了"黑摩的"等不法交通工具。对共享单车的调控管理，有关部门应该采取积极引导的态度，让企业间的无序竞争，变为比拼经营管理水平的良性竞争，最终帮助共享单车顺利度过发展瓶颈期。

近年来兴起的"共享单车"，是与百姓生活息息相关的话题，关于共享单车乱象频出的新闻也被大量报道。共享单车是否该取消是百姓关心的重要民生新闻，这类新闻的失实报道容易引起社会的动荡不安，因此，尤其要注意信息发布者的权威性。河北广播网是地方都市网站，由它发布"对共享单车按下'暂停键'"并不权威，但新闻稿引用自《北京青年报》，其属于传统媒体新闻稿件，权威稿件的佐证增强了消息的可信度。

（2）审核信息发布者是否权威

例如：中华人民共和国公安部，《关于加强禁毒社会工作者队伍建设的意见》；国家食品药品监督管理总局，《我国乳制品质量安全整体水平大幅度提升》；国家质量监督检验检疫总局，《质检总局多措并举严格进口固体废物管理》；中国网，《这项改革减税8500亿　总理称再深化》。

以上四条新闻有一个共同的特点：由权威信息发布者公布。在一些重大社会事件、突发事件和有争议的事件发生时，选择来自权威发布者的稿件能在一些是非的问题上帮助用户廓清事实、辨析方向，还新闻公众一个真实、准确的事实。

（3）审核新闻稿中的人物是否权威

例如：《张刚：养老金持股暴增需谨慎　切勿盲目跟风》。争议性话题一般都会引来各方不同的评议，因此网络编辑很难取舍稿件，选择一些权威人士、专业人士的讲话和言论能提升新闻质量和公众对新闻事件的认识。张刚是证券业的知名人士，对于证券行业的情况比较了解，有一定的话语权，由他来谈养老金持股问题，具有一定的权威性。

此外，在判断新闻稿件的权威性的时候，还可以通过同类信息的比较发现他们是否有差别，从而进一步去找最具权威性的资料。

2. 从网民心理和行为习惯角度选择稿件

一般而言，网民的心理生活空间具有方向性，具体表现在以下三个方面：无方向（寻找目标）、引力（指向目标）和斥力（脱离目标）。当网民还未形成某种明确的需要，或者虽然已经有了某种需要，但是还没能找到可以满足这种需要的网络环境（即目标）时，就会随意点击，在网上漫游，直到找到合适的目标，再将行为的方向指向那个目标；当某个网络环境符合网民的需要时，他便被吸引，点击进网，并在此滞留；当某个网络环境不能满足网民的需要，甚至被网民厌恶时，其心理生活空间中便出现了斥力，行为表现是暂时或长久地脱离网络。

如果把网络新闻当作产品来看待的话，网民之于网络新闻就像顾客之于商场，是否点击、浏览，一方面取决于新闻价值、新闻的品质，另一方面也要看产品是否暗合用户的消费心理，是否符合用户的行为习惯，有适宜网民消费的网络环境。网络编辑选择新闻，虽然不能一味迎合网民的口味，但深入了解网民的网络行为特征，掌握网民的想法和心理，创造出健康、有序的网络环境，进行有针对性的网络选稿，这是非常有必要的。按照网民心理和行为习惯选择稿件、发布新闻，能在一定程度上增强用户的阅读体验，带来更好的传播效果。

（1）可以根据网民的上网时间来选择稿件

在一般情况下，网民上网时间多数为工作日，上网高峰时间是9点到11点、14点到16点、19点到22点，这些时间里网民浏览网站时对新闻的需求比较大，因此可以在这些时间及时推荐、更新一些重要的新闻报道，特别是对于希望被网民关注到的新闻，可以在这三个时间段运用各种技巧加大话题设置力度。网民在周末较少上网，如果周末发生了重要新闻，应在周一或工作日再突出呈现。

（2）可以根据网民心理特点来选择稿件

虽然每个网民都有个性化的阅读心理，但也存在着普适性的受众心理，如粉丝心理、猎奇心理、表现心理等。比如可以在"两会"报道中适当多选择知名代表、委员的发言，他们的显著性特征能暗合网民的粉丝心理；可以在世界杯、奥运会的报道中适度选择运动员的场外新闻、花絮新闻，这种趣味性、人情味的新闻能暗合网民的猎奇心理；可以在日常新闻报道中多选择来自网民的文章和稿件，满足网民的个性表达、对外展示的表现心理。

（3）可以根据网络环境来选择稿件

网民行为虽然取决于个体需求，但也会受到网络环境影响和支配。大多数人上网浏览新闻往往没有很强的目的性，不是为了寻找某条特定的新闻，他们只是想了解每天的大事，大家都在谈论什么话题，等等。对于热点、焦点事件，网民的关注度会相对较高；对于热议、热评的事件网民也会更加重视，甚至会加入讨论。这样一种网络环境决定了网络编辑在选稿时对于热点、焦点事件应有侧重，对于热议、热评问题在页面位置上应有推荐。营造一种适宜网民浏览新闻的网络环境，能够增加网民对网站的黏度。

3. 从社会效果角度选择稿件

网络媒体与传统媒体一样具有传播报道新闻、反映引导舆论、传承教化和服务社会的功能，但是，在传播效果方面，网络媒体在很大程度上与传统媒体不同，互联网超时空、强互动的特性使之成为网络信息的集散地和社会舆论的放大器。《新闻记者》杂志每年选评一次"年度十大假新闻"，虽然"入围"的大多是传统媒体报道的新闻，但网络媒体是传播过程中的一个重要的"帮凶"，一些小报小刊不起眼的报道正是因为网络编辑的选稿而被网民浏览到并广为传播，原本不为人知的新闻经过网络的转发、分享与互动被迅速放大，扩大了传统媒体假新闻的传播范围，提升了传统媒体假新闻的传播速度。

网络编辑应该勇于承担社会责任，站在社会效果角度慎重选择热点新闻稿件。某些网络编辑之所以喜欢选择热点新闻稿件，一则能吸引网民的关注，带来超高的访问量和点击率，二则即使编辑判断有误，因为大家都在转载，往往在实际上也不用承担相应的责任。目前，访问量和点击率已成为一些网站的"指挥棒"，市场投资者是否青睐，各类广告商是否眷顾，季度、年度财报是否好看，包括编辑的收入、职位的晋升和年终考评都需要拿访问量、点击率说事。有些网络编辑为了完成访问量硬指标，想尽一切办法去选择转载有噱头、有看点、有卖点的稿件，而不去考虑新闻转载后的社会影响与社会效果，最终会导致网络媒体公信力一落千丈，很长一段时间内都无法恢复。

　　网络媒体如果要从社会效果角度判断稿件价值及选择稿件，必须考察稿件的社会效益，摒弃以假新闻、低俗内容、社会效果为代价换取流量、广告的不健康做法，辩证地看待访问量、点击率与社会效果之间的关系，提倡"绿色"点击、"绿色"访问量，树立以"高质量的流量"吸引"高端广告、高效广告"的理念。网络媒体还需要建立多元化评价指标和体系，以"不登载道听途说的新闻，不断章取义转载新闻，不恶意炒作新闻"作为网络媒体的基本底线，将社会效果、社会评价作为选稿的重要标准。

　　网络媒体从基本准则和要求出发选择稿件是基于新闻稿件本身做出的评判，从用户心理、行为习惯角度选择稿件是基于对象做出的评判，这两类选稿都是对于已知情况进行的判断，而从社会效果角度考虑则是对未知情况的预判，是对网络编辑提出的一项更高的要求。无论是已知还是未知，准确地判断网络新闻价值，选取与推荐合适的网络稿件，都需要网络编辑具备一定的发现力、判断力和呈现力，善于从海量信息中发现有价值的、符合网络传播特点的内容，善于从稿件数据库中辨识新闻的价值、主次轻重，善于在推荐新闻时灵活运用各种呈现方式。网络新闻的判断与选择是对网络编辑基本功的考核。

☞ **思考与练习**

　　1. 网络新闻的编辑原理与传统媒体的编辑原理有何区别？

　　2. 为什么网络新闻编辑强调整合的编辑手法？

　　3. 网络新闻互动与网络舆论引导有着怎样的关系？

　　4. 网页意义表达方式与传统版面语言的异同是什么？

　　5. 选择某一天某一个时间点，比较不同性质的网站的头条新闻，以及要闻区新闻登载的情况，观察它们的选稿判断和标准。

　　6. 除了书中所提到的网络新闻的判断标准外，还有哪些不确定因素会影响到编辑对稿件的选择和判断？

第十章 手机媒体与平板电脑的新闻编辑

【本章学习要点】
 ★ 了解手机与平板电脑的基本知识
 ★ 了解手机新闻与平板电脑新闻各自的编辑特点
 ★ 了解手机报新闻、视频新闻的具体编辑方法
 ★ 了解手机客户端的编辑要求
 ★ 了解平板电脑的新闻编辑要求

第一节 手机媒体与平板电脑概述

【知识要点】
　　了解手机媒体的定义，了解手机媒体具有手机短信、手机报、手机视频、手机网站和手机新闻客户端以及其他大众传播特征。了解平板电脑的技术特征，了解平板电脑的传播特征。

一、手机媒体的定义和多种形态

1. 手机媒体的定义
　　手机媒体是以手机为视听终端、手机上网为平台的个性化信息传播载体，也是以分众为传播目标，以定向为传播效果，以互动为传播应用的大众传播媒介，被公认为继报刊、广播、电视、互联网之后的"第五媒体"。

2. 手机媒体的多种形态
　　手机技术的革命使得手机终端的智能化和手机功能也逐步提升，手机虽然是一种新媒体形式，但它经历了从短信、彩信到多媒体信息服务的演变过程，已经开始对大众传播产生了极大的影响。从泛大众传播的角度来看，手机媒体的形态包括手机短信、手机报、手机网、手机杂志、手机图书、手机广告、手

机电影、手机广播、手机电视、手机微博、手机新闻类客户端、手机游戏等十多种。本章主要介绍手机短信、手机报、手机视频、手机网站和手机新闻客户端五种具有大众传播特征的手机媒体。

（1）手机短信新闻

手机短信是人际交流方式的一种，用户通过手机或者其他电信终端直接发送或者接收文字或者数字信息，汉字数额限制在 70 字以内，或者 160 个英文或者数字字符。1992 年 12 月，世界上第一条手机短信通过英国沃达丰公司 GSM 网络从一台电脑传递到一部手机，手机短信也就这样诞生了。在后来的发展当中，短信业务被用于新闻信息和咨询领域的传播，先后出现了手机短信新闻、手机快讯等，这也成为手机媒体的最初的形态。

手机短信新闻具有以下优点，首先，具有快速、及时的传播特点，利用手机移动、便携、个性化的特点，针对重大、突发新闻，特别是对于网络环境不利，接收终端有限的低端手机，同样可以快速接收到以文字为传播符号的重要新闻。其次，具有群发的优势，可以运用于网络后台的群发平台，针对发送方的需求自主撰写相应的文字内容，操作十分简单快捷，修改起来也比较简单，用户一般都会接收到。

手机短信新闻同样具有缺点，首先，每条短信的容量限于 70 个汉字，表达有限。其次，表现形式局限于文字，太过于单一，缺乏相应的图像资料，阅读体验就随之降低。最后，短信新闻依赖于订阅，由于短信新闻的发送需要一定的终端号，在信息爆炸的时代，免费信息铺天盖地席卷而来，用户很难去专门定制、订阅短信新闻。

（2）手机报

手机报又被称为多媒体信息服务，是一种基于手机彩信技术的手机媒体形态。手机彩信（multimedia messaging service，MMs），它可以传递包括文字图像、声音、数据等各种格式的信息，能够实现即时的手机终端到互联网或互联网到手机终端的多媒体信息传送。手机报作为多媒体新闻发布，它上面的传统新闻内容借助手机彩信而实现。手机报是电信增值业务与传统媒体相结合的产物。

基于彩信模式的手机报，文字容量大大提高，可达 1000 字，也可附上 50k 以内的图片，由电信运营商直接发送到用户手机终端，用户可以选择离线观看。

（3）手机视频

基于移动网络和移动终端，手机视频是能够给用户提供新闻、影视、娱乐、体育、音乐等各类拥有视频内容并且能够传输与收看的手机媒体形态。根据收看方式的不同，手机视频被分成点播视频和手机直播视频，其中手机直播视频又被称为手机电视。手机点播视频以点播和下载服务为主，用户可以根据自己的兴趣偏好有选择地下载到自己的手机中，能够随时随地地收看；手机电视主要依赖高速无线网络，能在线及时收看正在直播的电视节目。点播与直播都需要流畅的网络速度，以及智能化、便捷的手机终端和多样化的手机视频内容。

（4）手机网站

手机网站是基于无线应用协议（wireless application protocol），用无线标记语言编写的专门用于手机浏览的网站，又称 WAP 网站，通常以文字信息和简单的图片信息为主。手机网站具有让消费者随时、随地、随身访问的优势和方便快捷的不可取代的特点，用户可以直接在手机上浏览新闻、图片、视频，还可以享受语音、信息、定位、社区、电子支付、即时通信等多种业务的增值服务。随着移动终端及移动网络环境的升级，手机用户日益增多，手机网站已经不仅仅局限于 WAP，其表现形式基本已经接近互联网电脑站点，其普及率也越来越高。

（5）手机新闻客户端

手机新闻客户端是介于手机报和手机网之间的一种产品，和手机报相比内容更加丰富且灵活，并且能够做到实时更新，简单方便，其中新闻订阅符合手机个性化、定制化的传播规律。

二、平板电脑的定义、技术特征和传播特征

1. 平板电脑的定义

平板电脑也叫便携式电脑，是一种小型的、方便携带的个人电脑，以触摸屏作为基本的输入设备。它拥有的触摸屏（也称为数位板技术）允许用户通过触控笔或数字笔而不是传统的键盘或鼠标来进行作业。用户可以通过内建的手写识别、屏幕上的软键盘、语音识别或者一个真正的键盘（如果该机型配备的话）实现输入。

"平板电脑"这一概念早在 20 世纪 60 年代末就出现了。2010 年 iPad 横空出世，实现了 iOS 软件操作系统和产品硬件的高度融合，加入了云计算、流媒体、高清视频、HTML5 技术，产品的便捷性、流畅度以及操作体验均得到了大幅度提升，成为文字、影像、娱乐、游戏、教育、工作等各种应用的集大成者。从推出第一代 iPad 到 iPad4，在不断顺应用户需求的同时，开发了 7 寸屏幕的 minipad，iPad 成为新一代平板电脑的代表。

平板电脑中的应用数量众多，内容包罗万象。比如 iPad，截至 2012 年 11

月，App Store 中的应用数量突破了 100 万，活跃应用 73.6247 万款，① 设置的类别有新闻、教育、社交、生活、商业、工具、图书、医疗、娱乐等 23 种之多。同时也分属三类不同的新闻类别，第一类是传统媒体机构开发的新闻 APP，如《人民日报》、新华社、中央电视台、《南方周末》《第一财经》、凤凰卫视等；第二类是网络媒体和商业网站制作的新闻阅读器，比如网易新闻、凤凰新闻 HD、搜狐新闻、今日头条等；第三类是集成平台类的新闻 APP，如 ZAKER、Flipboard、听新闻、中文报刊、鲜果联盟。这些应用与手机新闻客户端通用，其中有一部分是基于 iPad 平台单独制作出来的。iPad 新闻类 APP 每天编排发布最新的新闻资讯，登载报纸、杂志的最新文章，直播、点播最新的视频内容，成为移动新闻传播的又一条重要渠道。

2. 平板电脑的技术特征

平板电脑如今已经被很大一部分人接受并且普遍使用，用户如此青睐平板电脑源于其技术特征能够带来超乎寻常的愉悦体验，如高集成性的功能、外形适中、可操控的触屏、视觉画面舒适并且能够进行强大的人机交互，这些都是平板电脑的优势。

3. 平板电脑的传播特征

在第三次媒介形态大变化中，把书面文字和静态图像同全活动的影视与音响一应俱全地融合起来，将是司空见惯的事情。在下一个 10 年中，个人电脑肯定会变得更加便于携带。可以说，平板电脑与生俱来就有传媒特性与传播特征。

（1）融合型的媒介终端

平板电脑的技术特征决定了它能够融合以往所有媒体的特性和优势，加之其便携性带来的移动传播效果，平板电脑被认为是一种融合型终端，可以浏览文字，可以收听广播，可以观看电视，是一类能够服务于新闻传播并进行多媒体报道的新型媒介。

（2）多媒体的视听效果

目前，平板电脑还不能完全支持 Flash，但是即使这样也并不能妨碍平板电脑的多媒体呈现，也不能阻止用户用 iPad 愉悦的多媒体视听享受。为达到良好传播效果，形式的包装和多媒体的交融是平板电脑对内容展现的必然选择，也是重要要求。

---

① 节选自《App Store 应用数量突破 100 万 45% 活跃应用需付费》，http://mobile.51cto.com/market-365323.htm，2012-11-20。

（3）个性化的愉悦阅读

无论是平板电脑里的报纸杂志类 APP，抑或综合平台类新闻 APP，用户都能体验到个性化的预约阅读。

首先，页面尺寸、编排、阅读感受贴近纸质版杂志，减少与用户之间的使用隔膜。

其次，技术与页面相互结合，十分人性化。

再次，细节的拟人化易于用户接受。

最后，各种定制化服务。

（4）移动化的传受与阅读

平板电脑有两个基本版本：WiFi 版和 4G 版，WiFi 版在无线上网环境下随时上网，4G 版可以随时联网。无论是哪一种，基本上不受地点、时间的限制，在移动状态下随时接收新闻。相较而言，4G 版的自由度更高，可以随意选择上网的时间和方式，在线浏览或发表意见；WiFi 版可以提前下载、定制或选择离线阅读，满足自己基本的需求。当时间、地点无法束缚用户对于新闻信息的接收时，平板电脑的传播特征就显而易见了。

平板电脑还具有一定的存储空间，从 16G 到 512G 的硬盘空间能够满足用户在移动环境中基本阅读的需求。平板电脑被誉为"随身走的报刊亭和书店"，用户可以下载报刊、杂志和书籍存储到平板电脑中，并按照自己的习惯分门别类地排放，苹果的 iPad 还专门提供了"报纸杂志"这一书架，每期定时更新并推送，内容集中而不杂乱，丰富而不冗余。平板电脑的存储特性推动了用户利用碎片化时间的移动阅读，体现出平板电脑的新型传播特征。

第二节　手机新闻和平板电脑新闻的编辑原理

【知识要点】

明确手机媒体的传播特征。掌握手机上编辑新闻的原理。了解平板电脑上新闻的多种展现方式。熟悉平板电脑上不同编排方式的新闻编辑要求。

一、手机新闻的编辑原理

1. 手机媒体的传播特征

手机新闻可以通过短信、彩信、视频、客户端等不同形式呈现、发布和传播，并且手机新闻都是基于移动互联网的技术框架和手机这一终端介质，因而手机新闻传播具有多方面的共性特征，主要有如下特征：

第一，手机普及率高，因而手机新闻覆盖面也很广。

第二，手机具有很强的移动性，手机新闻也能够快速、瞬时传播。

第三，手机具有贴身性，使得新闻阅读便捷，能够随时随地接收与浏览。

第四，手机终端个性化，手机新闻能够实现定制化。

第五，手机终端智能化，手机新闻文体丰富，形式多样。

第六，手机功能全面，用户对手机依赖性高，传播效果相对较好。

2. 手机新闻的编辑原理

手机媒体具有多形态、小屏幕、移动性、贴近性和高度依赖的传播特征，这些特征决定了在对手机新闻进行编辑时要遵循手机媒体的传播规律，因此，手机新闻有一套不同于网络新闻的编辑学原理。具体如下：

（1）小屏幕与精约式编辑

目前，主流的手机屏幕尺寸在5~6英寸左右，而6.4英寸、6.5英寸屏幕尺寸大小的手机也越来越多见。终端的屏幕大小，直接影响到手机新闻的编辑。有限的屏幕空间要展现尽可能多的新闻信息，因此，简明、精练、扼要的精约式编辑就成为手机新闻编辑的第一原理。

精约式编辑，首先表现在新闻内容上，要制作"标题新闻""导语新闻""一句话新闻"，用简短的几十个字甚至十几个字写出新闻事件的五要素，文字精练，就算不看详细的报道，也基本能掌握新闻的要义。遇到长文章要分页处理，要义是保证单屏显示的内容适度、适宜。单条视频新闻一般要控制在3~5分钟，长视频要考虑剪辑、分拆。有些重要新闻还可以采用对热词、关键词进行超链接的编辑方式来简约呈现。其次表现在形式上，多采用标题列表式或标题加上摘要式排列，照片和视频使用较少，采用超链接方式在新窗口中浏览、播放，文本层除了必要的相关新闻和留言、评论外，几乎不带广告，以保证页面的简约和快速浏览内容，采用的图片一般也选择像素低的小图。最后表现在容量上，无论是有容量限制的手机短信、手机报，还是无容量限制的手机网和手机新闻客户端，都要控制每天、每次新闻的更新量，要挑选出最精练重要的新闻推送给用户，不是重大事件，尽量不做手机新闻专题。如果新闻内容和缓存过多占据了用户的手机空间，影响到手机其他功能的发挥，就会让用户产生反感，进而放弃订阅和浏览。

（2）移动便携与实时式编辑

手机的最大特点在于能够移动和便携，这意味着只要手机新闻实时更新和发布，用户就都可以随时随地接收浏览新闻、观看图文和视频的现场直播。因此，手机新闻要做实时式编辑，重要、重大、热点、突发等新闻要在第一时间更新、发布，部分新闻还可以采用滚动报道和实时直播的形式播报。

实时式编辑要第一时间关注网民在手机新闻后的跟帖和留言，并实时编辑处理这些内容。手机的便携性为用户在浏览新闻后发表意见和评论提供了方便，用户的只言片语、一个表情符号都是对新闻的一种态度，手机新闻编辑需要及时将跟帖多、评论热的新闻实时挑选出来做出热榜或提炼出热词，引导更多用户方便、快速地浏览到这些内容。实时式编辑也符合人们在工作和生活的碎片化时间通过手机获取资讯的需求。快节奏的生活使得现代人很难有大片的时间安静休闲地浏览新闻，利用好碎片化时间随时获取资讯，不仅不破坏正常的生活节奏，还能填充缝隙时间，这种主动获取新闻的方式能够收到更好的传播效果。

（3）个性贴身与定制式编辑

如今，手机既可以展现人的个性，也似个人的贴身管家。手机机型、手机桌面、手机铃声、手机相册等，都可以体现用户的兴趣、爱好和情感诉求，而手机闹钟、手机通讯录、手机音乐等又能为用户提供生活上的便利，可以说，手机媒体是极具个性色彩、私密贴身的媒体。

因此，手机新闻的编辑要符合用户的个性化需求，满足用户多种定制服务，做到分众传播。可以在手机新闻客户端首页就给出订阅选项，让用户自由挑选感兴趣的报刊和网站；对于较小的手机屏幕，导航栏能呈现的频道有限，可以提供定制选项让用户自己编排放置在新闻首页的频道；每一个手机都对应着一个真实的、富有个性的用户，利用云计算技术和大数据分析手机用户的特征推荐新闻和资讯。所有的定制、订阅都是可以修改和退订的，用户的口味更改，相关的新闻推送也会相应更改。

（4）高度依赖于推送式编辑

英文中出现了一个叫作"nomophobia"的专属词，意为"无手机恐慌症"，是指当手机没电或者没有信号的时候，不能与外界联系而产生的一种焦虑情绪。这反映的是手机持有者的心理状态，这样的心理焦虑就是使得使用者随时保持手机的开机状态，关注来自手机的新闻消息，保持和外界的联系。尽管这是一种用户心理现象，但是若从新闻传播角度看，这就是一种定向关注，适宜于手机做推送式编辑。

推送式编辑是基于信息推动（push）技术，以多门技术诸如数据挖掘、自然语言处理以及互联网为支持，将合适的信息推送给合适的用户。推送式编辑主要有两种方式，一种是订阅式推送，是指在征求用户的同意之后，定时给用户推送若干条新闻和视频，手机短信、手机报、手机新闻客户端的新闻通知都是这一类；另一种是主动推送，通过对信息作充分分析，结合用户的兴趣和平时的行为，将两者进行有效的匹配。当推送的新闻是和用户密切相关的、能够满足用户需求的有益内容时，用户会从无意识关注到有意识订阅，从而使得传播效果大大提升。

（5）多形态与分类式编辑

手机是多形态的媒体，每种形态的手机新闻都各有特点和局限。手机报有字数限制，手机视频受制于当前的移动互联网速率，有播出的时间限制，手机网受制于手机存储容量有内容编排的限制，手机新闻客户端也有不同操作系统配置的限制。手机新闻多采用一次采集、多项分发的模式，因此，将在同一条手机新闻发到不同手机媒体上时，需要做到有针对性的分类编辑。

分类式编辑的具体要求如下：第一，要了解掌握不同手机媒体形态的特点、传播规律和编辑要求，然后进行针对性的编辑。同样是手机新闻的标题，手机报的标题一般限制在12个字，手机网一般在14字，手机新闻客户端则采用标题加上新闻摘要的方式。第二，要考虑不同手机媒体的用户群特点，手机报的用户群相对大众，手机网的用户群更为专业，手机视频的用户群则有更多的闲暇时间。要根据用户的不同在手机媒体中设置不同的栏目，选择与目标用户群相适宜的内容。

二、平板电脑的传播形态

平板电脑既是没有主机的电脑，也是集各种功能和特性于一体的手持终端。平板电脑可以运用三种模式传播新闻资讯。

首先，和传统的浏览器互联网相比，平板具备上网功能，拥有自带的浏览器或者可以自行下载移动终端专属浏览器，用户在联网后打开浏览器输入网址，就跟 PC 端的电脑上一样，直接进入各类网站直接浏览新闻、照片，观看视频，发表评论。

其次，传统 Web 网的简版。这种模式被称为专门针对平板电脑的网页"优化版"。仍然是运用浏览器作为上网的入口，不同的是页面经过优化处理，设计上看起来更加简单清爽，加载速度快，资讯指向性强，超链接跳转基本一次到位。如在新浪新闻的 PAD 优化版里，导航条甚至被隐藏，只有点击后才会出现，相比传统版导航条设置的 63 个频道和栏目链接，优化版减少到只有

18 个链接指向。

最后，基于应用程序的新闻客户端。性质类同于手机新闻客户端，是指专门针对平板电脑量身定做的包括报纸、杂志、音视频及综合类新闻在内的各种 APP 应用，体现出传统媒体与新兴媒体的整体优势。以报纸的平板电脑应用为例，能够"很好地将报纸的版面语言、互联网的特性以及 Pad 的介质特性结合在一起，充分体现出传统报纸版面语言的魅力，互联网互动、超链接、多媒体的特性以及 iPad 轻盈、随心所欲的特性"，因此一出现就引起了受众和业界的热切关注。①

第三节　手机报的新闻编辑

【知识要点】

熟悉手机报的编辑流程。根据手机报的特点选取适当的新闻。会初步策划编写各种手机报。了解手机报的文字、图片、排版的制作标准。

一、手机报的编辑流程

手机报纸和短条新闻的单条发送不一样，它选择若干条新闻整合编辑，制作成彩信格式向用户发送。然而这些新闻的发送并不是毫无章法，而是根据需要设置成各种栏目，然后依据栏目来选、编、策划新闻。因此，手机报新闻的编辑流程包括：栏目设置、选取新闻、编辑新闻、策划专题、组织互动五个环节。

1. 栏目设置

手机报的栏目设置大致是从传统报纸的内容分类和版面设置沿袭而来的，不管是运营商制作的手机报还是新闻媒体制作的手机报，一般采用的模式是以栏目加特色栏目，一般以栏目为主，特色栏目为辅。从表所列三家手机报的栏目设置可以看到，一般栏目有"导读""国内新闻""国际新闻""社会新闻""文娱新闻""体育新闻"，特色栏目是各企业或媒体根据自身的信息源和用户情况量身打造的。

如表 10-1 所示，中国移动新闻早晚报的用户群的特点是大众化、覆盖面

---

① 田勇：《iPad 报："指尖魔术"能否持久炫彩》，载《新闻实践》2012 年第 1 期。

广，因此栏目上设置了"天气""副刊"等服务性、文艺性的栏目；《新京报》的手机报用户主要在北京，因而设置了"北京时政""北京社会""北京社区""交通"等地方性栏目；央视手机报所有栏目都冠以"CCTV"的名称，凸显"CCTV"的品牌，其中"CCTV 节目""CCTV 幕后"和"CCTV 俱乐部"是央视独家、独有的。

表 10-1　中国移动新闻早晚报、《新京报》手机报和央视手机报的栏目设置对比

手机报	栏 目 设 置
中国移动新闻早晚报	"点睛""天气""导读""要闻聚焦""国内新闻""国际新闻""社会新闻""北京新闻""体坛快讯""文娱播报""副刊""图片新闻"
《新京报》手机报	"导读""天气""交通""美股""封面报道""今日聚焦""北京时政""北京社会""北京社区""国内国际""财经新闻""文娱播报""体育新闻""话题 PK""彩票"
央视手机报	"今日导读""CCTV 关注""CCTV 新闻""CCTV 综艺""CCTV 体育""CCTV 生活""CCTV 俱乐部""CCTV 节目""CCTV 幕后"

2. 选取新闻

在选取新闻这一方面，手机报报纸的编辑方式类似，要在发送时间之前的规定时间内完成选稿工作。中国移动新闻早晚报一般是上午 8 点、下午 6 点发送到用户手机上，因此，新闻选取的时间就只能到上午 6 点、下午 4 点。此后，手机报编辑会根据手机报设置的栏目，从当天或者前一天的新闻中选取几十条新闻和几张图片。

每天从成千上万条新闻中选出几十条手机报新闻并非易事。这既要求新闻从业人员把握好基本原则，又要有一定的技巧。其一，明确选稿范围，有的从合作媒体的稿库中选择，有的是以本媒体的内容为唯一稿源。比如中国移动早晚报的稿源只能是来自签署了版权协议的媒体合作单位，非合作单位的稿源绝对不能采用，而《人民日报》手机报的稿源是纸质报纸已经刊载过的内容，超出这个范围的也不在选稿之列。其二，根据新闻价值要素来加以判断和选择。及时性、重要性、接近性、趣味性等新闻要素都是选择的依据。特别是设有"要闻聚焦""今日聚焦""今日关注"这类栏目的手机报，要将重要性作为优先考虑，选出能作为头条的新闻。其三，选取的新闻力求均衡，不管是类

别还是数量。应该尽可能根据大多数人的兴趣来做决定，选择新闻扩大选择范围和领域，初选时数量可以稍微多一点以进行二轮筛选，第二轮时再考虑每一类别数量的平衡。为了确保手机没有漏报、少报新闻信息，在选取技巧上可比照传统媒体和网络媒体的方法，关注其他报纸各版的头条，期刊的封面文章，网络媒体的头条、要闻区的新闻、当天的新闻排行榜和留言排行榜、微博热搜话题、网络新近出现的热词等，以此来确定手机报的新闻和排序。选择新闻图片时应尽可能挑选中景、近景等带有细节的图片，不应该选用大场面的全景图片。因为手机屏幕、图片的尺寸限制，大场景的图片放到手机报中实际上很难辨认清楚，因此没有必要选用大场面的全景图片。

3. 编辑新闻

手机报新闻的编辑分为三部分：导读标题、正文标题和正文。这三者都有字数限制，导读标题和正文标题字数一般要控制在 12 个字以内，正文字数在 500 字以内。导读标题有的会根据实际情况加上特殊符号或标明类别的文字，正文标题与正文之间有特殊的分隔符号。编辑新闻主要是改写标题和新闻。将报纸的双行题、多行题、虚题改成单行实题，将网络的长标题改成短标题。导读标题应做到新闻要素齐全，要考虑吸引力和引导性。正文标题的内容不需要面面俱到，因为是和正文同时出现的，只要体现新闻中最有价值的一点就可以了。地域性的手机报在标题上则要更多考虑贴近性和可读性。

传统新闻报道的结构是导语、正文、新闻背景。手机报新闻受制于字数的限制，不宜采用导语加上正文的模式，而是将导语与正文合二为一，融为一体，也可以写出超长导语。面对新闻长稿时，正文可以融入小标题的内容。为了方便用户在小屏幕上的阅读，新闻编写中句子尽量不要太长，多用短句；在词的运用上面，多用陈述基本事实的实词，少用主观评价的形容词、副词、虚词等。

下面来分析一条摘自某手机报的新闻。①

建好护坡墙，出入皆平安

"护坡墙砌成了，不仅美观，而且出入也更安全，感谢社区为大家做了件好事。"日前，龙山街道芦家甸社区交通局小区居民李大爷高兴地说。该小区 7 栋南侧一条长 85 米，高 3.5 米土坡多处严重破损、塌落，

---

① 《千山晚报》手机版，2017 年 4 月 1 日。

坡上是小区居民出行通道，坡下是环卫停车场，停放着 10 多辆环卫车辆。为彻底消除这处安全隐患，7 月下旬，芦家甸社区决定对该段土坡进行护砌修复。经过十余天紧张施工，现已全面完成工程建设。

首先看新闻标题。字数上符合要求，但一看标题却让人摸不着头脑，含义很不清晰，建好护坡墙，是哪里的护坡墙没有说清楚，出了什么问题也没有说清楚。再来看正文，正文的主要内容倒是说清楚了事情的原委，但是，如果编辑在保证标题短小精悍的前提下，尽量保留 "5W" 的核心要素，同时，上又若在文末科普一下护坡墙的重要性，号召相关部门重视，以群众的安全为重，这篇手机报的新闻会更加精彩。

4. 策划专题

策划专题分为两种。第一种是针对可预知的新闻事件提前策划各类专项手机报，如两会手机报、奥运早晚报、世博手机报、春节特刊，等等。人民网在 2009 年推出 "新中国成立 60 周年" 手机报，设置多个栏目，并运用多种报道方式，有 "数说 60 年" "我们叫建国" "60 年连连猜" "一人一句：你最想喊啥口号" 等互动征集。除此之外，还根据不同时间段的新闻事件的发展和热度，又相继推出增刊、专栏、互动话题、图文征集、有奖竞答等多种报道形式，在相对较长的报道时间（从 5 月底持续到 "十一" 长假）里让受众保持了新鲜度与关注度。

第二种是日常手机报制作中特别设计的一个重点报道。

策划手机报专题重点在于，根据手机用的特点和偏好来调配新闻资源，设置特色栏目，将原创采集和编辑整合起来，新闻报道和信息服务、短讯快讯与深度报道、媒体与手机用户等互动紧密结合，通过内容设置和形式上的更新，开展好双方互动交流传播，增强对用户的贴近性和亲和力。

5. 组织互动

手机报作为与用户最贴近的媒体，具有天然的互动优势。因此，手机报的工作流程中应该重视互动环节，专程设置互动类栏目或调查，发起新闻议题、手机调查、手机竞猜、留言评论等，为单条新闻添加并发送至邮箱、微博的按钮。手机报的用户群层次广泛，不同群体的用户都有自己关注的话题，也都有自己喜欢的互动方式，可以利用手机个性化的特征建立分类信息数据库和分类用户数据库，在手机报中针对不同的目标用户展开不同形式的互动。手机报栏目设置比较雷同，考虑到不同细分用户群体的需求，将手机报各栏目列入备选菜单也是可取的，让用户自己选择喜好的栏目进行前期定制，也可以每隔一段时间邀请用户对栏目的内容进行打分、评价，以加强手机报内容的改进。

二、手机报的制作标准与规范

手机报每一期承载的数据有限，但手机报的新闻制作却仍然有着非常严格的标准和规范。我们在了解了各大运营商和媒体对手机报的制作要求后，总结出手机报制作的标准与规范，以求促进我们进一步了解手机报编辑的特点与规律。

1. 手机报技术制作标准

手机报的数据一般控制在 50k 以内，在手机屏幕上显示为 10 帧。但其实手机种类繁多，每一行的字数和每一屏的行数在不同的手机里显示不尽相同。考虑到大多数手机屏幕的尺寸，一般手机报的标题字数控制在 9 个字，正文单行字数控制在 12 个字，一屏显示 6~8 行，照片长宽进行缩放时按照 4∶3 的比例。

手机报一般都有统一的名称，诸如中国移动的"新闻早晚报"，还有"人民日报手机报"，名称在每期手机报的固定位置显示，就像一个固定 logo 一样。一般名称都是设计到手机报制作平台的模板中，不需要每次单独录入。

手机报虽然是发送到手机上，但是也有完整的"封面"和"封底"，"封面"包括一条热点新闻和一张全幅图片，以此可以激起读者的阅读欲。"封面"图片的尺寸、规格都是统一的，并带有封面新闻的标题。除此之外，封面还同时显示日期与天气，天气以预告当地天气为主。"封底"包括服务性的手机报订阅方法介绍、超链接和手机报品牌形象标识等。

手机报栏目设置十分清晰。而设置哪些栏目由各家手机报根据自身的新闻资源和用户特征来确定，栏目名称要求简明扼要，并用特殊符号如"【】""［］"加以标注，以此突出并引起读者注意。每一栏目下如果还有了栏目，依然需要用特殊符号来标识。如【副刊】下的［IN 语］、［测吧］、［谜坛］。导读是决定读者是否有兴趣继续阅读的关键。导读应该集中当期手机报内容的精华，精心制作标题，以吸引用户进一步阅读。导读以标题列表的形式出现，与正文相互对应，不仅要字数统一，并且格式也要求统一整齐，集中在一屏里。标题不能串行，并在标题前添加特殊符号表示区分。

手机报正文的标题应该独立占一行，用户名栏要尽量确保没有折行。正文与标题之间用分隔符来隔开，正文字数每帧控制在800字以内，3~4篇新闻最为合适，每篇字数控制在200字以内。正文中的各种符号如数字、破折号、括号、冒号用半角，其余（顿号、引号等）均用全角。正文结尾附加媒体来源，以括号标注。

2. 手机报内容规范

手机报新闻内容的选择与网络新闻的选择在要求上基本一致，首先应该明确哪些是禁止报道的内容。根据国务院新闻办公室、信息产业部2005年9月25日联合发布的《互联网新闻信息服务管理规定》，其中第19条就规定有11个方面不能入选作为手机报新闻。

在实际的选择上，要严格遵守党和国家对当前宣传工作的指示和要求，绝对不能报道的新闻坚决不报，对适度报道的新闻也要掌握尺度分寸，对敏感问题的报道要符合统一口径。要从政治、思想角度做好新闻的把关人，留意新闻中的观点、议论、提法，确保符合国家法律和法规，符合党的方针政策，不犯政治性的错误。与此同时，要考虑手机报的覆盖面和影响力，从社会效果角度做好新闻的把关人，保证信息来源的权威性。突发性的重大题材事件要采用权威稿源，慎用外媒、地方媒体和非官方媒体的消息。

3. 手机报图片制作规范

平均下来，每期手机报配3~4张图片，包括封面图片和正文图片。封面图片规格为300×300（大小约14k），内置图片规格为260×210，为jpg格式，选择像素高、质量好的图片进行压缩，色彩上要适合手机的浏览效果。选取制作的图片成品不能带有原出处的水印logo，选择的图片也要充分考虑到与新闻正文的互补性和阅读的可视性；不能为了视觉效果而选择色情或过分暴力的大尺度图片；尽量选取中景、近景、特写等表现细节的图片，以避免大全景图片而使主题看不清楚。

图片出现位置的前后并无大碍，可以出现在新闻之前，也可以出现在其之后。若出现在新闻之前，新闻内容必须紧跟在其后，并且在标题上标注"图文"二字；对于出现在新闻之后的情况，要加"见下图"，并用括号的方式标注在文中或文尾。所选图片与新闻标题以及文章主题完全吻合的时候，"见下图"标注落在文尾，所选图片与正文的某个语句有直接指向的，就标注在文中。为了使用户更了解图片，也可以对文字和图片进行统一处理，将文字制作放到图片当中。

第四节　手机视频新闻的编辑

【知识要点】

区分手机视频与视频新闻的不同；明确手机视频新闻的几个主要方法；掌握直播类手机视频新闻的编辑方法；掌握点播类手机视频新闻的编辑方法；针对重大新闻题材能够进行自主策划。

一、手机视频与视频新闻概述

1. 手机视频概况

手机视频，顾名思义，就是主要以手机为存储、播放和传播平台及渠道，主要通过移动网络为用户提供的新型多媒体通信服务，以视频为主要内容，手机作为载体，移动网络作为其传播渠道，视频图像（video）和音频（audio）信息为主要内容，提供直播、点播、下载、搜索等服务。在 2G 时代，手机视频的发展一直受制于移动互联网传输速度与手机终端，手机视频业务发展缓慢，内容和种类都十分稀少。在 3G 网络时代，智能手机的发展在一定程度上解除了手机视频业务的技术和终端限制，使其在技术、业务模式、运营和用户等层面都呈现出手机媒体的特点。

在用户这一方面，根据 CNNC 报告的数据，截至 2018 年 6 月底，国内手机视频用户总数高达 3.6 亿，从比例上看，占手机上网人数的 34%。随着无线高速接入的普及，在便携性远好于电脑，但体验却相差无几的情况下，手机视频用户群体将进一步扩大，越来越多的人哪怕在家也会用手机而不是电脑看视频。

2. 手机视频新闻概况

手机视频新闻是从属于手机视频诸多业务的，只是其中一个小类别，从内容类型上看有视频新闻直播、视频新闻点播（下载）；从收看方式上看有手机视频客户端、手机 WAP 网（3G 网）和视频 IVR，客户端和 WAP 门户的视频新闻基本上可以实现与网络视频一样的全业务，而视频 IVR 仅限于直播和点播；从内容构成上看，手机终端的相关理论内容可以借鉴网络视频，力求达到内容上丰富多样、结构逻辑清晰、栏目设置齐全的效果。手机视频新闻则是以电视媒体或视频网站各频道、各栏目的新闻和资讯作为基础的，既囊括网络视频新闻的延伸，也具备基于手机终端的特色。比如，CCTV 手机视频客户端手机视频新闻内容的构成。在视频客户端中，开设有"新闻""直播""栏目""剧场"四大板块。"新闻"板块下有"国内""国际""社会""体育""娱乐""专题"等子频道，以逐条点播的方式聚合各类别的相关内容；"直播"板块下有中央电视台开播的所有频道和一部分卫视频道，提供直播和预约服务；"栏目"板块下是中央电视台《新闻联播》《焦点访谈》《新闻调查》《百家讲坛》等精品栏目和热播节目，可以按"人气""频道"和字母进行检索，也可以个性化订阅、分享、收藏；"剧场"板块下设置了"热播""电视剧""电影""纪录片"和"动画片"等频道，集合了丰富多彩的影视剧节目。手机视频新闻具有手机媒体如移动性、贴身性、个性化的一般特性，除此之外还需要满足手机终端如短小精悍、内容精编、时长可控的播放要求，同时还要有视频新闻如强调时效性、新闻性和可视性的传播特点。因此，手机视频新闻里用户可以随时随地订阅收看个性化视听节目。

随着移动上网设备的逐渐普及、网络环境的日趋完善以及移动互联网应用场景的日益丰富，我国手机网民数量迅速增长。第 46 次《中国互联网络发展状况统计报告》显示：截至 2020 年 6 月，我国手机网民规模达 9.32 亿，网民使用手机上网的比例达 99.2%；网络视频（含短视频）用户规模达 8.88 亿，占网民整体的 94.5%。其中短视频用户规模为 8.18 亿，较 2020 年 3 月增长4461 万，占网民整体的 87.0%。凭借生动、形象的呈现形式，短视频作为信息传播载体的价值越来越被认可，逐渐成为各类互联网应用的基础功能。在网络新闻领域，短视频改变新闻叙事方式，扩宽新闻报道渠道，创新新闻传播方式。仅仅是 2020 年新冠肺炎疫情期间，微博用户就累计上传了 225 万条疫情相关视频，播放量超过 842 亿次。[1]

二、手机视频的编辑方式与方法

手机视频新闻的承载平台主要是手机 WAP 网（3G）和手机新闻客户端。手机 WAP 网可以是以播放视频内容或节目为主，辅以文图、互动等其他内容的手机网站，也可以是将整个 WAP 网打造成只播放视频内容的、纯粹的手机视频 WAP 网。手机视频客户端试讲视频内容制作成单品供用户下载和收看，是手机新闻客户端其中一个类别。手机 WAP 网和手机视频客户端，都有一套基于手机终端和移动网络的编辑方式。

---

[1]　第 46 次《中国互联网络发展状况统计报告》，http：//www.cac.gov.cn/2020-09/29/c_1602939918747816.htm，2020-09-29。

1. 明确业务

手机网和视频客户端先要明确的是在手机上开展哪一类业务，需要从网站拥有的资源和具备的资质以及投入的力量来确定。与手机视频新闻相关的业务包括电视节目直播、电视视频点播和下载、视频节目搜索、视频新闻上传和分享、电视节目预定和收、自制视频节目、电视台和视频节目集成。有实力的网站、机构能全部囊括这些业务，比如搜狐视频客户端，集成有多家电视台的在线直播和节目预告，开设的新闻频道里面，"国内""国际""军事""科技""财经""社会""生活"等若干子栏目除了可以在线点播，也可以下载后离线观看，同时也具备充分的互动渠道和条件，具有"发表意见"的评论窗口和分享到"新浪微博""腾讯微博""短信""邮件"等多个按钮。除此之外，还提供"今日""本周""本月"和全网视频新闻的搜索选项，功能性按钮"新上架""最热门""好评榜"展示有特色的视频新闻，"个人空间"里面，"播放记录""我的收藏""我的订阅""我的上传"等也都能进行个性化设置。

搜狐视频以大而全的手机视频新闻作为主要路线；央广视讯、人民视讯则更偏重单一的手机视频模式，央广视讯主要以提供新闻快报、娱乐、搞笑、音乐、综艺、时尚、动漫的视频点播，而人民视讯是以原创节目为主，并设有"美的盛宴""微电影""炫彩剧场""英超盛宴"等多个自制栏目。不同类别的视频业务对编辑的要求也不尽相同，因此，确定业务类别是手机视频编辑最为基础但却很重要的工作。

2. 设置栏目

随着时代的潮流，手机终端越来越趋向于大屏幕，但不同的终端有不同的适配需要，手机视频新闻栏目的设置依然要求少而精，以大众化、普遍性为准则的一般栏目为基础，为了体现亮点和风格的栏目为特色，总体数量控制在6~8个。对于一般的手机屏幕来说，能放下的栏目数最多只有5个，一般是4~5个，设置"更多"栏目就需要采取一定的编辑技巧来呈现。方式多种多样，如：采取伸缩式的两行编排，用触屏滑动，下拉菜单，弹出新窗口。无论哪种方式，都需要有简单的提示按钮，提示用户去看更多的栏目。

3. 编辑新闻

（1）编辑直播类手机视频新闻

直播类手机视频新闻一般也称为手机电视直播，通过手机终端实时转播电视台正在播放的节目。编辑的工作就是在平台上完成解码、编码、转码和必要的审核。首先要数字化处理直播的电视信号或者现场直播的音视频信号，以求达到手机电视直播对节目源数字化的要求，然后根据手机能够播放的格式以及无线网络条件进行再编码。在播出之前，还可对节目进行审核和播控处理，随时可以接通和阻断节目信号进入流媒体平台。一切转码和审核工作结束后，直播节目就可以进入流媒体服务器从而完成节目流媒体化，这样用户就能以流媒体的方式收看。最后节目被传输、上载到移动运营商网关。整个过程基本上是自动完成的，编辑只是对内容进行必要的审核。

编辑在编辑手机视频新闻的过程中，参与度虽然不高，但可以通过提供功能性服务来发挥其主观能动性。早期的手机视频直播几乎没有服务性功能，相比以往，现在添加了节目单预告、订阅、下载和回看等多个互动选项。有些手机视频客户端还有边看边聊的窗口，把网络视频的直播业务全盘搬移到手机终端上。

（2）编辑点播类视频新闻

点播类视频新闻或节目是手机视频新闻里一个最主要的类型，也是用户观看手机视频新闻的主要对象。在技术层面上，点播类与直播类是一样的，必须完成对节目资料源的数字化处理、转码、审核和流媒体化，然后传输到运营商的网关。不同的是，点播类必须满足用户的个性化点播需求，必须按内容、时间或排行榜对新闻进行分类。因此，编辑点播类视频新闻的主要工作是剪辑、编辑和编档。

在点播类视频新闻这个流程当中，除了节目录制、数字化、流媒体化和上传环节由软件和技术自动完成外，编档、剪辑、编辑、审核各个环节都需要编辑参与，编辑在其中起着至关重要的作用。

当前，在手机端收看视频新闻主要以流量计费的方式，考虑到手机屏幕比较小、资费成本高昂以及收视环境复杂等因素，选择、编辑与制作点播类视频新闻时要有一定的针对性。在内容上，偏向于新闻性、娱乐性，热点新闻的时效性、娱乐新闻的可视性应该被强调，精心制作单条视频新闻的标题和摘要，用户通过标题和导语来点击观看视频。对于没有字幕的视频新闻可以考虑把字幕加上去，方便用户在不安静的环境里也能享受视频。在时长上，一般以 3~5 分钟为宜，长时段的新闻文件比较大，不利于下载，即使下载了观看效果也并不会很好。但是如果新闻很重要，不能压缩或者控制在限定的时间内，可以将新闻切割成几个部分，做成连续报道。在文件格式上，MP4、3GP、AVI、FLV、RMVB 等格式都可以在手机上播放，但压缩标准不一样。如 AVI、FLV、RMVB 等格式体积庞大，下载速度慢。因此一般采用容量小、专门用于手机的 3GP 和 MP4 格式。

4. 策划专题

策划专门的新闻专题，是指面对重大新闻、突发新闻和重要新闻时，可以根据新闻价值和用户关注度编辑、制作出可点播的视频新闻专题。专题的制作比较简单，其难点主要是将多来源、多片段的同类视频集中编辑，形成一个图片和文字共存的新闻列表，以方便用户集中浏览某一类新闻的视频。此外，还需要为专题制作一个手机版的题图，形成一种强势效应。在央视影音手机新闻客户端中，就看到有"九寨沟地震""1号线上""暑期加油站 这个暑假有点嗨""《加油！向未来》第二季"等各类专题，而在单个专题里，比如"九寨沟地震"专题，里面有诸多实时新闻，传达受震地区的实际状况，比如道路疏通情况、供电情况伤员转移情况等，还能实时更新遇难和受伤人数。

手机视频新闻目前正处于起步、发展阶段，编辑和制作手机视频新闻应当充分考虑手机终端的特点、视频新闻特有的传播规律以及手机用户的心理特征。多样化的终端会使用户在收看视频的时候有不同的视听体验。视频新闻有其特点，强调以画面和影像来取悦用户，用户在手机端又极容易造成短平快的收视心理。因此应该站在不同用户、不同收视终端的角度来审视手机视频新闻的编辑，最终达到手机视频传播规律与用户收视心理相互平衡的效果。

第五节　手机新闻客户端的编辑

【知识要点】

了解手机新闻客户端的类型、特点、整体框架的设计编辑，能够自主完成手机新闻客户端新闻资讯的选择和编辑。

在智能手机和多样化 APP 应用的带动影响下，手机用户及时浏览新闻和随时参与互动的大多会选择新闻客户端。

一、手机新闻客户端概述

1. 认识手机新闻客户端

客户端是作为计算机的术语，又称为"用户端"，是指直接安装在用户使用终端（即桌面终端和移动终端）上的应用程序。这类程序和软件不可单独使用，在与相应的服务器建立特定的通信联网的基础上，与相应的服务端程序相互配合运行。互联网中经常使用的客户端有浏览器、即时通信、在线播放器以及各类 APP 应用。

2. 手机新闻客户端的类型

国内目前较为典型的新闻客户端有如下几种：掌中新浪、搜狐新闻、网易新闻、凤凰新闻、"人民日报"、Zaker、Flipboard、鲜果联播、"南都周刊"、今日头条等。这些手机新闻客户端大致可分为三类。

第一类即平台类新闻客户端。这类客户端的特点是没有自有新闻源，而是汇聚了众多媒体及互联网站上又新又快的内容，主要采取实时抓取、自动收集、自由排版的方式，实时更新、自动推送，用户可以选择的方式有在线阅读、离线下载阅读。总体上平台呈现出杂志的感觉，供用户订阅的有丰富多样的分类，以 Zaker 为例，"订阅频道"下的分类有"社交""主题订阅""读览精华""订阅榜""新闻""本地新闻""财经""科技""英文资讯""报纸"等 22 大类，每一大类下又分成若干种不同应用内容，比如在主题订阅"下有"电影资讯""食品安全""沪深股市""军情速递""育儿宝典"等 62 种，在"报纸"下有"参考消息""京华时报""新华日报""新闻晨报""天津日报"等 50 种。除此之外，还可以通过输入"RSS 地址""QQ 号码"和"新浪微博"以实现"自定义内容"的订阅。平台类新闻客户端里面的 Zaker、鲜果联播、Flipboard、网易云阅读为图文类典型代表；蜻蜓 FM 等为广播音频典型代表；CNTV 直播、搜狐视频和 Uusee 电视是电视视频类典型代表。

第二类即媒体类新闻客户端。这类客户端大多由传统媒体研究开发出来，客户端里面的内容完全是自己的新闻源，也就是将原来刊登在传统媒体上的内容经过编辑加工之后搬到手机端，内容分类和母媒体大致相仿，有的新闻客户端还保留了报纸、杂志原来一样风格的版式。内容并不是实时更新，当然也不是长期保存，是固定在一天当中的某个时间或者某个时间段里面，更新两次到三次，保留三天或者七天。以《人民日报》为例，每天早上 7：30 更新一次，保留七天的报纸；《新京报》新闻客户端每天凌晨更新一次，保留三天的内容。当前国内有一部分报纸、期刊和电台、电视台已经推出了根据自身内容创办的原创新闻客户端。

第三类即实时新闻类客户端。这类客户端十分强调新闻的时效性，要求24 小时更新新闻，与网站同步发布，原则上在第一时间推送最重要、最新鲜的资讯。新闻内容精选自 Web 网络，内容上主要是文字、图片，也会有少量视频。这类客户端一般设置数十个栏目和专业内容的新闻产品，用户可以按照自己的偏好编排栏目和订阅产品，并且开通有多种互动通道、分享选择。"网易新闻""掌中新浪""腾讯新闻""百度新闻""凤凰新闻"等是典型代表，也是网民下载新闻客户端的主要选择，有的甚至还被预装到多款手机终端里

面。根据易观千帆 2015 年的监测数据（其中，网易新闻关键领域用户数据为
2016 年 2 月的数据），截至 2016 年第 1 季度安装累计 7.5 亿次、移动端月活跃
用户 1.5 亿名。移动互联网市场开发步伐越来越快，新闻门户网站转型移动互
联网的一条路径即是实时新闻类客户端。

第四类即综合类新闻客户端。采用"订阅平台+实时新闻"的开放模式，
客户端运营商自己制作发布"实时新闻"，24 小时实时更新。这样用户既能够
定制不同新闻源的内容和资讯，也能随时看到最新图文、视频新闻和报道。搜
狐新闻、CNTV 是综合类新闻客户端的典型代表。在搜狐新闻客户端，用户可
按照自己喜好"摇一摇"来选择订阅，也可以进入在客户端上的"新闻"板
块进行定制频道、实时浏览。和平台类新闻客户端相比，这里的订阅平台不仅
内容供应商可以通过后台与新闻客户端对接，拥有完全的自主编辑、版面制作
的权利，而且呈现出来的是与传统渠道几乎同时发行的当期版面和原汁原味的
内容。

二、手机新闻客户端的特点

目前，门户网站、新闻网站、传统媒体纷纷占领移动互联网这一市场，以
新闻客户端作为产品转化的接口。手机新闻客户端备受重视，一切皆源于其具
有优于手机报和手机网的显著特点。

1. 内容全面综合，精挑细选

手机的加载技术是独特的滑屏和滚动，但手机屏幕较小，单屏承载有限，
因而在内容方面呈现出全面丰富却又精挑细选的特点。首先是整个新闻客户端
内容的丰富多彩但却简约干练。以"掌中新浪"新闻客户端为例，开设有
"头条""新闻""军事""科技""体育""评论""滚动"等 19 个栏目。除
此之外，"掌中新浪"还单独设置"专题""图片"板块，这也是从包罗万象
的内容中精心挑选出来的，以满足用户对照片以及单个话题的阅读需求。

其次体现在单条新闻上。单个文本层除了可以加载图片、视频和评论，实
现了手机新闻的多媒体发布，同时也能附载新闻跟帖和多类分享，对新闻内容
形成有益的补充。此外，手机新闻客户端每天上载的新闻条数不像 Web 网一
样无限制地罗列和堆砌，需要从海量内容中进行严格过滤、筛选，充分考虑新
闻价值和用户需求，在精挑细选中发挥"二次传播"特有的效果。

2. 新闻更加快速，即时推送

手机媒体最大特点就是随时随地阅读，为了满足这一要求，必须实现快速
及时更新、实时推送新闻。平台类手机新闻客户端实时抓取、即时更新，综合

类手机新闻客户端一般每隔 10 分钟更新一次，有的更新频率更高，遇到重大事件甚至直接用客户端会进行在线直播。在 2013 年"两会"系列报道中，网易新闻客户端每天对两会重要议程进行视频直播，安装了相应软件系统的用户都可以在线移动收看。

只要经过用户许可，新闻客户就可以将重要新闻、突发新闻以最快速度在第一时间推送到用户的手机上。用户可以简单浏览推送的简讯，也可以触屏进入客户端浏览详细内容。即时推送保证用户能第一时间知晓刚发生的新闻。在腾讯新闻客户端，有这样一段形容手机快速及时推送新闻的广告语："新闻'秒时代'，3 秒连接世界，30 秒推送最新要闻，300 秒尽览每日资讯。"尽管是段广告语，但却很真实地表现出移动互联网时代手机新闻客户端"秒"读新闻的特性。

3. 互动纷繁多样，实时分享

互动是互联网的本质特征，移动互联网也同样具有这一本质特征，从现有新闻客户端的互动设置来看，有好几种不同的互动，有与内容关联的直接互动，如在线投票、调查、评论跟帖、微博热议、论坛、博客；有工具性的间接互动，如绑定账户一键分享，分享到微博，发送到邮件，推荐到 SNS 空间，转发到微信，等等。在某些新闻客户端里，还提供热点话题讨论栏目，让用户实时评论。

从新闻心理学角度来看，读者看完新闻后最容易做出反应是在第一时间，而第一时间的反应也最真实、最客观。因此，手机新闻客户端设置互动按钮，就是满足用户第一时间实时沟通、交流的需要，并且也能真实反映用户的思想和情感。一旦用户满足实时分享需求后就容易形成习惯，习惯之后就容易对手机端互动产生依赖、信任和黏性，更加积极地参与到话题和内容额讨论当中来，从而实时分享的频率也会变高。

4. 满足个性化需求，定制阅读

如今各类媒体中，传统的报刊、广播以及电视是以大众传播为对象的，很大程度上无法满足用户的个性化需求；网络媒体尽管在理论上具备个性、定制阅读的技术条件，但在业务层面上操作还是有一定难度的；手机终端具有贴身性和私密性，因而手机新闻客户端更容易满足用户本地化、个性化的需求，它可以用设计友好、交互的产品来实现"我的频道""我的资讯"。

手机新闻客户端目前提供的定制化功能有：订阅频道享受个性化的新闻资讯，提交位置信息享受本地化新闻服务，自由选择在线或离线阅读，根据不同终端和不同网速的状况支持图片模式、文字模式和体验模式的切换，等等。除此之外，平台类的新闻客户端还提供所有刊物订阅（退订）、关闭（开启）推送的功能。还具有其他的服务性功能，如"我的跟帖""我的收藏""我的股票""我的字号"等都可以根据自己的需要设定。

5. 界面简洁明了，操作方便

手机屏幕小，在一定程度上会影响到内容的丰富度，但也会使界面简洁、编排更加整齐大方。采用的无论是从上至下的板块式布局，还是从左至右的抽屉式编排，手机新闻客户端的 UI 设计都给用户以灵活、方便的良好用户体验，以易于用户便捷操作为方向。在网易新闻客户端 3.0 版中，滑屏技术得到充分利用。新闻客户端弱化了点击型操作，更多地采用抽屉式滑动切换模式，从而隐藏非核心的操作与功能，让用户更专注于浏览新闻资讯，而不会被显示在页面上的导航分类按钮打扰。与此同时，个人登录界面、功能性按钮和浏览单条新闻的跟帖也都采用抽屉式滑动，这种左右滑动式的设计更加适宜于用户单手操作。跟帖作为网易新闻客户端的特色，为充分利用好跟帖资源，网易新闻客户端专程设计出针对单条跟帖的编辑模式，点击就可以快速"顶""回复""分享""收藏"和"复制"。

6. 兴趣图谱产生，精准营销

移动终端还具有个人身份识别这一功能，可以精准记录用户每一次的资讯需求和浏览对象。此外，用户的定制和位置信息也都会留下痕迹，这些都很容易产生个人的资讯图谱和图谐。因而这类个性化的图谱为数据挖掘和精准营销提供了良好的条件，内容提供商可以根据受众的资讯图谱来推送资讯，广告商可以按照受众的兴趣图谱来推送一些相关的广告和产品信息。这种基于个人兴趣的营销模式，会颠覆 PC 时代按照浏览位置来投放广告，以及依据点击率和访问量的高低来统计广告的模式。

三、手机新闻客户端的编辑方式与方法

手机新闻客户端作为发布实时新闻、资讯的移动媒体平台，不管是哪一种类型的新闻客户端，都跟网络媒体平台一样，需要快速并且即时更新、多媒体发布和互动分享。所以，手机新闻客户端有一套自己的编辑方式和方法，以适宜移动互联网传播规律的、自有流程，编辑对象则包括客户端整体框架的设计和日常的新闻、专题。

1. 手机新闻客户端整体框架的设计与编辑

规范的手机新闻客户端由三部分构成：新闻资讯板块、互动分享板块以及辅助功能板块。新闻资讯板块包括栏目、新闻、专题和话题，在新闻里又包括

新闻列表、新闻正文、图片、视频以及新闻榜；互动分享板块则涉及评论留言跟帖、调查投票，以及分享到社会化媒体；在辅助功能板块里涉及栏目订阅（定制）、内容收藏、离线下载、新闻推送和阅读模式选择。手机新闻客户端与网站内容的简约版十分相似，但它不是 Web 网站内容的简单缩略，而是基于手机终端的一些特点的独立设计，在定位、栏目和版式上都符合手机新闻传播规律。

（1）明确客户端类型与定位

要设计手机新闻客户端，首先就应该明确拟建成哪种类型的客户端、平台类、媒体类、综合类都各有不同的操作后台和编辑系统并且也都需要吸收新的新闻资源，采用不同的运营方式。平台类客户端要考量的是新闻源的开发、整合和版权的问题，媒体类客户端要考虑利用原创资源、与媒体其他数字平合相互融合并且打通的问题，综合类客户端则需要考虑内容定制与实时新闻的相互平衡，为两种模式的综合性技术后台建设服务。在确定类型后，还应该明确客户端的定位，同样为媒体类的客户端，有的定位是忠实于原媒体，从内容到分类都没有太大差别；有的定位为从原媒体内容中挑选特色和精华，有一定的区别；有的侧重重新打造栏目，定位则是对原媒体内容的重新整合和编排；还有的定位时细分类新闻客户端，即只是原媒体的某一个栏目或节目，内容更加专一。比如 CNTV 有 CNTV 新闻联播、CNTV 经济半小时、CNTV 中国财经报道、CNTV-焦点访谈等数十个新闻客户端，每个客户端都只是这个栏目下内容的点播，没有任何其他的视频。明确客户端类型与定位，还应该统筹考虑客户端的经营模式。免费以及收费都直接影响到客户端的用户下载和使用频率，也关系到客户端最后的运营效果。

（2）设置栏目和互动

对于平台类的新闻客户端，设置栏目的问题不需要考虑，但应该考虑订阅的分类以及互动的设计。在整个订阅分类上，除开一般性的"新闻""财经""科技""体育"等遮掩的大众类别外，还要考虑的是用户的个性需求，提供细分化的类别和内容，比如"星座""本地新闻""自选股""假日出行"等。在互动设计这一方面，需要接入多类社会化媒体，提供充分并且便利的互动和分享应用。Zaker 客户端上面囊括了赞、评论留言、新浪微博、腾讯微博、人人网、搜狐微博、QQ 空间、POCKET、印象笔记、微信、邮件分享、短信分享和收藏文章等 10 多种不一样的链接按钮。互动、分享越充分，平台价值就越大，新闻报道本身通过平台类客户端所获得的覆盖面和影响力也就越大。对于媒体类的客户端，需要依据定位来设置栏目。可以把原媒体的栏目以及版面直接转移到客户端上，这样能够突出特色和重点，能够根据需要，内容和栏目也可以重新设置。有条件的媒体呈现出两种到三种不同栏目设置和形式的新闻客户端。《人民日报》就开发有"人民日报"和"人民日报新闻"两个客户端，前者是报纸的版面名称；后者突出《人民日报》的独特、独家资源，设置有"时事""社会""经济""评论"和"求证"五个大栏目，其中"评论"和"求证"是报纸的精华内容。《现代快报》也有"现代快报"和"掌上快报"两个客户端产品，前者保留报纸的格式内容，后者内置有"热点新闻""江苏本地""图片视频""快报微博""快报锐评""轻快阅读""快报周刊"等多个栏目，重新闻性、思想性、互动性以及娱乐性。其中，"快报周刊"结合了《现代快报》读者中阅读率和好评度最高的七份周刊——《爱周刊》《博客周刊》《发现周刊》《柒周刊》《点点周刊》《健康周刊》和《成长周刊》。①

对于实时类的新闻类客户端来说，栏目设置要全面。设置较为全面的栏目，一方面是为了提供更多的定制选项，以满足用户多样的个性化需求，另一方面是突出 Web 网站的特色和原创，以求在各类客户端中显现有所独特。在下载量较多的新闻类客户端中，都设置有 10 多个栏目，此外，又都各自很多的特色栏目，"掌中新浪"有"头条""博客""书摘"，"腾讯新闻"有"星座""话题""视频"，"网易新闻"有"女人""原创""轻松一刻"，"凤凰新闻"有"热榜"、"台湾"等，做到了求同存异。在互动这一方面，则需要和网站上的原有优势互动资源相互结合，甚至与网站用户平台彼此打通，内容和反馈能够共享。对于综合类的新闻客户端，订阅内容的主题分类需要考虑，实时新闻的栏目设置也要考虑。对于综合类新闻客户端，上述平台类新闻客户端和实时新闻类客户端在栏目设置和互动设计上的编辑思路和方法也是同样适用的。

（3）编排版式优化用户体验

手机新闻客户端的版式设计，有两个难题：一是手机屏幕很小，很难进行复杂的版式设计；二是手机终端很多样，屏幕大小规格不一，需要在编排版式时考虑各种手机的适配问题。综合两个难题，手机新闻客户端的版式设计应以简洁、操作简单为原则，把充分利用好手机触屏和滑屏技术作为前提，以用户直观和方便浏览为目标。

---

①　周凯：《三网融合背景下的传统纸媒的移动客户端发展路径研究——以〈现代快报〉客户端"掌上报"为例》，载《中国出版》2012 年第 15 期。

手机新闻客户端的操作有两种，横向的左右滑动和纵向的上下滑动，运用最普遍的技术即为触屏式的弹出和隐藏。基本版式由上下各占一行的栏目导航和不断更新的图文新闻构成，更多栏目被隐藏，更多新闻在滑动中加载。在内容编排这一方面，大多数新闻客户端将默认页设计成焦点头条和 3~5 张图片相结合的新闻摘要列表，将专题页、图片页和视频页统一设计成整齐划一的列表样式。在文章页则控制页面内容，对于篇幅长的文章，提供切换到下一页的功能，同时还能提供修改字体、评论、收藏、转发等功能。受制于手机的技术发展和移动网速，手机新闻客户端目前还很难展现复杂的 Flash 动画，也不易承载具有丰富表现力的内容。因而版式编排主要考虑用户体验，并且不断优化用户体验，让用户能够很简捷的操作，自由出入于客户端各个栏目、各大内容之间。

2. 对新闻客户端日常新闻资讯的选择与编辑

手机新闻客户端上编辑日常新闻资讯的流程，其实近似于手机报的内容编辑，包括选取新闻、编辑新闻和策划制作专题这几个具体流程。不同的是，手机报每天只需要完成一次制作，一经发送即不能更改。正因为如此，各方面的规范、要求都十分严格。手机新闻客户端能够实时更新，不管是选取新闻还是编辑新闻，都具有一定的弹性和相对来说宽松的编辑空间，相比较而言，手机报策划制作专题的频率是远低于此的。

（1）选取新闻

不管哪种媒介，选择新闻的依据都是新闻价值规律与媒介自身传播特点相互结合。针对具体的客户端，第一要体现时效性，充分发挥手机端新闻即时发布、即时获知的优势。特别是重大突发新闻，要第一时间选择、录入到手机端的内容管理系统，在新闻客户端平台率先发布并推送。第二要体现重要性，让用户获得最有价值的新闻。在一般情况下，Web 网的内容更加丰富多彩，更新频率也很高，手机新闻客户端每日发布数量有限，也不经常更新，所以可以参照 Web 网的新闻排行榜和热评榜来挑选合适的新闻。第三要体现均衡性，满足不同手机用户的多样个性需求。手机容量有限，不能用丰富的内容来满足浏览者个性化的阅读，因此只能在选择新闻时尽量集合不同类别的新闻，做到内容、数量均衡。第四要体现多媒体性。尽管图片和视频展现在手机上缺少一定的视觉冲击力，但从传播效果这一角度来看，多媒体会更易于吸引用户眼球。

（2）编辑新闻

手机新闻客户端具有独立的内容管理系统，借助这样一类软件技术，实现对内容的编排和发布。客户端的编辑对象分为两个方面：栏目页和文章正文。对于栏目的编辑，一是按照系统规范的要求控制标题字数和摘要字数，以及图片格式和尺寸、单页新闻数等；二是从内容角度编写标题和内容摘要，制作焦点图；三是对栏目页上面的新闻和图片进行排序。栏目页的标题字数一般以15个字为上限，摘要大概为两行30个字。制作标题和手机报、手机视频新闻一样，新闻要素不一定齐全，但是一定要体现新闻中最有价值的因素；与此同时也要兼顾吸引力和引导性。摘要则要求更高，既不能和标题内容重合，又要把文章的亮点给体现出来。图片编辑的重点在裁剪中的取景，狭窄的页面不宜展现太宏大的场面图片，选取裁切时要注意以近景和细节、特写镜头为主。栏目页的新闻排序是需要依据新闻价值叠加及手机端性质综合评估来确定的。

文章正文的编辑与网页新闻的基础编辑很相似，要有修改删添功能，对图片进行裁切并且撰写说明，对长的文章尽量写出阅读的提示；对于评论较多的文章，在标题下或栏目页的摘要中标注评论数，技术条件完备的手机客户端也可以在文章正文中插入图片和视频。

（3）策划制作专题

用手机阅览新闻已经成为越来越普遍的趋势，因而客户端中的专题也越来越多，但专题的策划制作并不复杂。整个专题页面呈现为题图加新闻列表这样的版式，在新闻列表中一般分设有新闻、图片、视频、评论、背景资料这样的基础性栏目，此外，有的专题还会开设与主题相关的栏目。但是，新闻列表的版式却很难让专题里的小栏目被用户注意到，因此设置专题栏目技术手段应该尽量使栏目凸显出来，或者干脆不用传统的新闻列表而采用滑屏的方式在专题默认页中把栏目呈现出来。

在整个手机新闻客户端的新闻编辑中，还有一类不常用的新闻形态：手机新闻直播。如2020年"两会"期间，网易新闻客户端每天都进行一场重要新闻的视频以及图文直播，包括政协会议开幕式、人大开幕式、总理政府工作报告，等等，用户一边观看视频，一边浏览直播图文。直播对客户端和网速的要求都较高，用户一般不会长时间用手机在线浏览、观看直播内容。因此，手机新闻客户端一般在面对重大、突发事件时才会考虑采用手机新闻直播模式，对直播的内容实时编辑成单条新闻报道并不断滚动发布。

第六节　平板电脑的新闻编辑

【知识要点】

　　熟悉报刊转战平板电脑的三种编排样式，掌握报刊新闻客户端的四个编辑要点，了解网络媒体新闻客户端集成平台类的编辑要点，了解网络媒体新闻客户端实时新闻类的编辑要点。

一、报刊新闻客户端的编辑

　　在平板电脑的新闻客户端上，数量比较多的是传统的报纸、杂志和电视台频道、栏目，这其中又以报纸和杂志为重点。报刊新闻客户端上面的内容，是将报刊纸质版的内容以应用程序的形式搬移到平板电脑上，用户通过下载每个报刊的独立客户端来浏览、阅读。默多克集团旗下的 *The Daily* 在创办 22 个月之后就失败了，但是却未能阻止传统报刊进军平板电脑，甚至有业界人士提出了"iPad 报"的概念。① 不论报刊新闻客户端的未来会发生什么事情，单就目前而言，以平板电脑为载体的报刊新闻传播的确有其独特的编辑方式。

　　1. 报刊新闻客户端的三种编排

　　平板电脑目前有三种编辑和排版样式。第一种是传统报刊的"原版"，将报纸上的内容原封不动地照搬到平板电脑上，无论横放或者竖放，版面内容都不会发生变化，用两个手指放大缩小字体，不用点开文章内容也可以看清楚文章内容。平板电脑有屏幕较小、阅读不便等障碍，也应该发挥互联网互动、超链接等优势，因此，在设计平板电脑报刊"原版"时，一般都会增加"目录""精华"等导读选项和"收藏""分享""评论"等互动的选项。让平板电脑原封不动地呈现报刊内容，具有两个方面的意义：一是让传统报刊用户已形成的阅读习惯得以保留、延续，二是能够继续发挥出版面语言的价值，让用户看到报纸对新闻价值的筛选、稿件轻重的处理和版式布局的设计。

　　第二种是传统报刊的平板（PAD）版，编排方式灵活多样，没有一定的规则，以体现出平板电脑的特性和视觉上的愉悦为原则，因此，每种报刊上都可以结合自己的内容进行独特的页面设计和内容的安排。比如汽车族的 iPad

---

　　① 田勇：《正 Pad 报："指尖魔术"能否持久炫彩》，载《新闻实践》2012 年第 1 期。

版，打开之后就可以看到一段带着动感音乐的汽车视频。目录页带有常规性的文字，以全幅、精美的汽车照片作为导读，几乎每款汽车旁边都设置有"on"或者"点击查看"的按钮，轻轻触摸按钮就可以显示出所查看的一款汽车的简介或者各种参数。

　　第三种是传统报刊的平板混合版，是将报纸杂志的"原版"与"PAD版"相互结合在一起，在一个页面上既有原汁原味的报纸版面，又同时推荐报刊中的精华内容或发布相关即时新闻。以 iPad 上的"宁波播报"为例，设置有四个不一样的内容板块，每个大板块下有若干个小栏目，这些板块和栏目既有原版的报纸、杂志，又有凸显移动互联网和 iPad 特性的各种新闻资讯。

　　原版悦读：集合了宁波日报报业集团旗下的《宁波日报》《宁波晚报》《东南商报》《新侨报》《宁波手机报》相同的数字版面，除《宁波手机报》之外，其他报刊可看到当天以及最近三天的报纸。

　　新闻板块：设有本地新闻、国内国际、热点关注、iPad 的图片视频四个栏目，全天发布新闻资讯和高清的多媒体内容，前三个栏目在 iPad 终端上可以自由切换浏览，后一个栏目则链接到网站，与网络版的栏目达成一体化。

　　互动板块：由"互动空间""我来说""我要参与"及微博分享构成，将网站论坛、微博里的精华内容推送到"互动空间"，用户能够在"我来说"中在线撰写评论并可以上传图片，实时互动。

　　服务板块：设置有日历、天气、提示、活动播报等内容，同时还与中国宁波网的"对话""网上发布厅""法院执行""义务红娘"等直接相连，一方面对"中国宁波网"进行导览，另一方面也使用户更加便捷、及时获取信息服务。

　　"宁波播报"是混合型客户端，类似的还有《解放报业》《京华时报》《现代快报》等。用户在获得静态的、深度的纸媒内容的同时，还能获得动态的、即时的网络媒体的新闻，随时随地与外界进行互动、交流。

　　2. 报刊新闻客户端的编辑要点

　　(1) 灵活编排板式

　　报刊在 PC 端网页上呈现时，基本上是采用列表模式，其缺陷就是无法识读版面语言、深度理解编辑的用意。平板电脑出现之后，适中的尺寸给了报刊新闻客户端极大的版式编排空间，在一定程度上让报纸的版面语言得以重生，再现了报刊版面语言的魅力。平板电脑的编排样式有很多种，有等分编排，将页面均等划分为若干板块；有范式编排，将页面按照"横二竖三"或"横三竖四"进行分栏设计，栏宽自行定义；有黄金分割编排，按照黄金分割线将页面分栏；有全幅式编排，整个页面为一张大图片或一篇文章的图形版；还有头条式编排，用大幅照片配以标题和正文摘要作为头条，占据页面大块位置。这些版式可以在编排时灵活运用、交叉使用。以《新京报》新闻客户端为例，封面页采用全幅式编排，首页页面采用头条式编排，新闻页面采用范式的横三竖四编排。

（2）强调图文并茂

触摸屏技术和屏幕分辨率技术的不断提高，使得平板电脑的屏幕几乎就是为图片量身打造的，高清晰度、大幅面的照片能够在平板电脑上呈现，画质良好，给人强烈的视觉冲击力，而且可以多图切换，随意滑屏，用户浏览便捷。这就要求在编辑内容时，应把握好这一媒介特点，图文并重，穿插交融。有些杂志类新闻客户端，图片的比重甚至超过文字内容，达到了80%。

图文并重有很多种编辑方式，以《南方人物周刊》的新闻客户端为例，几乎每一屏都有图片，全幅图、半幅图、小图、卡通动漫图、示意图一应俱全。在呈现形式上，有的编辑为单幅图，有的编辑为组图，组图展现方式以左右滑动来呈现；有的编辑为弹窗图，点击小图会弹出更大幅面和更高清晰度的图片。全幅图的方式说明有些与图片融为一体，有些被设计为隐藏式，点击提示按钮后会弹出文字。还有一种特殊设计，只要用户上下滑动屏幕，就会滚动出现文字。

（3）强调编写摘要

目前，大多数报刊新闻客户端会设计一个封面页或首页作为当天报纸或新闻的导读，页面上采用标题加新闻摘要的编排方式。在此基础上，标题的制作和摘要的编写就成为客户端编辑的重点。与网页新闻编辑相比不同的是，标题在一般情况下都会与纸质报纸保持一致，摘要则由于不在报刊上呈现所以需要重新编写。摘要的编写可以采用三种方式：一是"5W"式写作，类似导语的模式，将何人、何时、何事、何处、为何一一在摘要中写清楚，用最简洁的预案让读者在最短时间里知道发生了什么事情；二是"悬念式"写作，用很吸引人的要点来编写，只言片语但没有更多的解释，以此勾起人们对悬念探究的心理；三是"要点式"写作，摘录文章中最有价值或者最中心的一段话直接编写为摘要，直接、明了，紧扣新闻主题。摘要编写最大的忌讳是将文章第一段的几句话自动编录，这种操作不能突出新闻价值，会导致用户流失。

（4）实时更新新闻

实时更新新闻包括两方面：一方面，对于以报纸"原版"和"PAD"版展现的报刊，应尽可能和报纸同步更新客户端；另一方面，对于以混合版展现的报刊，要做好新闻的实时更新和互动的动态发布。

作为一种移动终端，平板电脑具备随时随地浏览、阅读的条件，新闻客户端应满足用户在移动状态下第一时间获知最新新闻资讯的需求。以"混合版"样式编排的报刊断客户端，不仅快速发布、能够实时更新新闻，而且可以将页面设计为滚屏模式动态下载模式或者切换模式，以求刊载更多的最新消息。

在"宁波播报"新闻客户端中，中间区域以小图加标题、摘要形式，追踪当日的大新闻，随时更新；右上角的"活动播报"滚动播出当日生活服务类的一句话简讯；右侧互动分类区域聚合最新网络热点话题及互动内容；顶部的"本地新闻""国内国际""热点关注"动态切换，以求呈现更多当日重要的新闻热点。

二、网络媒体新闻客户端的编辑

搜狐新闻客户端 iPad 在 2013 年 1 月上线，这一事件标志着四大门户网站都已经加入平板电脑新闻阅读应用战场。随着移动互联网时代的到来，网络媒体研发、设计平板电脑的新闻客户端占领移动互联网市场是必然之举，利用新闻客户端扩大新闻覆盖面和提升影响力是必经之路。

1. 网络媒体新闻客户端的类型

网媒的 PAD 版新闻客户端类型和手机新闻客户端相比大致相近，分为两类。一是集成平台类客户端，如 Zaker、鲜果联播、腾讯爱看、搜狐新闻等。这类客户端除了提供自己的新闻 APP 之外，还汇聚了众多媒体及网站的 APP，用户通过定制、设置推送等方式来实现在线阅读。在搜狐新闻客户端里，除了"搜狐早晚报"之外，其他都是可订阅的产品。搜狐新闻客户端中设有"订阅中心"，旗下有"娱乐""悦读""科技"等 12 个频道，每个频道里又有许多新闻产品。频道的设置以及频道中的产品和手机端没有大的差别。二是实时新闻类客户端，如新浪新闻、网易新闻、凤凰新闻、新华新闻等。这类新闻强调时效性，24 小时随时更新新闻，根据网站的时间同步发布，在第一时间推送最重要、最新鲜的资讯。这类客户端设置有几十个频道和精华栏目，用户可以根据自己的偏好来设置编排首页页面栏目的位置和顺序。新闻内容与手机客户端一样精选自 Web 网站，但数量上大大超过手机新闻客户端。

2. 网络媒体新闻客户端的编辑

（1）集成平台类新闻客户端的编辑

集成平台类新闻客户端把为用户提供订阅作为导向，要求体现在以下几个方面，首先在页面编排上要简洁明了，便于操作。版式设计一般采用等分编排的方式，所有的 APP 订阅占用空间均等，通过图片带文字的形式呈现，没有主次之分，整体看上去干净，并且清爽。除此之外也应该提供滑屏操作，以展现用户更多的订阅。考虑到用户个人的偏好，需要提供排序操作，让用户自己确定每一个 APP 的位置和前后顺序。

其次要设计好每一个 APP 内容的编排以及呈现方式。尽量用不同布局的页面版式来交叉呈现，每一个页面上都应该做到图文并茂，文章可以纵横交错，但是板块划分要清晰，每一篇文章由标题和摘要组合而成，占据的空间可以大小不一样，形成视觉差反而能够抓住用户的眼球。

最后是进出自如。集成平台类新闻客户端注定了用户会在不同的订阅中跳跃浏览，如果为了用户使用时体验到流畅和舒适，就要保证用户在点击进入一个 APP 之后能便捷地返回。在网页 Web 端，浏览器内打开任何页面，统一使用浏览器的前进、后退便能轻松返回之前的页面。平板电脑设计时没有统一的标准，因此，把一些辅助功能设计到应用之中，让用户轻松自然地进入或退出当下的页面或 APP 应用，是很有必要的。

（2）实时新闻类客户端的编辑

虽然网络媒体在手机终端和平板电脑终端都有实时新闻类客户端，但实际尺寸的差异带来用户习惯不同，使得两者的编排、布局和内容编辑有明显的差异。

首先，利用平板电脑的技术将页面容量实现最大化。以凤凰新闻客户端为例，首页页面设置有七个频道和四个栏目，若要自由切换，点击频道和栏目图标就可以。整个首页页面被划分为四个板块，静态页面只能看到一张大图、四张小图、六条标题加摘要新闻、五条标题新闻，但是每个区块都可以上下左右滑动，这样就可以浏览四张大图、24 条标题加摘要新闻和 27 条标题新闻。这些都是运用 HTML5 技术之后，可以在平板电脑中的运用带来的效果。

其次，充分考虑横屏和竖屏相互切换的变化，采用不同的编辑方式。平板电脑可根据重力感应，在横屏和竖屏上展示不同的阅读效果。用户采取何种阅读方式很难确定，唯一能做的就是在当初设计时就充分考虑横屏和竖屏的变化，无论如何旋转，尽量保持阅读舒适度。因此，在划分栏目时可以遵循范式编排的"横三竖二"或"横四竖三"的格局，横放时"左右窄栏，中间宽栏"，竖放时左窄右宽，至于具体的栏宽，可以根据文字内和图片来自行定义。iPad 原版的新浪新闻客户端设计不太合理，横放竖放都是只有两个栏目，这样带来的后果是横放时新闻摘要的单行文字过长，阅读十分不便。相比之下，网易新闻就比较合理，当平板电脑横放时，增加了一个"跟帖"的板块，这样编排更为科学和实用。

最后，发挥出平板电脑的多媒体特性，充分利用网络媒体图片、视频资源丰富的优势，统筹考虑，让平板电脑新闻"动起来"。在编排平板电脑中的新闻时，在导航中加入视频和图集可方便用户直接点击并观看；可以在首页页面或者频道页面留出空间放置图片和视频；还可以在单条新闻标题的摘要旁添加"视频""图片"小标识，引导用户点击观看。总而言之，要让平板电脑多媒体化，利用平板电脑良好的视觉效果，集线性传播、非线性传播为一体，融文字图片、音频视频于一页，进行全方位的信息发布和传播。

☞ **思考与练习**

1. 比较《人民日报》在手机上的呈现形式与平板电脑上的呈现形式有何不同，并与其在传统纸质报刊上的内容作比较，观察其差异，并思考为什么有这些不同。

2. 总结手机新闻与网络新闻编辑原理最显著的几个特点。

3. 思考传统媒体开发手机平板上的新闻客户端对自己的传统业务有何影响？对自己的传统业务是否有冲击？

下　篇

全媒体新闻评论

第十一章　新闻评论的基本认识

【本章学习要点】

★ 了解新闻评论的定义

★ 了解新闻评论的体裁特征

★ 了解新闻评论的评论价值

★ 了解新闻评论的发展与嬗变

第一节　新闻评论的定义

【知识要点】

新闻评论是传者借用大众传播工具或载体，对新近、正在发生或发现或将要发生的新闻事实、问题、现象直接表达自己意愿的一种有理性、有思想、有知识的论说形式。

新闻评论是传者借用大众传播工具或载体，对新近、正在发生或发现或将要发生的新闻事实、问题、现象直接表达自己意愿的一种有理性、有思想、有知识的论说形式。新闻评论在报纸、广播、电视和网络上有不同的表现方式，或文字、或声音、或音像结合、或图文并茂，在新闻传播中发挥着重要作用。①

这个定义是从两个方面来界定的：第一，从新闻评论的内涵着眼，即新闻评论与其他新闻形式的区别、它的生产过程、它的内容要求等；第二，从新闻评论的外延观察，即指出新闻评论在当今时代有哪些表现形式。外延是从内涵引申而来的，但是这种引申在新的形势下又有特别需要强调的意义。

在此定义里，这两者是相互联系、共为一体的。这个定义强调了以下几个方面的意见：

---

① 赵振宇：《新闻发现是新闻评论的基础》，载《新闻与写作》2014 年第 9 期。

第一，如今的新闻评论大多是借助大众传媒来实现的，这里的作者不仅仅是写手，更是一位传播者。

第二，新闻评论是一种传者意愿的直接表达，或代表传媒单位，或代表传者个人，都是一种有形意见的表达：反对什么、批评什么，赞成什么、表扬什么，都是主观反映于客观的一种直接的、真实的思想表白。它比消息报道更深刻、更理性，因而也更能打动人、说服人。这是新闻评论的本质属性使然。

第三，新闻评论必须依赖于新近发生或发现的事实、问题或现象，它有别于小说家的创作和理论家的演绎。新近发生或发现的事实、问题和现象是第一性的，新闻评论是第二性的，后者是对前者的一种思想反映。新闻评论需要有理论作支撑，但是它必须反映事实、反映时代，以活生生的社会生活为依托，具有强烈的时代性和针对性。这是新闻评论有别于文学创作和理论研究的根本所在。

第四，新闻评论是一种说理的传播知识的表现形式，在现代传媒发展的形势下，它的表现形式日趋丰富多彩、生动活泼。

新闻评论早先是从报纸上的政论文开始的，所以很多教科书把新闻评论称作"政论文"，它是一种文字的书面表达形式。但是，时代发生了变化，现代科学技术的发展已经使新闻评论走出了报纸的版面。广播里有它的声音，电视里有它的音像，网络里更是有众多的网民发议论、跟帖，新闻评论已经成为一种传者和受众相互交流思想、传播知识、沟通有无的论说形式了。①

第二节　新闻评论的体裁特征

【知识要点】

新闻评论的根本特性，即新闻评论的新闻性、新闻评论的时效性、新闻评论的理论性、新闻评论的思想性、新闻评论观点的倾向性。

一、新闻评论的新闻性

新闻评论不仅是简单的评论，而应该是最具时代信息和关注力的评论，对其新闻价值，比如读者性、信息性、影响性、贴近性、异常性等的把握，将使得其像热点新闻一样有了受众和需求。从小的方面来讲，任何一篇新闻评论作品，必然包含着论题的时效性、内容的鲜明性和批评的普适性。这些恰恰是新

---

① 赵振宇：《论新闻评论的根本特性》，载《新闻大学》2006 年第 1 期。

闻性的具体体现。有一种说法："新闻评论属于观点新闻。"这句话的意思可以简单理解为，新闻评论是关于新闻的"消息"，它以"观点"的形式，直截了当地告诉读者新闻，告诉读者新闻背后的信息，告诉读者新闻蕴含的意义，告诉读者新闻发展的趋向，告诉读者公众和媒体对待新闻的态度。至此我们可以发现，新闻评论的应运而生，乃是媒体强化新闻、拓展领域的一个突破口。显而易见的是，新闻事实或许只能有一个，而新闻评论则大不一样。认识问题的角度、深度，解决问题的见仁见智，甚至语言风格、思维习惯的差异，将能够形成巨大的竞争空间，继而形成自己的风格，产生更大的影响力。所以我们可以得出这样的结论：新闻评论作为固有的一种新闻体裁，正随着新闻观念的发展变化而发展变化，其新闻性正在得到更加突出的强调。①

二、新闻评论的时效性

按《现代汉语词典》的解释，时效"是指在一定时间内能起的作用"。而新闻报道的时效性，可以理解为新闻报道内容在一定时间内能起到的作用。在新闻界看来，时效是新闻报道的生命。新闻评论作为新闻报道的一个类别，自然也离不开时效性，这是逻辑推演的自然结果。业内专家也非常重视新闻评论的时效性，如邵华泽在《新闻评论概要》一书中曾专门拿出一章来讲"时效性"。② 新闻评论在报纸、广播、电视上有不同的表现形式，或文字，或声音，或音像结合，或图文并茂，且因为不同媒介形式的传播特性，时效性有不同的要求和体现。但随着网络等新媒体技术的发展，对新闻评论时效性的重要性认识及时效要求在不断发生变化。

新形势下的媒体竞争，在第一时间发表相对独特的、权威的、有影响力的评论，相对于发布新闻事实来说，更不是一件容易的事。所谓"第一时间"，除了不为人知的时刻，还包括不为人识的时刻。在这一时刻，评论员（评论记者）通过概念、判断、推理揭示蕴藏事实其中的真谛，以有形意见的形式来表现，告诉受众事件发生的性质、原因、意义及发展的趋势。

三、新闻评论的理论性

新闻评论常被人们称为新闻传媒的灵魂和旗帜，足以说明它的重要地位和

---

① 刘家伟：《新闻评论是关于新闻的"消息"——兼谈新闻评论的新闻性》，载《新闻战线》2005 年第 7 期。

② 徐仲超、郑嫣然：《重大新闻评论时效性的价值与表现方式》，载《新闻与写作》2014 年第 7 期。

作用。新闻评论文章重要，其根本原因在于它是根据现实中反映的问题，运用一定的理论知识，采取论理、分析的方法来反映作者的有形意见（即通过对事实的分析、说明、论证，揭示事物的本质，解决现实所提出的问题，直接表达作者的思想观点，提出希望、意见和要求），达到明辨是非、释疑解惑、相互交流、为读者服务之目的。而消息报道，则是依靠事实，运用感性、叙述的方法，来反映作者的无形意见（即思想观点包含在事实的叙述之中）。相比之下，新闻评论文章的理论性和深刻性要强于一般的消息报道。

新闻评论告知大众的不是改造社会的具体方法，而是一种理念、一种思维、一种思想、一种观念。新闻评论主要靠理性的力量、真理的力量。一种理论要能说服人，必须讲出道理，使人信服，它不像法制和行政命令，强迫人们接受。为了说服人，就要使理论符合实际，理论自身更加科学、更加完善。新闻评论具有其他新闻体裁没有的优势。它着重从思想、政治、伦理的角度分析新闻事件和社会现象，又以说理为主要手段，兼有逻辑的力量和严密的论证，在以确凿事实为论据的基础上，直接得出或引出明确的结论，从而达到明辨是非的目的。新闻评论论说的理论性包括两方面内容，一是它的论说要有科学性，即符合历史唯物主义和辩证唯物主义的观点，在论述时遵守论说的一般规律；二是它的论说要有理论根据，而这种理论也是经过历史的检验，是科学的。新闻评论论说的理论性，不仅是对党报新闻评论的要求，对其他的新闻评论也该有这样的要求。[1]

四、新闻评论的思想性

我们常说新闻评论是媒介的灵魂。所谓灵魂就是思想意识，在一篇文章、一块版面、一个媒体中起主导地位、起决定作用的东西。一篇新闻评论哪怕它的新闻性很强，它的时效性很快，也很有文采，但是空洞无物，没有思想或思想观念错误，干瘪无味，也是没有益处甚至是有害的。干新闻工作的，时常想抓一些有深度的报道。什么叫有深度？说白了就是有思想、有见地，能够一语中的，能够技高一筹。在新闻评论中就是要敢说别人不敢说的话，会说别人不会说的话，善于说别人说不好的话。评论的力量不在于它在版面上的位置和字号的大小，而在于它字里行间所渗透出的思想性和这种思想的深刻性。[2]

---

①　赵振宇：《论新闻评论的根本特性》，载《新闻大学》2006 年第 1 期。
②　赵振宇：《论新闻评论的根本特性》，载《新闻大学》2006 年第 1 期。

五、新闻评论的观点倾向性

鲜明的倾向性是新闻评论最基本的特征之一，这种倾向来源于事实本身的倾向性和评论者的利益倾向。新闻评论是伴随着现代媒体的发展和公民意识的觉醒而兴盛起来的，它是公民通过新闻媒体表达意见的一种形式。公民意识的觉醒意味着公民个人对自己的身份认同，对自己与国家和社会的关系重新定位，尤其是对公民个人的权利和义务有了新的认识。在公民社会中，每一个公民都要维护自己的权益，并通过一定的形式保障自己在公共事务中的权益。

作为公民表达重要形式的新闻评论也就必然具有了倾向性。从根本上讲，所谓新闻评论的倾向，不过是公民对自己权益的一种态度表现形式。

第一，事实的真假是新闻评论倾向性的第一基础。由于新闻评论是对事实的评价，是第二性的东西，对事实的判断必然受制于事实本身的真假，因此就必然具有倾向性。新闻评论的其他判断都必须在事实真假判断的基础上才能做出，这是制约新闻评论和新闻报道倾向性的最基本因素。因为新闻事实是客观的，其倾向性取决于事实本身的属性，而不单是人的主观意志。

第二，价值判断是新闻评论具有倾向性的又一基本因素。随着公民意识的觉醒，每个公民都必须面对自己在社会中的身份和地位，公民自身与国家和社会的关系，公民的权利和义务等基本问题，并在长期的社会实践中和不同的文化背景下，形成一系列基本的行为准则，这些准则和理念最终内化为个人的人生观、世界观、价值观和审美观，并在公民社会的公民表达中体现出来。当公民针对新近发生的新闻事实发表意见和看法时，这些价值观念就直接内化在新闻评论的立意和观点中。实际上，这些不同的价值观念仍然是公民在社会视角下对自身公民权益的关照，表现为具有倾向性的意见表达。

第三，无论事实判断还是价值判断，体现在新闻评论中，都包含着作者对事实各方的利害判断，这也是新闻评论倾向性的又一原因。尽管有时候价值判断与利害判断并不一致，甚至相互对立，一般来说，只要回归事物本身，对事实的"真与假"很容易做出明确判断。新闻评论的倾向性也是评论者的价值观、审美观、世界观等价值标准的集中显现。①

---

① 覃芹：《新闻评论、价值坚守与舆论引导》，载《重庆社会科学》2014 年第 3 期。

第三节　新闻评论的评论价值

【知识要点】

判断取舍一个新闻事件或者一篇新闻报道有无进行评论的价值，可以以下六个方面为标准，即新闻价值和传播价值、新闻事件的重要程度、新闻人物的传播范围、政策法规的界限、人民群众的意见、社会生活的需要。

《中国新闻实用大辞典》说："评论价值看不到、摸不着，需要细心观察、认真分析才能捕捉到。因此，专职评论员或业余评论作者，都需要努力提高自己的评论敏感，做善于发现评论价值、抓住评论价值、开掘评论价值的有心人。"① 在这里，如果说"处处留心皆学问"的话，也可以说"处处留心皆选题"，例如肖峰的评论文章《从总书记的茶杯说起》就是如此。

一、新闻价值和传播价值

新闻价值越大、传播价值越大的新闻题材，也就越可能成为新闻评论好的选题，而且往往也会是传播效果比较好的评论话题。在这里，新闻价值和传播价值与新闻评论的价值常常成正比例的关系。从这个意义上看，新闻价值和传播价值可以成为新闻评论价值和选题判断的佐证。

二、新闻事件的重要程度

新闻每天发生，新闻事件层出不穷。尤其在如今的网络媒体时代、新媒体时代，新闻信息爆棚得令人应接不暇。但并不是所有的新闻事件、所有的新闻信息都具有评论的价值，只有那些重大的事件、重要的问题，影响重大、影响深远的新闻才是值得评析议论的。

三、新闻人物的传播范围

典型人物的传播往往带来整个新闻价值的提升，也必然有适合对其作出评判和议论的价值。而且人物的典型和广泛的影响力，往往也会使得新闻评论的影响广泛而久远。

---

① 冯健：《中国新闻实用大辞典》，北京：新华出版社 1996 年版，第 102 页。

四、政策法规的界限

许多事情国家、政府部门已经三令五申地予以禁止，可是有一些人和地方或部门敢于铤而走险、有令不行、有禁不止、以身试法。这样一些人、事和现象，就可以从中选定和确立话题。

像在改革开放之初，一年一个"一号文件"频频出台，可有些地方搞"上有政策，下有对策"，弄出些被人们讥讽为"二号文件"的东西，干扰改革开放、破坏经济发展，于是产生了《"一号文件"要管"二号文件"》这样的评论名篇。

五、人民群众的意见

人民群众对一些社会现象、腐败奇观深恶痛绝，甚至怨声载道，这就需要及时地做出判断、选择话题、予以痛击。受众对一些有切肤之痛的事是非常关注的，对于针对这类事件的评说也必定是非常关注的。

六、社会生活的需要

当前社会的热点、难点、焦点、关注点，必须面对、急需解决的一些问题，都可以成为评论的好选题，也会使评论具有天然的针对性，这也是屡试不爽的选题规则，如夏凡写的《海外代购须守住法律底线》（2016年11月9日《广州日报》）。

从以上六个方面来判断取舍一个新闻事件或者一篇新闻报道有无进行评论的价值，应该说，第一点是基础性的，就是说首先要看其有没有新闻价值和传播价值。在这个基础之上，加上其他任何一个方面，则这个新闻事件或这篇新闻报道都应该算具备了新闻评论价值。

在上述规定性和各要素特性的关照之下，一篇新闻评论的选题就比较容易判断和确立了。有了这么多的规定性、价值判断、选择路径分析的标准，对于新闻评论选题的问题当然是可以比较好的解决了。但有时也还有矛盾之处，也有说不清、道不明的因素的干扰和影响，还有不同的人、不同的认识状况下的判断失准甚至有误的问题，也就是有一个因人而异、因时而异、因事而异的问题。因为新闻评论价值实际上是一个价值判断问题，价值判断依赖于人们的价值观，所以不可以一概而论，不能死板僵化，不要教条主义地看待这一问题。当然，真正好的选题，即便一时被埋没，也锥处囊中，最终会脱颖而出。

新闻评论价值问题，其实也和新闻价值问题一样，常常并不是很显性的、可以让我们一目了然的。它多数情况下是隐身于事、存乎于心地等待我们去感悟、去发掘、去提炼。同样地，需要我们有强烈的新闻敏感和新闻评论的敏感，才有可能找到它、发现它、发挥它。社会生活五彩缤纷、丰富多彩，社会现象日益复杂，价值观念日益多元，可选择的话题、可评说的事情数不胜数，就看你有没有发现的眼睛、抓住抓准选题的能力和评说的资本。《南方都市报》的评论有一个理念："没有不可说的话，只是看该如何说。"

第四节　新闻评论的发展与嬗变

【知识要点】

改革开放以来，中国新闻评论由报纸向广播、电视、网络等其他媒体发展，新闻评论话语也经历了官方话语、精英话语到民生话语的嬗变。

一、新闻评论的发展

改革开放至今 40 多年是中国社会和中国新闻事业发生重大历史性变迁的时期，也是中国新闻评论的变革最为集中、显著和剧烈的时期。

1. 报刊评论的多样化拓展

从 20 世纪 80 年代初开始，全国各级各类报刊的要闻版及其他新闻版上，小言论的"遍地开花"，成为新闻评论发展的一个重要景观。

杂文是改革开放之初人们最早"重拾"起来的"批判的武器"：《人民日报》自 1977 年起，就在副刊版上辟出专门版面，刊载批判"四人帮"和"文革"的杂文，此后推出了杂文专栏"金台随笔"；颇具影响力的杂文专栏还有林放在《新民晚报》上的"未晚谈"。改革开放也带来了对杂文"武器的批判"：与各报均在副刊上刊登杂文的做法不同，1984 年初，《中国青年报》将杂文搬上新闻版，在 2 版开设了杂文栏目——"求实篇"，最初每周发表两三篇，后来除周末的"星期刊"外，几乎每天刊载杂文。①

另一个重新复兴、显示出蓬勃生机并得到广泛运用的评论体裁是时评。这种近百年前曾流行一时的评论文体，在 20 世纪末以崭新的面貌"重出江湖"。

---

① 涂光晋：《多媒体生存·多功能延伸·多主体参与——改革开放 30 年新闻评论的发展与变化》，载《现代传播（中国传媒大学学报）》2008 年第 6 期。

2. 广播评论的发展完善

十一届三中全会的召开，使中国的广播评论迎来前所未有的繁荣局面。广播评论的重要地位越来越受到重视，更具广播媒体特征的体裁样式与传播方式也在实践中不断探索和完善。1980 年，中央人民广播电台组建了评论组，撰写包括本台评论和本台评论员文章在内的各类评论，该台各专业编辑部也纷纷撰写和播出自己的评论。

各地方广播电台也紧密结合本地的实际和听众需求，播出了大量态度鲜明、言之有物的媒体评论。这一时期的广播评论题材多样，形式主要以口播评论员或编辑、记者撰写的评论为主。其中，广播述评逐渐成为一种在继承报纸述评基本特征基础上，融入广播口语化特色、平易浅显特点的评论样式，也成为很多地方台广播评论的重要类型。20 世纪 80 年代初期到中期，一些地方广播电台尝试将预先采集的现场音响引进评论节目，为广播评论逐渐探索出一种声音符号更为丰富真实、更具广播特征的评论样式——音响评论。

1994 年 10 月 1 日开播的中央人民广播电台《新闻纵横》，以"焦点"类新闻事件为主要报道和评析对象，融记者兼主持人的播报与现场采访于一体，融新闻报道与评论于一体，使音响评论的节目形态得到进一步完善和强化。该栏目也成为中国广播界影响最大的新闻评论栏目之一。

20 世纪 90 年代后，一种脱离完整的文字稿，只根据事先准备的谈话提纲，以交谈或访谈的方式即兴发表评论的谈话类广播评论开始兴起。1993 年 3 月中国国际广播电台在"两会"期间播出的系列广播谈话《编辑记者谈盛会》做出了积极的尝试。此后，"为说而写"的口播式广播谈话节目逐渐被"以说为主"的真正意义上的广播谈话类节目所替代。全国各级各类广播电台纷纷开办此类节目使其逐渐成为广播评论中的主打节目样态。2004 年 1 月 1 日，中央人民广播电台"中国之声"全新推出大型直播互动谈话节目《新闻观潮》，主要围绕热点的新闻事件、抢眼的新闻人物和引起争议的话题展开讨论和交锋。如今，邀请新闻人物、政府官员、专家学者直接参与谈话节目，同时辅之以受众的参与、互动，已成为广为采用的广播谈话类评论节目的基本形式。①

3. 电视评论的演进．

正如早期的广播评论类似于报刊评论的广播版一样，早期的电视评论也类似于广播评论的电视版，且主要在消息类新闻栏目中口播。但电视界对于更适

---

① 涂光晋：《多媒体生存·多功能延伸·多主体参与——改革开放 30 年新闻评论的发展与变化》，载《现代传播（中国传媒大学学报）》2008 年第 6 期。

合电视传播特征的评论样式的思考与探讨却始于改革开放之初：1979 年，中央电视台开始筹备一个既有新闻性又有政论性的电视评论性栏目；1980 年 7 月 12 日，以《观察与思考》命名的电视述评栏目开播。它以一种崭新的评论手法和评论形态出现——融音响、画面、文字于一体，融记者现场采访、各方人士参与议论和记者有针对性的分析点评于一体，融叙事与议论、纪实性与思辨性于一体，使新推出的电视述评，既不同于报刊评论和广播评论，又不同于十几年前"口播、资料画面"的早期电视述评。自 20 世纪 80 年代中期开始，一些省级电视台也先后开办了电视述评类栏目，开办较早的有福建电视台的《记者观察》等，这些以周播为主的栏目，直接对新闻事件和社会问题做出报道与评析，在表现手法上不断创新。

1994 年 4 月 1 日，中央电视台《焦点访谈》开播。该栏目不仅继承了《观察思考》的电视述评传统和制作队伍，也积累了 1993 年 5 月 1 日开播的《东方时空》中《焦点时刻》的实践储备和经验储备。《焦点访谈》以每天一期的高频率和每日一个焦点（或话题）的大视野，以报道与评析最新（乃至当天）发生的事件的高时效与预察事物进程的前瞻性，以声画兼备的形象性和探究事物规律的思辨性，以议论的参与性和论点的复合性等特征，拓展了电视评论性节目的内容，确立和加强了栏目与节目自身的地位和功能，也由此带动了全国范围内的"电视评论热"。在《焦点访谈》开播以前，已有一些省、市电视台尝试并实践着各具特色的电视述评栏目，但其中相当一部分主要是以报道事实为主，较为缺乏必要的分析和评点。《焦点访谈》的示范效应，促使许多省、市电视台纷纷成立新闻评论部或新闻评论组，开设或改版"焦点访谈"式的节目，而这一节目样式在最初的几年几乎成为电视评论类节目的代名词。

1996 年 4 月开播的《实话实说》、2000 年 7 月推出的《对话》等栏目，使受众参与的演播室谈话类评论栏目异军突起，备受关注。1997 年 5 月改版后的《中国报道》将嘉宾参与的演播室访谈作为另一种评论节目形态固定下来，此后以这一形态定位的栏目有中央电视台新闻频道的《央视论坛》《国际观察》《360°》、中央电视台国际频道的《今日关注》、湖南电视台的《今日谈》等栏目。

2003 年 5 月 1 日，中央电视台新闻频道开播之时推出的评论栏目《央视论坛》，将自己定位为"纯粹的电视新闻评论性栏目"，主持人与 1~2 位嘉宾在演播室进行面对面直播式访谈，以"特约评论员"身份出现的嘉宾，以及《国际观察》栏目中出现的"国际观察员"，预示着电视媒体培养和打造自己的电视评论员的追求开始付诸实施。2008 年 3 月 24 日，另一档"纯粹的电视新闻评论性栏目"《新闻 1+ 1》在中央电视台新闻频道亮相，白岩松以"新闻观察员"的身份，针对主持人提出的问题，围绕刚刚发生的新闻事件，做出自己的判断与解析。访谈类评论节目样式的出现与发展，还与凤凰卫视中文台 1999 年 8 月 22 日开播的《时事开讲》、凤凰资讯台 2001 年 1 月 1 日开播的《新闻今日谈》等栏目的成功实践和品牌效应直接相关。而电视现场直播节目中的演播室同步评论，从 1997 年 7 月 1 日香港回归，到具有标志性意义的"9·11"事件，凤凰卫视所采用的现场报道与演播室评论同步，事实性信息传播与意见性信息传播同步的重大新闻事件直播样式，使电视谈话类节目的独特优势得到进一步彰显。①

4. 网络言论的整合

在我国第一个设立网络论坛的是《人民日报》网络版。1999 年 5 月 9 日，《人民日报》网络版开了"强烈抗议北约暴行 BBS 论坛"（简称"抗议论坛"），6 月 19 日改版为"强国论坛"。除人民网的"强国论坛"外，新华网的"发展论坛"、东方网的"东方评论"等都是知名度较高的网络论坛。此外，人民网开设的"观点频道"，新华网开设的"新华言论"，以及新浪、搜狐、网易等各大门户网站的新闻跟帖中，网民们每天都会就刚刚或正在发生的新闻事件以及当下的热点问题展开激烈的讨论。

近年来网络评论开始出现井喷之势，网易推出"另一面"；腾讯推出"今日话题"，后又推出"大家"；百度推出"百家"，多为评论色彩的文章。与此同时，网站的评论稿费也大多设定为千字千元。比如，腾讯"大家"的稿费标准从一开始就设定为千字千元。凤凰网评论部的约稿稿费也一直是千字千元，从 2014 年 9 月起大幅提高原创作品的稿费标准。当然，最为显著的变化是微博、微信等社交媒体的兴起，以及因此催生的自媒体浪潮，尤其是媒体微信公众号和客户端的层出不穷，都为评论的生产与传播带来较大变革。如《北京青年报》评论部推出的"团结湖参考"，凤凰网评论部推出的"凤凰评论家"，《新京报》评论部推出的"沸腾"等，评论发力点出现转移。在传统媒体转型陷入困境、大批媒体人出走的语境下，评论如何改革，也是各媒体评论部面临的难题。

---

① 涂光晋：《多媒体生存·多功能延伸·多主体参与——改革开放 30 年新闻评论的发展与变化》，载《现代传播（中国传媒大学学报）》2008 年第 6 期。

二、新闻评论话语的嬗变

新闻评论发展与变化的背后，亦隐含着新闻评论话语从官方话语、精英话语到民生话语的嬗变。当然，这样的嬗变过程并不是简单的、线性的替代关系，而是各种话语共同存在、相互影响、相互博弈与整合的过程。

1. 舆论引导：官方话语的主导地位

从 1978 年到邓小平发表南方谈话的十多年间，中国的新闻评论在题材选择上具有明显的政治化特征，即侧重重大的政治问题，带有浓厚的政治色彩，文章发表后也往往能够产生重大的政治影响，不仅在当时产生过轰动效应，甚至在若干年后仍然让人记忆犹新。最典型的例子就是党报关于真理标准问题大讨论的评论。1978 年 5 月 11 日《光明日报》刊登特约评论员文章《实践是检验真理的唯一标准》，真正拉开了思想解放运动的大幕，引发了全国范围的"真理标准大讨论"。由新闻评论推动的这场关于"实践是检验真理的唯一标准"的讨论，冲破了"两个凡是"的束缚，倡导了科学精神，推动了思想解放运动，在党和国家的历史进程中产生了重要而深远的影响，新闻评论再次站在了时代的制高点。由于新闻评论的政治性和敏感性，当时新闻评论的话语权牢牢掌握在党的新闻评论工作者手中。新闻评论的话语主体构成相对单一，主要是各类媒体中具有较强政治性和较高理论素养的专业新闻评论员，也有党政领导写作重要评论的传统，表现为"来论""代论""特约评论员文章"等形式。群众参与媒体评论的机会较少，仅有一些评论专栏和读者来信栏目刊发群众来论。因此，这一时期的新闻评论具有明显的政治背景和官方色彩，主要是官方话语占据主导地位。作为党和人民的"喉舌"，新闻评论重点发挥舆论引导的功能，着力引导群众对党和政府的路线方针政策的理解和贯彻。①

2. 舆论监督：精英话语的理性思辨

随着改革开放的深入发展和人们价值观念的深刻变化，新闻评论的题材、内容、形式也在不断地拓展和丰富，并涌现出一批敢于直面群众关注的热点和疑点问题的评论栏目和评论名家，新闻评论"代民立言"的特点进一步明确，其舆论监督的功能得以不断彰显。最具代表性的栏目就是中央电视台 1994 年 4 月 1 日开播的《焦点访谈》，标志着电视新闻评论节目的崛起，更是将新闻评论的舆论监督功能推向高潮。《焦点访谈》主要采取曝光批评式的舆论监督模式，涉及内容多为关注度高的社会热点问题或现象，评论方式主要采取用事

---

① 彭鹏：《改革开放以来新闻评论话语的嬗变》，载《青年记者》2014 年第 30 期。

实说话、专家评说、当事人发言等群言模式，改变了以往官方话语主导的权力话语模式。

这一时期的新闻评论，强调更加深刻和理性地思考社会现象，更加犀利地表达新闻评论的整体内容，这在另一个层面反映出在官方话语主导之下，理性思辨的媒介精英话语的成长与发展。从中国媒介话语发展史的角度讲，"精英/理性思辨话语"的意义重大、影响深远，其蕴涵的创新性新闻思维也被新闻评论所吸收，集中体现在新闻评论舆论监督功能的彰显上。[1]

3. 舆论集散：民生话语的"众声喧哗"

伴随着改革开放向纵深发展，新旧观念的交锋、新旧体制的摩擦、利益阶层的博弈与冲突常常令人有眼花缭乱、措手不及之感。在这样的进程中，人们迫切需要了解各种事件及其背后的原因，需要有人给他们解疑释惑，需要从纷繁复杂的新闻世界中寻求观点、寻找解释、指导行为。而这种对意见表达平台的渴望，逐渐汇聚成某种舆论诉求和市场需要，推动了中国新一轮"时评热"的兴起，让"众声喧哗"的民生话语得以崛起和发展。[2]

这一时期，随着中国民主政治的发展和新闻改革的深化，新闻观念由"为百姓说话"向"让百姓说话"转变，媒体评论从"代民立言"向"让群众开口说话"转变，新闻评论的作者也逐步扩大到公共知识分子及广大群众。尤其是网络媒体的崛起，提供了前所未有的自由开放的评论平台及空间。在网络舆论的推动下，群众对于知情权和话语权的诉求越来越强烈和迫切，各类媒体的新闻评论逐渐成为他们发表自己意见的园地，并逐步过渡为可以自由交换意见的平台。新闻评论在继续发挥舆论引导、舆论监督等功能的同时，其舆论集散的功能也愈加凸显出来。

4. 舆论整合：官方话语、精英话语和民生话语的平衡

当代中国的改革是一场包括政治、经济、文化在内的全方位的改革，改革使社会资本和权力进行重新排列和分配，在此背景下，新闻评论的话语空间得以不断拓展。市场化媒体在向主流媒体转型的过程中，选择新闻评论作为核心策略，让新闻评论的发展得到前所未有的重视，给新闻评论的发展带来了新的契机；媒体受众观的转变和市民文化的兴起，则增强了评论主体的主观能动性，改变了其对社会公共事务的态度；Web 2.0 自媒体的兴起，代表着草根话语权的释放，改变了整个评论表达的环境，为多元意见提供了自由表达、竞争

---

① 彭鹏：《改革开放以来新闻评论话语的嬗变》，载《青年记者》2014 年第 30 期。
② 彭鹏：《改革开放以来新闻评论话语的嬗变》，载《青年记者》2014 年第 30 期。

和碰撞的平台。在这些社会因素的共同作用下，评论作为一种新的理论话语，已经渗透到中国新闻界，悄悄嵌入当代社会文化进程中，并扮演越来越重要的角色。可以说，官方话语、精英话语和民生话语在这多元话语空间中不断交互影响、相互博弈，实现了舆论整合的功能。①

☞ **思考与练习**

1. 请简述新闻评论的定义与特征。
2. 请简述 40 年新闻评论的变化发展及其原因。
3. 请以人民日报微博"你好，明天"和"微评论"两个固定的微博新闻评论栏目作为案例分析对象，对人民日报微博新闻评论的选题内容、呈现方式、发布时机、评论视角进行分析，并尝试总结其在舆论监督和引导功能上的特殊功能。

---

① 彭鹏：《改革开放以来新闻评论话语的嬗变》，载《青年记者》2014 年第 30 期。

第十二章 新闻评论三要素与结构

【本章学习要点】

★ 了解新闻评论的论点、论据、论证三要素之间的关系

★ 了解新闻评论论点的分类及要求

★ 掌握常见的新闻评论的论证方法

★ 了解新闻评论的结构及其写作方法

第一节 新闻评论的论点

【知识要点】

了解论点的定义、总论点和分论点。新闻评论的论点选择，要做到看法正确、旗帜鲜明、切中要害、新鲜独到、耐人寻味，这样才能挑起一篇评论的大梁。

一、论点的定义

论点，是作者在文章中提出的对某一个问题或某一类事件的看法、观点、主张，它要求正确、鲜明、有针对性。文章的"论题"，是文章的主题，就是论说中的论点。

论点作为一种主观认识，是从一定的立场、世界观出发，分析评论对象及与之有关的人、事、物而得出的结果。所以，具有说服力、经得起社会实践检验的论点，是以主观与客观、理论与实践的统一为根本特征的。

二、总论点和分论点

按照在评论中所处的地位来分，新闻评论的论点通常有两种：总论点和分论点。

1. 总论点

总论点又称中心论点，也就是我们通常所说的文章的主题，在评论中处于支配分论点或论证的主导地位。在具体的评论作品中，评论者会根据一定的评论意图和对所论述事物的总体看法，提炼、安排和表现总论点。

有些短小精悍的评论，则往往在结论部分概括地揭示总论点，如《别让开工变庆功》，全文只有三段：

> 最近，某地举行项目开工仪式，要求各单位领导都得参加。大张旗鼓不说，还有些"花里胡哨"。据简单估算，单搭建舞台、宣传标语、歌舞热场等，就要花费数万元。事后，有群众感慨："不就是一个项目开工嘛，如此兴师动众，就像是在开庆功会一样。"
>
> 作风问题，往往最容易从小切口反映出来。现实中，无论是安排被救助对象在天寒地冻的路旁等候车队，还是各式扶贫"盆景"昙花一现，做表面文章的事并不鲜见。形形色色的讲排场、重声势，乍一看体现了对项目工作的重视，实际上却落进了形式主义的窠臼。往更深层次观察，其实也折射出一些干部身上存在不严不实的作风。
>
> 恰当合理的开工典礼，的确能够起到振奋人心、凝心聚力的作用。关键是要把握好度，不能让开工异化为庆功，造成铺张浪费。一个项目的启动，不需要盛装"打扮"，而该弘扬弯腰"挥锹"的朴实之风，切实推动抓落实、保安全、重质量。毕竟，项目实施效果好不好，最后还是群众说了算。①

第一段叙述新闻事实，第二段分析过渡，第三段议论并表明观点。

2. 分论点

子论点又称分论点，它根据总论点论述的需要，由总论点派生，并在评论中发挥着体现和支持总论点的任务。分论点是评论主体为了更好地阐述总论点分设的论述要点。如《论中国共产党的政党自信》开篇立论，提出总论点后，作者设了四个分论点：

> 中国共产党的自信来自于中国革命、建设、改革的成功实践和伟大成就。

---

① 郑高：《别让开工变庆功》，载《人民日报》2017 年 3 月 30 日。

中国共产党的自信来自于科学的理论指导和与时俱进的理论创新。

中国共产党的自信来自于立党为公、执政为民的根本宗旨。

中国共产党的自信来自于自我革新和自我完善精神。①

四个"来自于"，对总论点进行了全面的阐释，同时也有力地支撑了总论点。

当然，并不是每篇新闻评论都要设置分论点，是否设置以及如何设置分论点，主要看论点表达的需要。一般而言，如果总论点内涵丰富，则需要设置分论点进行论述。不过，新闻评论篇幅毕竟有限，而且要照顾多数受众的接受条件，分论点一般宜少不宜多；这又反过来制约总论点，要求总论点尽可能地集中些、再集中些。如果总论点设置单一明确，则没有设置分论点的必要，那些论题集中、篇幅短小的评论，尤其是专栏评论或署名短论，多数没有分论点，而由总论点统率若干说理层次。

三、论点的要求

新闻评论的论点，要做到看法正确、旗帜鲜明、切中要害、新鲜独到、耐人寻味，才能挑起一篇评论的大梁。

1. 看法正确

正确是相对于谬误和悖理而言的，新闻评论应该以马克思主义的立场、观点和方法作为分析工具，避免分析片面、孤立、不切实际。新闻报道必须基本事实准确，新闻评论更应如此要求，因为只有把基本事实搞清楚、搞准确，才能确保立论的准确和正确。

一般来说，不正确的论点通常由以下两种情况造成：一是世界观、价值观或评论观出现了根本偏离，如嫌贫爱富、什么赚钱多就要干什么、新时代不再需要艰苦奋斗等观念；二是事实尚未得到全面的证实和解释，评论者依据不完全事实做出的判断往往会出现谬误、失误，导致观点不正确，当评论片面或与事实不符时，将导致对舆论的错误引导。

当然，观点正确并不意味着观点的"绝对统一"，也就是说，认识正确并不排除认识的多样性。对某一新闻事件或社会现象，人们往往结合各自不同的思维方式和知识结构，从不同的角度分析，这些对新闻事件或社会现象的理解、认识是没有什么"标准答案"的。近年来，随着社会开放程度的加大和

---

① 董云虎：《论中国共产党的政党自信》，载《学习时报》2017年6月12日。

公民表达观点途径的增多，对某一事件或社会现象，人们往往有各种各样的见解。这些评论的观察角度各不相同，观点自然也就不尽相同。赞成、异议、反对都是正常的现象，"兼容并包"的多元化思想，可以使人们对事物的认识更全面、准确。

2. 旗帜鲜明

旗帜鲜明是指评论文章要摆明立场和态度，说清见解和想法。在一些关乎全局的重大事件乃至一些敏感问题上，旗帜鲜明地表明立场、态度，对于发挥评论的社会功能意义重大。有的文章在标题中鲜明地呈现出观点，如《手机游戏不能颠覆历史》《儿歌要有时代性，更要出精品》等；有的文章根据说理的需要，观点体现在说理的过程中。文章观点鲜明，不仅仅是一个表达问题，还依赖于评论者的分析、认识能力。试想，如果作者没有对某一问题的深刻认识，又怎么能够为公众剥去表象，认识背后的本质呢？

观点鲜明，并不排斥委婉、含蓄和讲究论说策略，它排除的只是含糊其辞、模棱两可。如评论《读错字的官员都有装傻的同事》，[①] 单从题目上看，作者表达得比较含蓄。可见，观点的表达可以直白也可以委婉，但绝不能不知所云、莫衷一是。

正确、鲜明这两个要求本身不难理解，问题在于怎样把认识和表达统一起来，恰当地体现于评论作品之中。认识谬误、是非不明，当然不可能形成正确、鲜明的论点。有的观点站不住脚或令人不明所以，则是由于表达不当。所以，只有同时在认识和表达上下功夫，才是实现论点正确、鲜明的可靠保证。

3. 切中要害

切中要害以正确为前提，是在正确的基础上突出重点，准确揭示事物本质或问题实质。其对立面包括背离正确前提的片面性，满足于现象的表面性，以及虽然正确却无济于事的"药中甘草"。切中要害的论点既要中肯，又要恰到好处，令人信服。

正确、鲜明、中肯，这是论点的基本要求，也是检验论点是否存在价值的基本准绳。如果进而力求新鲜独到、耐人寻味，那就等于给论点增添了引人入胜的魅力。

4. 新鲜独到

新鲜即观点具有独到之处，新鲜的论点，既要求"惟陈言之务去"（《答李翊书》），避免人云亦云、陈陈相因；也要"师心独见"，蕴含非同寻常的

---

① 周云龙：《读错字的官员都有装傻的同事》，载《解放日报》2017年3月30日。

见解。当然，新颖也是以正确为前提的，离开正确而一味地标新立异，那就可能走上兜售奇谈怪论的歧途，最终丧失观点的正确性。

论点的新鲜可以从两个方面入手：

一是找到新的观察和分析问题的角度，言人之所未言。如评论《互联网时代更要巩固马克思主义指导地位》，作者针对当今互联网时代一些不法分子处心积虑地宣扬西方价值观念和政治文化，混淆视听、误导大众，妄图在网络上边缘化马克思主义，动摇马克思主义在我国的指导地位的这一新情况，在开篇便提出：

> 在互联网时代，我们党的自身状况和所面临的执政环境都发生了深刻变化。越是在这样的形势下，越要坚定马克思主义信仰，汇聚人民群众的力量，不断开创中国特色社会主义事业发展新局面。在互联网时代巩固马克思主义指导地位，防止马克思主义在网络上被边缘化。[1]

二是挖掘现象背后更为本质的东西，言人之所不能言。评论《互联网时代更要巩固马克思主义指导地位》，不仅观点明确，而且还提出了"在互联网时代巩固马克思主义指导地位，防止马克思主义在网络上被边缘化"的三点建设性意见：不断增强马克思主义的解释力和说服力；积极创新马克思主义话语表达方式；大力加强网络阵地建设。该评论针砭时弊、论点新鲜、时效性强。

5. 耐人寻味

耐人寻味指观点发人深省，能够给人启发，具有举一反三的内在力量。比如评论《不忘夺取胜利的人们》中这样写道：

> 勋章无言，精神不朽。抗战胜利，不仅是河山光复，更是民族重塑。战争残酷，和平无价。我们今天可以信步走进抗战纪念馆，缅怀争取民族独立和自由的先烈，可以动动鼠标就点开网站，播放那用鲜血写就的抗日歌曲，都因为这一份来之不易的安定与和平。不忘中国人民在东方主战场的浴血奋战，不忘中国共产党在抗战艰危时刻的砥柱中流，更不能忘用青春和鲜血击败了侵略者、夺取抗战胜利的前辈。无论你在何处，让我们一

---

[1]　龙钰：《互联网时代更要巩固马克思主义指导地位》，载《人民日报》2017 年 8 月 24 日。

起向牺牲的中国军民致哀致敬。①

这篇评论发表于 2017 年 8 月 15 日 "8·15" 日本宣布无条件投降 72 周年之际，以真挚的情感、极富感染力的语言，启发受众：

> "战争是一面镜子，能够让人更好认识和平的珍贵。" 今天的世界，珍爱和平、捍卫和平、维护和平已经深入人心。偏见与歧视解不了冲突，仇恨与扩张带不来发展。牢固树立人类命运共同体意识，走上 "相互尊重、平等相处、和平发展、共同繁荣" 的人间正道，我们才能不让战争重演。

耐人寻味的论点不一定 "言人之所不能言"，却能使人恍然大悟；不深奥难懂，却能像橄榄那样耐人咀嚼、令人回味。

上述五个方面的要求是论点应具有的综合素质，它们相互联系、相辅相成，切勿把它们割裂开来，孤立地强调或片面地抹杀某一要求。看法正确是论点成立的前提，旗帜鲜明、切中要害是对论点的基本要求，新鲜独到、耐人寻味是评论应该追求的更高境界。除看法正确之外，其余要求并没有什么绝对标准，因此既要注重提炼，也不能勉强从事，否则不是沦于肤浅，就是陷于牵强附会。

第二节　新闻评论的论据

【知识要点】

了解论据的定义、要求、分类、选择和运用。新闻评论写作必须做到论据的形象化、"新闻化"。

一、论据的定义和要求

1. 论据的定义

论据，是证明论点正确的证据。形式逻辑把论据定义为："论据，就是确

---

① 姜赟：《不忘夺取胜利的人们》，载《人民日报》2017 年 8 月 15 日。

认论题的真实性时所依据的判断。"①所谓"确认",实际上包含论据的证明和说明功能。

2. 论据的要求

要想证明论点的正确,首先,论据必须让人觉得真实、可信,能够充分证明论点。其次,论据要具有典型性,能取得"以一当十"的效果。最后,论据要新颖,尽可能找一些新鲜的、能给人以新的感受和启示的论据。切记:那些不清楚作者的地方,不要瞎写作者的名字。

二、论据的分类

按照材料的性质,新闻评论的论据分为两大类:理论性论据和事实性论据。

1. 理论性论据

理论性论据是指人们经实践验证而得的理论、经验,如人们发现并公认的自然、社会等的运行规律,以及人们普遍认可的和社会习惯的思想、观点、准则等。运用理论性论据进行论证,实际上是用已经确认的结论或认知的成果,去证实新提出的观念和见解,帮助分析和处理尚待解决的问题。

具体来说,在新闻评论中经常运用的理论性依据主要包括以下几个方面:

一是马列主义、毛泽东思想的基本观点,中国特色社会主义的相关理论,党和政府的纲领、路线、方针、政策,以及法律、政令。它们雄辩的论证力量,来源于自身所具有的真理性。实践证明,善于运用这类论据的评论,往往具有鞭辟入里、高屋建瓴的品格;反之,则可能停留于就事论事,如《〈将改革进行到底〉:时代之问,历史之答》中引用习近平总书记的话作为论据:

> 俗话说,"上下同欲者胜,风雨共舟者兴"。将改革进行到底,就要站高望远,更要行稳致远。习近平总书记说,"全面深化改革是关系党和国家事业发展全局的重大战略部署,不是某个领域某个方面的单项改革"。越往深处改,越需要凝聚共识;越往前面走,越需要御风而行。②

以上足以证明《将改革进行到底》是一部凝神聚气的好作品。

---

① 金岳霖:《形式逻辑》,人民出版社 1979 年版,第 284 页。
② 邓海建:《〈将改革进行到底〉:时代之问,历史之答》,http://guancha.gmw.cn/2017-07/26/content_25214422.htm,2017-07-26。

二是经过实践检验的哲学社会科学理论，自然科学中的公理、定律，以及某些常识性材料。

三是前人有价值的思想文化遗产以及成语、格言、谚语等。前人的思想文化遗产是人类认识世界、改造世界成果的积淀，其中固然难免受时代或阶级的局限，但也不乏闪光的真知灼见，恰当地用作论据，既可以支持论点，也可以为评论增添吸引人的特殊魅力。

2. 事实性论据

事实性论据，是证明或说明论点的具体的事实材料。这类论据是对客观事物的真实描述或概括，具有直接现实性的品格，因此极具说服力。我们常说"事实胜于雄辩"，就是这个道理。事实性论据大体可分为以下几类：

一是典型事例，一般应选择国内外近期发生的具有代表性的新闻事件。

二是概括性事实，其中既包括诸多事例的概括罗列，也包括统计数字、图表等。

三是历史事实，从鉴往知来、温故知新的角度来说，其是事实性论据的重要组成部分。

四是假设性材料，包括预定的计划、方案和科学的假设、推导等。

特别需要说明的是，新闻评论中有一类事实是"由头事实"，即那些引起了评论人的关注和思考，进而想要发表评论的一个或多个事实。作为由头的事实具有双重功能：一方面是发挥引起议论的作用，另一方面在论证论点时又发挥了论据的作用，所以"由头事实"是一种特殊的事实性论据。

综上所述，新闻评论论据具有多样性和广泛性，只要善于发掘、认真筛选、精心组织、恰当表述，任何正确的论点都可以得到充分的支持和说明。反之，如果在这个环节掉以轻心、草率从事，再正确、中肯的论点也将是苍白无力的，因为论据是评论的血肉。

二、论据的选择与运用

在新闻评论中，论据是否充分有力，运用是否得当，直接影响到新闻评论的说理效果。

1. 论据的选择

在论据的选择上应该注意两点：

首先，要选择能证明观点的材料作为论据，材料在证明观点上需具有典型性和充分性。所谓"从事实的整体，从事实的联系中去掌握事实"，当然不是要求列举与论点有关的全部事实，说明其方方面面的关系，而是要求从事实的整体与联系中掂量具体事实的分量，坚决排除任何偶然的现象和孤立的事例，要从全局出发，从事物的发展联系中寻求"质"上典型而充分的材料。

其次，要选取有一定的知晓度并易于被受众理解的材料作为论据。论据是用来证明观点的，如果论据没有得到广泛的认可，材料生僻、令人费解，就难以发挥证明论点的作用。

2. 论据的运用

评论者要能够根据表达的需要，合理、准确地运用论据。对于不同性质的论据来说，防止运用失误应该注意的侧重点也有所不同。

第一，对于理论性论据来说，除了作为论据的判断自身具有毋庸置疑的真理性以外，还要求理解准确、尊重原意，切忌望文生义或断章取义。

此外，理论性论据的使用还要做到引用恰当，既保持原判断的完整性，又突出它与论点之间的必然联系，防止随意肢解原判断或方枘圆凿之类的现象。理论性论据可以适当阐释、引申，自然而准确地揭示其与论点的联系，力求引出超越论据的新见解，切莫以论据代替论点，或用别人的话代替自己的分析。至于如何引用，引用原话还是意引，则要根据论点的需要。

第二，事实性论据要求事实真实无误，不能对事实进行想象或生编乱造，但可以根据论证的需要对事实进行适当的选择、剪裁，防止叠床架屋、断章取义、生拉硬扯等现象。

比如毛泽东的《别了，司徒雷登》，在论证中国人民包括中国知识分子是有骨气的时候，写道：

> 我们中国人是有骨气的。许多曾经是自由主义者或民主个人主义者的人们，在美国帝国主义者及其走狗国民党反动派面前站起来了。闻一多拍案而起，横眉怒对国民党的手枪，宁可倒下去，不愿屈服。朱自清一身重病，宁可饿死，不领美国的"救济粮"。唐朝的韩愈写过《伯夷颂》，颂的是一个对自己国家的人民不负责任、开小差逃跑、又反对武王领导的当时的人民解放战争，颇有些"民主个人主义"思想的伯夷，那是颂错了。我们应当写闻一多颂，写朱自清颂，他们表现了我们民族的英雄气概。①

文章精心选取了闻一多和朱自清两个人物，并通过适度的剪裁，将其品质

---

① 中共中央文献研究室、中央档案馆：《建党以来重要文献选编（1921—1949）》（第二十六册），中央文献出版社 2011 年版，第 651 页。

概括为一个"宁可倒下去",另一个"宁愿饿死",并形成一种对照关系。通过对事实性论据的剪裁组拼,不用再作过多论述,就有力地证明了"我们中国人是有骨气的"观点。

如果对事实进行错误的剪裁,就很可能使论断走向谬误。

第三,要在认识和表达的统一中运用论据。从唯物论反映论的观点看,材料先于观点、论据先于论点,这是不成其为问题的。现在之所以成为需要澄清的问题,主要是由于存在着混淆认识和表达的现象。存在先于认识,正确的论点都是在掌握大量论据的基础上形成的。所以,在提炼论点的过程中,必须遵循由个别到一般、由具体到抽象、由材料到观点的思维规律,坚持由论据而论点的思维走向。而表达是在论点形成之后进行,表达过程的基本任务,是根据证明或说明论点的需要选择、剪裁、组织和表现论据,它的基本走向是由论点而论据。由于认识与表达之间既有联系又有区别,它们作为一个统一的过程,反映在论点和论据的关系上,就呈现了两种不同的走向,如图 12-1 所示。

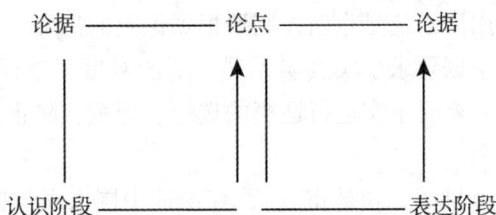

论据 ———————— 论点 ———————— 论据

认识阶段 ———————— ———————— 表达阶段

图 12-1　认识和表达过程中的论据

换句话说,认识和表达是一个统一过程的两个阶段,表达中所运用的论据存在于论点赖以形成的各种材料之中,但更为精练简约,与论点的逻辑观联系也更为紧密。所以,如果把认识和表达割裂开来,孤立地从表达的角度理解和处理论点和论据的关系,那就可能导致论点先于论据的误解,甚至引出"找论据"之类的错误观念。这是值得警惕的,应避免不知不觉地掉进唯心主义的泥坑。

三、论据的形象化

目前,评论文章中一个很大的弱点就是缺少具体的东西。文内那些"应该如何""必须怎样",从逻辑上说,没有根据。新闻评论是形象化的说理文章。

论据的形象化包括三个方面的内涵：一是采用真实可信的事实材料来论证观点；二是采用受众身边熟悉的人事材料来论证观点；三是采用形象化的写作笔法，例如使用比喻、寓言、典故等形象化笔法来作为论据。

四、评论写作必须强调"新闻化"

关于评论的"新闻化"，受众在阅读一则新闻评论时，在意图获得观点和意见性信息的同时，也期望获得一些新闻性信息，获得一些在所评论的新闻文本中未曾见到的信息。

评论的写作必须强调"新闻化"，不但要评论新闻，也要补充新闻、报道新闻，一些材料新颖丰富、富有新闻价值的评论文章往往能够得到读者的认同。要做到评论写作的"新闻化"，就必须下功夫挖新闻、挖材料，要像新闻采访那样挖掘新闻评论的材料。同时在写作时，要注意力求叙议结合、述评结合。新闻评论者对自己接触到的一些新事实、新现象顿生感慨，产生写作的冲动，这一类新闻评论占有很大的比重。这些新事实、新现象既是新闻评论的由头，也是新闻评论的论据。

第三节　新闻评论的论证

【知识要点】

了解论证的定义、过程和分类。掌握论证的具体方法，了解新闻评论的论点、论据、论证及其三要素之间的关系。

一、论证的定义和过程

1. 论证的定义

论证，就是用论据来证明论点的过程。

论证，是解释论据与论点之间的逻辑关系，使论点得以证明的过程和方法。

论证是将观点和材料有机地统一起来，形成完整的论述；在有分论点的评论中，它包括有分论点体现和支持的总论点。

2. 论证的过程

论证的过程，实质上正是运用概念、判断进行推理的过程，也是积极思维、调查研究的过程。概念，是对事物本质的概括和反映，是同类事物的共性、一般特性在人脑中的反映。判断，是对事物是什么或不是什么、是否具有某种属性的判明和断定，在内容上是对事物之间的联系或关系的反映，在形式上表现为概念与功能之间的联系。推理，是从事物的联系或关系中由已知的推出未知的思维活动，其逻辑形式是从已知的几个判断推出一个新判断，是判断之间的一定联系或关系的表现。

理性认识，包括概念、判断、推理三种形式。从概念到判断再到推理，是理性认识由低级到高级的发展。人们在社会实践中形成概念，作出判断，进行推理，表现为一系列的抽象概念。

二、论证的分类

按照不同的分类标准，论证的方式有很多种，常见的有：证实和证伪；直接论证和间接论证；演绎论证和归纳论证。

1. 证实和证伪

证实是用论据证明或说明自己的论点，这在形式逻辑中称为"论证"；证伪是用论据推翻、否定论敌的论点（也就是敌论）。在形式逻辑中则称为"反驳"。在新闻评论中，证实和证伪往往存在于同一论证过程之中，服务于同一论点（包括分论点和总论点），而且遵循共同的逻辑规则。所以，证实和证伪实际上都可以视为论证，差别只在于证实是论证的肯定形式，而证伪则是否定形式。

2. 直接论证和间接论证

这是按论点和论据的关系划分的两种论证方式。

直接论证是用论据直接证明自己的论点，即直接通过事实说明评论人的想法和见解。

间接论证是与直接论证相对应的论证方式，它或者通过否定对立的论点，来证明和说明自己论点的正确性，或者通过证明与错误论点相反的情况是正确的，达到推翻错误论点的目的。

直接论证和间接论证，可以同时出现在同一论证过程之中，用来证实或证伪同一论点。

3. 演绎论证和归纳论证

这是根据论证时运用的逻辑推理方式划分的两种论证方式。

演绎论证是运用演绎逻辑进行推理的论证方式，它从已经公认或者已经证明的论断出发，经过一定的推理程序，证明和说明尚未形成共识的论点。这是一种从已知推导未知，从旧知推演出新知，从一般前提引申出对于特定事物的看法，即从一般到特殊的论证方式。马克思主义原理，党的纲领、路线和方针政策，经过时间验证的理论观点，都可以成为这种论证的前提或出发点，成为证明和说明新论点的可靠论据。

归纳论证是运用归纳逻辑进行推理的论证方式。它往往是从多事实、多角度、多侧面切入，运用归纳逻辑得出一个"共识"。与演绎论证相反，归纳论证是一个从特殊到一般的论证过程。

归纳论证以个别的事物或问题为推理依据，运用时要讲究概率，注意排除偶然的、孤立的、表面的东西，只有坚持从事物的联系中把握事物，才能保证论点立于颠扑不破的地位。有人怀疑归纳论证的可靠性，认为新闻评论篇幅有限，不可能遍举有关个别事物，只要稍有遗漏就可能动摇结论。其实归纳论证是否一定要遍举一切，这是值得斟酌的。任何事物都有其基本属性或质的规定性，通过"解剖麻雀"、把握基本属性就可以进行类推，并不一定要逐个解剖。如果因为事物可能有个别例外而否定归纳的认识价值，则可能因噎废食。

证实和证伪、直接论证和间接论证、演绎论证和归纳论证，是按照不同标准划分的论证方式类别，它们之间有区别，但并不相互独立、排斥。比如，无论是用演绎还是归纳的逻辑，既可以证实，也可以证伪；又如，无论直接论证还是间接论证都需要借助某种逻辑推理方式，因此也可能同时是演绎论证或归纳论证，等等。

三、论证的具体方法

论证是一个过程。表达中的论证，既是思维的继续，又贯穿于论述的始终。对于这个过程的实质，毛泽东在《工作方法六十条（草案）》中作了精辟的概括：

> 概念的形成过程，判断的形成过程，推理的过程，就是调查和研究的过程，就是思维的过程。人脑是能够反映客观世界的，但是要反映得正确很不容易。要经过反复的考察，才能反映得比较正确，比较接近客观实际。有了正确的观点和正确的思想，还要有比较恰当的表达方式告诉别人。概念、判断的形成过程，推理的过程，就是"从群众中来"的过程；把自己的观点和思想传达给别人的过程，就是"到群众中去"的过程。①

---

① 《毛泽东文集》（第七卷），人民出版社 1999 年版，第 358 页。

可见，表达中的论证以认识中的论证为前提，是形成论点的思维过程中产生的这样那样的反应。任何一篇评论作品，固然都存在着某种论证。但是这并不意味着它们都能够实现材料和观点的统一、论据和论点的统一，能够把自己的观点和思想比较恰当地传达给别人。如果离开正确思维这个前提，事实上就不可能有恰当的、有说服力的论证。从这个意义上说，恰当或有说服力的论证，需要具备两个前提条件：第一，论点确切地概括了评论对象的实质，本身具有真理性；第二，论据充分，具备支持论点的基本素质。如果背离这两个条件，即使在论证方面使尽浑身解数，也不可能使评论具有说服力，只能落入牵强附会、强词夺理的境地。

当然，具备这两个条件，也未必就能够实现材料与观点、论据与论点的统一，就一定有雄辩的说服力。如果不把握材料与观点、论据与论点的必然、本质的联系，不能用恰当的方式、方法表现这种联系，那么，即使论点本身正确，论据也具备应有的素质，也可能因为缺乏合适的联结纽带陷入逻辑混乱状态，诸如相互脱节、走题或相互矛盾，等等。正如毛泽东所说："把材料和观点割断，讲材料的时候没有观点，讲观点的时候没有材料，材料和观点互不联系，这是很坏的方法。"①所以恰当的论证，除了要遵循上述两个前提条件以外，还要遵循逻辑规律，掌握科学的逻辑方式和方法。

论证的方法就是把观点和事实组织起来的具体手段。一定的论证方法要求拥有与论点相适应的论据，运用相应的推理方式。常用的论证方法主要有：

1. 例证法

例证法是用具体的事例论证观点的方法，是新闻评论说理中最常用的方法。举例论证既可以用典型的具体事例作为论据来说明论点，也可通过若干事例，综合它们的共同特点来说明一个具有普遍意义的论点。

作为例证的事实，无论是典型性的，还是概括性的，其证明能力取决于事实本身的素质；而它的说明作用，则与受众的熟悉程度和认知习惯联系在一起。因此在选择事例时，要首先弄清楚究竟侧重于证明还是说明。如果侧重于说明，就要从受众的接受能力和接受习惯出发，选择他们比较熟悉或者易于理解的事例，运用便于他们接受的表达方法。

2. 引证法

引证法是指运用已被实践证明的理论、原理或道理，来证明某个具体论点，这一论证方法主要体现在理论性论据的使用上。

---

① 《毛泽东文集》（第七卷），人民出版社 1999 年版，第 356 页。

运用引证法时需注意以下三点：一是引证要准确，切忌断章取义、牵强附会；二是引证要恰当，不宜过多，不要以别人的观点代替自己的论述；三是引用的材料要力求深刻、引人思考，并且用在最必要的时候和地方。

3. 喻证法

喻证法即运用形象的比喻论证观点的方法。"喻巧而理至"，用人们容易理解的浅显的事物或者道理来说明不容易理解的深奥的事物或者道理，就能降低说理的抽象程度，把道理讲得深入浅出，给人以鲜明的印象，更容易为人所接受。这是一种形象化的论证方法，运用得好，可使论证生动、活泼、发人深省。

比喻论证能使说理更加形象、富有说服力，但运用喻证法也应注意：第一，比喻是用具有相似点的乙事物来描述说明甲事物，需要注意甲乙两者的相似性，即这样比喻论证是否贴切、形象；第二，比喻有直喻、隐喻和类喻之分，新闻评论重在把问题剖析清楚，所以隐晦的比喻应慎用，避免使读者不明所云。正如列宁所说："任何比喻都是有缺陷的。"①比喻材料毕竟不是评论对象本身，它与论点之间只有某种间接的联系，而没有全面的、直接的联系，所以一般只能用作论证的辅助手段，而且必须准确把握比喻材料与论点的联系点，否则就可能出现以喻代论之类的偏颇。

4. 类比法

有比较才能鉴别，比较既是认识也是说明事物的基本方法之一。按事物间的关系，比较可分为类比和对比。

类比法是类似事物之间的比较论证，侧重于求同。类比，从作用上说，它是一种论证方法；从思维上说，它是一种推理形式。类比的两个事物，本质越相同，相同处越多越好。如邹韬奋在《国府迁回南京》一文中，巧妙地运用了类比的方法。1932 年淞沪抗战爆发后，国民党政府迁到了洛阳，到年底才返回南京。邹韬奋将这件事与 1900 年八国联军进攻北京时慈禧太后挟光绪逃到西安的事件做了类比：

> 这次政府的"徙"来"徙"去，和庚子祸乱之"逃"来"逃"去，其受帝国主义暴君之胁迫虽同，而不可相提并论者，因庚子祸乱，当道者自言是逃难，前清西太后在"行在"时还下诏罪己，这次却大大不同，

---

① 《列宁选集》（第 4 卷），人民出版社 1995 年版，第 639 页。

因为"乃徙"时是为着"长期抵抗"，"东返"时又是为着"长期抵抗"！①

南京国民政府的迁地与前清的逃亡，两者具有性质上的相似性，即无力应对国势，而文中的两个"长期抵抗"，属于反话正说，颇具讽刺意味。

又如评论《留白的艺术》中类比论证的运用：

莱州拥有山东半岛北部最大的浅滩，面积达 5500 公顷，浅滩及附近海岸蕴藏的石英砂资源，具有可观的经济效益，可谓寸土寸金。但为了保护海洋生态资源和生物资源，莱州在去年申请设立了省级特别保护区，对一切向浅滩掘金的活动说"不"。面对巨大利益毅然"留白"，"舍"与"得"、"进"与"退"尽在方寸之间，"画"之格调，高下立判。

发展蓝色产业，要的是高端、高效和生态，开发与保护并重是基本要求，如果说开发是"运笔"，那么保护就应该是"留白"了。

……据此，在蓝色经济区建设过程中，要将蓝色经济区建设与高端产业聚集区、高效生态经济区建设结合起来，发展高端高质高效产业、生态环保项目，大力提高资源的利用效率，为资源环境充分留白，在这种意义上，留白的艺术，其实就是科学。②

留白本是绘画艺术的手法，作者将经济发展中的问题与绘画艺术中的留白技法相类比，将科学发展的主题阐述得生动而富有说服力。

在运用类比法时需注意：一是类比要恰当，类比事物间是否有相似处，要考虑清楚；二是类比的对应关系要清楚，《国府迁回南京》一文中，抗日战争爆发与八国联军进攻北京的背景，"徙"与"逃"的行为之间的对应关系十分明确，这样读者才能准确把握作品的主旨。

5. 对比法

对比法是在两种截然相反的事物之间，或同类事物在不同条件下的比较论证，侧重于求异。通过比较以便更好地突出事物的本质，更透彻地论证道理。评论《且看分裂分子如何"变脸"》中运用了大量的对比论证：

---

① 邹韬奋：《韬奋文集》（第 1 卷），三联书店 1955 年版，第 68 页。
② 王学文：《留白的艺术》，载《大众日报》2010 年 7 月 19 日。

"我生为新疆人，创业为祖国，死为中国魂，永不变心，永不离开国土。"话音未落，热比娅因向境外组织人员提供情报和资金被判处八年有期徒刑。

"千万地，千万地，坏人的当不要上，坏人搞民族分裂，破坏国家稳定，破坏人类的幸福。"一脚迈出国门，曾经的誓言就被抛在脑后，热比娅摇身一变，成为"世维会"新一任主席，打着"民主""人权"的旗号，不断向中国政府挑衅施压。

一方面，热比娅不停指责中国政府屏蔽手机和互联网，"掩盖"乌鲁木齐"七·五"事件真相；另一方面，她却自称与乌鲁木齐的"消息源"保持着联系，言之凿凿地宣称"示威者被中国警察开枪打死，一些人甚至被装甲车碾死"……①

文章通过对热比娅前后言行进行对比，揭穿其"爱国"的虚伪面目，暴露出其分裂分子的本质。从中可以看出，对比的方法在揭示事物真相上很有力，通过对比，优劣、是非、善恶，读者一读即知。

6. 反证法

反证法是通过否定对立面证实论点，或者通过证实自己的论点、否定敌论的论证方法。有的观点找不到正面的例子，或者正面材料不足以证明，或者不便直接从正面证明，就常常需要绕个弯，迂回地从反面去证明其不是什么，从而来证明其是什么；或者通过证明其对立面错误的方法，来证明其正确。反证常常可以增强评论的辩论性和说服力，如毛泽东在《丢掉幻想，准备斗争》中这样写道：

共产党是一个穷党，又是被国民党广泛地无孔不入地宣传为杀人放火，奸淫抢掠，不要历史，不要文化，不要祖国，不孝父母，不敬师长，不讲道理，共产公妻，人海战术，总之是一群青面獠牙，十恶不赦的人。可是，事情是这样地奇怪，就是这样的一群，获得了数万万人民群众的拥护，其中，也获得了大多数知识分子尤其是青年学生们的拥护。②

① 何振华：《且看分裂分子如何"变脸"》，载《人民日报》2009年7月20日。
② 《毛泽东选集》第4卷，人民出版社1991年版，第1485页。

国民党对共产党的污蔑多达十条，如果——反驳，不仅不胜其烦，而且将使文章不可卒读，而用反证的方法，只用"事情是这样的奇怪"这么一句话，概括一个不容争辩的事实，就把一切污蔑通通驳倒，简洁而凌厉。可见，恰当运用反证，有时能获得正面证实或伪证达不到的效果。

不过反证只在直接对立、非此即彼的情况下，才是有效的。运用反证法进行论证的好处在于增强了论证的力度，加强了批驳的气势，强化了说理的明确性，也使文章起伏、有波澜。运用反证法需要强调两点：一是自己的论点一定要站得住脚，二是要处理好正反说理的关系，既要剖析清楚敌论的弊端，又要清晰地呈现出己论的合理性和正当性。

7. 假设法

假设法就是在推理时，先假设一种相反或相似的情况来进行论证，然后通过对假设情况的否定或肯定，来指出所要论述的观点的正确或错误。试看《翻翻达赖集团的"悲情牌"》中的两段论述：

> 如果只听其言语，达赖集团似乎是世界上最可怜、最无辜的人，与"3·14"事件无关，却受到了中国政府的谴责；没想分裂中国，却被"毫无根据"地批判；"一开始"就支持奥运会，却遭到了无端的怀疑。
>
> 然而，如果没有策划煽动暴力事件，那为什么自首的人都招认是受达赖集团指使？如果不追求"西藏独立"，那为什么还一直在组织流亡政府？如果真是支持奥运会，那为什么"藏独"分子会破坏奥运火炬传递？[1]

后一自然段通过运用假设论证来驳斥前一段落中达赖集团"弱者""受害者"的自我标榜，很好地支持了文章"与其打'悲情牌'，不如放弃分裂祖国的行为。只有这样，才会获得人们起码的尊重，才不至遭世人谴责，被历史抛弃"的中心论点。

假设法不着意于现实，而着意于推理，所以能使文章说理更充分、更全面、更有说服力。评论《当学生提不出问题时》通篇运用了假设思维，文章尖锐地指出：学校里充斥着功利的、实用的、工具性的学习与教学，然后进行了假设推理：

---

[1]　何振华：《翻翻达赖集团的"悲情牌"》，载《人民日报》2008 年 4 月 24 日。

　　这种工具性的学习方式和教学，只能造就人的惰性，只能使学生成为流水线上的熟练工或填装知识的容器。他们没有思想，没有激情，没有个性，准确地说，他们也不需要思想，也不可能有激情，也形成不了个性。这样的人，将来或者成为听话的"办事员"，或者成为上传下达的"传话筒"，或者成为左推右挡、八面玲珑的"万金油"，或者成为动辄郁闷、厌烦、倦怠的"消极工"。他们成不了创新型人才、创业型人才、创造型人才，很难成就一番大事业。①

　　通过假设推理，让读者做出"当一个人连问题都提不出时，又何谈分析问题和解决问题"的反思。文章假设当前教育弊端得不到扭转的情境持续下去，得出了令人忧心的结果，从而强化了警示作用，引发人们思考教育如何能与社会的发展相适应。

　　8. 归谬法

　　归谬法从本质上说，是一种特殊的假设论证，即在说理时，姑且承认对方的观点是正确的，然后再根据对方的观点，按照逻辑进行合理的引申，直到最终得出不符合事实或者违反公理的荒谬的结论，从而把对方驳倒。比如20世纪30年代提倡白话文和语言大众化，有人走向极端，提出了"作品愈高，知音愈少"的观点。对此，鲁迅先生在《文艺的大众化》一文中予以反驳："倘若说，作品愈高，知音愈少。那么，推论起来，谁也不懂的东西，就是世界上的绝作了。"②显然这样的结论是荒唐可笑的，由此人们也可以看出，大家喜不喜欢，知音的多和少，并不是衡量作品高低的标准。又如下面这一例：

　　如果《出师表》里表现出的"愚忠"让学生也愚忠，该删，那么《六国论》中"六国破灭，非兵不利，战不善"，如此尚武休文，自然也该删；《岳阳楼记》中"处江湖之远则忧其君"，也有愚忠嫌疑，也在删除之列；而《陋室铭》中居然说"谈笑有鸿儒，往来无白丁"，则更应大删特删了……若如此删下去，世上几无可选之文，学生几无可学之章。③

---

①　吴越：《当学生提不出问题时》，载《天津教育报》2011年6月3日。
②　鲁迅：《文艺的大众化》，载《大众文艺》1930年第3期。
③　王呈传：《由建议停用〈出师表〉说开去》，载《光明日报》2007年4月23日。

文章从"如果《出师表》里表现出'愚忠'让学生也愚忠，该删"出发，顺此理论得出还有一系列也"该删"的篇章，直至无古文篇章可选、可学的荒谬境地。很显然，仅因为文章有某方面的历史局限性便否定全篇，这种判断标准是不合情理的，正如作者所说：

> ……维纳斯的断臂，虽然让塑像有了残缺，但是它比完好的作品更能启发审美者的心智。因此，尽管有些文章的时代背景较为复杂，但只要教者心中有丘壑，选好今天适合学生学习的主题，以思想为刃，就能刻画出作品的精髓来。①

上述几种论证方法是比较常见的，不同的论证方法，有各自的论证功能和适用范围。一则评论作品的说理常常会结合运用多种说理方法。比如评论《慎张"排行榜"》先是举例论证，从《隋唐演义》中十八条好汉的排行说起，然后讲到梁山好汉的排行榜，再讲到当今人们利用科学手段进行测量、统计，编排出种类繁多的排行榜，诸如世界富豪排行榜、大公司营业额排行榜、报业集团发行量排行榜，还有美女排行榜、体育界的排行榜，等等，最后讲到文艺界的排行榜。文章指出：

> 文艺也有它的特性。从总体上说，它很难借助某些科技手段进行检测、衡量。有什么仪器能测出一部作品的思想深度和艺术高度？②

在论证文艺的风格是丰富多彩、难分高下的分论点时，作者运用了类比法：在某些艺术精品之间，根本没有可能也没有必要分出谁高谁低、谁排前谁排后。李白和杜甫都是伟大的诗人，哪一位应该排在前头？

随后使用归谬法，使读者自己得出结论：如果搞一个两千年诗人排行榜，在屈原、陶潜、李白、杜甫、苏轼、陆游、辛弃疾等人之间排个座次，恐怕只能贻笑千古。

这些说理方法的灵活运用，取得了形象生动、风趣幽默的说理效果，读后令人称快。新闻评论的说理需要根据观点和表达的需要，选择恰当的论证方

---

① 王星传：《由建议停用〈出师表〉说开去》，载《光明日报》2007年4月23日。
② 仲言：《慎张"排行榜"》，载《人民日报》2001年5月22日。

法。能正确、巧妙地解释论点和论据间的内在联系，达到有理有据、有雄辩说服力的效果，就是一次成功的论证。

四、新闻评论三要素之间的关系

在新闻评论中，论点、论据、论证三要素就像人体的中枢神经、血肉和骨骼一样。如果说论点是评论的中枢神经，那么论据、论证就如同评论的血肉和骨骼了。它们虽然各有不同的表现形态，处于不同的地位，具有不同的作用，却都是统一整体的有机组成部分。因此，具体理解新闻评论三要素的关系，需要着重注意以下三个层面：

首先，论点表达对事物的看法，论据提供支持论点的理由和事实。它们都是有形的存在，是可以确指的。而论证表现论点与论据之间的联系，它贯穿于整个论述过程，属于无形的存在。所以，人们构思评论，主要琢磨论点、论据和它们的联系；而检验评论作品，则通常以论点是否完备、论据是否充分、论证是否严密为准绳。

其次，论点和论据虽然都是有形的，但它们的性质和作用却判然有别。论点表述对事物的主观看法，属于观念形态，具有一定的概括性和抽象性；论据不论是事实还是理由，都是处于评论作者之外的客观存在，而且都是具体甚至生动的。论点与论据既以各自的抽象性和具体性相互区别，又因之相互为用。明确这层关系，是恰当调动各种手段，得体地处理和表现论点及论据的前提条件。这对于在广播、电视评论中恰当地运用音响和图像尤为重要。音响和图像都具有直观性，拥有强大的再现能力；善于运用音响和图像表现论据，不仅可以支持论点，帮助人们理解抽象内容，而且可以增强评论的可听性和可视性。但是它们的作用也仅仅在于表现论据，假如用来表现论点，那就不但不恰当，而且还可能混淆论点和论据的界限。有的广播、电视评论通篇只有别人怎么说，唯独没有评论作者自己对于事物的见解，从某种意义上说，就是过分依赖音响和图像的结果。

最后，三要素尽管有上述种种区别，但都是评论的必要构成因素。论点作为评论的中枢神经，固然处于支配地位，但也依赖于论据和论证；如果没有富于说服力的论据和恰当而严密的论证支持，那么再中肯的论点也是苍白无力的。反之，论据一旦脱离论点，甚至背离论点和论据固有的逻辑联系，则不仅一切努力都可能无济于事，甚至还可能弄巧成拙，沦于"以叙代论"、前后矛盾，以至于诡辩的泥沼。三要素相互依存、相互为用的关系，也是三要素关系的本质所在。忽视这一本质，片面强调或漠视某一要素，则会损害评论的品格、削弱评论的说服力，使评论不成其为评论。

明确三要素及其关系，这是一个问题的两个方面。三要素不全的评论，当然没有说服力，甚至不能称为评论；三要素俱全是不是就一定有说服力，就是好评论呢？那也未必，正如一个人五官完整未必就漂亮一样。如果不善于恰当处理它们之间的关系，论点形圆，论据形方，论证枘凿，怎能使人既知其然又知其所以然呢？又哪来的说服力呢？所以，必须把要素及其关系作为一个问题的两个方面来理解和对待。

第四节　新闻评论的结构

【知识要点】

根据论点的需要、体裁的要求，使之成为一个严密完整的整体，这就是新闻评论的结构。结构是作者的思路在文章中的外在表现，恰当、合理的结构是新闻评论中心突出、说理有效的保证。

一、文章的结构

文章的结构：是文章部分与部分、部分与整体之间的内在联系和外部形式的统一。

文章都是由中心思想、材料、结构三个要素组成的。中心思想（主题）是文章的"灵魂"，要明确无误；材料是"血肉"，要丰富，并能集中地反映中心思想；结构则是文章的"骨架"，是谋篇布局的手段，是运用材料反映中心思想的方法。

二、新闻评论的结构

新闻评论的结构，实际上是新闻评论中客观事物的内部联系，通过作者的构思在评论中的反映。也就是说，结构就是要为一种思想观点（文章的"灵魂"）找到一个最恰当的表现形式。

三、常见文章结构的四种方式

1. 并列式

文章各部分的内容没有主次轻重之分，例如培根的《论读书》，三个部分分别谈到了读书的目的、读书的方法、读书的好处，就是采用的并列结构。

2. 总分式

先总述，再分说。这种关系还可以演变为"分—总"或"总—分—总"的结构方式。例如丁肇中先生的《应有格物致知的精神》一文采用的就是"总—分—总"的结构：首先，总说"格物""致知"就是指现代学术的基础，即实地的探察，也就是现在所谓的实验；其次，谈儒家对"格物""致知"意义的曲解和对"格物""致知"精神的埋没；再次，阐述科学发展为什么需要"格物""致知"的精神；最后，从正反两个方面总结"格物""致知"精神的重要性。

3. 对照式

即文中两部分内容或进行对比，或用这部分内容烘托另一部分内容。例如鲁迅先生的《中国人失掉自信力了吗》一文，前一部分从反面批驳了敌论中的论据不能证明论点，即中国人失掉的是"他信力"，发展的是"自欺力"而不是"自信力"，直接批驳了敌论；后一部分从正面列举事实，提出正确的论点——我们中国人没有失掉自信力，间接地批驳了敌论。

4. 递进式

文章几部分内容逐层深入。例如马南邨《不求甚解》一文，先从"不求甚解"一词的来历谈起，分析了陶渊明的读书方法，首先要"好读书"，其次是主张读书要会意，再次从正反两个方面举例说明，读书应当重在读懂书本的精神实质，而不是寻章摘句。最后进一步从正反两个方面论证了读书"不求甚解"的重要性。

好的文章结构，二者互为表里。既要形式完整，即构成文章的内容项目不残缺；又要条理清晰，即构成文章的各项内容安排符合规律。所以，结构不但是技巧问题，它还反映着作者对事物规律的认识。认识深刻、反映正确，结构就严密完整、条理清晰。因此，写作新闻评论务必在设置科学、合理的结构上下一番功夫。

四、新闻评论的结构要求

新闻评论的结构，外在表现为作品的开头、主体和结尾。

一般来说，新闻评论的开头要么是摆出现象，要么是明确中心。许多配发的评论，以及当前广为运用的"时评"，常常是从交代新闻由头开始，有叙述生发议论；也有的评论，特别是涉及社会思想观念的，开头常常开宗明义，结论在先，然后论证中心思想。当然，也有的评论是借事说开，由此及彼；或者竖起靶子，引人深思。

新闻评论的主体也是论证的主要过程，前文提到的三组论证类别以及一些具体的论证方法都会在主体部分得到充分的体现，此处不再赘述。

评论的结尾，亦是全文有机的组成部分。传统的社论、评论员文章，常用褒抑式结尾，对所评论的事实或现象进一步表明态度，或者用鼓励式、号召式的结尾，以体现文章的规格地位。短评的结尾方式则更加多样，有的挽结收口，对文章主旨用精练的语言进行概括总结；有的画龙点睛，将问题的关键点、矛盾点明确地指出来；有的适度点拨，含而不露，耐人寻味。

五、新闻评论的常见结构类型

论点之间的关系，在一定程度上决定着文章的结构。从这个意义上说，新闻评论的结构不是固化的，每篇文章结构都不会绝对相同，这也印证了古人"文无定法"的认识。但是在长期的实践中，人们努力寻找适当的表现形式的内在规律，这样就形成了几种常见的结构类型。所谓"定体则无，大体须有"，下面就对这些"大体"，即常见的结构类型，作简要介绍。

1. 并列结构

并列结构又称横式结构或辐射式结构，指几个分论点或论据同在一个平面上，并无主次之分，它们围绕着中心论点，分别从几个侧面、不同角度去分析论证，发挥同等重要的作用。

2. 对比结构

对比结构是指论点或论据之间形成两两对比关系的结构类型。进行对比的目的在于突出或证明其中的一个论点或论据。对比结构中常用类比或对比的手法。

如笃鲜的评论文章《景区商品到底怎么定价?》一文中，在肯定泰山山顶商品定价合理的同时，也列举了国内很多景区商品售价畸高的不合理现象，在文章中，泰山景区和部分景区是两条线，两条线相互对比映衬，紧密交织，共同指向中心论点，像这样安排论据或分论点的结构就是对比结构。

3. 逆进结构

逆进结构指由一点开始，逻辑上环环相扣，内容安排上层层深入、步步推进的一种结构类型。这类由简单到复杂、由表象到本质的逐步纵向展开，前后顺序一定，不能随意变动的结构就是逆进结构，也叫纵式结构。新闻评论的"纵向"与新闻报告的"纵向"有所不同，新闻报道的"纵"大多强调时间顺序，新闻评论的"纵"则体现了思维的逻辑脉络，这种思维与表达一致的结构，能够引导和启发读者去思考问题，从而接受作者的观点。

4. 总分结构

总分结构是指总论点和分论点在分布上形成的一种关系，如先总说后分说、先分说后总说，或者先总说后分说，再总说等，这种结构在新闻评论中十分常见。

关于新闻评论的结构，还需要强调三点：

第一，上述只是一些常见的结构类型，新闻评论的结构不是僵化、教条的，在写作时不必把上述结构类型奉为圭臬，而是要根据表达观点、说明道理的需要，灵活、变通地运用这些相对稳定的既有结构。比如，对于某些篇幅较长、流量较大、涉及面较广的评论文章，通常就采用复合式结构。复合式结构是将两种甚至两种以上的结构相结合的方式，它既注意纵向的逐步推进，又注意横向的互相联系，乃至多条逻辑线索的对比，使文章的论点能得到更为充分和广泛的论述。例如毛泽东的《反对自由主义》，首先提出中心论点，其次分析自由主义的表现、自由主义的危害性、自由主义的根源等，最后指明克服自由主义的方法，不仅提出问题、分析问题，而且完满地解决了问题。该文的结构总体上是层层深入的递进式，但在分析自由主义的表现时，分析列举了11种表现，则是用的并列式。又如《人民日报》的"任仲平文章"，也通常是纵横捭阖，综合使用多种结构。另外，有些小言论、编者按语和编后语，在写作上一气呵成，也无法用一般的结构形式去要求它们。

第二，结构通常与论证紧密相关，比如：递进结构通常是演绎论证，对比结构通常是间接论证，类比论证通常与对比结构相对应，举例论证通常与总分结构相对应，等等。因此，构造结构时要把结构与论证的类型、具体方法结合起来考虑。

第三，结构不仅要考虑"大块构造"，还要注意过渡与衔接。层次与层次、段落与段落之间的过渡和衔接，文章前后的照应，往往影响着结构的严谨程度。如果处理不好，则会导致行文不流畅、突兀、跳跃，影响说理效果。

☞ **思考与练习**

1. 举例说明新闻评论论点的要求。
2. 在新闻评论中经常运用的理论性依据主要包括哪几个方面？
3. 举例说明常用的论证方法主要有哪些？
4. 具体理解评论三要素的关系，需要着重注意哪几个层面？
5. 举例说明新闻评论的常见结构类型。

第十三章　新闻评论的选题与立意

【本章学习要点】

★ 了解怎样选择和确定论题

★ 了解确立主题（立论）的基本要求

★ 了解选题与新闻评论价值之间，选题与主题、标题之间的关系

★ 掌握确立好的新闻评论立意的要求

第一节　新闻评论的选题

【知识要点】

新闻评论的选题问题，是一篇新闻评论决定写什么的问题，是选择所要评说的事物和需要论述的话题，是确定评说的对象及论述的范围，就是确定论题或话题的过程。也就是说，一篇新闻评论要就什么事情、什么问题、什么现象发言的问题。

一、选题的定义和重要性

选题，就是人们在选择要评论的事情的时候的价值判断。选题的价值判断尺度，要比新闻报道的价值判断尺度还严格。可以说"选题决定一切"，即"选题第一"。

一篇新闻评论的选题，是很重要和难得的。论题选择得恰当，评论写作就有了明确的目标和头绪。只有确定了选题，才可能最终确定写作的题目。没有好选题，很难产生好的标题和文章。选题在很大程度上决定着文章的成败。早年邹韬奋在接办《生活》周刊，并开辟"小言论"后，也谈过选题的问题，他说："每期的'小言论'虽仅仅数百字，却是我每周最费心血的一篇，每次必尽我心力就一般读者所认为最该说几句话的事情，发表我的意见。"① 这

---

① 胡文龙：《韬奋在言论宣传中的创造性贡献——纪念邹韬奋同志诞辰一百周年》，载《新闻与写作》1995 年第 11 期。

"最该说几句话的事情"就是选题，就是让邹韬奋"最费心血"的地方。

美国《芝加哥论坛报》的专栏作家麦克·罗依科，谈及撰写评论的挑战时认为，这项工作的80%在于确定要评论什么。

说到选题的重要，有几个看似偶然的例子：

第一，1985年第七届全国好新闻评选，出现了《人民日报》选送的《收起对策，执行政策》，与《新华日报》选送的《"对策"也可当镜子》难分伯仲、奖次位移的情况。起先，前者被初评为一等奖，后者为二等奖，终评时这两个奖次互换了位置，但是两篇评论其实谈的都是同一个话题："对策"问题。

第二，2003年第十四届中国新闻奖评出的两个评论一等奖篇目，分别是《人民日报》选送的《筑起我们新的长城——论抗击"非典"的伟大精神》和《甘肃日报》选送的《微笑，并保持微笑》，而它们的话题都是同一个：抗击"非典"。

第三，2007年第十八届中国新闻奖评出的两个一等奖，分别是《人民日报》的《走好全国一盘棋——论促进区域协调发展》和《解放日报》的《上海要有更广阔的胸襟》，其选题也是"不谋而合"：都是谈区域经济发展中局部与全局的关系问题。巧的是，《人民日报》的《走好全国一盘棋——论促进区域协调发展》的主要执笔者恰恰是人民日报社上海分社的记者。

由此可见，有些话题在一年中的热度，以及人们对同类话题的关注度和认识度是相似与相近的。正是从这个角度，人们常说：好新闻的评选历来都是"题材决定论"，这是有一定道理的，从中也可以看出在新闻评论的选题问题上，选择那些高关注度的话题的重要性。

二、新闻评论选题的来源

关于新闻评论的选题要求，徐宝璜在中国第一本新闻学讲义中就明确提出："第一须以事实为材料，第二须以多数阅者所注意之事实为材料，第三，须以最近之事实为材料。"[①] 概括起来说，就是新闻评论的选题来自具有一定关注度和影响力的最新的事实。按照这位中国"新闻教育第一位大师"的说法，加上我们今天的新闻事业和新闻学的现实发展状况，从实际运用的经验出发，借鉴新闻报道一般要求吃透"两头"的原则要求，结合新闻评论的实际情况及其效果，我们将其归结为下述三个方面。

---

① 徐宝璜：《新闻学》，中国人民大学出版社1994年版，第81页。

1. 关注"上头"（指中央的精神）

这主要是从大的、宏观的决策层面来说的，或者说是从上层建筑层次来看选题的。所以，有的人也把这部分选题的来源，形象地归结为从"上头"选题，这是有一定道理的。

2. 吃透"下头"（指实际情况，越接近基层，越接近真理）

如近年来老百姓反映强烈的问题，就有"上学难、上学贵""住房难，住房贵""看病难，看病贵"，等等，毫无疑问，这些问题都是当前实际社会生活中的热点、难点、焦点问题，而且，往往这样的选题就会获得社会公众的广泛共鸣和响应。这就从另一面印证了康纳德·芬克说的："如果你游离于那些公众想看的主题或者（常常是）急切需要看的东西太远的话，你就会失去改变重要事情的机会。"①

所以，我们常常在与记者的沟通中提出"关注身边事，能出好时评"。所谓百姓身边事，就是最广大读者说的身边事，也可以说是提出了一个评论的选题要"向下"的问题，就是要向所谓"下头"去寻找话题、议题，了解和洞察草根矛盾、问题，而这正是新闻评论选题取之不尽、用之不竭的活的选题源泉。

3. 为事而作：新闻事件（指新闻报道）

世界大事每天发生，新闻报道时时传播。总有些事件会引起我们的关注，总有一些新闻要引起我们的联想：政治的、大选的、金融的、社会的、自然的……互联网上的新闻排名有时一天要刷新"N次"，各领风骚几个小时，甚至几分钟，让人目不暇接。就像当年张季鸾那般"看完大样写评论"，还有《人民日报》在20世纪80年代中期，第三版即科、教、文、卫、体新闻版上开辟的《编余》，那种"对当天下午编前会上确定要用的稿件进行分析、排队，从中选出一篇最精彩、最有价值的新闻，准备配写《编余》"的情状一样，就是要盯住新闻事件，随时准备就热点新闻、重大新闻发言、表态、谈看法。

4. 为时而作：社会风气（指人情练达即文章）

总的来看，新闻评论的选题来源于丰富多彩、纷纭复杂的社会生活，来自党和国家密切关注、广大群众翘首以待和关心的问题及其结合点部分。总之，就是要紧密结合时代、时局、时势等来选题做论，这是符合"文章合为时而

① 王振业、胡平：《新闻评论写作教程》，中国广播电视出版社2001年版，第125页。

著，歌诗合为事而作"的要求，也是"题材决定"的作用和意义所在。

《人民日报》著名评论员、《人民日报》原评论部主任李德民曾经说过："对于社论选题的根据，人民日报前社长、总编辑邓拓在一次讲话中提到五个方面的根据：一、党中央和国务院的决定和指示；二、地方各级党委和政府提供的情况和意见；三、党和政府主管部门提供的情况和意见；四、记者提出的新闻报道题目和线索；五、读者来信反映的情况和问题。他所提出的这五个方面的根据主要是中共中央机关报社论的选题根据，但这些根据对于其他报纸和其他新闻媒介的评论选题也有参考价值。这五个方面的根据概括起来说就是三个：上头、下头和报道。上头是指中央的精神，下头是指实际情况，报道是指新闻报道。"① 这里说的与我们说的前述四个方面应该是大同小异，有些部分甚至可以说是不谋而合。同样地，以上这些未必就可以说涵盖了所有方面的所有选题内容，也只是一个大概的概括和说法而已。

三、选题的误区

1. 晚

即放"马后炮"，明日黄花，雨后送伞，这是评论的遗憾之处。

2. 俗

即是指"凑热闹""一窝蜂"，新闻要新，评论同样也要新，写评论要力避落入俗套。

3. 错

即论点歪了，说的是歪理。例：法轮功是唯物主义的知识论，伟大光荣。这个论点就是错的。

四、新闻评论价值的含义、特性

1. 新闻评论价值的含义

《中国新闻实用大辞典》对新闻评论价值的定义是："新闻评论价值，是新闻报道中或现实生活中存在的值得媒体阐发的、对读者有启示意义的、重要的或新鲜的思想观点、意见和言论。"价值判断问题取决于人们的价值观。

2. 新闻评论价值的八个特性

借鉴这个对新闻评论价值含义的说法，以及有关新闻价值理论，我们可以

---

① 邓绍赓、王瑜、李德民：《评论千古事　得失寸心知——访人民日报评论员李德民》，载《新闻爱好者》2006 年第 5 期。

将新闻评论价值归纳出八个特征——重要性、新鲜性、深刻性、启示性、普遍性、可评性、及时性和正确性。

（1）重要性

重要性是指新闻时间重要，新闻人物重要，新闻报道重大。这一点与新闻价值判断标准是统一的。正所谓：不重要，何需评？

（2）新鲜性

新鲜性是与新闻价值判断标准相统一的概念，否则连"新闻"都谈不上，还有什么新闻评论可言？就是说新闻事件或新闻报道当中表现出来的事件新、思想新、观点新、角度新、表述新……总之要具有能让人眼前为之一新的价值和意义。

（3）深刻性

深刻性是指新闻事件、新闻人物或新闻报道等，隐含有一定深度的思想性，让人有思考的余地想一想的空间。它不是那种白开水事件，也不是那种使人一目了然的新闻，更不是那种读者一眼就能看到底的报道。

（4）启示性

启示性指新闻事实、新闻人物或者新闻报道能够给人以别开生面的、由此及彼的想象，能够给人以启发、提示、感悟，或者能够给人解惑，让人豁然开朗，如醍醐灌顶、悟性顿开一般，是所谓"人人脑中有、人人笔下无"的那种灵感性的、电光火石般的东西。

（5）普遍性

普遍性就是说新闻事件和新闻报告中体现出来的思想性、观点性的东西要有一定的普遍意义，具有相对的普适价值，不一定是"放之四海而皆准"的，也不一定是在一定的区域，或是一定的方面，或是一定的时期，或是一定的人群当中，有普遍的或较为普遍的教育意义、引导价值、指导作用。

（6）可评性

应该说，具备了上述任何一种特征，都应该是具有了可以评论和值得议论的特性。但有时候还有一个事件或领域或人物能不能评说、能不能议论的问题，或是需要换一个角度才能评论的问题，有时候从这个角度不能评，改换一个角度就可以说。

（7）及时性

新闻是时效性极强的文体，一旦"慢"了，新闻就会变成旧闻，大大"贬值"。及时性新闻，顾名思义，就是指对新近发生的事实的报道，必须有新的事实、新的内容，表现出新的特点与意义。反之，受众早已熟知的、已经写过的事实或过时的内容，那就不叫新闻了。新闻就是要突出"新"和"快"，就是要及时地发现、及时地采写、及时地报道。

（8）正确性

论点正确，价值观正确。

在一般意义上说，上述八种新闻评论价值判断，只要具有一种以上特性的新闻事件或者新闻报道，就算具备了可以评论的条件；而如果同时具备了这几个特性，则是一个绝佳的新闻评论选题，是一定可以写出好的新闻评论来的。

五、抓评论选题的方法

1. 敢开第一腔

一件事情发生了，一个现象出现了，别人都还没有敏锐察觉到其中的问题，别人都还没有看出事件的实质，你发现了、想透了，立即选题、成文，抢先说了出来，这也符合"第一时间"的要求。

2. 善于挑刺

找漏洞，找毛病，抓住一些人、事、物表现出的片面性、不周延处，进行分析评说，指出其片面性、漏洞、毛病和要害。

3. 运用创造性思维

创造性思维在此有三种：逆向思维——反向思维；纵深思维——刨根问底；发散思维——发挥想象力。更重要的是，要打破思维定势，学会举一反三。

逆向思维，就是凡事反过来想一想，走与别人、与众人不同的路径，是另辟蹊径的一种思维方式。就是强调个性特点，追求与众不同，也是一种求异的思维方式。老调子唱完了，创一种新调；老路子走尽了，闯一条新路。这是新闻评论创新的方式方法。"反弹琵琶"找选题，运用逆向思维，从另一个方向上找话题，从另一个角度找选题，往往可以找到好的选题。

纵深思维是对问题作深入思考的能力以及培养"透过现象看本质"的能力。人的思维过程是复杂的，向纵深方向发展即是其中的一种。纵深思维能从一般人认为不值得一谈的小事，或无需再作进一步探讨的定论中，发现更深一层的被现象掩盖着的本质。其思维形式的特点为：从现象入手，从一般定论入手，使思维向纵深发展。运用纵深思维会使评论更有深度和哲理。

发散思维，就是指选题常常会出现在一次海侃神聊，或是谈话甚至争论的头脑风暴中，或是受到一件事情的激发，往往在这种时候，要"眼疾手快"地抓住选题，不能让如电光火石一般的选题灵感稍纵即逝。

4. 培养新闻发现力

即对任何事物保持儿童的好奇心、探究欲。评论作者要具备并不断提升发现的能力。发现力是新闻敏感度的一个决定性要素，新闻评论要求能在纷繁复杂的社会生活中，发掘有价值、有意义的观点性、思想性信息，在社会上纷纷扰扰的热点、焦点、难点之中先声夺人，发出振聋发聩的声音，见人之所未见，发人之所未发，言人之所未言，言人之所不能言。如果没有发现的能力，是不可能做到的。因此，可以说，发现力是思想力的体现，是思辨力的基础，是创新力的前提。

5. 丰厚的文化素养和文化积累

现代生活是丰富多彩的，我们的生活方式也是千姿百态的。这就使评论的选题空间很大、范围很广，我们可以从各个方面去感受，从各个角度去入题，去深入社会、观察社会，调查了解问题，切身体验生活，产生想法，得到启示。这是评论最丰富的选题源泉。当然，要从实际生活中找出选题，我们必须要有分析事物发展变化的能力，要有丰厚的文化素养和文化积累。

第二节　新闻评论的标题

【知识要点】

新闻评论的标题一般较为抽象，着重在对论题、论点作准确的提炼、判断、评价，句式、用词造句也较为灵活简约，在炼字炼意上有更加严格的要求。

1. 新闻评论的标题

新闻评论的标题以简短的文字提示指出其论题范围、主要见解、基本倾向和情感诉求，是评论内容的高度概括和集中体现。因为同属于新闻类的标题，同样具有新闻特性，所以新闻评论的标题无论是在特点、功能作用，还是制作要求等方面，都与新闻报道标题存在相似、相近甚至相同之处，但是也有区别，具体如下：

在目的上，新闻标题是要告知事件，以提示主要的新闻事实和相关的重要信息为目的，以此吸引受众的兴趣；新闻评论标题则是要对新闻事实展开议论，以提示论题或作者的见解、意向为目的，以此引起受众的关注或思考。在表达方式上，新闻报道的标题是叙述、说明语态，多采用客观叙述或描写的手法，作者的态度与倾向往往蕴含于事实的概括与表述之中；新闻评论的标题则是议论、抒情语态，往往直接表达作者的立场、观点、态度和倾向，具有较为强烈的感情色彩。在结构方式上，新闻报道的标题常常包括引题（眉题）、主题、副题等，目的是尽量把主要内容展现出来；新闻评论的标题则一般只有一行主题，多为单一型结构，极个别情况才有辅题。需要将正文阅读完后才能全部掌握新闻评论的内容。在写作要求上，新闻报道的标题既简练又具体，重在对新闻事实的恰当概括，实题较多，句式较为完整；新闻评论的标题重在对议题、论点的准确提炼，较为抽象，虚题较多，句式也更加灵活，新闻评论的标题不一定是一个句子，甚至可以是一个词组。

2. 新闻评论标题的功能与作用

新闻评论的标题与新闻报道的标题，因为同属于新闻传播类，其所起的作用大体上是相近甚至相同的，只是在相近、相同之中，还有一些细部的、程度的、表现方式的差异罢了。同样的道理，新闻评论的标题也至少有四个作用或功能，即吸引、提示、评论、美化。

（1）吸引

与新闻标题一样，新闻评论的标题也是需要吸引读者注意的，毋宁说更需要吸引读者的关注。因为新闻评论文章是说理议论的文章，一般会给人艰涩难懂的感觉和预期，尤其需要在读者接触文章的一瞬间，就牢牢地抓住读者的眼睛，把读者的无意注意转化成有意注意，引发读者阅读、收听、收视新闻评论的兴趣，起到强烈的导读、导听、导视的作用，进而达到吸引、引导受众来关注、接受新闻评论传播内容的目的。也就是要通过生动、精彩、形象、有趣的制题，达到调动读者的阅读兴趣、吸引读者阅读文章的目的。在这方面，长期以来无数作者、编者都下了很大的功夫。

如：

《"问责"也要"负责"——为基层减负，为实干撑腰》（《人民日报》，2019 年 4 月 1 日）

《让"头回客"变"回头客"》（《人民日报》，2019 年 10 月 25 日）

《一根车道背后的城市"生态学"》（《解放日报》，2020 年 1 月 8日）

《窗帘里的故事和历史》（《湖北日报》，2020 年 5 月 19 日）

《做好"中小微"这篇"大"文章》（《新华每日电讯》，2020 年 5 月28 日）

总之，就是要通过这一系列的"让人警醒""给人联想""引人深思"来达到吸引人关注的目的。

（2）提示

新闻评论的标题也有提示的作用和功能，只不过它提示的不再是新闻的内容了，而是新闻评论的话题、论点或主题。即在标题中以最简洁的文字、最醒目的方式将所要论述的话题、评述的范围、议论的中心等思想信息端给读者，使读者在看了一眼之后，就能大概明白新闻评论所要论述的方面、范围以及核心思想和价值理念。

（3）评论

新闻评论本来就是对新闻报道或新闻事件进行评议论说，作为对新闻评论内容高度凝练概括的新闻评论标题，理所当然地具备评论的性质和特征，或亮明观点，或论说思想，或揭示意义，或解释政策，都是有定性的意味在里面。总之，就是在标题上已然对评论论证的内容予以概括的传达，这一点其实也是新闻评论标题的"提示"功能的必然产物，或者也可以说是"提示"功能的派生功能。

（4）美化

新闻评论标题对于美化报纸版面的功能，主要是通过字体、字号或色彩变化来体现的。因为新闻评论的标题大多为一行题，只有少部分的社论、评论员文章等，才会采用一行主题、一行副题的两行题方式。所以，也可以说，新闻评论标题对报纸版面的美化作用相对较弱。同样的道理，新闻评论标题的美化作用是不能对广播电视而言的，因为广播电视是不需要靠标题来起美化作用的，新闻评论标题在广播电视等电子媒体上所起的仍然是吸引、提示、评论、强化和调节的作用。

3. 新闻评论标题的制作要求

新闻评论的标题要追求准确、鲜明、简洁、生动，所以在写作新闻评论、制作新闻评论标题时，自然就要围绕这四个方面去努力、去实践、去追求。

（1）准确

准确性的要求是对所有新闻媒体、所有新闻品种的标题的共同要求，新闻评论标题自然不能例外，同样地，它也是基础性的和第一位的原则要求。新闻评论的标题与新闻标题不同的是，新闻标题要提示的是新闻故事和内容，就是要求能准确地传递出新闻事件的核心内容。新闻评论标题要提示的，则是评论的论题及主要思想观点等内容，这必须有准确作保证；就是要求新闻评论的标题与评论内容做到题文一致，标题必须准确、真实地反映出新闻评论的思想观点，即使是简洁、含蓄的标题，也一定要能或多或少地传达准确的思想信息，或表达准确的观点，或准确地提示论述的话题。

对标题的准确性问题，有人提出了九个方面的检验方法，即题文相符、一语破的、奖酬分寸、合乎逻辑、符合政策、合乎语法、讲求科学、引用恰当、防错别字。这种验证方法是可以供新闻评论写作及标题制作借鉴的。

（2）鲜明

新闻评论自身带有鲜明的表态功能和作用，作为新闻评论内容的高度概括和提炼的产物——新闻评论标题自然也应该带有这种鲜明表态功能的印记和基因。它要鲜明地表达赞成或反对、表扬或批评、提倡或抵制等态度，在这些地方必须是爱憎分明、立场坚定、旗帜鲜明的，绝不能吞吞吐吐、含含糊糊、拖泥带水。

当然，新闻评论的标题也有相当部分不是旗帜分明、态度明确的，有时是不太好在标题上清楚表达全部的观点，有时是为了含蓄一点，有时是为了制造一点悬念，有时是为了简洁，有时是感到内容太多、难以找到一个完整的表述，等等。

要在新闻评论标题上体现鲜明的要求，有时还需要在制作标题时多多进行概括和抽象，以使倾向更加明显，态度更加明朗，情感更加饱满。

（3）简洁

标题的制作都要讲究简洁，新闻评论的标题尤甚。新闻评论的标题，要能在最短的时间内让读者在一瞥之中就被吸引，大概地了解新闻评论的观点或话题指向等内容，并决定是否看这则新闻评论，这就要求标题中必须用最简洁的文字，在最适当的视距内，使读者一目了然地阅读下来，并引起阅读的兴趣。而且新闻评论的标题大多为一行题，不能有叠床架屋的引题、主题、副题，等等，为此，唯有在简洁上下更多的功夫。

要简洁，不要冗长；要简单，不要繁复。这应该成为新闻评论标题制作的准则。这里要求的简洁，是辞约而旨达，绝不是简陋的制作或盲目的简短。

（4）生动

评论性文章看的人群不多，要想让更多的受众喜欢看，除了文章要写得好、有思想、生动、耐看以外，从标题开始就要形象、生动、精彩，要能一把抓住读者的眼球，并吸引读者看下去。要想使文章吸引人，就必须要以生动形象、引人入胜的形式和语言，制作出通俗易懂、赏心悦目、韵味隽永的标题，让读者爱读、喜读，标题要值得玩味、令人深思，如果能成为一个流行下来的口号就更加不得了了。如毛泽东的《别了，司徒雷登》《将革命进行到底》

《丢掉幻想，准备斗争》《为人民服务》《纪念白求恩》，鲁迅的《为了忘却的记念》《辱骂和恐吓决不是战斗》《中国人失掉自信力了吗》《拿来主义》《论"费厄泼赖"应该缓行》，还有《莫把开头当过头——关于农村形式的述评》（1979 年 5 月 13 日《辽宁日报》），等等，都是可资借鉴的生动精彩的评论标题。

此外，关于"南京路上好八连"的这个提法，就是由当时《解放军报》报道所配的评论《南京路上好八连》首先叫响的。在这一报道刊出的五年之后，国防部颁布命令，正式授予了这一光荣的称号，"南京路上好八连"从此成为一个响亮的口号流传开来。这也应该说是新闻评论标题之功，至少可以说是首功。

当然，制作新闻评论标题也不能为生动而生动，还是应该以准确地传达思想、表达观点为目的，不能因辞害意。在这里，准确永远是第一位的，生动应是起锦上添花的作用。

上述四个要求是对优秀新闻评论标题提出来的，全部做到的当然是上佳的好标题，不能全部做到的，至少也要做到一条以上。为此需要修炼准确概括和提炼文章的功夫，需要吃透文章的内容，需要把握文章的中心思想，还需要研究一点语法、修辞、逻辑运用的艺术，注意多读一点古文、成语典故、古诗词曲，有生动表达的能力和水平。同时应该避免制作标题的误区，避免模糊、暧昧、生枝、繁杂、太大、太抽象，如"读……有感" "庆祝……" "……启示" "……小议"等。

4. 新闻评论标题样式举例

（1）叙述式

《民进党是输在了"台独"路线上》（《中国台湾网》，2012 年 1 月 18 日）

《不忘"小满"的人让我们敬重》（《人民日报》，2008 年 5 月 26 日）

（2）判断式

《共产党人应做现代君子》（《人民日报》，2017 年 8 月 23 日）

（3）提问式

《郑州殴打记者事件，警察的角色该如何定位？》（新华社电，2016年1月15日）

《拆了，还能保护什么记忆？》（《人民日报》，2016年1月25日）

（4）描述式

《西方之乱何以成了"灯下黑"》（《人民日报》，2017年7月16日）

（5）禁令式

《做大做强不能靠做"霸"做"强"》（《人民日报》，2011年9月3日）

《书市，莫以"钱景"论前景》（新华社电，2018年3月26日）

（6）比喻式

《把好习惯的"方向盘"》（《人民日报》，2014年3月7日）

《"短命政策"伤了谁》（《工人日报》，2017年1月25日）

（7）对比式

《"前悔"之悟与"后悔"之哀》（《人民日报》，2016年12月2日）

《高速时代别忘了"慢的权利"》（《人民日报》，2011年6月14日）

也还有一种类似评析式的样式，如"评……""论……""析……""……辩""赞……""……颂"，等等。总之，可以归纳总结出的样式有很多。从这里例数的选例中也可以看出，这些样式之间也并不是各自分裂的，常常相互之间是有交叉的，有时一个标题同时包含了多种样式，蕴涵丰富。此外，现在越来越倾向于无拘无束的制题样式了，只要能准确、鲜明、生动、简洁地表情达意、陈述观点，就是好的新闻评论标题。

新闻评论标题与新闻报道标题之异同：

关于新闻评论标题与新闻报道标题的同异之处，在上文对两者的分述中已有了介绍，这里还将对两者之间的具体差别做集中的阐述。

1. 新闻评论标题与新闻报道标题之同

首先，这两者所代表的新闻评论和新闻报道，都同属于一个新闻家族，是新闻传播中必须和必然要相辅相成、相互配合、相互促进、共同提高的两种报道手段、两条传播渠道、两个传播方式。这就从根本上决定了这两种体裁样式的制题要讲究一个"新"字，让人通过标题就能耳目一新。这就说明两者在制作时都需要求新、求变、求异。在这一"新"字的旗帜下，或给人提供新的信息，或向人传达新的思想，或向人示意新的创意。

此外，因为都需要发挥吸引、提示、评论、美化的作用，所以也就都要求鲜明、准确、简洁和生动。

2. 新闻评论标题与新闻标题之异

同为"新"的特点和要求，新闻评论标题要求更多的是新鲜性，新闻标题的要求更多的是新闻性。也就是说，对于新闻评论标题，人们看重的是：是否提供了新鲜的提法、新鲜的观点、新鲜的想法、新鲜的说法等，重点在于获得新的思想性享受。而对于新闻标题，人们则希望其能提供新闻性信息，在乎的是能否获得新的信息、新的事件、新的事物、新的方向，重点在于获得对事物的认知。

除了前面说过的，两者在吸引、提示、评论、美化等方面的功能和作用，以及鲜明、准确、简洁和生动的要求等方面的差异外，下面还将对两者的内容、方法、结构和写作上的不同做一辨析。

（1）内容

新闻报道是以传播事实性信息为主的，而新闻评论是以传播意见性信息为主的，从而导致了新闻标题与新闻评论标题在所承载的内容上有着明显的不同。

新闻标题以告诉读者事实为主，其标题内容的重点和主体部分在于传播新闻事实，其立意在于提示新闻事实和相关的事件信息，以最新的事实吸引受众对新闻的阅读兴趣。

新闻评论标题以告诉读者观点为主，其立意在于提示论题或见解、观点、看法和思想，以新鲜的提法和思想信息引起受众关注和思考。

（2）方法

新闻标题主要采用客观论述或者描写的方法，描述新闻事件，介绍新闻事实，提示新闻内容。制作者的态度和倾向性常常蕴含于事实的概括和描述之中，即使采用评价的方式制题，其往往也并不是标题的主体，且多采用比较含蓄的表述方式。

新闻评论的标题则往往采取直抒胸臆、直接表达作者的立场、观点、态度和倾向的方式，采用的是比较主观的指陈事件、臧否人物、评判是非的论说方法，具有较为强烈的感情色彩和主观倾向。

（3）结构

通过前面的介绍，我们知道了新闻的标题多为复合型结构，有引题（有的表述为眉题、肩题、上副题），有主题，有副题（有的表述额题、子题、下副题），还有的时候有提要题（又称纲要题），叠床架屋，丰富多彩。

新闻评论的标题则显得比较简单，多为单一型结构，最多的就是一句话标题，也有少数两句话的标题，就是一个主题和一个副题的样式，或是一个引题加一个主题的样式（这样的题式一般也是比较少见的）。

如《人民日报》2017年8月29日的一篇新闻标题：

（引）安徽省的一桩奇事

（主）六点二公里，铁路建成十年不通车

（副）原因：着急的无权，有权的不急。

　　　结果：忙坏了汽车，闲坏了铁路。

还有另一篇新闻标题：

（引）我国科学探索卫星进入为经济建设服务的实用阶段

（主）巡天遥遥看九州 山川历历图中收

（副）观海可见波浪纹理，测地可知地下断层，考古可识历史陈迹，探矿可辨地质构造

这些都是比较典型的复合型题式。当然，还有加上提要题的，那多半是事件比较重大，内容比较丰富，这时就有必要将有关的内容再做进提要题里面去，加以突出，从而吸引关注，引导阅读。

如评论题：

《中华民族的百年盛世——热烈庆祝香港回归祖国》（《人民日报》，1997年7月1日）

《亚运的回响——写在北京亚运圣火熄灭之际》（《汕头特区报》，

1991 年 10 月 10 日）

这里举的例子都是带有副题的，总的来讲，新闻评论的标题绝大多数是单一型的。

如：

《不忘"小满"的人让我们敬重》（《人民日报》，2008 年 5 月 26 日）

《少数企业死不了，多数企业活不好》（《经济日报》，1991 年 8 月 15日）

《不被看好，人生一宝》（《北京日报》，2000 年 9 月 21 日）

3. 写作

由于前面介绍的一些不同，导致新闻标题与新闻评论标题在写作上也有了不同的要求：新闻标题的写作在要求简练的同时，一般要求较为具体、实在，标题重在对新闻事实作精准简练的概括，能够较为完整地介绍新闻事件，因此，通常要求做成实题的较多，句式也要求比较完整，辅题与主题之间往往要能构成一个完整的表达。

第三节　新闻评论的立意

【知识要点】

了解什么叫"立意"，掌握新闻评论的立意、文学艺术作品对立意的要求、新闻评论对立意的要求、新闻评论立意的注意事项。

一、什么叫"立意"？

立意，中国画术语，指画家对客观事物反复观察而获得丰富的主题思想。谢巍在《中国画学著作考录》中说："凡画山水，意在笔先。"[1] 立意有高低深浅之分。清代王原祁在《题仿梅道人与陈七》一文中说："如命意不高，眼光不到，虽渲染周致，终属隔膜。"[2] 一件作品能不能成为传世佳作，往往就

---

① 谢巍：《中国画学著作考录》，上海书画出版社 1998 年版，第 61 页。
② 王原祁：《雨窗漫笔》，西泠印社出版社 2008 年版，第 69 页。

决定在立意上。

现代写作所称的主题，指作品的中心思想和文章的中心论点及基本观点。在我国古代叫作"意"。相应地，确立文章的中心思想也不叫确立主题，而是叫"立意"。比如，杜牧在《答庄充书》一文中就曾说："凡为文以意为主，以气为辅，以辞采章句为之兵卫。"在文学艺术作品中，立意占有极重的分量。

二、新闻评论的立意

新闻评论的立意，就是确立文章的主要观点、中心思想和总论点。所以，立意是新闻评论选题的延伸、深化和结果。

三、文学艺术作品对立意的要求

1. 正确、鲜明

正确是立意的基本要求。所谓正确，是指所确立的主体反映了自然的本质和规律，反映了生活的本质和主流，符合自然和社会的发展规律。所谓鲜明，是指所确立的主题能旗帜鲜明地表示爱什么、憎什么，赞成什么、反对什么。

2. 集中、单纯

主题是统摄全篇文章的总纲，必须集中、单纯、明确。

3. 深刻、新颖

所谓深刻，是指所确立的肢体能反映生活的本质及内部规律，能揭示事物所包含的深刻的思想意义。新颖，是指所确立的主题是作者的新认识、新感受，能给人以新的启示。

4. 积极向上

所谓积极向上，是指不能有任何不健康的因素存在，要符合文章主题、围绕文章中心。

四、新闻评论对立意的要求

一篇新闻评论有了好的选题之后，要确立好的立意、好的主题，要满足以下三个要求，即求新、求准、求深。

1. 求新

新颖性是新闻评论立意的核心所在，这就要求一篇新闻评论所传递出来的观点、见解、思想要尽可能地新，给人以眼前一亮、推陈出新、耳目一新的认识，使人获得新的知识养料和思想启迪。这是新闻评论的吸引力和生命力的核心所在，也是写作新闻评论着手立意的时候，所要着重考虑的问题。

2. 求准

准确性是新闻评论立意的基本前提和基础要求。新闻评论只有准确地立意，才能保证主题的准确和正确。而要准确地立意，就至少需要有准确的对象、准确的论点、准确的基调、准确的事实和准确的表述做保障。

3. 求深

深刻性是新闻评论立意能否站得住、立得久的关键，也就是我们常常说的一篇文章的深度、力度、高度的问题。为了使新闻评论有深度、有力度、有高度，就要求新闻评论的写作要深思熟虑、深刻有力，就是要把问题看得深些、远些、透彻些，是一种一眼看透本质的功夫和要求。

五、新闻评论立意的注意事项

需要注意的是，以上新闻评论立意的各类特性要求，是从一篇好的新闻评论来看的，它们不是割裂的、孤立的，而应是有机地结合在一起的。就有的新闻评论来看，可能具有某一个或某两个特性，有的可能具备的特性多一点，越多越好，因为这样才能更好地表现出主题思想的新颖、丰富、精彩、深刻。

☞ **思考与练习**

1. 举例说明新闻评论选题的来源主要有哪几个方面？
2. 简述新闻评论价值的含义与特性。
3. 举例说明新闻评论标题的主要样式。
4. 简述确立好的新闻评论立意的要求有哪些。

第十四章　新闻评论的主要类型

【本章学习要点】
★ 新闻评论分类的意义及其分类
★ 了解立论性新闻评论、驳论性新闻评论、释论性新闻评论

第一节　新闻评论的分类

【知识要点】

了解新闻评论的分类情况，对于掌握评论工作的规律，研究评论写作的具体规律和方法，以及选用恰当的评论形式都很有意义。

一、西方国家和我国港台新闻单位对评论的分类

西方国家和我国港台地区的新闻单位通常将新闻评论分为五类：

①社论，是代表编辑部发言的重要评论形式。它也包括代论。代论是由个人署名代表编辑部发言的评论文章。

②专论，是请专家学者对现实生活中某个问题发表意见的评论文章。它还包括来论、星期论文等。

③释论，是解释性的评论，包括大事分析、时事述评和评述。它一般是分析形式，提出问题，剖析原因，揭示事物的本质和发展趋势，给读者以指导。

④短评，指篇幅短小的评论文章，一般由作者署名。

⑤杂志评论，指发表在时事杂志上的评论文章。

二、我国新闻单位对新闻评论的分类

目前，我国对新闻评论的分类，有这样几种情况：

①按评论对象的内容分类，有政治评论、军事评论、经济评论、文教评论、国际评论。

②按评论的性质功能分类，有解说型评论、鼓舞型评论、批评型评论、论战型评论等。

③按评论写作的角度分类，有立论性评论、驳论性评论、解释性评论、提示性评论。

④按评论的形式分类，有社论、编辑部文章、评论、本报评论员文章、短评、编后、编者按、思想评论、专栏评论、新闻述评、论文、漫谈、专论、杂感等。

比较来说，中国新闻界和学术界对新闻评论的分类较为一致。通常按媒体分为报刊评论、广播评论、电视评论、网络评论，中国新闻奖评论类项的评选就是在按媒体划分的基础上进行的。

总之，这些名目繁多的评论，既有它们的共同特点和规律，也有它们不同的特点和特殊规律，很值得我们进行深入的研究。综合各家之长，笔者认为可以把新闻评论分为三大类。

1. 按主要性能来分

（1）带有全面部署性的

通过对全局性的问题进行发言，及时传达党中央和各级政府的指示精神，阐述党和政府在某一时期或某一阶段的方针、政策，分析形势，部署任务，指出方向和道路，交代解决问题的指导思想和措施，对各行各业具有普遍的指导意义。譬如，《人民日报》发表的节庆社论，以及为党和政府召开的一些特别重要的会议撰写的社论，一般都属于这一类。

（2）带有说理启发性的

对党在各个不同时期、不同阶段的重大部署和重要工作，对具有普遍意义的新的典型和倾向性问题，主要从理论上和思想上来启发读者觉悟，提高人们的认识，文章有一定的理论色彩。《光明日报》1978年5月11日发表的开创全国思想解放运动之先河的特约评论员文章《实践是检验真理的唯一标准》，《人民日报》在党的十二届二中全会后发表的社论《四根擎天柱——论坚持四项基本原则的重大意义》，《解放日报》1991年3月2日发表的皇甫平文章《改革开放要有新思路》，统属于这种类型。这类评论常以思想评论、漫谈、杂感等署名文章的形式出现。

（3）带有业务指导性的

这类评论的专业性较强，往往针对某条战线某一方面的具体工作进行指导，使从事某一领域具体工作的干部、群众有所遵循、有所鼓舞。如《人民日报》社论《要像重视节能一样重视节水》，颇具匠心地将节水问题这样一个专业性、业务性很强的内容，写得既有可读性，又有实用性，很有特色。报纸上就工业、农业、商业、文教、卫生等方面某一具体工作进行指导的评论均属于这一类。

（4）带有政治鼓动性的

一般是指为配合重要纪念日、重要庆典、重大活动和外交礼节性而撰写的言论。这类评论虽然带有某种应景和应酬的性质，但是也可以进行一些重要问题的解释和说明，有些纪念日或礼节性的言论，很能说明我们在国内及估计某些问题上的态度及立场。1980年《人民日报》国庆社论以短评的形式出现，给人一种全新的感觉。它不仅赞扬了国庆纪念活动的改革，而且表达了"四化需要改革，人民盼望改革"，"需要在政治、经济等方面进行许多大改大革，也需要在作风上、在社会风气方面进行很多改革"的愿望。文章的精华均集中地体现在它的标题上——《于细微处见精神》，受到了海内外读者的一致好评。至于《人民日报》为香港回归祖国而撰写的社论《中华民族的百年盛事》，以及为中华人民共和国成立50周年撰写的社论《祖国万岁》，就更是这方面的鼎力之作。

这四种性能的分类都是相对而言的，并不是绝对的，相互之间有着不可分割的联系，只不过各有侧重罢了。

2. 按评述内容来分

新闻评论可以分为政治评论、法制评论、思想评论、经济评论、文教评论（含教育、科技、体育、卫生等）、文艺评论、军事评论、外事工作评论、国际评论以及社会问题评论等。很显然，这是就主要评述对象来划分的，当然也是相比较而言的。

3. 按表达方式来分

作者身份和发表规格的不同，新闻评论可以区分成各式各样的品种。其中，经常采用的主要由采编人员撰写的、代表编辑部集体意见的评论有社论（包括本报编辑部文章）、本报评论员文章（包括评论、特约评论员文章）、短评、编后、编者按以及述评等；主要由专业学者、业余通讯员和受众撰写的署名评论有专论、思想评论、小言论（即微型评论）以及富有新闻性和文艺色彩的随感、杂文、文艺评论（包括书评、影评、剧评和对音乐、舞蹈、美术等的评论）。以上指的是狭义的评论。

如果从广义上说，也可以将工作研究、采访札记、访问随笔、市场漫步以及夹叙夹议、以议为主的记者来信、读者来信、问题讨论、热点追踪等，列入评论文章的范畴。甚至有的将党和政府公告、宣言、声明，党和国家领导人的讲话、函电等，也归入报纸评论范畴内。

　　需要指出的是，尽管新闻评论可以分成几大类，但很难说它们之间有什么不可逾越的界限，不同的分类不一定相互排斥，有些是可以并存的。譬如同一篇评论，从不同的角度去看，常常冠之以不同的名称。

　　在这里，还需要说明的是什么叫"政论"，以及政论与新闻评论的关系问题。"政论"是个历史概念，在中国近代报刊史上，王韬主办的《循环日报》开创了文人论证的先例，从那时起，"政治性的论文"均称作"政论"。它和政治密切相关，总是从一定的阶级、政党和集团的利益出发，明确回答现实生活中的政治问题和其他社会问题，表明这样或那样的态度、见解和观点。

　　政论又可作狭义和广义两种解释。狭义政论，专指论述政治性问题的论说文。只要是直接评述现实的政治问题的论说文，不管其名称如何，如称"政治评论""社论""专论"，甚至称"声明""宣言""电报"，都属于狭义政论。据粗略统计，《毛泽东选集》中共收录220余篇文章，绝大多数是针对我国各个革命阶段的政治问题而作，但这些文章的形式竟多达三四十种。可见狭义政论的形式是相当繁多的。

　　广义政论包含的样式更多。凡是从政治角度论述社会生活中各种问题的论述文都可称为广义政论。所谓政治角度，即从一定阶级的政治立场和观点、路线、策略、任务来观察、研究和论述。由此可见，我们一般所指的各种形式的新闻评论，不管是专门论述政治问题的也好，还是以其他各种社会现象和社会问题作为评述对象的也好，一般都可以归为政论的范围。但在目前，政论往往专指一部分政治性的评论，政论未必是新闻评论。

第二节　立论性新闻评论

【知识要点】

　　立论性评论与驳论性评论是两种相对应的评论类型。应掌握立论性评论的定义及其写作中应当注意的问题。

　　所谓立论性新闻评论，指从正面直接提出自己的见解和主张，揭示出客观事物的本质和规律的评论类型。

　　这里的"立论性"，是与"驳论性"相对应的概念。在我国传统文化中，论说文也称论辩文，一般分为两类：一为"论"，指正面阐明自己的见解和主张，其主要作用在于"立"；二为"辩"，即刘勰所说的"驳议偏辩，各执己见"（《文心雕龙·议对》），也就是反驳别人的意见和主张，其主旨在于

"破"。所以，凡是从正面直接提出自己对新闻事件、社会现象的见解和主张的评论，不论它属于哪种媒介、哪种规格或者署名与否，都可以称为立论性评论。以倡导为宗旨，以正面说理为主要手段，则是这类评论区别于其他评论的基本特点。

立论性评论历来是论坛的主角。在社会主义时期，这类评论的论述对象和运用范围十分广泛。20 世纪 80 年代以来，立论性评论取得了引人注目的进展，出现了不少影响深远作品。如《光明日报》的特约评论员文章《实践是检验真理的唯一标准》，带动了一场对于促进全党和全国人民解放思想、端正思想路线具有深远的历史意义的讨论；《人民日报》的社论《回答一个问题》，多侧面地论述了"翻两番"的社会主义经济发展规划，从不同角度澄清了人们的疑惑，收到了统一思想、坚定信心的预期舆论效果；《中国青年报》1981年 3 月 5 日的社论《再论雷锋》，继 18 年前的《论雷锋》之后，紧密结合 20世纪 80 年代的实际，重新阐述雷锋精神，有力地促进了全国学习雷锋的新热潮。改革开放 40 多年日益丰富多彩的社会生活为立论性评论提供了取之不尽的论题，在社会主义新农村建设，建立和健全社会主义市场经济体制，推进教育、科技和文化的发展，加强社会主义民主和法制建设等方面，都出现了一些具有较强思想性和理论色彩的优秀作品。正确而新颖的思想、理论，各个领域的重要成就和经验，优良的工作作风和工作方法，先进人物的业绩和精神风貌，良好的社会风尚和思想行为倾向，等等，均是这类评论的重要论述对象。

立论性评论虽然取得了引人注目的进展，但与社会需求相比较，仍然存在着不容忽视的距离。且不说有多少富有生命力的新事物为评论视线所不及，没有得到健康社会舆论的支持和扶植，就是进入评论视野的新事物、新经验、新观点，论述起来也并不都是理直气壮、丰满有力、生动活泼、具有魅力的，结果往往是"倡"而寡和、推而不广，并没能收到预期的舆论效果。对一些现象、问题的剖析和认识，也存在流于表面、不够全面中肯、难以引发举一反三的思考等问题。因此，繁荣立论性评论，扩大这些评论的视野，增强说服力和感染力，仍然是新闻评论工作的严峻课题。

第三节　驳论性新闻评论

【知识要点】

驳论性评论与立论性评论判然有别，是两种相对应的评论类型。应掌握驳论性评论的定义、文论传统及写作中应当注意的问题。

一、驳论性评论的定义

驳论性评论，是指以违背当代社会发展主流、阻碍社会进步的事物和观念为批驳对象，通过批评、反驳、揭露、辨别是非、澄清认识，进而确立自己主张的评论文章。

二、两种相对应的评论类型

就论说宗旨和论说手段的特殊性来说，驳论性评论与立论性评论判然有别，是两种相对应的评论类型。但是，相对应并不等于相对立、相排斥。在现实社会生活中，新旧并存，是非交错，真善美和假恶丑共生，是相当普遍的现象。新事物、新观念、新秩序也总是在旧事物、旧观念、旧秩序的基础上萌发，在与之斗争的过程中曲折成长的。这样新闻评论在倡导新事物、新观念的时候，就不能不同时扫除旧事物、旧观念。因此，驳论性评论与立论性评论尽管论说宗旨、论说手段不同，却经常并驾齐驱、相互配合，从不同角度为共同的舆论目标服务，它们的运用范围同样遍及社会生活的各个领域。

三、驳论性评论的文论传统

驳论性评论有悠久的文论传统，体现为古代文论中所说的"辩"。"何谓知言？"曰："诐辞知其所蔽，淫辞知其所陷，邪辞知其所离，遁辞知其所穷。"（《孟子·公孙丑》）即通过论辩，识别片面、夸张、错误、闪烁其词之类言论的谬误。王充认为，驳论就是"论世间事，辩照然否，虚妄之言，伪饰之词，莫不证定"（《论衡·超奇》）。

当代国内驳论性评论的锋芒，主要指向背离党和国家的基本路线和方针政策、损害人民群众根本利益以及阻碍社会进步的事物、现象和思想倾向。批评、反驳、揭露这一切的最终目的，不仅是否定、铲除它们，更重要的是通过明辨是非，帮助人们增强识别和抵制的能力，从而为新事物、正确观念、良好秩序的形成、推广扫除障碍、开辟道路。所以，如果说立论性评论的主要使命，是为了新事物、正确观念和良好秩序催生助长，那么驳论性评论则是旧有的、错误的思想、行为的掘墓人，也是为新事物、正确观念和良好秩序开辟道路的"清道夫"。明确驳论性评论扮演着双重角色，肩负着双重使命，并自觉地付诸实践，是能动驾驭这类评论的前提。

改革开放以来的评论实践证明，几乎任何成功的社会变革，都离不开驳论性评论为其廓清道路；凡是成功的驳论性评论作品，也无不同时在破旧立新方面显现不可取代的舆论作用。《人民日报》1980年6月15日社论《再也不要干"西水东调"式的蠢事了》就是在分析"一靠运动，二靠大干"的错误实质，指出如果把发展农业寄托在这上面，"我国的农业生产是永远没有指望的"之后，进而阐述了坚持从实际出发、实事求是的正确指导思想。在这里，驳论无疑起了为进一步贯彻一号文件精神扫清道路的作用。无数这类的例子表明，越是变革发展的时期，驳论性评论越是拥有广阔的驰骋天地。

四、驳论性评论的注意问题

1. 划清驳论性评论与揭丑文章、"大批判"评论之间的界限

驳论性评论不仅存在着阶级和意识形态的分野，而且在品格上也有正邪高卑的区别。与堂堂正正的驳论性评论并存的，有"嬉皮士"式的揭丑文章，也有曾经猖獗一时的"大批判"评论。前一类也许是"西风东渐"的产物；后一类虽是历史的秽物，但那种颠倒是非、混淆黑白，极尽人身攻击、无限上纲上线之能事的恶劣影响，并没有完全消除。划清与它们尤其是"大批判"评论之间的界限，对于正确掌握和运用驳论性评论，发挥这类评论破旧立新、祛邪扶正的积极作用，无疑具有重要的意义。

最根本的一点，就是自觉坚持无产阶级的立场、观点和方法，以高度的社会责任感和实事求是的精神对待客观事物。除此之外，还具体表现在：第一，把着眼点放在面向广大群众头上，以帮助群众明辨是非、提高识别能力为主要目的，而不满足于单纯否定驳论对象；第二，主要针对故论（包括错误的观点和丑恶的现象等），而不是论敌，也就是通常所说的"对事不对人"，就是"对人"也主要着眼于"治病救人"，促使其改弦更张；第三，开展有理有据的积极论争，坚持以理服人，即使对于敌人也不施行人身攻击；第四，讲究实事求是的科学分析，反对"无限上纲上线"。当下某些所谓的"驳论"，就是因为辩论的双方最终偏离了这一本质，把落脚点放在了否定敌论上，降低了评论的品格和舆论作用，最终丧失了社会意义。

2. 驳论性评论要正确区分和处理不同性质的矛盾

驳论性评论的论题，都是现实社会矛盾的反映。而现实社会矛盾千姿百态、错综复杂，客观上存在着性质的不同。陈旧的、落后的、不健康的事物，显然不能与丑恶的、腐败的、反动的东西同样对待。因此，正确区分矛盾的性质，就成了恰当运用驳论性评论的另一个重要前提。如果在这个问题上掉以轻心、不分青红皂白地"一锅煮"，小则难以准确把握说理的分寸、态度和方

法，大则可能因混淆矛盾性质而迷失方向。

正确区分矛盾的性质，关系到驳论性评论的成败得失，任何时候都大意不得。至于在评论中如何具体区分和处理不同性质的矛盾，则需要具体分析。面对改革开放时期错综复杂的社会现象，在矛盾性质的问题上，宁可谨慎些，适当留有余地，切勿把"弦"绷得太紧，尤其要注意防止重蹈"宁左毋右""无限上纲上线"的覆辙。

第四节　释论性新闻评论

【知识要点】

了解释论性评论的定义、特点、地位、类型。

一、释论性评论的定义、特点、地位

释论性评论，是以重大新闻事件、思想理论或方针政策为论述对象，以阐释、说明为主要论说手段，以帮助人们解惑释疑、正确认识和对待有关事物为论说目标的评论类型。

这类评论，虽然也有明确的判断或决断，但以阐释为主，与主要诉诸直接表明立场、观点的立论性评论和驳斥某种做法、认识的驳论性评论有明显的区别，它更多地侧重于阐明、解释，而不是证明自己的主观见解。在实践中，释论性评论既有署名评论，也有不署名评论。

释论性评论在我国新闻评论实践中处于特别重要的地位。在我国，新闻媒体是上层建筑的重要组成部分，新闻评论作为新闻媒介的政治旗帜，肩负着阐明党和政府的纲领、路线、决策、部署，以及方针、政策、法律、政令的重要使命。在改革开放特别是社会转型期，各个领域都处于急剧的发展变化之中，党和政府适应变化着的客观实际，不断调整和完善各项方针、政策，制定新的法律、条理，及时、准确地阐明、解释这一切，帮助广大干部群众正确理解其精神实质，提高贯彻执行的自觉性，并将其转化为具体的社会实践，更是新闻评论的经常性任务。可以说，释论性评论是以指导社会实践、推动社会主义事业健康发展为宗旨的评论类型。

二、释论性评论的类型

依据释论对象的性质，释论性评论的内容、规格、时机也有所不同，实践

中释论性评论大致可以分为专题性释论和全局性释论两大类。

1. 专题性释论

专题性释论，是指一篇专门阐释某一项或某一领域的具体方针政策的评论。

释论性评论通常首先要准确地概括释论对象的主要内容或性质意义。有的时候还会根据方针政策贯彻执行过程中的实际情况，对已经阐释过的对象进行后续补充阐释，其目的在于引导人们注意某些重点，防止片面理解，排除可能出现的误解和干扰，加强和完善贯彻执行的措施、步骤和方法。因此一般比较重视分析贯彻执行情况，明确政策界限，突出阐述当前亟待解决的问题，在论说过程中也比较注意调动驳论手段。

2. 全局性释论

全局性释论一般用于阐释党的纲领、路线，党和政府的重大决策、部署，以及重要会议的精神和决议。这类评论通常面向全党和全国人民，其精神普遍适用于各个领域、各个部门。论述全局性工作的评论虽然为数不多，但权威性强、影响力大，深受各级党政机关和干部、群众的重视，很多海外媒体也将其作为解读中国政治、经济、社会发展方向的重要途径，因此新闻媒体通常会全力以赴、悉心经营。

释论性评论的对象通常具有综合性和复杂性，不似时评对象那般集中于某一个或某一类事件，因此常常会运用系列评论来完成对某一重大新闻事件、思想理论或方针政策的阐释。系列评论既可以有计划地作全面、深入的论述，又能使文章短小精悍，避免长篇大论，但需要周密计划、合理安排，以保证整个系列的统一性和基本精神的一致性。

☞ **思考与练习**

1. 常见的新闻评论的分类有哪些？请列举至少三种分类方式。
2. 新闻评论的要素有哪些？试简述要素在评论写作中的运用。
3. 评析一篇驳论性新闻评论。
4. 阅读一篇释论性评论，谈谈该作品的写作特色。

第十五章　新闻评论的主要规格样式

【本章学习要点】

　　★ 了解社论与评论员文章的相关概念

　　★ 了解短评与编者按语的相关概念

　　★ 了解专栏评论与杂文的相关概念

　　★ 了解频率新闻述评的相关概念

第一节　社论与评论员文章

【知识要点】

　　了解社论的定义、作用、分类与写作；了解评论员文章的定义、作用、选题范围、实际运用、类型与写作。

一、社论

1. 定义和作用

社论是报刊编辑部最重要的指导性言论，在广播、电视等媒体称为"本台评论"。它集中地反映了政党、政府、团体、媒体编辑部对当前重大事件和迫切问题的立场、观点和主张。

社论是报纸的旗帜，是新闻评论中最重要的文章，是代表典型或迫切重要的问题而发表的言论，因此，社论具有鲜明的针对性、政策性和政治性，是其他评论文体所不能代替的。

2. 社论的分类与写作

按论述方式和方法分类，社论分为阐述型、启迪型、评介型、论辩型、礼仪纪念型等类型。

（1）阐述性型社论

阐述型社论是政治性、政策性和指导性很强的社论。其任务是在理论和时间的结合上阐述党的纲领、路线、任务、奋斗目标，阐述党委和政府新近制定的重要决策、决定、政策、方针和政令的实质、依据和意义。帮助各级干部和群众正确领会其政治意义和精神实质，提高贯彻执行的自觉性，规范自己的言行。

以《湖北日报》社论《从严治党再发力 稳中求进新跨越》为例进行分析，从严治党是中国共产党治党的重要原则，是改革开放和社会主义现代化建设条件下加强党的建设的基本方针和要求，作风建设无尽期，从严治党再发力，不断向纵深方向发展。同时，2017年作为供给侧经济改革的深化之年具有重大意义，稳中求进，稳是主基调，稳是大局。稳中求进，不是无所作为，不是不敢作为，而是要在把握好度的前提下奋发有为。一分部署，九分落实，围绕党中央的治党方针和经济改革策略，各级各省纷纷召开会议，部署工作，落到实处。此篇社论是针对湖北省委十届八次全体（扩大）会议暨全省经济工作会议所做的述评，阐释了会议中从严治党和供给侧改革的具体内涵和要求，党员干部要担当责任、提升能力，务实重行、奋发有为，从而实现改革道路上的新跨越。

（2）启迪型社论

启迪型社论是针对迫切需要解决的矛盾，或者具有普遍意义的思想、作风方面的问题发言。它从理论与实际的结合上帮助读者从思想、理论和政策上提高认识。论述对象包括两个方面：一是结合人们精神世界的普遍性矛盾进行思想疏导，侧重于务虚；二是对具体工作和生产实践的具体指导，侧重于务实。在虚与实的结合中进行思想引导和启迪。

以2017年6月10日《新京报》社论《限量又限速，还能叫"流量随意用"？》为例进行分析，此篇社论剖析了"流量随意用"广告语背后的真相，认为这种限量又限速的误导式宣传语有失妥当，透支声誉的同时可能会面临法律风险，提出运营商应该尊重、保障消费者权利。

（3）评介型社论

评介型社论着重对有典型意义或重要意义的新闻性人物和事件进行旗帜鲜明的褒贬、评介，并从思想、政治、理论的高度进行论述和概括，以深刻揭示本质，总结经验或教训，从而发挥其启迪思想、引导舆论的社会功能。以《人民日报》社论《国家的掌舵者 人民的领路人》为例进行分析。此篇社论基于新闻事实——在十三届全国人大一次会议上，中共中央总书记、中央军委主席习近平全票当选中华人民共和国主席、中华人民共和国中央军事委员会主席。对此，社论高屋建瓴，深刻指出，"这充分体现了党的意志、人民意志、国家意志的高度统一，充分反映了全党全军全国各族人民的共同愿望和心声，必将鼓舞和动员亿万人民更加紧密团结在以习近平同志为核心的党中央周围，同心同德，开拓进取，决胜全面建成小康社会，夺取新时代中国特色社会主义伟大胜利，为实现中华民族伟大复兴的中国梦而不懈奋斗"。① 这样的社论有助于提高受众的认识和理解，也强有力地引领了社会舆论。

（4）论辩型社论

论辩型社论是以揭露和批驳来自国内外的各种敌对言行、反动思潮和腐朽思想的一种战斗性较强、规格较高的重要言论。

以凤凰网评论部《纪念二二八，防止台独撕裂台湾》为例进行分析，"二·二八事件"又称"二·二八起义"，发生于 1947 年 2 月 28 日，是一场台湾人民反专制、反独裁、争民主的群众运动。1947 年 2 月 27 日，国民党警员在台北打伤烟贩，民众激愤。次日，台北市民举行罢市并游行请愿，又遭到国民党当局镇压，激起了民众更大的愤怒，爆发了大规模武装暴动，但运动以失败告终。时至 2017 年，"二·二八事件"已有 70 年之久，虽然当时只是一起群众运动，但在某些问题上仍值得深思，尤其是当公共事件被不同势力所利用来为自己谋利时，更应当警惕。此篇述评采用论辩方式，从不同角度对"二·二八事件"解释权问题和 70 周年纪念大会进行解读与评述，评论者认为当下台湾政党和民众理应走出悲情意识，用一种更合乎当时实情的态度去审视和评价它，避免此事件成为"蓝绿"党争的工具。

（5）礼仪纪念型社论

礼仪纪念型社论指有关评述重要节日、纪念日、活动日、国耻日以及外交建交、签约、各国领导人出访等送迎往来外交礼节性活动的社论。

以《人民日报》《唱响新时代的青春之歌——纪念中国共产主义青年团成立九十五周年》为例进行分析，此篇社论是纪念中国共产主义青年团成立九十五周年，从选题上看，做到了舆论导向与贴近群众的统一。社论没有坐而论道，而是长话短说，语言简洁明了，言简意赅。从文风上看，做到了严肃庄重与个性色彩的统一，字里行间饱含深情。整篇社论写作行云流水，一气呵成，充满激情。

3. 社论的写作要求

报纸进入"厚报时代"后，言论版也得到扩充，作为报社主打招牌的社论，也在发展中不断完善。精心写作社论，这不仅是社论作者应有的态度，而

---

① 《国家的掌舵者 人民的领路人》，载《人民日报》2018 年 3 月 18 日。

且要把这种精神贯穿于社论写作的全过程，包括选题、制题、写作、修改等环节。

（1）选题要集思广益、共同研究

由于社论是代表编辑部而不代表个人的意见，因此，针对什么样的事件和问题，选定什么样的论题范围以及表达什么样的中心论点，都应该集体讨论商议。从这个意义上讲，社论不仅是一种文体，也是一种写作制度。集体讨论是社论写作的基本做法。

（2）社论写作的选题、立意、入题

社论是针对当前重大事件和群众迫切关心的选题立论的，因此，要面向各行各业各个阶层广大受众，回答广大受众普遍关注和急需回答的问题。这是社论写作的立足点和出发点。

写好一篇社论的关键是要有新见解。社论写作要求挖掘得深，提出创见。

社论往往通过实际问题讲道理，很少从纯理论问题入手。往往以眼前的新闻事件或新闻问题作为由头，然后引申到一定的理论高度，以体现其新闻性。

从本地的实际情况出发讲道理，也不会去讲其他地区的事情。

（3）语言要准确、鲜明、简练、通俗、生动、规范

社论写作对文字的第一要求是语言简洁、生动。特别是对我国的党报来说，如果社论语言上矫揉造作、故弄玄虚，其宣传效果就可想而知了。

社论写作还需要注意如何准确运用人民群众中朴素生动的语言，做到通俗易懂、平易近人，且语言运用要规范。

（4）逻辑严密，论证得当

修改时先看它在理论上是否正确，道理是否说清楚了，是否合乎政策，有没有泄密情形；再看逻辑上是否严密，论证的方法是否得当。

二、评论员文章

1. 定义、作用、选题范围、实际运用

评论员文章是报刊、通讯社、广播电台常用的属于中型的重要评论，是仅次于社论的重要评论。

评论员文章具有重要的导向和喉舌作用。它与社论没有严格的界限，必要时可升格为社论。它除了一部分以独立形式发表外，多数情况下是依托有关典型或问题，它的选题范围要比社论广泛而又具体，在运用上比较自由灵活。

从形式上看，评论员文章虽然并不像社论那样直接代表编辑部集体或同级党委的意见，但它反映了编辑部的观点和倾向，有一定的权威性。

在实际运用中，评论员文章总是和社论、短评等评论文体相互依存，协同合作，取长补短，各显其能，以充分发挥其宣传、指导、启迪和鼓动的社会功能。一般来说，它具有社论的性质和要求，但均由报刊、通讯社、广播电台各业务部门自己撰稿，编辑部自行定稿，不需像社论那样送交同级党委或行政部门审阅。

2. 类型

作为评论国际方面新闻事件的评论员文章，主要评论国际事务中既重大而又较具体的事件或问题，它常常代表党和政府发表对外政策、方针的意见和表示态度的一种重要评论形式，比评论国内问题方面的评论员文章更具权威性。

由本报评论员撰写或以本报评论员名义发表的评论员文章，结合新闻事件或新闻报道配写的重要评论，旨在体现编辑部的立场、观点和态度。

3. 评论员文章的写作

评论员文章的篇幅要比社论短一些，长短介于社论与短评之间，一般在千字以内。当然，报刊评论员文章也不同于短评。它的规格比短评更高，地位更重要，分量更重。

评论员文章的形式一般分为本报评论员文章、本报特约评论员文章、观察家评论三种形式。

（1）本报评论员文章

本报评论员文章是由本报评论员撰写或以本报评论员名义发表的评论员文章。它作为结合新闻事件或新闻报道配写的重要评论，以体现报纸编辑部的立场、观点和态度为主旨，通常是不署作者姓名或笔名的。

以新华社《努力奋斗才能梦想成真——写在2017年元旦》为例进行分析，此篇文章写在2017年元旦，对习近平主席发表的2017年新年贺词进行较为全面的解读与评论，为实现"梦想干字当头，攻坚克难加油干、造福人民同心干、面向世界携手干"，呼吁一代人承担起一代人的责任，走好我们这代的长征路。

（2）本报特约评论员文章

本报特约评论员文章，是评论员文章的一种特殊形式。冠以"特约"二字，是用以加重评论者身份，也为了标明系社外人士所写。它的任务是就当前重大理论问题、思想问题、政策问题和重大改革举措发表独到见解。规格比本报评论员文章要高一些，主要约请有关党政领导机关或理论学术机构的负责干部、专家，以及学有专长的有关人士撰写，一般不署名，必要时也署名。来头大，"块头"也大，有时也称为"超重型评论员文章"。

以新华社《深入推进农业供给侧结构性改革——论学习贯彻 2017 年中央一号文件精神》为例进行分析，此篇评论以特约评论员的视角分析当前农业发展新形势，肯定了 2017 年中央一号文件把推进农业供给侧结构性改革作为主题的正确性和重要性，提出推进农业供给侧结构性改革，要以增加农民收入、保障有效供给为主要目标，以提高农业供给质量为主攻方向，以体制改革和机制创新为根本途径，深刻剖析了此次改革与以往我们抓农业结构调整、抓农村工作相比，既有传承和延续，更有创新和发展。

（3）观察家评论

观察家评论，是评论员文章的另一种形式，通常用于重要的时事评论。以观察家的身份出现，可以使评论显得更加客观和具有权威性。写法上，观察家评论着重于评析和论辩，高屋建瓴，寓评论于观察之中。观察形势，分析形势，预测未来，引导舆论。

以胡印斌的《女博士因误机打人，这种恶习莫惯》为例进行分析，2017年女博士因误机打人事件中，舆论呈一边倒态势，基本上是批评其素质与学历不成正比，女博士没有按时登机，违反契约精神，无礼纠缠在先，无故打人在后，无论是从情理还是法理上，她都是毫无疑义的过错方。这篇评论针对热点事件中多元的舆论观点进行了个人化的解读与阐述，以评论员的视角对女博士打人事件进行剖析，由个案推至整体，警示更多人要遵守规则，别轻易逾矩。

第二节　短评与编者按语

【知识要点】

了解短评的定义、形式与写作要求。了解编者按的定义、分类与写作要求。

一、短评

1. 短论的定义、形式

短评，即短小而精悍的评论。短评有两种形式，一是配合新闻报道而刊出，对文章中的思想、观点表达编辑部的态度；二是独立发表，针对社会上某种思潮、现象和问题发言。

2. 短评的写作要求

短评的优势是"短、新、活"，因此，短评的写作也要基于上述要求。

第一，短小，就是指篇幅短小、开门见山、简洁明了、语言精练。短评比长论更有优势，用简短的句子就勾勒出基本的事实，迅速抓住事物的本质。因此，短论一般开门见山、直截了当，便于刊发，具有时效性。

第二，新鲜，是指时效性强、思想新奇、角度特别。由于短论有时配合新闻刊发，要求既源于新闻基本事实，又要高于新闻，深入挖掘其意义和价值，或者从一个全新的角度去评论，给读者以回味和启发。

第三，活泼，即形式活泼、风格多样。短论形式不拘一格，不论是体裁结构、分析说理还是语言风格，都可以灵活多样，既观点深刻，又留给读者思考的余地。

二、编者按

1. 定义

编者按是一种依附于新闻报道和其他文稿的简短编者评论，通过画龙点睛的评论、批注或者说明的文字，发挥说明提示、建议点题或者针砭时弊的作用。编者按一般言简意赅、点到为止，讲究舆论分寸。

2. 分类与写作

编者按一般可以分为：

（1）说明性按语

编者对新闻或文稿加说明或提示的文字，它的目的在于帮助读者理解新闻材料，说明有关情况，交代一些背景，介绍作者的身份，表明刊载或转载的目的等，以引起读者的阅读兴趣和重视，帮助其理解新闻或文稿。

【案例分析】

《洛阳商报》2017年6月8日2版

编者按

3月末，酷骑亮相洛阳街头，成为首家进入洛阳市场的共享单车；4月，永安行、摩拜、ofo相继进入洛阳。

从看者多、骑者少，到如今街头上演色彩大战，对于洛阳人来说，共享单车已经不再陌生。

不过，随之而来的毁车、共享单车被扣等现象，也引发大家对共享单车的讨论。

如今，两个多月过去了，共享单车给市民出行方式带来了哪些改变？四类共享单车在市民心中的骑行感受是怎样的？未来共享经济又会走向何方？

为此，本报今日推出特别报道"骑车话共享"，与您一同听听共享单车的诉说，看看共享单车的竞争，聊聊共享经济的未来。

此编者按提出"骑车话共享"的话题，提示要点、交代背景，引出将要讨论的话题，是对随后编发的全部内容的说明、概括与提炼。

（2）争论性按语

它的主要职能是：或提纲挈领、简明扼要地点明新闻报道或文章的中心思想，提示事物的意义，以便于读者领会；或依托新闻报道或文章及时地传达党和政府有关的最新指示精神，交代或重申有关问题的政策界限；或赞扬先进、批评错误、明辨是非、提出建议。这种按语的作用类似于短评，但编者按一般要依附于新闻报道或文章，不能单独发表。

【案例分析】

《山西日报》2017年1月9日12版
编者按

转眼间，2016已经过去，我们又在务工之路上伴你走过一程。

一年中，我们携着《务工者的新春展望》前行，在大家疑惑《今年找工作还难吗》时提醒《开春务工正当时》；

一年中，我们在《我的城市我的家》里体味"80后"农民工的《别样选择别样人生》；

一年中，我们建议大家《规划职业谋划未来》，提醒就业者《就业季不再急》《劳务派遣工何去何从》；

一年中，我们呼吁《农民工培训需提档升级》，倡导《护工培训一技傍身好就业》，为的是让农民工能够《安心回家放心过年》；

一年中，我们《奔跑在创业路上》，随《返乡农民工进入"创时代"》一起感受《文化创业也迷人》的新气息；

一年中，我们为务工者服务的脚步不曾停歇，因为这是我们《高温烈日下的坚守》。

瞬息间，2017 已经来临，我们还将在务工之路上携手同行。

新的一年里，我们将继续"关注""能工巧匠"，倾听"务工者说"，请"律师帮"他们答疑解惑；

新的一年里，我们将继续跑遍"天南地北"搜罗"招聘信息"，为求职者提供"就业指导"；

新的一年里，我们将继续坚持初衷戮力前行。

此编者按是对新的一年的总结，编者在文中强调了稍后编发的报道的重点，提纲挈领地表达了报道的中心思想与意义，体现了评论者的态度和对文章的理解度。

根据按语位置和形式的不同，还可将其分为三类：文前按语、文中按语和编后。

①文前按语。文前按语即平常所说的编者按，也称题下按语、编者的话，在广播、电视中也称为编前话。在三种按语形式中，它的地位最为重要，它的编排位置也最为显著。文前按语的行文要求提纲挈领、言简意赅，使用论断性语言直接鲜明地提出论断，不必重复所依附的新闻材料，也无需展开论证。在写法上，它不如编后那样自由灵活，也不如编后那样可以适当议论，甚至借题发挥。文前按语还有明显的特点，就是它与编后不同，既不宜署名，也不必拟定标题。

②文中按语。在形式上，文中按语类似于我国古代的点评，或者说在某种程度上它受到了金圣叹点评《水浒传》《西厢记》及毛崇岗点评《三国演义》的影响。文中按语也是我国革命报刊的传统。中华人民共和国成立前，《解放日报》《晋绥日报》经常运用这种形式。

文中按语与新闻报道既有配合关系，又有渗透关系，插入文中，附在某句话、某一小段文字后面。有感而发，有疑即注，有错即批，直截了当，灵活醒目，于字里行间表明编辑部的立场、观点和态度。这种按语依附在新闻稿件的字里行间，随时进行褒贬点评，以增强新闻报道的思想性和鲜明性。近年来，文中按语很少出现了。

③编后。编后又称编后小议、编者后记、编者附记、编余、新闻点睛、编辑点评，在广播、电视中常常成为编后的话，等等。它是编者按语的一种常用的表现形式，是编者对新闻稿件有感而发的一点抒情、议论、联想的文字，它依附于新闻稿件，旨在深化稿件的主题或报道思想。

编后与文前按语的主要区别表现在：编后一般附在文尾，可以加标题，也可以署名。编后在写法上接近随感、短评，可以抒情，也可以议论，必要时也可以做些论证，还可以借题发挥。编后的表现形式比文前按语活泼，可以用议论笔法，也可以用散文笔调，还可以用诗歌或对话的形式。编后的适用对象比较灵活，除了新闻和来信外，照片、图表也能配写编后。

第三节　专栏评论与杂文

【知识要点】

了解专栏评论的定义、分类、特点及其写作要求；了解杂文的定义、特点、作用及其写作要求。

一、专栏评论

1. 专栏评论的定义

专栏评论，指报纸上有固定栏目名称、作者个人署名、定期刊发的新闻评论。

2. 专栏评论分类及其特点

按照不同的分类标准，专栏评论可分为不同的类型；按作者构成分类，可分为群言式专栏评论、集体式专栏评论、个人专栏评论；按评论体裁分，可分为专栏思想评论、专栏经济评论、专栏法制评论、专栏体育评论、专栏教育评论、专栏娱乐评论、专栏国际评论等。

专栏评论具有以下几个特点：

①稳定性。专栏评论具有相对固定的版面呈现形式，版面位置与篇幅稳定，这有利于获取读者对于该专栏的认同，并逐步培养读者的阅读忠诚。同时，它的评述范围与受众对象有所侧重，论述的语言有持续、连贯的风格。

②开放性。这表现在专栏对外开放，作者自由投稿，选题开放，公众可以自己选择；观点开放，大家可以各抒己见。

③公众性。社论、评论员文章以及编辑部所发的短评是由编辑或评论员执笔，代表媒体立场，但专栏评论不代表编辑部，其作者是公众，选题是公众所关注的，观点多代表公众立场，体现出一定的独立性。

④个人化。这是专栏评论最大的特点。专栏评论的题材、风格以及影响力的大小都与其作者紧紧地联系在一起。首先，在形式上，专栏评论一般都有作者署名，传递的是专栏作家个人的观点、见解、听闻与经历。

3. 专栏评论的写作

写作时，专栏作家可以选择自己擅长和喜爱的话题和表达方式，可以以亲身经历或趣闻轶事来吸引读者，关注某个枯燥严肃的话题。

自20世纪80年代评论复兴以来，国内不少专栏评论作家形成了独特的评论风格。

二、杂文

1. 杂文的定义、特点、作用

杂文是一种直接、迅速反映社会事变或动向的文艺性论文。其特点是"杂而有文"，短小、锋利、隽永，富有文艺工作者色彩和诗的语言，具有独特的艺术感染力。

在剧烈的社会斗争中，杂文是战斗的利器，比如鲁迅先生的杂文就如同"匕首""投枪"直刺一切黑暗的心脏。在和平建设年代，它也能起到赞扬真善美、鞭挞假恶丑的喉舌作用。比如《庄周买水》《剃光头发微》等文章就是如此。

2. 杂文的写作要求

①杂文必须讲真话。提倡讲真话、讲实话、报实情，坚持实事求是，是我们党的一贯主张，但往往讲真话很难做到。我们通常说杂文是最能体现知识分子社会良知的文体，所以这种文体注定作者必须讲真话。杂文讲真话，本身就是对讲假话、讲空话、讲大话的不良风气的抵制和批评。因此，真话是构成杂文的最基本的要素，讲真话是对杂文写作最基本的要求。

②杂文要有思想性。有些杂文虽然看上去也像文章，但总让人感到不痛不痒，很可能是它缺乏思想性。批评随地吐痰，批评乱扔杂物，都可以谋篇成文，但这些属于鸡毛蒜皮的话题，显然没有多少思想意义。鲁迅杂文的深邃，源于他的思想的深邃。

③杂文要有胆识。杂文的思想性来自于独到的见解，而独到的见解又来自于作者的胆识。人云亦云的人是肯定写不了杂文的。某个影响不好的社会事件出现之后，很快有几个杂文作者发表文章进行反思，文章观点和总结出来的启示都差不多，甚至个别语言也极相似。这种现象不属于人云亦云，而是因为

"杂文的眼光"都比较锐利，或者叫"英雄所见略同"。

④杂文要有理趣。理趣，是杂文的灵魂。理：指杂文的思想和观点，要站在真理一边，立论必须正确。趣：是指杂文论辩的趣味性，在说理过程中所体现的一种独特的韵味。再通俗一点说，就是杂文必须具有幽默感。幽默是一种机智、一种境界、一种力量。幽默感是杂文这种文体的特质。当然，强调幽默感，并不是要求每一篇杂文都必须体现出浓厚的幽默色彩，但总体上是需要的。

⑤杂文作者需要比较广博的知识。杂文属于社会批评，而社会是千变万化的万花筒。话题和内容的博杂性，也是杂文的一个特点。杂文作者要当好一个"杂家"，必须多读书，多观察社会生活，具有多方面的社会知识。

⑥杂文创作需要扎实的文字功力。短短一篇小文，需要相当的语言驾驭能力，要把它写好是不大容易的事情。杂文的语言是尖刻的、锐利的，大多以不讲情面、不给面子为是，而且越尖锐、越简洁、越强大，便越有美感、越有力量。一般作者参与杂文创作，必须练就文字基本功，要做到语言精练、言简意赅。

第四节　新闻述评

【知识要点】

新闻述评的定义、任务、作用、特点、类型，新闻述评与新闻评论、新闻综述的区别；新闻述评的写作要求。

一、新闻述评的定义、任务、作用

新闻述评一般就当前重要的新闻事实进行评述，所以称为新闻述评。新闻述评集新闻报道和新闻评论的职能于一身，既及时报道新闻事实，反映现实生活的发展变化，又揭示新闻事实的本质和意义，指明事物的发展趋势。新闻述评大多出自记者的手笔，往往是记者在采访调查中，对所见所闻的新闻事实或问题有感而发，既有述，又有评，所以也称记者述评。

新闻述评的任务，就是按作者对新闻事实的认识分析，把庞杂、零散、周期长的事情讲清楚，达到帮助受众形成整体认识的效果。

新闻述评属于新闻评论的范畴，主要是通过评述结合的方式，分析和评价事实，直接表明作者的立场和主张，从而发挥舆论导向的作用。

二、新闻述评的特点

1. 评述结合，以评为本

述是评的基础，评是述的目的，两者是有机的结合。述评中对新闻事实的叙述，要从实际出发，根据内容的需要，有时述多于评，有时评多于述。叙述的方式也有所不同，有的是报道最新发生的事实，也有的是对一段时间内的事实的叙述；有的是具体的描述，也有的是概括的叙述；有的只报道一两个典型的新闻事实，也有的是概述表面的情况，等等。有时在叙述新闻事实的过程中，已经包含了作者的倾向和分析，只要再加上画龙点睛的议论，就足以说明问题了。

2. 述中有评，评中有述

新闻述评以新闻事实为基础。述评的述，即讲的道理，主要来自对新闻事实的分析。因此，评和述的结合，可以体现由个别到一般、由具体到抽象、由现象到本质的认识规律，因为它是评的依据，有些事实的选择就是有针对性的。述评的目的是弄清客观事物的本质，阐明新闻事实所包含的带有普遍意义的新经验、新问题，而不能就事论事。许多述评采取夹叙夹议、边叙边议的方式，述中有评，评中有述，有助于从理论和实践的结合上，从事物之间的共同规律的高度提出问题和解决问题。

3. 由述而评，以评驭述

述评所讲的道理，是作者通过对大量新闻事实进行分析而得出的结论。这也是述评区别于某些推理性评论的主要之点。因此，述评更注重材料和观点的统一。述评所选用的事实，都是服务于评，为了说明观点，或者说要受观点的统帅。在一般情况下，述评的述多于评，但并不是说事实越多越好。在述评中不可能也没有必要把记者所掌握的事实全部罗列出来，选择哪些新闻事实，对哪些情况做概括的介绍，哪些情况用具体、典型的事实加以说明，都要服从于评，服从于作者阐明观点的需要。

三、新闻述评的类型

1. 工作述评

工作述评是针对实际工作中的新情况、新经验、新问题进行评述。其特点是：涉及经济领域的内容比较多。这类述评一般都比较注意点和面的结合，由点到面，由局部到全局，这样的评述可以避免就事论述，做到虚实结合，具有普遍意义。

2. 形势述评

形势述评针对国内外形势，包括政治形势、经济形势以及其他领域的形势的述评。其特点是：形势述评的内容所及，可以是全局的形势，也可以是某个特定地区或某条战线在一个时期、一个方面的形势。这类述评着眼于形势的变化和转折，着眼于群众普遍关心或需要引起大家注意的问题和动向，概括全貌，指明发展趋势，帮助人们提高认识、开阔眼界。形势述评的分析更要注意全面和重点的结合，立足局部，放眼全局，论断要掌握分寸，留有余地。

3. 思想述评

思想述评是针对当前思想领域中的事件和问题的论述，侧重于对社会的思想状况的分析。其特点是：对于带有普遍意义的思想情况和问题，特别是对那些良好的道德风尚和带有倾向性的不良现象，结合具体事实，作出明确的、实事求是的评述。

4. 事件述评

事件述评是指事关全局事件的述评，是对国内外发生的重要事件或某些影响较大的突发事件进行评述。被评述的事件有时是关系全局，有时是某个地区或某一方面工作中发生的影响较大的问题。其特点是：主要是根据记者直接调查和掌握的材料，分析事件产生的原因和背景，探索其性质和意义，或者通过具体事件的分析，澄清事实，说明真相。

四、新闻述评与新闻评论、新闻综述的区别

1. 新闻述评与新闻评论的区别

新闻述评与新闻评论的区别，在于其中的"事实材料"。新闻评论中的客观信息"事实材料"，为间接引用信息，不完整；新闻述评中的客观信息"事实材料"，来源独立、结构完整，由作者采访得到。尽管事实报道的成分比例大，但新闻述评是"以评为主"，依据事实进行是非判断、讲道理，事实叙述只作为由头和论据，所以说新闻述评是有着完整事实材料的新闻评论。

2. 述评同新闻述评与新闻综述的区别

新闻述评和常见的新闻综述不同，新闻综述虽然在形式上接近于述评，但它是以向受众告知新闻事实为目的，主要特点是对某些重要事件、重要工作或

一个时期的形势进行综合性的叙述。它客观地报道事实，一般不进行评议。有时通过提供信息的方式，转述有关人士的见解和看法，也是以客观报道的形式出现。在叙述事实的过程中，有时有一些说明或议论的文字，也是为综合性的叙述服务的。

五、新闻述评的写作要求

新闻述评一般都有栏目和标题，有作者署名。也有的述评不加栏目，标题也没有"述评"字样，或在副题中说明是关于什么问题的评述。有些报纸上发表的"调查与思考""采访札记""采访随想"等，在写法上也是有述有评，接近于我们所说的述评。新闻述评的写作有如下要求：

1. 论题新颖，选材精当

述评的论题应当是现实生活中的新事物、新情况、新经验、新问题。这样立论才会有新意，才会使受众有新鲜感。选材、选事实要有的放矢，要有典型性，有一定的代表性，能反映同类事物的本质特征。事实可以是点上的具体事实，也可以是面上的经过概括的情况，这要看述评的内容而定。点面结合的新闻事实更能说明问题。

2. 依事明理，注重分析

述评要摆事实、讲道理。新闻事实是述评提出问题、解决问题的依据。述评既不能堆砌事实，也不能脱离事实而空泛议论。讲道理应当是缘事而发，即事明理，通过对新闻事实的分析而得出的结论；分析应当切合实际、入情入理，这样才能以理服人。

3. 夹叙夹议，事理交融

夹叙夹议就是把叙述和议论，把具体的事实和抽象的议论，围绕文章的中心思想，有机地结合起来，阐明一定的道理。根据内容的需要，可先述后评，也可先评后述，关键是要处理好述和评的关系，评中有述，述中有评，将两者结合为一个有机的整体。

一方面，在叙述事实时就带有倾向性和感情色彩，包含了作者褒贬分明的态度，使叙述和议论能较好地结合起来。另一方面，在叙述事实的时候采取纵横比较的方法，通过不同事物之间的比较，或同一事物在不同时期情况的比较，这样的比较本身也就表明了作者的态度和见解。夹叙夹议的述评，还可以叙和议穿插进行，有述有评，同样可以取得较好的效果。

以凤凰网发布的徐明轩的《女司机 VS 暴走团，谁该为一死两伤负责》为例，在"暴走团"对决"女司机"事件中，行人进入机动车道本身已违反交通安全法，但司机的操作失误更是造成该起交通事故的直接原因，双方的责任判定一度引发热议。该评论夹叙夹议，既批评了暴走团的行为，也希望更多人能够吸取血的教训，同时还希望道路交通等管理部门也要拿出硬手段，不能听之任之。

☞ **思考与练习**

1. 结合具体案例考察评论员文章与社论的区别。

2. 仔细阅读并评析当天的《人民日报》（或老师指定的其他报纸）的短评或编者按语，看看其写作有何特点？

3. 就自己感兴趣的某个新闻话题与同学展开讨论，然后写一篇《校园论剑》的杂文，再对习作进行互相点评。

4. 读一些记者述评，体会其切入的角度、论述的逻辑、文字的鲜活等。

第十六章　广播新闻评论

【本章学习要点】
★ 了解广播评论的特性与写作要求
★ 了解广播口播评论
★ 了解广播谈话评论
★ 了解广播音响评论

第一节　广播评论的特性与写作要求

【知识要点】
了解广播评论的定义、样式、作用、特点、写作要求。

一、广播评论的定义、样式、作用

1. 定义

广播评论是按照广播的传播特点和要求，以便于口说耳听的方式撰写、制作和播出的新闻评论，是一种政论性的广播新闻体裁。

2. 样式

广播评论包括本台评论（相当于报刊的社论）、本台评论员文章、本台短评、口头评论、本台编者按、嘉宾点评、本台述评、广播谈话、录音评论等样式。

3. 作用

广播评论是广播电台的旗帜和灵魂。

二、广播评论的特点

广播评论与其他媒介评论相比，具有以下四个特点：

1. 贴近社会，抓住"热点"

广播评论所谈及的内容应当是新近发生的、人们正在关注的社会问题。通过评论快速告诉听众当前热切关心的事实和问题，善于掌握最佳播出时机，在社会上引起广泛关注和反响。

2. 短小精悍，内容集中

广播评论为了适应听众在专注收听上的耐久力，一般都要比文字评论短小。广播评论在说理上要简洁明了，论述集中，开门见山，一事一议。对需要长篇论述的评论，则宜化大为小，采用系列评论的方式连续播出。

3. 说理通俗，适合于听

广播评论在议事论理时，从结构安排到句式都应该通俗易懂、平易近人。通过具体可感的材料及解释，深入浅出地加以表述，让听众便于理解、易于接受。

4. 形式多样，不拘一格

广播评论的形式多样，除采用报纸已有的评论形式外，还有谈话、口头评论、电话评论等。音响化要求形式和语言的多样性、丰富性、生动性、活泼性，以便吸引听众的注意力，增强趣味性、可听性，并引起广泛的深思。

三、广播评论的写作要求

1. 坚持党性原则

广播评论直接传达和阐明党的路线、方针、政策，是党的直接的、响亮的声音。人民群众把重要的广播评论当作自己行动的指南、工作的依据。这就要求广播评论写作必须严格遵守党性原则。

2. 抓住问题是写好评论的关键

怎样才能选好论题？一要注意学习，二要调查研究。评论工作者对马克思主义理论和党的方针政策的理解，对于确定评论的论题关系很大。评论工作者对现实生活当中的新情况、新问题、新动向的了解程度，更直接关系到论题的针对性和指导性。因此，对评论工作者来说，"吃透两头"格外重要。广播评论所抓的问题一般有以下五个方面：

①带有倾向性问题。这类问题反映着事物的发展动向，有的是新生事物的萌芽，有的是某件大事的先兆，有的是某种风气的露头。抓住这类问题写评论，可以起到扶持新生事物、抑制不良倾向的作用。

②广大群众关注的问题。这类问题具有普遍意义，同人民群众利益息息相关。反映人民群众的呼声，如党风、社会风气问题，打击经济犯罪和刑事犯罪

问题等。

③在群众中容易划不清界限的问题。广播评论在适当时机抓住这类问题进行分析阐述，辨明是非，划清界限，群众是非常欢迎的。

④事情虽小，意义重大——"小中见大"的问题。生活中有些小事背后隐藏着大道理。抓住这些小事，借题发挥，小中见大，既能给人以深刻的启示，又便于写得生动活泼。

⑤先进主流当中的后进问题。新闻宣传中容易有一种通病：宣传什么一哄而起，虚张声势，鼓虚劲而无实效；不符合客观实际。新闻评论工作者要敢于说话，看出一种倾向掩盖着另一种倾向，抓住它发表评论。

3. 论理要精深

广播评论篇幅短小，论理不仅要深，而且要精，要句句破题。话要说得少，道理要讲得深。论点要经过深思熟虑；论据要经过精心挑选；论证要言简意赅，要以最经济的语言手段，输送出最大的信息量。

4. 文风要朴实亲切

文风是文章的风格，是运用语言文字时表现出来的思想作风。广播评论的文风除了要具备准确性、鲜明性、生动性这"三性"以外，还要注意朴实亲切。

第二节　广播口播评论

【知识要点】

了解广播口播评论的定义、表现形式、特点。广播口播评论的制作要求：一是省意式表达，二是为听众理解抽象内容创造条件，三是要用"类交流"的方式说理。

一、广播口播评论的定义、表现形式

1. 广播口播评论的定义

广播口播评论，也叫口头评论、广播述评、记者述评，是指由评论撰稿人自己写作、自己播讲的评论形式。

2. 广播口播评论的表现形式

广播口播评论通常有两种表现形式：一是由播音员播送，以电台的名义阐述对于评论对象的看法的不署名评论；二是由作者本人直接面向听众，以个人的名义阐述对于有关事物的看法和署名评论。

前者是写播分离的，因此，特别要建立为说、听而写的观念，缩短文字表达与口语表达之间的距离，乃至实现二者的统一；后者是"我手写我口"，作者自己把文字转化为声音之前对评论内容已经"了然于心"，"出声"时要特别把握好口语表达的分寸，能动地利用音节、声调、节奏等辅助手段，增强言语的感染力，适应听众的接受状态。

二、广播口播评论的特点

广播口播评论通常要求话题具体单纯，说理浅显，表述平易。这有利于缩短评论与听众之间的距离，有利于把文字表达方式与口语表达方式统一起来，使评论更加适应听众的听知习惯。

1. 篇幅短小，内容精悍

广播口播评论的首要特点，就是力求篇幅短小、内容精悍。原因何在？广播口播评论是线性结构，受众注意状态的持久保持也有一定的时限，一旦拖沓冗长，引起收听疲劳，听众则会选择转台、关机。这甚至会长远地影响到频道整体的收听率。另外，篇幅降下来也有利于增强评论的时效性。近年来，广播口播评论出现大量具有较强时效性的短小精悍的评论作品。从根本上说，篇幅短小、内容精悍是从受众需求角度做出的选择。当然，广播口播评论的长短还依据内容来决定。因此，短小精悍本身不是目的，只是实现广播口播评论最佳效果的必然要求。

2. 深入浅出，一听就懂

就是要以浅显通俗、让人一听就懂的方式表现深刻的内容。"深入"，要求恰当揭示评论对象的实质；"浅出"，要求其实质表达的内容能让听众一听就比较确切地理解，能明白其所以然、所以否。广播口播评论要尽可能浅显的原因，还在于力求让部分文化水平不高、接受能力较低的成年听众，也能听懂它的政论性内容。这除了要开门见山地回答问题和通俗化、口语化以外，还要为听众理解抽象内容创造条件，要深入浅出地处理政论性内容，通过比喻和举例等各种说理方法，将抽象的道理论述得具体形象，易于为听众理解。

3. 易播适听，引人入胜

广播口播评论要大众化，播起来要顺口，听起来要顺耳，理解起来要易懂好记。与报刊评论不同，广播口播评论的语言要简短明快、生动形象、亲切自然、平易近人。与此同时，广播口播评论的内容逻辑性要强。只有内在逻辑性强的内容，才适合广播媒体的传播方式，也才能激发听众持续收听的兴趣。

概括地说，上述三个特点是相互依存、相辅相成的。广播口播评论短小精悍、浅显通俗，适应听众的收听耐久力和接受能力，可以为多数听众创造方便的收听条件；同时，生动活泼、轻松风趣、引人入胜，则可以激发听众的收听兴趣，使听众进入乐于听的境界。语言的易播适听，能使广播口播评论收到更好的听知效果。忽视其中任何一个特点，则必然削弱其他特点的作用。

三、广播口播评论的制作要点

为了使广播口播评论在内容上短小精悍，表达上深入浅出，传播效果上良好，其写作必须把握几个要点：

1. 省意式表达

实现文章篇幅短小，历来有两种不同的方法：一是省文，二是省意。所谓"省文"，就是尽可能节省文字，力求言简意赅、短而有物。

所谓"省意"，就是在谋篇布局的时候，只突出强调最重要的问题，集中讲非讲不可的道理。只有这样，才能实现突出重点、字字铿锵的效果。

2. 为听众理解抽象内容创造条件

广播口播评论要实现深入浅出，应当适当控制内容的抽象和概括程度，并尽可能为听众提供理解抽象内容的各种条件。

首先，要求评论写作选择听众熟悉的材料，要善于把政论性内容与具体材料结合起来，从具体材料出发阐明抽象的道理。广播口播评论中涉及抽象内容时，特别要考虑到受众的接受能力，对听众可能遇到的听知难点进行化解。

其次，要善于调动各种表现手段（如解释、举例、比喻等）适度的"稀释"抽象的道理，为听众架设经由具体、生动、形象的表述理解抽象内容的"桥梁"。

3. 类交流式说理

在20世纪80年代，一些广播口播评论曾被冠以"广播谈话"的名目，即评论主体顾及听讲对象可能产生的疑惑、反应，文字稿及播讲在思想、情感、语言等方面特别注重与对象的交流。如：

> 我们过去的发展观，有些地方把它变成了增长观，就是GDP增长得快，就是发展快。实际上，发展和增长是两个概念，发展包括数量、质量、素质、结构，一个完整的概念。就是你增长得快，如果对环境的破坏、资源的消耗都作出了牺牲，这样换来的经济增长，是没有多少好处

的。我们要从单纯追求数量粗放的扩张观念，转到全面协调可持续发展的新发展观上面去。这样一个发展就是经济的发展、社会的发展、生态环境的保护、人和自然的和谐协调，这样的发展应该是真正符合以人为本的要求。①

这篇广播谈话将谈话双方置于平等的地位，语言平易近人、通俗易懂，时时与听话人进行思想、情感上的交流。正因为作者在文字稿写作中处处体现"类交流"的意识，所以取得的说理效果十分明显。

广播口播评论要实现"类交流"，应注意以下三个方面：

第一，要把传受双方放到平等的位置，顾及听话人的需求和可能的反应，用他们熟悉的材料、习惯的语言回应他们的需求或疑问，引发他们的共鸣，这是形成思想情感交流的前提。

第二，广播口播评论的语言既要服从新闻评论的语言要求，坚持准确性、鲜明性、生动性，也要服从广播的语言要求，自觉地坚持口语化、通俗化的方向。如果说广播评论的语言有什么特殊要求，那主要表现在上述两种要求的结合上。具体来说，就是怎样用具体、形象、动听的语言表达抽象的道理，怎样把抽象的道理讲得明白清楚、娓娓动听。语言形象化，是广播评论深入浅出地说理的重要手段。评论要讲道理，离不开概念、判断和推理。在这种情况下，如果忽视语言形象化，通篇文章从概念到概念，从一个判断推出另一个判断，即使写得很严密，句句是真理，那也难免味同嚼蜡，无法引起听众的收听兴趣。因此，语言形象化，对于广播评论来说，是表达内容的不可忽视的基本要求。

第三，要做好论述语言的声音转化工作。广播评论的最终表现形式是声音，但通常要先形成文字稿，这是进行声音转化的基础。广播口播评论的文字稿完成后，作者必须要先朗读几遍，看看是否朗朗上口、悦耳动听。文字表达是声音转化的基础，如果满篇都是长句子，或者滥用方言、术语、外来语，再高明的口语表达技巧也无能为力。同时，做好声音转化工作，对于广播评论的听知效果也具有举足轻重的影响。对于写、播分离的口播评论，播音员或主持人要认真做好播前的备稿工作，透彻理解评论的内容；对于写、播一体的口播评论，评论者要强化自身的口语表达能力，要善于调动声调、节奏等非语词要素，强化对于论述语言深层含义的有声表达。

---

① http：//www.xinhuanet.com/zgjx/2007-01/26/content_5658593.htm，2007-01-26。

第三节　广播谈话评论

【知识要点】

了解广播谈话评论的定义、特征、类型、制作要点。

一、广播谈话评论的定义和特征

1. 广播谈话评论的定义

广播谈话评论，也叫嘉宾点评，是由广播媒体播出的，由主持人引导，以谈话参与者双方或多方交谈的方式，面向社会公众分析，阐述对于新闻事件、社会现象的看法的新闻评论形式。

2. 广播谈话评论的特征

广播谈话评论的重要特征，就是以谈话的方式阐述对于某个问题、某一事件的看法。

在广播谈话评论中，主持人是固定因素；评论者则是可变因素，数量不定，身份也不定，既可以是邀请来的领导、专家和当事人，也可以是普通群众。其中谈话体是广播谈话的母体，传受双方处于平等地位是广播谈话的本质，类交流是广播谈话的灵魂。

广播谈话的传受双方不是在同一场合下进行的直接交流，而是借助于某个中介创造的类似双方交谈、交流、对话的语言环境，是一种模拟意境下的交流。

二、广播谈话评论的类型

根据不同的谈话组织形式，广播谈话评论通常分为专访式评论和座谈式评论两大类。

1. 专访式评论

专访式评论，是指邀请某一政府官员、专家学者或评论员，主持人以"一对一"访问的方式完成观点表达的广播评论形式。

专访式评论一般是先确定一个话题，并拟出提纲以保证评论主题突出、逻辑顺畅、用时合度。专访式评论要有一定深度，对听众有启发意义。受访者的身份要权威，熟悉相关话题，其个性要契合节目的风格。

2. 座谈式评论

座谈式评论，是指邀请若干与话题相关的评论者，以交谈的方式与主持人共同完成观点表达的广播评论形式。座谈式评论往往节目时间相对长、话题涉及面相对广。

座谈式评论需要事先确定一个话题，话题一般贴近实际，关系民生，能够引起各阶层、各方面人士的关注和参与。确定话题后，还需要拟出谈话提纲，由节目主持人组织嘉宾就该话题展开评论。各位嘉宾从不同角度围绕主题，或互相辩论，或互为补充，展开座谈式评论。

近年来，座谈式评论的运用越来越多，话题范围也很宽广，如股市波动、环境污染住房涨价等公共问题，常常成为座谈式评论的选题。如中央电视台体育频道的足球栏目，经常就重大足球比赛邀请足球专家来进行座谈式评论。

三、广播谈话评论的制作要点

1. 明晰角色关系

广播谈话评论的参与人，除了主持人以外，还有一位或多位嘉宾，乃至数量不等的听众。他们虽然都有一定的社会身份，但在节目中却是以表达特定内容的角色出现在社会公众面前的。比如，应邀的嘉宾原来的身份可能是学者、专家和党政干部，一旦进入节目即转化为同公众探讨有关问题的分析者；听众代表可能来自不同的社会阶层，有不同的职业、阅历等，他们的提问或反应，除表达自身的感受外，也反映了广大听众的想法，起着为主持人、嘉宾提供模拟对象的作用。

2. 厘清谈话线索

广播谈话评论是面向场外受众的，其效果终究要由他们的理解程度和反应来检验。无论是主持人、嘉宾或是听众，无论是提出问题、解答问题或是做出反应，都需要同时考虑场外受众的关注重点、疑难所在、理解能力，等等。

广播谈话评论不能东拉西扯，不能使主题漫无边际地外延。为了突出中心论点，谈话过程可以做结构化的处理。在话题末尾作一个小结，以增强谈话的效果；也可以多使用一些承上启下的连接词，突出内容之间的逻辑关系；同时，要避免议论冗长，避免表达含糊和有歧义。

为了实现良好的传播效果，节目主持人在谈话前可以做一些协调工作，让谈话参与者明确本次谈话的预期目标、各自的角色以及节目的流程。做好这一环节的工作，为广播谈话评论的录制奠定基础，往往可以起到事半功倍的效果。

3. 拓展谈话空间

相对于其他评论形式，广播谈话评论有两个明显的特点：一是以主持人、嘉宾、受众代表之间的交谈表现内容；二是角色间的交谈通常着眼于表达自己的见解，不仅抽象程度较高，而且带有相当浓厚的主观色彩。由于参与谈话的人数有限、代表性有限，为了让广播谈话评论的观点和立场能够不片面、不局限，有必要运用一些手段适度拓展谈话空间。

拓展谈话空间的途径多种多样，其中，运用采录资料，搭建各种互动平台等，近年来为很多节目采用。在节目过程中运用采录资料，可以使评论显得更加真实和生动，同时方便受众理解，产生更好的收听效果。而搭建各种互动平台，如观众热线、网络短信互动、网络前期预热等，更是充分调动了听众参与谈话的热情，将封闭式的交谈架构转变为顾及场外受众的语境，有效拓展了谈话空间。

总之，广播谈话评论从选择话题到选择谈话人，从剪裁组织材料到遣词用语，都要既服从表现内容的需要，也要顾及听众的需求和感受，只有这样才能增强广播谈话评论的传播效果。

第四节　广播音响评论

【知识要点】

了解广播音响评论的定义、音响的类别；了解音响在广播评论中的作用；了解广播音响评论的制作要点。

一、广播音响评论的定义

广播音响评论，也叫录音评论，是以运用音响为表现内容的必要材料或手段的广播评论形式。

二、音响的类别

广播音响评论的声音符号有两大类，一类是解说词，另一类就是音响。按照声音的来源，音响通常可以分为三种：

1. 实况音响

实况音响是将受众带往新闻现场，是最能展现广播传播特性的手段之一。音响是客观存在的，我们所处的世界是一个充满音响的世界，包含生活中的喜怒哀乐之声，自然界的小桥流水、大海怒涛之声，还有飞机的轰鸣声等人类活动发出的声音。

广播评论要精选有利于表现新闻事件、深化主题、烘托气氛的实况音响。具有新闻价值、审美价值的音响能够引起人们的共鸣，增加评论的感染力、说服力。

2. 访谈音响

访谈音响是广播评论声音源极其重要的、不可或缺的部分。

人的活动是新闻的主体。在广播音响评论中，被采访对象的谈话不仅传播新闻事实、背景及其意义，同时因为由"当事人亲口述说"，增强了新闻的可信度和现场感。这一功能是无法由记者或播音员替代的。另外，由于每个人说话的音质、语调各不相同，访谈音响还丰富了广播评论的声音元素。如浙江电台 2004 年 12 月 28 日由记者李方存、钱葳、沈杭珍、巫金龙制作的《治理好污水也是政绩》：

在日前的一次会议上，平阳县委书记戴祝水向浙江省省长吕祖善汇报工作时，介绍了该县一年来治理水头镇制革污染的情况。当谈到政绩时，戴祝水显示了他的勇气：

[出录音] 我们宁可当一任没有政绩的领导，也要把这个污水治理好！

省长吕祖善当即接上话题说：治理好污水就是最大的政绩！

省长吕祖善指出：

[出录音] 浙江变成什么呢？守得一湖污水，相当地方是垃圾堆满的地方，酸雨全省覆盖。我们这样的增长，浙江绝对不会是山川秀美的地方。发展是硬道理，必须要发展，我们现在到了必须下大决心研究如何发展的问题，也就是说怎么改变增长方式。

这段访谈音响的价值在于增强了作品的真实感和可信度，通过县委书记和省长的发言，会使得听众和百姓对治理污水更加有信心。

3. 模拟音响

近年来，在音响评论实践中还出现非真实声音来源的模拟音响，我们姑且称之为运用音响进行"真实地再现"。模拟音响虽能带来一些便利，但在使用时应该慎重，防止滥用带来的虚假感。

三、音响在广播评论中的作用

1. 充当由头，引出话题

以真实、生动的现场谈话及音响为由头，可以在最短的时间内抓住听众，调动他们的收听兴趣，为下一步引出话题进行必要的铺垫。

2. 提供论据，佐证论点

以现场采录的音响及采访对象的谈话录音为依据，可以使评论有较强的针对性，当事人的叙述既可以再现事实，又可以印证论点，使分析有的放矢。

3. 参与议论，烘托主题

音响评论中的现场谈话，包括当事人、权威人士或社会各界代表性人物的谈话，往往成为评论议论过程中不可或缺的组成部分。这些从各个角度、各个方面提出的富有个性的见解，体现了广播评论议论的参与性与论点的复合性特色。

4. 交代背景，渲染气氛

恰当地运用现场音响、资料音响和环境音响，不仅可以省却一部分相关介绍，使节目的背景或环境更利于听众感知；而且可以借此营造气氛、烘托情感，使广播评论更具现场感和感染力。

四、广播音响评论的制作要点

音响是广播音响评论中不可缺少的部分，它是再现事物或事件发生发展过程的不可分割的环节，或者是人物活动场景的有机组成。要想让音响更好地为说理服务，需要遵从以下几点：

1. 发挥论述语言的主导作用

评论音响如何选择、配置，应该以能否充分发挥论据功能，能否有效支持话题和论点、论断为依据。

发挥论述语言的主导作用，是广播音响评论组织论证的重要环节。语言表述当然有说明和解释音响的作用，如足球赛场上的音响，要是没有必要的说明和解释，听众就有可能不明白这是观众对比赛的喝彩，还是干扰裁判、扰乱比赛的不文明行为。论述语言更重要的任务是揭示音响的内在含义，引导听众把观点和音响联系起来，从而更加具体地理解事物或事件的本质。

2. 音响使用的局限性

音响的局限性体现在以下几点：

第一，并不是任何事物都伴随着音响，也不是任何音响都可以用于广播评论的。如果忽视它的局限性，随意应用，那就可能导致适得其反的结果。音响只是事实的一部分，无论是用作论据或由头，一般都不能不依附于事实，不能不依靠叙述的补充。

第二，音响的倾向性往往不明显，如赛场观众席上的掌声，如果不加以说明，听众就不知道其是赞美、催促抑或是否定。

第三，某些暴露性音响，通常只能以噪声的形式处理，处理不好可能影响收听效果，甚至产生负面作用。

第四，音响的瞬时性带来了采录的困难。

3. 广播音响评论对音响与论述语言的使用

首先，广播评论要不要应用音响，应用什么音响，如何用音响，取决于说理的需要，以是否有利于增强评论的说服力和感染力为转移。这是检验音响是否应用恰当的准绳。广播音响评论要根据论点的需要选择和剪裁音响材料，使音响更好地发挥论据的作用。

其次，音响评论的音响用在哪里，单独出现还是混播，也得从有利于说理的角度精心考虑、精心处理，防止游离于论点，防止喧宾夺主。

再次，一般情况下，音响大多是事物的外在表现，所以与音响相结合的语言表述应该更多地注意表现事物的内蕴，避免重复音响已经表现的东西，以及作不必要的说明和解释。只有当音响能够为说理服务的时候，它才有存在的价值，而论述语言则要引导听众理解音响，推动说理走向纵深。

最后，论述语言不能仅仅停留在说明和解释音响上，其更重要的任务是揭示音响的内在含义，引导听众把音响和事实联系起来，从而更具体地理解事物或事件的本质。

☞ **思考与练习**

1. 广播评论有何特点与语言要求？
2. 广播评论的录音采访中记者应该注意的问题是什么？
3. 广播口播评论如何做到"省意"？
4. 广播谈话评论的制作要点是什么？
5. 动手采制一篇广播音响评论。

第十七章　电视新闻评论

第一节　电视评论的定义和特点

【知识要点】

了解电视新闻评论的定义和特点。

一、电视新闻评论的定义

电视新闻评论，是运用电视传播手段制作的新闻评论，是电视传播媒介对当前重大新闻事件或重要社会问题发表重要意见、作出分析判断或述评的一种电视报道形式。

二、电视评论的特点

与电视新闻一样，电视评论的突出特点是集图像、声音、文字、色彩之美于一体，使用多种符号传播信息。电视评论除了与广播评论共有的特点之外，还具有一些独特的地方。

1. 视听结合，效果良好

电视评论可以听、可以看，既作用于人的听觉，又作用于人的视觉，双通道地传递信息。电视评论在写作和制作中，既可以发挥广播评论的长处，又可以运用图像语言，同时辅以文字解释，从而提高收视率。

2. 声画并茂，形象逼真

电视评论可看可听、真切具体、形象逼真，为人们提供了声画并茂、视听结合的"观察世界的窗口"，使受众感觉更贴近、更亲近。

3. 渗透力大，受众面广

电视评论的直观性、生动性，无时不在影响着广大的电视观众。电视频道的多选择性、声画并茂的荧屏美感，使广大受众"无意识"地收听、收看了电视评论内容。这种潜移默化的力量，增强了电视评论的渗透力。

第二节　电视评论采访制作

【知识要点】

理、事、情是评判是非的标准，也是论说文包括新闻评论说服力和论辩力的凭据，是评论内容的基本构成部分。电视评论采访制作要重视说理的基本原则，即：围绕立论说理的原则、说理要看对象的原则。

一、理、事、情

评论怎样才能具有说服力和论辩力呢？王夫之说："是与非奚准乎？理也，事也，情也。"（《读鉴通论》）理也，道理、真理。事也，事实、事件。情也，情感、感情，人的喜怒哀乐。新闻评论的实践证明了这一点：凡是给受众留下较深印象的评论作品，或是理、事、情融为一体，或是某一方面特别引人入胜。

二、处理好"理、事、情"的关系

以说理为主，熔理、事、情为一炉，这是新闻评论在表达上的共同目标。广播、电视评论为了发挥声音、画面的表现优势，往往比其他新闻评论更加重视事实和情感的作用。

首先，重视以事明理。事实具有论证论点和稀释抽象内容的双重作用。广播电视评论除了慎重选择事实、力求件件精当以外，要实现以事明理的表现效果，还必须在写作和制作上着重注意，按说理的需要剪裁事实。评论叙事的目的在于明理，而不是展现事实的始末。应顺着说理的方向叙事。同一事实，从不同角度叙述，往往显现不同的意义。为强化说理，恰当配置材料，使有关材料相映成趣、互相作用，不仅可以增强说理的论辩力，而且有利于提高可听性。

其次，善于以情化理。发挥有声语音直接传情的优势，调动情感为强化说理的感染力服务，在具体情感内涵上与社会主义精神文明的准则保持一致，充分利用有声语言的各种传情因素，如语词、声调、节奏、语境等，恰如其分地在具体作品说理、叙事过程中注入情感。

再次，注重声音转化。除了在行文中适当注入情感外，广播电视评论以情化理还有一个不可忽视的环节——声音转化。文稿写作尽可能为声音转化创造以声传情的条件，声音转化时充分体会、体现文稿的意蕴。在这方面，自己动手写稿的主持人、现场记者蕴藏着很大的潜力。

最后，发挥独特优势。电视评论拥有独特的优势，即主持人、现场记者恰如其分的表情和动作。

总之，面对特定的评论对象和所要阐明的道理，无论是撰稿人、主持人还是播音员，总有自己的爱憎好恶，完全可以适当地体现在广播、电视评论作品之中。只要善于把握自己的感受，善于在文字、声音以及表情动作上注入这种感受，广播、电视评论就可以在以情化理方面发挥出其他媒介评论难以比拟的表现优势。

三、坚持说理的基本原则

这里所说的说理基本原则，指围绕立论说理和说理要看对象这两个原则。

1. 围绕立论说理的原则

评论的说理，就是用论据证明和说明论点的过程，立论则是这个过程的出发点和落脚点。围绕立论说理，包括两个层次：围绕立论组织论点，即按立论的需要设置论点，根据论点间的逻辑关系安排次序和表述角度；围绕论点组织论据，即根据论点的要求，选择、配置和表述论据。广播、电视评论在体现这个说理原则方面的特殊要求主要有：

①务必少而精当。少而精当的重点是精当，即论点切中要害，论据"以一当十"。一是尽可能突出重点，能够用一个论点体现立论思想时，千万不要节外生枝；能够用一个材料说明问题时，切勿罗列其余，即使那些音响或画面来得不易也要舍得割爱。二是有节制地运用音响和同期声，这类材料表现能力强，但有时不很精练、准确，所以要慎重选择、剪裁，防止出现多而滥的现象；三是力求画面典型、集中、完整，声画配合紧密。

②力求顺乎思路。这是指在合乎逻辑、顺理成章的基础上，力求表达与受众的一般思路相一致。形成顺乎思路的表达，需要多方面的努力。其中尤为重

要的是：适当分解论点，组成前后紧密衔接的说理层次；具体表述论据，力求事理结合、虚实相间；尽可能运用受众熟悉的语言表达方式等。

2. 说理要看对象的原则

看对象说理主要看三个方面。一看受众的需要。包括面对当前客观实际，受众关心什么，为什么关心，有什么想法或疑难，为什么会产生这些想法，怎样为他们解难释疑，等等。这些都是评论选题、立论以及确定说什么理、怎么说理的重要依据。二看听众的接受能力。所谓接受能力，就是思想水平、觉悟程度、文化基础等多种因素的综合表现，也就是邹韬奋先生所说的"容受可能性"。三看听众的接受习惯。听众的接受习惯有共同性，也有特殊性。共同性是由思维的一般规律决定的，主要表现为喜爱短小精悍、生动活泼、深入浅出、平易近人的作品。当然也不能无视受众的特殊接受习惯，但这要与论题的性质和节目类型联系起来考虑。

在广播、电视评论中坚持说理要看对象的基本原则，固然需要讲究方法，但最根本的是牢固树立为多数受众服务的观念，密切与受众的联系；加强经常性的调查研究，及时掌握社会脉搏和受众注意力的中心。解决了这两个根本问题，也就不难找到看对象说理的恰当方式和方法了。

第三节　电视口播评论

【知识要点】

了解电视口播评论的定义、分类。

一、电视口播评论的定义

电视口播评论，也叫点评式评论，是电视评论的主要形式之一，是指由播音员在屏幕上口头播讲的各类新闻评论稿件。

二、电视口播评论的分类

1. 配合重要新闻播出的口播评论

大多不署名，以本台的名义阐述对有关事物的看法和见解；一般配合当天某一重要新闻播发，没有固定播出周期；篇幅短小，议论力求集中、切中要害。初期大多是按照报刊评论的模式撰写的，以"短评"或"编后语"的名目播出。以后逐渐注意体现电视的传播特点，有时插播与内容相关的图片，日渐重视语言的规范化、通俗化、口语化；同时播音员也越来越注意利用图像条件，调动表情、动作等非语言符号强化表达效果。

例如 2017 年 6 月 22 日凤凰卫视"总编辑时间"播出的《沙特皇族上演平和版宫廷大戏》，"总编辑时间"是凤凰卫视一档知名的口播评论节目。2017 年 6 月 22 日这期节目中，主持人吕思宁对沙特皇族权利更迭等多个新闻话题发表了自己的看法，信息量很大，口播风格也十分鲜明。

2. 以常设栏目播出的口播评论

如《东方时空·面对面》，开了常设栏目播出的口播评论的先河，这个栏目定位为"纯谈话类"栏目，每天播出一个话题，题材多为观众关注的社会现象、社会问题，大多数运用夹叙夹议的表现方法，具有相当鲜明的谈话特点。这类口播评论形式多样，在讲述和评价时，也配有各种背景材料画面和字幕说明。

3. 兼具串联功能的口播评论

这种口播评论通常作为串联词的一个片段，或图像新闻的"口播导语"播出，除了揭示或提示有关新闻报道的深层含义以外，还具有串联或承上启下的结构功能。

口播评论能够迅速及时地分析重大新闻事件，随时表明媒介的立场和态度，为观众提供正确的看法。在图像评论崛起以前，它曾经发挥了重要的舆论作用，今后也仍将是图像评论不能取代的重要评论样式。

第四节 电视图像评论

【知识要点】

了解电视图像评论的定义、特点。

一、电视图像评论的定义

电视图像评论，也称录像评论，是指同时运用画面、声音和屏幕文字表现内容的电视评论。图像评论以声画兼备、视听结合区别于口播评论。

电视图像评论是以评论员或主持人（记者或编辑）为主串联的，是一种综合性的电视评论形式。电视述评要把观众"带入"现场，用夹叙夹议的方法，以画面提供的事实为依据，时而用画外音叙述，时而在荧屏上评论。它是新闻述评在电视评论中的运用和发展，以画面叙述为基础，以评论为主线。它的选题立论有的放矢，新闻性和针对性都很强。

二、电视图像评论的特点

电视图像评论最大的特征在于它的视听互补和声像兼备，具体、形象、绘声绘色的境界，让人产生有如身临其境、直接面对客观事实的感受，有很强的实证性和雄辩的说服力。

融画面、声音和屏幕文字于一体，更有利也更方便观众经由具体事物理解抽象内容。画面提供了富有实证力的论据，以具体、形象的"语言"表现事物、事件及其有关的人、事、物、地域等，满足观众"百闻不如一见"的心理需求。

有两个方面必须注意。第一，图像评论以声画兼备、视听结合区别于口播评论。它虽然集中体现了电视评论的基本特点，但不是电视评论的唯一形式，而是同口播评论并列的一类评论形式。应防止将图像与电视评论等同起来，或者同口播评论对立起来。第二，图像评论作为一类电视评论的总称，既涵盖了已有的具体形式，也随时吸纳新的形式，是一个生生不息的开放性系统。

第五节　电视述评

【知识要点】

了解电视述评的定义、特点、选题和制作。

一、电视述评的定义

电视述评是指以活动图像为主，与背景材料、文字解说词、画外音等相结合，进行现场的或录像的播出。

二、电视述评的特点、选题和制作

1. 电视述评的特点

电视述评在叙述事实的基础上，夹叙夹议，自然地引出观点、看法，就实务虚，叙事说理，既具体形象又生动逼真，有很强的感染力。这种节目往往制作成单独的专题评论。

2. 电视述评的选题

在新媒体时代，制作反映社会热点的电视述评，要强化话题的前瞻思维，其选题要有前瞻性。这样才能吸引观众参与，拉近与百姓的距离。对一些社会热点，电视记者要通过现象看本质，把握事件发展的趋势，大胆触及社会热点，揭示问题实质。只有题材新、论据新和论点新的电视述评，才会有影响力。

3. 电视述评的制作

新闻评论与新闻报道的本质区别在于，新闻评论是意见性信息，新闻报道是事实性信息。电视新闻评论虽然表现手法多样，但这种多种符号融合的"形象化评论"很容易造成内容的浅显通俗，没有深度。深度要靠事实来支撑。充分全面的背景材料可以拓展新闻评论的深度，发散评论的思维。因此，电视新闻评论首先要做好前期的准备工作，多角度、多层次地收集新闻事实的背景材料，有话可说、有据可考才能使评论具有加深主题的筹码。

互联网的快速发展，在带来很多便利的同时也催生了一些新的社会问题。例如 2017 年 6 月 18 日《焦点访谈》播出的《"消费全返"的套路》，所关注的主题就是"新型网络传销犯罪"，其通过具有思辨性的电视述评形式，分析此类网络犯罪活动的运行模式，提出互联网时代商家和消费者应该理性对待各种充满诱惑的返利活动的建议。

☞ 思考与练习

1. 与传统的新闻评论相比，电视新闻评论具有哪些共性特征？具有哪些个性特征？

2. 电视新闻评论的制作要领是什么？如何能够在生动、多样的表现形式下阐释其深刻的内核？

3. 根据最近发生的一个新闻事件制作一期电视新闻评论节目，可由一人独立制作，也可由多人组成小组分工合作完成。要求包含多种表现形式，如主持人提问、专家解答、插入现场采访视频、与观众进行实时互动等。力求在生动、多样化的形式下展现新闻评论深刻的内核。

第十八章　网络新闻评论

【本章学习要点】

★ 网络评论的传播特点和个性特点

★ 网络评论的写作要求

★ 网络论坛评论及其策划

★ 网络论坛评论的管理

第一节　网络评论的传播特点和个性特点

【知识要点】

了解网络评论的定义、传播特点和个性特点。

一、网络评论的定义

网络评论，是个人或组织在网络媒体上，就新闻事件、社会现象或社会问题发表的意见、议论和评论。

广义的网络评论，是一种意见信息，是个人或组织在网络媒体上首发的就新闻事件或社会现象、社会问题的见解。这种评价性意见主要有两种表现方式：一种是"成文"的评论文章；另一种是互联网上的各种"议论"，即在众多新闻论坛、微博、博客等空间上"不成文"的观点表达。前者的数量虽然没有后者多，但其立论集中、表述完整、社会影响力大，集中体现了网络评论的特点。

狭义的网络评论，是指以完整的文章形态首发于网络媒体新闻网页上的评论作品。

二、网络评论的传播特点

网络评论常常在专设的言论专栏里发表。目前，在专设的"观点""言论"一类专栏里发表的评论文章，大致可以分成三类：一是由网络媒体的编辑撰写的文章，基本代表网络媒体的观点；二是由特约作者撰写的文章，有的代表媒体的观点，有的完全属于一己之见；三是由网友撰写的文章，类似于报纸媒体上的群众言论。

网络评论在传播特征上具有不同于传统媒体的特点：

1. 传播渠道的开放性

尽管网络评论也有网络媒体的编辑在发挥"把关"作用，但显然人们对待网络言论的态度要宽容得多。这些言论立场、观点各异，表达方式各异，客观上拓宽了舆论空间，使舆论表现出前所未有的多元化特征，但是也带来了一些不和谐的"噪声"，一段时间内还可能表现出一定程度的混乱。

2. 传播主体的多元性

互联网的广容性和开放性使得网络评论的作者群来源更为多样，大量的网友评论和特约作者评论开始出现，新闻评论关注的社会生活领域更加广阔，评论主体呈现多元性的特点，评论风格也更具个性色彩。

3. 反馈的即时性

网络媒体依托互联网，进行超文本、超媒体的传播，观点的发表便捷到点击一下"发送"键就可以完成。这样网络评论可以获得即时的反馈，评论作者也可以以此为依托，继续补充论述或澄清误解。了解网络评论的传播特点，对于写作网络评论，以及网络媒体更好地运用网络评论发挥舆论影响力都不无裨益。

三、网络评论的个性特点

1. 题材广泛

在网络评论中，由编辑撰写的代表媒体观点的文章数量毕竟有限，大多数的专栏作者或网友从自身的观察角度出发，其对议题的感知或得出的对议题的关注优先顺序也与传统媒体有所不同。

2. 行文不拘一格

网络评论行文的不拘一格，主要体现在文章篇幅和语言文字两个方面。

网络阅读是一种"冲浪式阅读"，人们在栏目与网址之间"跳来跳去"，注意力凝聚的时间越来越短。网络评论为适应这种阅读方式和阅读心理的改变，往往有话则长、无话则短，篇幅不拘长短，但以短小精悍者居多。精短的网络评论往往能收到胜过长篇大论的传播效果。

网络评论有文风活泼、个性鲜明的特点。试看《科普讲解不会"圈粉"怎么行 开微博上知乎当"网红"》中的一段话："素来平静的科普圈子，如今冒出了一群会'圈粉'的'鲶鱼'：他们能言善辩，随处一站就能吸引许多人的耳朵；他们开微博、上知乎，把自己经营成'网红'，甚至有人已经按照自己的理念寻觅并壮大'队友'。"①

3. 超文本表达

超文本表达的运用，使得网络评论的信息量进一步拓展。通常，超文本链接的内容主要包括两大方面。

一是评论涉及的新闻事件和相关知识。2015 年 6 月 1 日 21 时 30 分，隶属于重庆东方轮船公司的"东方之星"客轮，在从南京驶往重庆途中突遇罕见强对流天气，在长江中游湖北监利水域沉没。人民网编辑在编发相关评论的时候，加入了超文本链接，读者在阅读评论时只需点击文中的关键词就可以进入人民网特别制作的"'东方之星'号客轮翻沉事件专题"栏目，内容涉及事件的来龙去脉、死难者名单，等等。关于新闻事件和相关背景的链接，不仅使评论与报道配合得更加紧密，拓展了评论的信息量，更重要的是有助于读者对观点的理解，而这些都是在不增加评论文章篇幅的前提下实现的。

二是当与持不同观点的文章论辩时也常常使用超文本链接，此时链接的内容成了"敌论"。2004 年 3 月，人民网刊发了一位网友撰写的评论《被杂文家妖魔化了的时评》，文章对当前时评的表现提出批评。几天后，另一位网友发表文章《别误读了时评》，对前文予以反驳。网络评论虽然脱胎于传统媒介的评论，但具有自身独特的表现优势：题材广泛在一定程度上使传统媒体为受众设置议程的局面发生了改变；行文不拘一格，从某种程度上说更容易体现出作者的个性甚至形成品牌；超文本写作则有效地增加了网络评论的信息量，有助于改善传播效果。

第二节　网络评论的写作要求

【知识要点】

了解网络评论写作的特殊性和写作要求，掌握网络评论的写作技巧。

一、网络评论写作的特殊性

在话题来源和传播渠道上，网络评论在很大程度上都依托于互联网，因此

---

① 　http：//media. people. com. cn/n1/2017/0531/c40606-29307898. htm，2017-05-31。

在实践中需要注意以下问题。

1. 对事实的"准确性"要给予格外关照

网络评论的"话题"相当一部分来自网络新闻，而网络上关于某一事件的各种信息常常是片段的、表象的，有时甚至让人真伪难辨，这就要求网络评论的作者在"真实性"上要多下点功夫。2015 年 8 月 12 日 23：30 左右，位于天津市滨海新区天津港的瑞海公司危险品仓库发生火灾爆炸事故。事故发生后，一位网友通过微博发布信息，称其父亲在天津市滨海新区爆炸事故中遇难，3700 余名网友对其表示同情并付费"打赏"，不少微博"大 V"也为其捐款。但上述微博由于疑点重重，也遭到了大量网友的质疑。根据调查，广西防城港市公安局网络警察支队通过官微发布消息，确认该网友杨某某发布虚假信息、涉嫌诈骗一事属实，杨某某父母健在，且均未去过天津。短短 24 小时，这则措辞诚恳、感人至深的求助帖经历了戏剧性的反转，成为典型的"灾难致富"诈骗事件，无数的网友因为自身的善良而被欺骗，不仅损失了财物，更重要的是因为不实消息的传播，而让更多的网络受众成为传播诈骗消息的帮凶。这个案例提醒我们，无论是作为"由头"还是"论据"，失去了真实性的依托，新闻评论也就失去了说服人的力量。

网络的开放性常常使得网络空间传播的"事实"真伪难辨，在这种情况下，真实确凿的信息往往可以使网络评论具有一种无可辩驳的力量。可见，同样是准确无误的事实，在不同的情境下具备不同的说服力。网络评论在选取事实时，要综合考虑传播环境、受众等多方面的因素，选择准确和更具说服力的事实为说理服务。

2. 在寻求"理趣"上下功夫

有学者认为，接受主体对新闻文本的理解有三个层次："知事者得事趣，知情者得情趣，知理者得理趣。"① "三知"者得"三趣"，"三趣"一体者得"全趣"。

新闻评论当然希望能够做到得"全趣"，但是相比较而言，获得"理趣"当为首要。网络评论受网络传播大环境的影响，往往容易"激情"有余，"理性"不足。

如何让网络舆论走向理性？英国哲人赫尔普斯认为，宽容是对文明的唯一考验。伏尔泰认为，宽容从未挑起内战烟火，偏执却能造成尸横遍野。可见，拥有宽容的人道情怀，是一个社会发达文明的标杆。人谁无过，当容其改。往

---

① 郑兴东：《受众心理与传媒引导》，新华出版社 1999 年，第 156 页。

者不可谏，来者犹可追。但愿今后我们的网络环境能够多一些宽容，多一些理性，少一分绝不宽恕的狠劲儿。

此外，同一事件或社会现象往往"一事含多理"，因此，能否真正得"全趣"，不要光看"三趣"是否俱全，更要看"理趣"层面的认识是否丰富、充分。

总之，网络评论要想真正得"理趣"，既要有思维的精深与逻辑的严密，防止滑向浅俗与感性的一端，较之纸质媒体，也要有多种视角，实现对客观事物的全面认识。

3. 重视技术提供的可能

网络评论在表现手段上还是以文字符号为主，但在写作方法上已与一般的报刊评论有所不同，"超文本表达"正逐渐由理论走向实践。在运用超文本方式进行写作时，可以采用将材料分层的做法，把最关键的信息作为第一层次（骨干层次）直接表现在文本中，而相关详细信息作为第二或第三层次（枝叶层次）以超链接的方式提供。对此，人民网的做法有一定的借鉴意义，它会在文章中用下划线表明超链接的关键字，打开超链接是一个封闭的页面，读者读完后，再回到前一页，也就是刚才中断阅读的地方，从而保证阅读路线的稳定和思维的连贯性。

IT 技术的迅速发展会给网络媒体不断带来新的变化，而这些变化随时可能影响到网络评论的存在形态。比如，目前以静态的文字为主的评论是否会发展为动态的声像兼备的评论，目前的"互动"能否向更高的层次发展，等等。而那时，也许又衍生出网络评论的新的表现形式了。

二、网络评论的写作要求

网络评论是网络媒体的旗帜和灵魂。网络评论按照评论的形式来说，有论坛上的评论、新闻跟帖、专家或网民的专栏评论、编辑导语、视频中的评说、博客中的一些文章，等等。按评论的内容来说，有政论、经济评论、思想评论、文化评论，等等。

1. 网络评论的写作研究

网络评论在语言运用和写作方法等方面，与传统媒体时代的新闻评论有着重大差别。

（1）重视评论选题

一篇网络评论的成败在选题，题材选得好不好，直接关系到评论的水准和分量。因此，选题要选重大题材，选取对国计民生、改革发展大局具有重大意义的题材；选取领导和群众关注的事，只有吃透"上、下两头"后，选取的题材才容易产生广泛的影响；选取那些社会生活中迫切需要解决的问题；选取能抓住大众心弦的"热点"问题，选取那些题材可能很小但影响十分重大的事情，这些都是网络评论的议题。比如，人民网"人民时评"曾有一篇评北京面向高校毕业生招聘"村官"的评论，原稿标题是《"大学生村官"是历史变革的承担者》，其落脚点是大学生。改后标题为《北京优待"大学生村官"意味着什么》，落脚点改为北京，强化北京此举的积极意义，突出了选题的指导性。又如，"人民时评"的另一篇文章原稿标题是《让假记者到监狱去骗钱吧》，改后标题为《警惕真记者向假记者看齐》，前者只是一种简单的情绪表达——愤慨、痛恨；后者揭示了新闻界存在的问题，以及假记者、假新闻现象的危害，选题的独特性悄然而生。

（2）整合网络信息

网络评论的写作不主张长篇幅的铺垫，不主张华丽辞藻的堆砌，强调摆脱对传统媒体新闻评论的依赖性，不复制、不粘贴。创作者要尝试通过各种渠道整合，使新闻增值。这里的整合有多层次含义，其实质是一个去粗取精的过程。网络媒体可以从传统媒体中寻求线索，进行筛选，选择一部分大众关心的或者有争议的话题，撰写网络评论时，作者要在归纳大家看法之后，提出自己的独特观点，摆明立场。2013年，湖南卫视亲子节目《爸爸去哪儿》火遍大江南北，同年11月18日，腾讯网评论栏目"今日话题"发表题为《爸爸去哪儿：中国父亲多失败?》的评论文章，直指《爸爸去哪儿》这档节目火红的背后反映出的社会普遍现象，即父亲教育的缺位，令人深思。

（3）充当舆论向导

网络媒体是"自由市场"，各种言论在这里激荡，得到响应。当一些不理性甚至是背离新闻本身意义的网络评论占据舆论优势时，将会给公众提出一种错误的导向，不利于社会的稳定和谐。目前许多网络报道和评论，缺乏理性精神，非理性表现明显，大多数只为追求轰动效应，从而误导网民。网络是把双刃剑，它获取信息便捷，却也容易被虚假信息误导，网络评论的写作，正是要在其中寻求平衡点，更需要对新闻事实真相的冷静观察、判断和理性分析。

2. 网络评论的语言特点

（1）通俗幽默

在网络新闻评论中，作者更多的是运用口语化、通俗化、幽默化的语言方式，增强评论文章的亲和力，拉近评论与网民之间的距离，使网民易于接受和认同作者的观点和意见，文字较少修饰，通俗易懂，感情渲染于纸上而不过多铺陈赘述。2013 年 8 月 13 日，"新华网评"栏目刊发《3 名官员"玩失踪"，背后有何猫腻?》一文，作者用口语化的语言揭示了近年来官员屡屡"离奇失踪"中所暴露出来的问题：

> 其实在"玩失踪"之前，有人早就成了"裸官"，一旦腰包揣得差不多，就立马脚底抹油；有人看同僚东窗事发，自己成了惊弓之鸟，赶忙三十六计走为上计；有人心里有鬼，一有风吹草动，不安全感油然而生，焦虑之中不如携款开溜……贪官逃跑，不仅使国家和人民财产遭受损失，而且损害政府形象和公信力，已成反腐败的一个重大课题。

"玩失踪""裸官"等词的运用，使文章通俗易懂，语言形象生动幽默，引得不少网民为此文"点赞"。当然，通俗幽默绝不是滑稽逗乐、庸俗戏谑，也不是哗众取宠，更不是低级趣味，而是人的高尚情操和智慧的外露，具有高雅性，是用委婉含蓄的幽默寓言给人以意味深长的启迪。因此，网络评论中切忌打着追求通俗幽默的旗号而用低俗哗众的语句来误导和迎合网民。

（2）图文并茂

网络新闻评论中尽管评论者之间不能进行面对面的交流，但是网络作为一种新媒体，它以电脑等为中介，以键盘作为输入文字的主要手段。在这样的交流场景下评论者们发明了一种用来弥补沟通欠缺的办法，即电子副语。常见的副语主要是简写、谐音、转喻、图形。其中图形是最常见的，表现为图片、表情符号等，用来弥补网络情景交流线索的缺乏。符号或符号与词组的组合，如 ∠※表示花束，━┓┹═┯一表示机关枪，（﹡＿＿﹡）表示笑脸，一般用在末尾，表示开玩笑或微笑；数字语言，"88"表示"再见"，"1314"意为"一生一世"；中外夹杂，如"I 服了 U""思考 ing"；汉字谐音，如"神马"意为"什么"，"木有"意为"没有"，等等，使得各种语言符号大大拓展。

在即时评论和网络媒介论坛中常常采用这种图文并茂的形象化语言，评论文章并不追求严密的逻辑和论据，只求表达一时的意见和情绪，在更大程度上使评论的本来目的得以回归，从而摆脱形式和制度的束缚，让广大网民可以自由而且广泛地交换观点和意见，形成真正的言论和观点的自由市场。

（3）言简意赅

文贵简，网民的阅读习惯，要求言简意赅。网络评论只有简短，才能"出手快"。有人做过读者调查，结论为：标题要短，九个字以内为好。短标题，短段落，短文章，视觉效果最好。因为网络上碎片化、冗长式信息太多，加之使用电脑和手机屏幕对眼睛有一定的刺激作用，容易使人疲劳，网民没有耐心读很长的文章。要写短文章，应该向古文、电报学习。要简练、浅显易懂，还要注意精心修改，尽可能地把可有可无的字、词、句、段去掉。

言简意赅也是保证网络评论时效性的重要方法。网络评论是时事评论，必须随时可说、因事而论，只有非常注重时效性才能赢得网民的点击、阅读、传播，网络新闻事件的播报通常都是以秒为单位计算，网民在浏览网页的过程中视线转移得非常快，如果不能一眼看懂内容，下一秒网民就会把注意力转移到别的信息热点上，评论文章就没有了太大价值，不会引起网民的关注。

3. 网络评论写作上注意的问题

网络评论在写作上要特别注意几个问题：一是要对事实的"准确性"给予格外关照，避免因"失实"导致评论丧失真理性；二是不能止步于倾向性或情绪的表达，要在寻求"理趣"上下点功夫；三是要重视技术提供的可能，最大限度地体现网络媒体的传播特征。

三、网络评论的写作技巧

网络评论在写法上并无固定章法，最重要的是表达观点，形式可以不拘一格。虽然网络评论文章较之传统媒体评论文章而言，无论是语言还是形式都较为灵活和自由，但网络评论文章总体而言还是有一些写作技巧的。

1. 夯实功底

网络评论作者应具备政治家的眼光和理论家的头脑。要像政治家一样，满怀热情地关注党和国家的大事、前途和命运，胸怀全局，为促进社会的发展进步而努力。这就要有政治上的清醒和理论上的深厚修养。用科学的世界观、方法论作指导。如果感觉自己写出的评论文章水平不高，没有升华，不敢做出判断，实质上就是缺乏理论的指导，缺乏理论创新。文章的深度，除了取决于作者理论功底的深度，还取决于作者知识功底和文字功底的水平。一名优秀的网络评论员应该做到智慧和博学、理性和情感兼备。做到写出来的文章，外行能看懂，内行能认可。文章要做到旁征博引，言而有据，不虚不浮，实实在在。网络评论作者的功底还体现在在有限的篇幅内写得有文采，让网民爱看。

2. 坚定立场

当下的网络评论往往偏重于意见和情绪的"痛快"表达，这种评论有意见，却缺乏见解；有激情，却缺乏理性。这是网络评论的大忌。网络平台容易获取信息，却也容易被虚假信息误导；各种观点相互碰撞出火花，但又容易被人同化，人云亦云。网络评论的写作，正是要在其中找到平衡点。评论作者必须有自己的立场，才能不被误导，不随波逐流。一篇优秀的网络新闻评论，应该是忠实于人民群众、忠实于事实真相的。立场来自丰富的知识储备，来自深厚的理论修养，更来自对新闻事实真相的冷静观察、判断和理性分析。

3. 谋篇布局

网络评论没有统一的布局模式，一般来说，网络评论要讲究布局，就是要有开头（引论）、中间（正论、展开）、结尾（结论）三部分。要讲逻辑，考虑先谈什么，后谈什么，再谈什么，评论文章中的各个部分之间要有一定的关系；要考虑哪里该详细写，哪里该简略写；每一层次是什么意思，要弄清楚；各层次之间怎样过渡，都要协调和合理；最后首尾要呼应。布局是与结构相关的。评论文章的结构，一般而言，有提出问题、分析问题、解决问题，这是评论的结构顺序。

第三节 网络论坛评论及其策划

【知识要点】

了解 BBS 论坛的定义、新闻性 BBS 论坛的主要功能。掌握 BBS 论坛评论的策划方法，学会网络论坛评论的管理。

BBS 论坛使新闻评论家族又增添了一种全新的表现形式，它的出现大大拓展了人们对新闻评论的认识。

一、BBS 论坛的定义

BBS 论坛是英文 Bulletion Board System 的缩写，中文意思是"电子公告栏系统"。BBS 论坛的用户只要连接到国际互联网上，直接利用浏览器就可以阅读其他用户的留言，自由地发表意见与见解，并就感兴趣的问题直接与其他人沟通。这种方式操作简单、速度快，对用户的专业技能几乎没有特别的要求，因而也更容易普及和推广。目前，互联网上的 BBS 论坛形形色色，很难对其明确分类。

在各类 BBS 论坛中，新闻性论坛凭借媒体本身的社会影响力和公众号召力，加之所讨论的新闻事件和社会现象往往为公众关注，呈现出日益繁荣的发展趋势。本节探讨的论坛评论限于新闻性 BBS 论坛。

二、新闻性 BBS 论坛的主要功能

1. 提供信息和新闻线索，提供评论的选题

网友无论从职业、年龄还是地域分布来看，范围都要比职业新闻传播者宽泛得多，他们把看到的事发到 BBS 论坛上，就等于做了一回传播者，发布了新闻。网民在 BBS 论坛上发言，其状态颇似群众的街谈巷议，往往比较接近社会生活现象和社会舆论的真实状态，其内容则紧密联系生活实际，往往具有一定的时代性和社会性。他们议论的话题虽然在观点上可以见仁见智，但经过适当的选择、提炼往往可以成为很好的评论"由头"或选题依据。

2. 汇聚社会舆情

BBS 论坛为广大网友提供了一个对世界形势、国家大事以及社会现象发表看法的场所。论坛的讨论与评论文章不同，不一定会有明确的答案，或者谁说服谁，但是与一篇评论文章通常只有一个角度不同，论坛评论为人们认识事物提供了尽可能多的视角。这些观点和意见，既可以在网友之间互相启发，也可以为党和政府了解舆情、形成决策提供重要参考。

3. 交换意见、影响社会舆论

论坛上的观点、意见经过交流与碰撞，有时可能是以一种观点说服另一种观点，有时可能求同存异，有时则可能互相取长补短，形成更完善的认识，从而产生这样那样的社会影响，形成某种舆论力量。澎湃新闻网 2017 年 7 月 5 日《让不让？上海地铁一男子称太累未让座引纠纷，警方已调解处理》报道：近日，有网友发帖称，上海地铁上有一年轻男子以上班太累为由，拒绝给抱小孩的妇女让座，还抢夺拍摄视频的乘客的手机。随后，该男子回应称，原本是想让座的，但乘客再三指责让他很气愤，因此赌气不让。7 月 6 日，人民网强国论坛开设话题"你怎么看道德绑架？'反道德绑架'未必不是矫枉过正"，引起广大网友的高度关注。论坛由浅层次的讨论"该不该让座"到深入讨论与反思，在交换意见的过程中形成了就此类事件的主流舆论，在影响、平衡舆论方面发挥了独特的作用。

三、BBS 论坛评论的策划

BBS 论坛上的言论具有明显的自发性，可控性差，因此在利用 BBS 论坛引导舆论、形成有影响的舆论主流时，要把精心策划、认真管理提到更重要的日程上来。较之传统媒体，BBS 论坛上的言论是一种"互动式评论"，即时性、实时性和互动性相结合，开辟了集思广益、凝聚社会舆论的新途径。

1. 论坛的整体策划

论坛的整体策划大致包括论坛的定位、论坛主题的设定和话题的选取三个层次。

（1）论坛的定位

在论坛的定位方面，包括的内容很多，如指导思想、面向对象、论坛特色、选材范围，等等。从周期上来分，BBS论坛可分为长期设立的常设论坛和临时开办的论坛。如果是常设论坛，在定位时特别要考虑到如何在长期的运行过程中逐渐树立起自己的品牌，使风格特点保持相对的稳定性。

（2）论坛主题的设定

要从多角度进行考虑。一方面，要考虑到主题是否具有一定的新闻性和重大性，是否为人们所普遍关心、广为议论，如"廉政论坛""西部大开发论坛""全球化论坛""'两会'论坛""统一论坛"这样的主题论坛。另一方面，媒体也要善于发现尚未引起人们足够重视的问题，引导人们去分析探讨，明辨事理，起到一定的导向作用，如举办一些公益性主题论坛。此外，借助特定新闻事件还能设立一些临时性的主体论坛，如人民网的"抗议论坛"。

（3）话题的选取后

有了主题后只是能避免论坛像普通的聊天室那样无边无际地闲聊，但是同一主题下会有很多话题，为了让论坛里的讨论质量更高，必须对话题进行组织策划。比如"强国论坛"就曾经组织策划了有关"三农"问题的系列讨论，包括"农业现代化与加入WTO""农村剩余劳动力转移及农民工""关于农村劳动力流动与农民收入问题""关于农村发展的地区差异与农村环境保护问题"等，在网友中引起了巨大的反响，得到了广泛的响应。

选取话题有两种基本途径：

一是借事设题。由于突发事件具有发生的不可预知性和进程的不可逆性，往往容易受到公众的普遍关注，成为论坛里的首要话题。目前，相当多的媒体论坛都把新闻事件作为讨论的话题，借事设题，要求论坛编辑具有服务意识，能够为网友提供大量的相关新闻报道链接和背景资料，为网友讨论提供便利，从而提高论坛的质量和声誉。

二是因势设题。抓住一些社会关注的热点、焦点、难点问题，这些问题虽然不具有强烈的时效性，但往往是人们议论纷纷、为之困惑的话题，如从SARA看公共卫生建设存在的问题，收容与社会救助两种做法的差异在哪里，艾滋病不断蔓延的趋势将给社会带来什么样的影响，等等。不失时机地抓住这些话题，解答人们心中的疑难，对于帮助人们正确理解有关方针政策、正确对待和处理问题，是非常有意义的。论坛选题策划是否到位，不仅体现了论坛编辑策划意识的强弱，还直接关系到论坛的访问量，关系到网络媒体本身的知名度和影响力。

2. 论坛运作方式的策划

论坛运作方式的策划主要包括以下三个方面的内容：

一是发送方式。目前网络技术所能提供的发送方式有直接发言和通过 E-mail 投稿进行讨论等。前者有利于激发交流热情，缺点是即兴式发言多，深思熟虑、有真知灼见的见解少，管理难度大；后者的优势在于管理主动、易于监控，可以通过选择具有可读性的优秀稿件来保证论坛内容的质量。这两种形式可以综合运用，各扬所长，互补其短。

二是交流方式。对于用 E-mail 投稿进行交流的论坛，媒体网站大多采取来信编号的办法，以方便网友查找，如联合早报网的论坛等。这类论坛一般都公开声明：无法查核信息的真伪，言论也不代表本网站的立场，以及保留取舍、删节权。论坛编辑对情绪化、有人身攻击倾向或借题发挥、指桑骂槐的来信，通常不予刊出或者予以删节。这种交流方式虽然时间上略显滞后，但交流有序，探讨也往往比较深入。实时交流又分为网友的自由上贴讨论和同版主或嘉宾主持人交流讨论两种方式。借鉴广播、电视节目的做法，约请专家、学者或某一方面的权威人士到论坛发表看法并回答网友提出的有代表性的问题，这种方式可以充分利用嘉宾的影响和声望，发挥人际交流的优势。需要指出的是，与一些商业网站完全出于市场推广的目的，请影视界、体育界名人在聊天室里与网友聊天、吸引"眼球"不同，BBS 新闻论坛不仅要考虑网民的关注程度，更要讲究品位，注意从政策层面和社会层面进行研究和探讨。

三是主持人（版主）职责。受众使用论坛的出发点是多种多样的，有的人是为了参加讨论，有的人则是为了表现自我或转换心绪，也有部分网民控制不好自己的情绪，常常由观点的争执发展到人身攻击，破坏了讨论的气氛，降低了论坛的水准和格调。这就要求主持人不能简单地删帖，要善于通过实时对话进行适当的疏导；要增强服务意识，了解网友的真实想法，为引导讨论健康发展提供建议和服务。主持人究竟应该承担什么职责、怎样履行职责，都应该在策划里有所体现。

要想保证论坛讨论的质量，具体运作时还有很多工作要做，如先期预告讨论主题、讨论时间，辅以网上调查，如果是请嘉宾参与讨论，还要适当提供嘉宾的个人情况、有关著作或文章，让网友对他们有初步的了解，以提高论坛讨论的质量。此外，网上的很多言论十分有价值，如果能实现媒体之间的联动，保留下 BBS 论坛里的精彩言论放到报纸或新闻网页上去，让更多的受众分享，将会对党和政府等决策部门有所启发。比如，为把《人民日报》和人民网打造成与读者、网友良性互动的平台，从 2006 年 3 月 2 日起，《人民日报》开设"人民网网友留言板"，摘编网友对《人民日报》前一日所载报道的评论。微博兴起后，《人民日报》言论版还开设了"微博之论"专栏，专门刊发来自微博的精彩观点。这些做法若持之以恒，将收到提升 BBS 论坛社会影响的效果。

第四节　网络论坛评论的管理

【知识要点】

了解 BBS 论坛的宏观管理、具体管理和自我管理，熟悉我国对网络论坛的具体管理办法。

一、BBS 论坛管理

BBS 论坛管理大致可以分为三个层次：国家有关部门对 BBS 论坛的宏观管理、网络媒体对所开设的论坛实施的具体管理和论坛使用者对自身行为的自我管理。

1. 宏观管理

与传统大众媒体不同，对 BBS 论坛信息的控制是一个微妙而复杂的问题。通过华文网络媒体对 BBS 论坛的积极探索，人们意识到，为引导 BBS 论坛健康发展，应该加大宏观管理力度，尽早立法，制定规范，使组织者和参与者都有法可依。

2. 具体管理

对于论坛的组织者来说，在实施具体管理时既要有原则性又要灵活，既要立场坚定也要讲究方式与方法。网络对于我们来说还是新生事物，网络媒体对于 BBS 论坛的管理更是在探索之中，需要在实践中不断发现问题、解决问题、总结经验，在实践中不断增强规律性的认识和完善制度化的管理措施。

综观国内外 BBS 论坛的管理状况，大致可以分为基本不管、有限管理和严格管理三种情况。

第一种情况即"基本不管"，出现在西方一些网络媒体中。他们自称网站对论坛言论是完全不管的，以证明其所标榜和鼓吹的"言论自由"。特别值得一提的是，近年来那些一度标榜"互联网自由"的西方国家媒体论坛纷纷走上了"实名制"（包括前台实名和后台实名）的道路。

第二种情况即"有限管理"，主要存在于海外一些中文论坛和国内一些商业网站所办的论坛中。许多海外中文论坛是由一些志趣相投的人组织的，很少有专职的管理人员，所采取的管理方式多是隔一段时间由版主上论坛检查一下，删除违规或者不符合要求的文字。而国内商业网站出于商业成本考虑，在论坛上投入的力量很少，版主多是兼职人员，人员很难固定，管理的尺度也难以统一。

第三种情况即"严格管理"，如人民网的论坛和联合早报网的论坛。其管理主要体现在：有专职的管理团队，在论坛开放的时间里随时都有版主在论坛值班管理；有严格的管理条例，对可能出现的各种问题都预先提请大家注意；有一支由网友和社会各界组成的监督队伍，对论坛的运行实施广泛的监督。

3. 自我管理

近年来，语言暴力、恶意诽谤、网络欺诈等现象在网络论坛上呈蔓延之势，处理不好极易演变成新的社会群体事件及滋生社会矛盾的温床，而成为社会文明进程中的巨大隐患。BBS论坛需要用户养成民主讨论的习惯，更需要网友的大力支持和充满责任心的自觉使用，这样才能最大限度地发挥论坛的独特优势。

二、我国管理论坛的具体做法

综观我国严格管理论坛的具体做法，大致包括以下几个方面的内容：一是对论坛用户实行注册登记，只有注册用户才有发言权；二是要求用户做出承诺，保证不在论坛中进行违反中华人民共和国法律和法规的活动，用户对本人的网络行为所产生的后果负责，与网络媒体及论坛管理者无关；三是论坛管理员对论坛内容进行检查，有权删除任何内容，对违反法律的言论或色情帖子"格杀勿论"；四是在必要时可暂时或永久关闭论坛。

自2011年始，我国多个门户网站实行了实名制。网络实名制（包括前台与后台实名）将网络身份与现实人对应起来，引导网民理性表达，促进人们持守对他人权利的尊重与敬畏之心，这是提高网络公信力、净化网络环境、推动网络文化及社会秩序健康有序发展的重要途径。

除了这些管理措施，不少论坛组织者还借助技术手段对BBS论坛施行管理控制。人们提出，论坛使用的控制软件，其功能应当有一定的保障，因为软件的不完善会影响到论坛工作的质量和效率。这种软件首先应该具备对论坛的预审控制功能，能在特殊时期、特定环境下对论坛采取有条件的预审。所谓特殊时期，指一些敏感日期，特别环境则指诸如恶意捣乱或"炸坛"等版主用常规管理方式无法控制的状态。其次要有强化过滤词功能，能够将一些有可能被人利用来进行恶毒攻击的词汇、泄露党和国家秘密的词汇作为过滤词。当出现这些过滤词时，版主做出及时的审核，帖子只有在实施审核后才能发布。利用软件便于迅速及时地识别有害信息，减轻版主的工作量，同时提高论坛工作的质量。

☞ **思考与练习**

1. 什么是网络评论？网络评论有什么特点？
2. 网络评论写作应该注意哪些问题？
3. 网络论坛的策划包括哪些方面？
4. 自选一个时事热点，尝试运用演绎推理法撰写一篇网络评论。
5. 你认为网络评论的时效性和准确性矛盾吗？请谈谈你的看法。
6. 说说你对我国网络论坛管理具体做法的建议。

参考文献

［1］詹新惠．新媒体编辑［M］．北京：中国人民大学出版社，2013.

［2］詹新惠．网络新闻写作与编辑实务［M］．北京：中国传媒大学出版社，2011.

［3］董天策．网络新闻传播学（第三版）［M］．福州：福建人民出版社，2009.

［4］彭兰．网络新闻编辑教程［M］．北京：中国人民大学出版社，2012.

［5］蒋晓丽．网络新闻编辑学［M］．北京：高等教育出版社，2004.

［6］何威．网众传播———一种关于数字媒体、网络化用户和中国社会的新范式［M］．北京：清华大学出版社，2011.

［7］陈国权．新媒体拯救报业［M］．广州：南方日报出版社，2012.

［8］肖峰．广播新闻业务教程［M］．武汉：武汉大学出版社，2010.

［9］张军华，周善．现代新闻编辑学［M］．南京：南京大学出版社，2015.

［10］方毅华．新闻编辑［M］．北京：中国人民大学出版社，2013.

［11］李舒．新闻编辑［M］．北京：中国人民大学出版社，2013.

［12］曹璐，罗哲宇．广播新闻业务（第二版）［M］．北京：中国传媒大学出版社，2010.

［13］陆锡初．广播新闻编辑教程［M］．北京：中国广播电视出版社，2001.

［14］蔡凯如．广播编辑与节目制作［M］．武汉：武汉大学出版社，1995.

［15］曹仁义．实用新闻广播学［M］．北京：中国广播电视出版社．2000.

［16］周勇．电视新闻编辑教程［M］．北京：中国人民大学出版社，2012.

［17］蔡雯，许向东，方洁．新闻编辑学（第三版）［M］．北京：中国人民大学出版社，2014.

［18］刘行芳．实用新闻编辑学教程［M］．重庆：西南师范大学出版社，2006.

［19］若文．新闻编辑能力训练教程［M］．上海：复旦大学出版社，2006.

［20］赵振宇．新闻报道策划［M］．武汉：武汉大学出版社，2008.

［21］范敬宜．总编辑手记［M］．北京：人民日报出版社，2010.

［22］ 阎瑜，胡航，章妮．当代新闻编辑二十五讲［M］．北京：中国书籍出版社，2013.

［23］ 王灿发．报刊编辑［M］．北京：中国人民大学出版社，2013.

［24］ 徐柏容．期刊编辑学概论［M］．沈阳：辽海出版社，2001.

［25］ 许清茂：杂志学［M］．厦门：厦门大学出版社，2002.

［26］ 蔡鸿程．作者编辑实用手册［M］．北京：中国标准出版社，2004.

［27］ 肖峰．肖峰百篇杂文随笔选［M］．呼和浩特：远方出版社，1998.

［28］ 李舒．新闻评论［M］．北京：中国人民大学出版社，2013.

［29］ 徐兆荣．实用新闻评论写作教程［M］．北京：北京大学出版社，2014.

［30］ 丁法章．新闻评论教程［M］．上海：复旦大学出版社，2002.

［31］ 马少华．新闻评论教程［M］．北京：高等教育出版社，2007.

［32］ 赵振宇．现代新闻评论（第二版）［M］．武汉：武汉大学出版社，2009.

［33］ 涂光晋．广播电视评论学［M］．北京：新华出版社，1998.

［34］ 王振业．广播电视新闻评论［M］．北京：北京广播学院出版社，1997.

［35］ 仲富兰．广播评论——功能、选题与语言艺术［M］．上海：复旦大学出版社，1997.

［36］ 王贵平．电视新闻评论［M］．呼和浩特：内蒙古大学出版社，2000.

［37］ 闻学．经济新闻评论：理论与写作［M］．武汉：武汉大学出版社，2007.

［38］ 王蕾．新闻评论研究导引［M］．南京：南京大学出版社，2015.

［39］ 王明光，黄先义，顾杨丽．当代新闻评论写作［M］．重庆：重庆大学出版社，2015.

后　记

　　新闻学，说到底是一门实践的学问。对于教授新闻业务课程的老师来说，重要的不是向学生传授什么高深的理论，而是要有"点石成金"的功夫，手把手地教学生掌握全媒体新闻业务技能，让他们有此特长，凭真本事到社会上去建功立业，有所作为。秉承这个宗旨，由我主编的教材《广播新闻业务教程》于2010年5月在武汉大学出版社出版，由我主讲的这门课被中国地质大学（武汉）评选为校级A类精品课程。接着，由我主编的第二本教材《广播节目制作》于2014年1月在武汉大学出版社出版，面向全国公开发行后，受到新闻学界和业界的普遍欢迎。今天，当由我主编的第三本教材《全媒体新闻编辑与评论》即将由武汉大学出版社出版之际，忍不住想把这件事的由来向大家作个说明。

　　2016年6月，湖北经济学院新闻与传播学院副院长陈媛媛邀请我给该院新闻学专业本科生上门课，即新闻编辑与评论课。我是新闻科班出身，又当了20多年的记者，调到中国地质大学（武汉）做教新闻业务的老师也有10多年了，上这门课自然得心应手，于是便欣然答应了。这门新闻编辑与评论课实际上是包含两门课：新闻编辑、新闻评论。上课就得有教材。两年来，我在给该校新闻与传播学院新闻学专业、网络与新媒体专业本科生，该校法商学院播音主持专业本科生上新闻编辑与评论课时，使用的是蔡雯、许向东、方洁的《新闻编辑学（第三版）》（中国人民大学出版社2014年版）和徐兆荣的《实用新闻评论写作教程》（北京大学出版社2014年版）。这两本教材体例完备、内容丰富，立论精当、文字活泼，唯一感到不足的是，这两本教材主要以报纸编辑和新闻评论写作为主，没有对期刊、广播、电视尤其是网络、手机和平板电脑的编辑与新闻评论写作进行详尽的介绍和分析，这对于全媒体时代的新闻教育与实践来说，显然是不相适应的。于是，我在教学中以这两本教材为基础，有意识地扩大研究领域，对学生进行"全媒体新闻编辑与评论"的教学，受到了学生们的欢迎。2017年3月，在实践和经验总结的基础上，我向武汉大学出版社报送了《全媒体新闻编辑与评论》的编写方案，其基本框架内容分为全媒体新闻编辑与评论上下两篇，教学内容不仅涵盖了报纸、期刊、广播、电视，尤其是包含了网络、手机和平板电脑的新闻编辑与评论写作。该方案得到了该社胡国民编辑的支持，很快签订了出版合同。同年 10 月，湖北经济学院新闻与传播学院向我颁发了客座教授的聘书，表达了对我从事"全媒体新闻编辑与评论"教学改革的肯定和鼓励。

一年多来，我组织武汉、珠海、宜昌三地几位大学老师编写修改，今天终于定稿，其思路和用意如下：

一是专业性。本教材不仅对报纸、期刊、广播、电视传统媒体的新闻编辑与评论写作进行了讲授，尤其对网络、手机和平板电脑的新闻编辑与评论写作也进行了讲授，具有较强的专业性、技术性和可操作性。

二是时新性。本教材以全媒体新闻编辑与评论创新理论和丰富鲜活的案例支撑全书，努力梳理其中的创新思路和规律性认识。

三是实践性。在多媒体竞争的格局下，重视提升学生们对全媒体的功能、特点的全面、深刻、崭新的认识，使其掌握各类媒体新闻编辑与评论"是什么"和应该"怎么做"的过硬本领。每章设置的"思考与练习"，力图使学生通过看书、听课、阅读范文和作业实践等环节，有效提高对各类媒体的新闻编辑与评论能力和综合素质。

四是普适性。本教材不仅适用于新闻传播学科专业学生，也适应用于新闻业界及企事业单位广播电视台站、网站、大数据公司、宣传、公关、公务员考试部门的业务进修、专业职称晋升、业务考评和培训。

参与编写本书的作者有：中国地质大学（武汉）艺术与传媒学院新闻传播系教授、硕士生导师、新闻传播学一级学科"新闻理论与实务"方向学科带头人肖峰；武昌首义学院（原华中科技大学武昌分校）新闻与法学学院副教授孙玉凤；中国地质大学（武汉）艺术与传媒学院新闻传播系副教授宁薇；三峡大学文学与传媒学院教授张芹；武汉商贸职业学院思想政治理论课部副主任高章幸；中国地质大学（武汉）电视台台长、工程师张睿；北京师范大学珠海分校艺术与传播学院副教授陆丹；武昌理工学院通识素质教育学院思政课部专职教师高章福；中共宜昌市夷陵区委宣传部新闻科副科长、编辑邱天星；《长江日报》记者黄金；中国地质大学（武汉）艺术与传媒学院新闻传播学硕士生杨阳；武汉工程大学工程师孙珺；湖北经济学院新闻与传播学院网络新闻 1541 班本科生梁一丹、李婷。

具体执笔为：孙玉凤，负责第四章、第五章、第六章，执笔字数达 10 万字以上；宁薇，负责第一章、第二章、第三章；张芹，负责第十四章、第十五章、第十七章；高章幸，负责第七章、第十二章；张睿、孙珺，负责第八章；陆丹，负责第十一章；高章福，负责第十三章；邱天星，负责第十八章；杨阳，负责第十六章；梁一丹，负责第九章；李婷，负责第十章；黄金，负责第一章中媒介形态的变化。在此，特表示感谢！我负责本教材的框架设计、前言、参考书目、后记的撰写，并对本教材进行了 8 次删减、增加和改写。

今天，当我将珠海、武汉、宜昌三地老师们共同努力撰写的教材《全媒体新闻编辑与评论》修改完毕，交武汉大学出版社审定出版之际，欣喜之情顿时涌上心头！然而，新的教学科研工作又在前方等待着我。我当继续努力，再接再厉，发挥新闻传播学一级学科"新闻理论与实务"方向学科带头人的作用，热情扶持年轻教师，教书育人，著书立说，为培养纵论世界风云的全媒人才作出新贡献！

感谢武汉大学出版社编辑胡国民、韩秋婷所做的认真细致的工作！由于学识和能力有限，本书还存在不足之处，欢迎广大读者提出意见和建议。

肖　峰

于中国地质大学（武汉）喻家山庄

书 目